El Asesor del Presidente

Otros libros por Bill Minutaglio

First Son: George W. Bush and the Bush Family Dynasty

*City on Fire: The Explosion That Devastated a Texas Town
and Ignited a Historic Legal Battle*

El Asesor del Presidente

EL ASCENSO AL PODER DE
Alberto Gonzales

Bill Minutaglio

Traducido del inglés por Rosario Camacho-Koppel

Una rama de HarperCollinsPublishers

Diseño del libro por Jennifer Ann Daddio

Este libro fue publicado originalmente en inglés en el año 2006 en Estados Unidos por Rayo,
una rama de HarperCollins Publishers.

PRIMERA EDICIÓN RAYO, 2006

Library of Congress ha catalogado la edición en inglés.

ISBN-13: 978-0-06-112058-9
ISBN-10: 0-06-112058-8

06 07 08 09 10   DIX/RRD   10 9 8 7 6 5 4 3 2 1

Para Louis C., un hombre sabio

Contenido

Prólogo

Después de varios meses de investigación y luego de más de doscientas entrevistas con colegas, amigos cercanos y críticos, todo se hizo más claro: Alberto Gonzales elaboraba y procesaba con destreza las directivas más secretas y controversiales de la historia moderna de los Estados Unidos, aunque de alguna manera había logrado mantenerse como uno de los miembros más ocultos del solapado círculo de la familia Bush. Este trabajo es un recorrido por su vida hasta que llega a ocupar el puesto de asesor del Presidente George W. Bush —y hasta el momento en que es nombrado fiscal general de los Estados Unidos. Un próximo libro tratará de su período como director del Departamento de Justicia; pero por ahora, este muestra su camino hacia el poder y el trabajo deliberadamente cauteloso que hizo para la familia Bush y dentro de la Casa Blanca.

Él, verdaderamente, fue el "asesor del presidente" —y todo lo que significó e implicó ese título. Al principio, le fueron confiados los secretos guardados durante mucho tiempo de la familia Bush, y luego las directrices para tratar los problemas más graves que encaraban los Estados Unidos en el siglo XXI. El hecho de que alguna vez hubiera sido el confidente de un hombre que sería presidente —y luego se convirtiera en la persona clave que encontraría los medios para proceder en la guerra contra el terrorismo— es aun más notable teniendo en cuenta sus antecedentes y que había entrado al servicio público apenas a mediados de los años noventa. Hijo de trabajadores ambulantes pobres, residentes de un lugar llamado Humble, Texas, era difícil imaginar el trabajo que terminaría haciendo… y las malvadas ramificaciones internacionales que tendría el mismo.

Este libro comenzó a desarrollarse hace años, como consecuencia de mi biografía *"First Son: George W. Bush and the Bush Family Dynasty."* En una reseña de ese libro, el columnista político David Broder escribió que "no podía discernir ninguna tendencia evidente—ni adulatoria ni cínica." Esta biografía fue escrita nuevamente con esa meta en mente. Como en mi biografía sobre Bush, intenté demostrar como las raíces de Gonzales fueron influencias determinantes en su comportamiento a lo largo de su vida: la historia de Gonzales está encadenada a su clase y su raza separándolo así de Karl Rove, Karen Hughes y otros leales seguidores de la familia Bush. Él no era un fanático de la política, ni abiertamente un activista político, y tampoco quería reñir o jugar con los reporteros políticos.

Él era el abogado de la familia—el que guardaba las confidencias, la figura que agresivamente perseguía la discreción. En cierto momento alguien me dijo que Gonzales era un hombre que siempre parecía estar ocultando algo, que su piel parecía inflamarse a causa de todas las confidencias acumuladas dentro de él. Esa misma persona añadió que cada vez que imaginaba a Gonzales hacía un dibujo mental de él inclinándose sobre alguien y susurrándole algo. Esa misma persona sugirió que si Gonzales alguna vez posara para un retrato, se asemejaría a "The Evangelist Matthew" de Rembrandt—Gonzales casi escondido, cernido detrás de otra figura que luce importante en primer plano… o apoyando la punta de sus dedos sobre la espalda del hombre importante… e inclinándose, susurrándole al oído.

Como era de esperar, los conocidos y amigos de un hombre cuya vida transcurriría, bien o mal, definida por su discreción, aceptaron con mucha dificultad dar entrevistas telefónicas. Al final se les hicieron numerosas e intensas entrevistas a un antigüo oficial de gabinete, a algún personal que había trabajado en la Casa Blanca, vecinos cercanos, amigos del colegio secundario, consejeros y guías, maestros, clientes corporativos, compañeros de la escuela de abogacía, ex-oficiales del estado de Texas, ex-militares y comandantes de alto rango, defensores y enemigos de la pena de muerte, expertos constitucionales, clérigos, compañeros de leyes y hasta sus antigüos entrenadores de deportes. La investigación llegó hasta Alaska, Washington, Texas, Colorado, Massachusetts y New York. Miles de documentos, incluyendo sus archivos militares, y su trabajo en docenas de casos de pena de muerte, fueron obtenidos a través del "Freedom of Information Act" y "The Texas Open Records Act." Desde agosto del 2005 hasta febrero del 2006, una interminable lista de preguntas fue dirigida a su oficina del Departamento de Justicia—enfatizando el hecho de que este libro trataría de su vida hasta el momento de ser nombrado fiscal general, quizás con la esperanza de así poder intercambiar preguntas y respuestas. Mi propuesta fue rechazada.

La verdad es que inicialmente me sorprendió ver como se hizo de lado mi propuesta. Pero de alguna manera tuvo sentido, sobretodo cuando comencé a percibir como se complicaba mi trabajo ante cada nueva revelación de los memorandos secretos, programas y reuniones de Gonzales que emergían durante su período como asesor de Bush en Texas y Washington. La naturaleza de su trabajo tan personal, así como también el ambiente post 11 de septiembre que se respiraba en la Casa Blanca y el intercambio de confidencias, han hecho que se moviese de la sombra hacia la luz. Su vida, tanto personal como profesional, ha sido definida con una serie de trueques y negociaciones. Ha sido, simplemente, un político claroscuro.

En el 2006, mientras este proyecto sobre su vida desde 1955 hasta principios del 2005 concluía, él confrontaba situaciones difíciles, lecciones inolvidables sobre las maldiciones y bendiciones de haber vivido su vida como esa voz susurrante detrás del trono. El asesor del presidente había sido acusado de corromper las tan apreciadas libertades civiles y de haber manchado la reputación de los Estados Unidos—y al mismo tiempo había sido aclamado como un ejemplo del éxito norteamericano.

Se hallaba mucho más allá de Humble.

Bill Minutaglio, Austin, junio 2006

Creo que hay técnicas de la mente humana con las que se examinan los problemas en su profunda oscuridad, se rechazan o se aceptan. A veces, estas actividades tienen que ver con facetas que el hombre no sabe que posee.

—JOHN STEINBECK, *AL ESTE DEL PARAÍSO*

El Asesor del Presidente

Un Sueño

Monseñor Paul Procella, párroco de una pequeña parroquia de Texas que, por casualidad, lleva el nombre de una prostituta de cabellera color fuego, avanza lentamente por los silenciosos y alfombrados pasillos del piso más importante del edificio del Departamento de Justicia de los Estados Unidos. Es el primer jueves de febrero de 2005. Está realizando una visita, una visita privada a uno de los edificios mejor custodiados de Estados Unidos, porque conoce a alguien que conoce a alguien. El sacerdote, un personaje muy importante en su muy unida parroquia de la ciudad de Humble, se encuentra en Washington en pleno invierno porque el hijo de uno de sus feligreses va a tomar posesión de un alto cargo.

En uno de los pasillos hay una secretaria sentada ante un escritorio.

Un letrero sobre el escritorio dice: "Oficina del Fiscal General."

El sacerdote, que no conoce la timidez, se acerca a la secretaria.

"¿Puedo dar un vistazo?"

Ella levanta la vista: "Sí, claro. Hoy está abierto a todo el que quiera entrar." Entonces, el párroco de la Iglesia de Santa María Magdalena, avanza hacia el interior del Departamento de Justicia de los Estados Unidos, el cuartel general desde donde se dirigen las batallas de la nación contra el terrorismo y el crimen. Más adelante se encuentra una enorme sala de conferencias, con hermosos y brillantes terminados—y el sacerdote decide entrar. El salón está presidido por una enorme mesa rodeada de sillas. La forma como está dispuesto el recinto le da un ambiente adusto y serio. Sería aquí donde las pesadillas del 11 de septiembre, la sangrienta guerra contra el terrorismo y las tóxicas filtraciones de la CIA serían analizadas, sopesadas y debatidas.

De pronto, Monseñor Procella se da cuenta de que hay alguien en el salón. Sola, sentada en una silla, se encuentra una frágil viejecita de setenta y dos años. No está sentada ante la gran mesa. Se encuentra a un lado, como si no fuera digna de ocupar el lugar en el centro del salón. Permanece en silencio, mirando con asombro a su alrededor, en una enorme soledad—la más pequeña de las personas en la sala de conferencias del Departamento de Justicia de los Estados Unidos. Ese día, por todo Washington y en las páginas editoriales de todo el país, los auto-elegidos, auto-nombrados y auto-ungidos padres de la política y el poder están inmersos en sus versiones de lo que consideran los grandes asuntos del país. Y en ese día el punto principal—El Gran Acontecimiento del Día—tiene que ver con el hijo de esta viejecita. Él es El Acontecimiento.

No lejos de donde ella se encuentra sentada, su hijo mayor está siendo acusado de torturar a la gente con el poder de su pluma—pero también está siendo alabado por su lealtad y su claridad de pensamiento. Está siendo tildado de traidor a su cultura—pero también está sirviendo de inspiración para los jóvenes, para los inmigrantes, en busca del sueño americano. Está siendo vilipendiado por representar las tendencias más detestables de los Estados Unidos—y está siendo elogiado por personificar las ilimitadas oportunidades sin paralelo que ofrece este país. El sacerdote observa a esa mujer que nadie hubiera podido imaginar que alguna vez llegara a encontrarse en el salón de conferencias del Departamento de Justicia. El vacío y el silencio se hacen aún más dramáticos cuando se sopesan contra los candentes eventos y los comentarios relacionados con su hijo que se hacen por todos los corredores de las esferas de poder en Washington.

"¿Qué haces, María?" le pregunta el sacerdote en voz baja.

La anciana, que una vez fue trabajadora ambulante en Texas, que una vez se agachaba en las candentes plantaciones a cosechar algodón, que jamás pasó del sexto grado en la escuela, se da cuenta de que no está sola. El sacerdote y la madre del nuevo fiscal general de los Estados Unidos se observan mutuamente. Hay 1,416 millas de distancia entre este lugar y la casa de madera de $35,600 dólares de María Gonzales en la estrecha calle Roberta Lane de Humble, Texas. Y esa casa no ha cambiado mucho desde que su difunto esposo le ayudó a construirla en 1958. El vecindario aún no tiene aceras. Todos los antejardines aún tienen cunetas repletas de maleza para llamar la atención de los mosquitos que infectan esta deprimente área del sureste de Texas. Justo frente a su casa, otra de las viejas construcciones de madera del vecindario se encuentra prácticamente en ruinas—parece como si un día se hubiera dado por vencida y se hubiera derrumbado para formar un nudo gordiano de tablones desgastados, cables oxidados y vidrios rotos.

"Me cansé de andar y me senté," respondió por fin la anciana al sacerdote. Se alegraba de que el párroco también hubiera venido a Washington a presenciar la toma de posesión de su hijo. "Me quedaré aquí sentada para descansar un poco."

El sacerdote se sorprendió. En una oportunidad había pensado que lo sabía todo sobre la familia Gonzales. La viuda María es mucho más que una feligresa de Santa María Magdalena. Va a la iglesia tres a cuatro veces por semana. Juega un papel importante dentro de la creciente feligresía mexico-americana. Hay tres mil quinientas familias en la iglesia, aproximadamente mil de ellas hispanas, cerca de trescientas hablan casiexclusivamente español y, a veces, María es la única persona con la que se comunican. Es una de esas personas de baja estatura, tranquilas, de la antigua estirpe de mexico-americanos que parece estar siempre bien, y que simplemente *siempre está ahí*. María sólo habla cuando le hablan. Nunca cuestiona nada abiertamente—jamás. Su lealtad no es algo que pueda expresarse en palabras, es algo descarnadamente evidente.

Según la describe el sacerdote a los demás: "Pertenece a varios grupos, pero no dirige ninguno. Jamás lo haría. Todo lo hace desde un papel secundario."

A penas una semanas antes, el sacerdote había estado hojeando algunas revistas en su iglesia y se encontró la noticia de que el Presidente George W. Bush había nombrado a alguien llamado Alberto Gonzales como el próximo fiscal general. Leyó la noticia con mayor atención. Se mencionaba el hecho de que Gonzales venía

*de una ciudad pobre llamada Humble y que allí aún vivía su madre, en la misma
casa de madera donde él había crecido. El presidente de los Estados Unidos se había
referido a Humble, Texas, y le había dicho al mundo dónde vivía María, en
esa misma casita de dos habitaciones.*

*El sacerdote llamó de inmediato a la funeraria de Humble, Rosewood Funeral
Home. Sabía que allí era donde María había trabajado durante años como ama de
llaves. También allí Procella había atendido a muchos de sus feligreses difuntos a
través de los años. El dueño de la funeraria respondió su llamada:*

*"¿Sabe que tenemos un nuevo fiscal general llamado Alberto Gonzales?" le
preguntó el sacerdote.*

"Sí. ¿No es excelente?" respondió el dueño de la funeraria.

*"¿Sabía que es el hijo de María?" le dijo el sacerdote. Suponía que el dueño de
la funeraria estaría enterado. Su hermano había sido congresista de los Estados
Unidos durante muchos años.*

"No, no me ha dicho nada," respondió el dueño de la funeraria, sorprendido.

*El sacerdote colgó el teléfono y lo volvió a tomar para llamar a María a su casa.
Ella respondió la llamada.*

"María, han nombrado a Alberto fiscal general," comenzó a decirle el sacerdote.

"Sí," respondió María. "Él es un buen muchacho."

Cuando viajó a Washington, María se sorprendió de que Alberto la estuviera esperando en el aeropuerto. No lo esperaba. Cuando era más joven, Alberto servía de intérprete a sus padres cada vez que iban a visitarlo al colegio. Alberto había sido el único en irse del hogar. Fue el único de los ocho hijos que fue a la universidad. Claro que había dejado de hablar español hacía ya mucho tiempo. Las dos esposas que había tenido eran *norteamericanas*—blancas. Durante un tiempo, después de venir a Washington, se dejó el bigote, pero algunos le dijeron que lo hacía ver *muy* mexicano. Ahora ya no lo tiene. En Texas, naturalmente, había sido católico—la familia era miembro de la Iglesia Católica, pero ahora él asistía a una enorme Iglesia Episcopal "Evangélica" en Virginia. En una ocasión se había referido a las épocas en las que durante el verano, cuando niño, cosechaba algodón, y vivía en esa pequeña casa blanca de Texas, donde vivía María—vivía allí con nueve miembros de su familia, hacinados en dos dormitorios, sin agua caliente y sin teléfono. Se negaba a que sus amigos vinieran a verlo porque le daba vergüenza. Pero ahora acababa de vender su espaciosa casa en Virginia por $700,000 dólares. No se tomó el trabajo de presentar solicitud de ingreso para la universidad al graduarse del colegio. Pero terminó obteniendo un título de Doctor en Derecho de la Universidad de Harvard. De niño, le había pedido a los ricos que le compraran las Coca-Colas que vendía. Pero, ahora, él jugaba golf con Ben Crenshaw y con el presidente de los Estados Unidos.

Cuando María vio a Alberto, de pie, esperándola en el aeropuerto, pudo ver también que había cuatro hombres sombríos, pero atentos, que lo rodeaban, luciendo trajes impecables. Había visto esto antes y nunca se había hecho preguntas al respecto: "Alberto tiene que tener escoltas, tiene que tener a alguien que conduzca su automóvil," es lo que María le dice a la gente. Su hijo lleva exactamente diez años, toda su vida pública, adscrito a la Dinastía Bush y adoptado por ella, ahora, su Alberto tiene guardaespaldas.

Durante diez años ha sido el abogado de George W. Bush—su abogado, su asesor. Y ella sabe que sus enemigos lo demeritan diciendo que no es nada más que un Tom Hagen, el personaje de Robert Duvall en *El Padrino*—el inadvertido pero perversamente eficiente *consigliere* enviado a cumplir las horribles misiones dictadas por los Bush, los Corleones de la WASP. Llegan a decir, inclusive, que es más que el Asesor del Presidente— es el que hace posibles los crímenes contra la humanidad, los crímenes de guerra, los crímenes contra aquellas cosas que precisamente defienden los Estados Unidos de América y sobre las cuales fue fundado el país.

En la Casa Blanca, su amigo íntimo, el *Presidente Bush,* le contará a todo el mundo que el hijo de María es la manifestación máxima del más preciado sobrenombre de la Familia Bush: es un *buen hombre.* Cuando cualquiera de los dos, George Bush padre o George Bush hijo quieren admitir a alguien en su seno, cuando por último deciden que alguien es considerado como un seguidor leal indefectible—alguien que representa a la familia—esa persona es descrita literalmente como "un buen hombre." George W. Bush sencillamente dice que Alberto Gonzales es un *buen hombre.*

Pero en lo más interno y profundo de las vertiginosas órbitas del poder y la arrogancia, Gonzales ha permanecido, de cierta forma, tan oculto como su madre dentro de ese salón de conferencias. Durante la mayor parte del siglo XXI, ha sido el hispano más importante en los Estados Unidos desde el punto de vista político—y, sin embargo, ha logrado mantenerse, según lo confiesan incluso sus admiradores, como un "enigma." Es el funcionario con más alto rango que representa la ley y el orden. Y, a veces, el sacerdote de la familia piensa que el hijo de María se parece más a ella de lo que podría pensarse. "La veo en la funeraria. Por lo general, ella abre en las mañanas; es la celadora, de modo que limpia, y uno pensaría que se trata de un trabajo doméstico, pero para ella, es en realidad su trabajo. Está muy, muy satisfecha con él y es muy, muy leal. Se mantiene a distancia. Nunca se destaca en una multitud. Es una persona que no llama la atención.

"No será ella quien intente asumir un papel directivo dentro de un grupo ni nada por el estilo. Pero… hará cuanto esté a su alcance por ayudar a los demás."

Claro está que su hijo ha hecho casi *cualquier cosa* que le pida la familia a la que le debe su carrera pública. Es algo en lo que concuerdan tanto sus críticos como sus aliados. Es, sin lugar a dudas, leal a la Dinastía Bush. Por algo, en una pared de la oficina de Gonzales en la Casa Blanca, cuelga una gran fotografía de George Bush padre y Bush hijo.

Sus más fuertes críticos, unidos en su odio hacia él, sostienen que el problema radica en que, en efecto, hará *cualquier* cosa por los Bush. Atacará la administración Clinton, aún después de que los Clinton ya no estén en la Casa Blanca. No vacilará en firmar cualquier documento que permita la ejecución de cientos de prisioneras en Texas. Desarrollará una plantilla legal que permitirá que una nación vaya a la guerra… una plantilla que, en último término, revelará el hecho de que unos pocos soldados norteamericanos, de tendencias perversas, se gocen con la tortura y la humillación. Dará su opinión escrita de que los códigos morales internacionalmente reconocidos sobre la forma de capturar a los enemigos en combate, deben considerarse "obsoletos" y "anticuados"—y quienes defienden los derechos humanos en el mundo entero lo considerarán un torturador. Hará uso de su pluma y del poder legal de que disfruta para proteger y salvaguardar a los hombres que ayudan a manejar el gobierno de Bush—el Primer Asesor Karl Rove y el Vicepresidente Dick Cheney.

Ayudará a escribir la controversial Ley Patriota y, a un nivel pragmático extremadamente estrecho y frío, el hijo de María tendrá más que ver con la elección de George W. Bush como presidente, que muchos de los demás afiliados a su así llamado Triángulo de Hierro de asesores; el hijo de María protegerá a George W. Bush de verse obligado a revelar sus antecedentes criminales—garantizando así el asenso de George W. Bush a la Oficina Oval.

Sus aliados, sus amigos, así como el presidente, dicen también que hará *cualquier cosa* por la familia Bush y por los Estados Unidos. Será el abogado incondicional de la Casa Blanca, alguien cuya lealtad nunca se verá influenciada por la mera ambición. Se comportará en la misma forma en la que una vez George Bush caracterizara a su esposa—será el socio político "perfecto," alguien que nunca le robará el plano bajo los reflectores de la opinión pública ni hablará en el momento inadecuado. Se encargará del trabajo difícil, del trabajo introspectivo, de encontrar las vías legales y las razones morales para decretar la muerte de seres humanos en Texas. Así es, protegerá a Cheney y a Rove—pero los protegerá de las investigaciones flagrantemente partidistas de los amargados y vengativos demócratas. Y, sí, en el confuso y paranoico mundo post 11 de septiembre, ofrecerá al presidente y a su país algunos consejos novedosos y sabios sobre cómo combatir el nuevo y sombrío terrorismo. Pondrá incluso en movimiento una revolución conservadora mayorista buscando por todo el país mentes calificadas en asuntos legales, hombres y mujeres que interpreten fielmente las palabras de los padres fundadores, hombres y mujeres que él le dirá al presidente de los Estados Unidos que nombre en los tribunales más altos del país.

Algo queda claro. El hijo de María ya ocupa un lugar junto a otros hombres y mujeres en el panteón de la Dinastía Bush, hombres y mujeres que han puesto sus vidas al servicio de la familia y se han mantenido firme en los cargos más elevados de los Estados Unidos de América durante sesenta años consecutivos.

En el salón de conferencias del Departamento de Justicia, María continúa sentada, conversando con su párroco. Hace un tiempo le había dicho algo al sacerdote. Algo que ella temía, algo que le daba mucho miedo,

en relación con su hijo. Es consciente de que su hijo tiene muchos enemigos. Sabe que las cosas son distintas de lo que eran para él cuando vivía en
la calle Roberta Lane: "Sé que lo van a poner en la parrilla," le confesó
María Gonzales al sacerdote. "Detesto verlo pasar por eso."

Lo llamaban el arquitecto de la tortura, alguien que había pasado sin
dificultad de endosar la ejecución de decenas de personas en Texas a afir-
mar el derecho de los Estados Unidos de extraer información de sus prisioneros por cualquier medio posible. Además, estaban sus seguidores, los
que sostenían que sería un personaje importante en la historia de este país,
como el primer hispano nombrado para ocupar un cargo en la Corte Suprema de los Estados Unidos. A veces, todo parece tan irreal como un
sueño, algo que ha sucedido tan rápido que no es posible medirlo. En
Humble, su iracundo y alcohólico padre y su dulce hermano menor habían muerto en momentos diferentes, pero en circunstancias horribles. En
cierta forma, sus vidas se habían desperdiciado, cada uno murió rodeado
de enormes interrogantes, y ahora se encontraban enterrados lado a lado
en el cementerio al lado de la funeraria donde María aún se presenta a
trabajar como ama de llaves cada mañana. Rodeada por la muerte, pasa
todos los días literalmente con su esposo y su hijo. A veces examina los
linderos de sus tumbas, arregla las flores y limpia sus sencillas lápidas.

Sólo uno de sus ocho hijos, Alberto, fue a la universidad. Tres de ellos
ni siquiera terminaron la secundaria. María observaba a Alberto, sin decir
nunca nada, cuando empezó a alejarse de la familia. Ninguno se había ido
de Humble ni de lo que significaba e implicaba esa realidad, con excepción de Alberto. Fue siempre algo tácito, aunque no inesperado, el que, de
alguna forma, Alberto sería quien se iría. Se movía con seguridad en el
sentido físico y parecía que siempre procesaba, sopesaba y medía todo. Su
actitud era algo más que metódica, era meticulosa y contrastaba abiertamente con la de su marido, el padre de Alberto, y con la forma como éste
bebía como si se esforzara por suavizar las afiladas aristas de todas las limitaciones que tuvo que experimentar. Había sido *como un sueño,* y ahora se
encontraba sentada en el enorme edificio del Departamento de Justicia,
fuertemente custodiado, al que su hijo había venido a trabajar. Hacía frío
en Washington. Afuera aullaba el viento. El salón parecía inmune, no sólo
a las inclemencias del tiempo, sino a todo lo que ocurría en el exterior.

En una ocasión, su hijo se paró frente a un numeroso grupo de personas, entre quienes se encontraban su madre y todos los miembros de la familia que había dejado atrás, y dijo lo siguiente: *"Al igual que mis padres, todas mis esperanzas y mis sueños están puestos en mis hijos."* A su hijo le gustó cómo sonaban esas palabras, y citó a Ralph Waldo Emerson, el gran trascendentalista norteamericano que predicaba la superioridad de la confianza en uno mismo sobre la autoridad inamovible, *"Lo que está más allá, lo que tenemos ante nosotros, son problemas minúsculos comparados con lo que tenemos en nuestro interior."*

Y cuando María venía a verlo a Washington, se levantaba en la madrugada, como lo había hecho para su esposo, trabajador ambulante, siempre bajo los efectos del alcohol una y otra vez, durante décadas. Entonces, en esa época, cuando sólo hablaban en español entre ellos, María estaba allí, al amanecer, empacando tortillas y frijoles en una bolsa de papel para que su esposo tuviera algo de comer en sus manos cubiertas de suciedad durante un descanso en cualquier miserable y maloliente lugar de construcción de una obra.

Ahora, su hijo mayor bajaría a la cocina de la enorme casa y allí estaría su madre ya esperándolo. Se habría levantado desde el amanecer para su hijo, como siempre lo había hecho para su esposo en Humble. Sabía que su madre le servía como le había servido a su padre. *"Sólo que yo no iba a trabajar en la construcción. Yo iba a presentarme a la Casa Blanca a asesorar al presidente de los Estados Unidos."*

Ahora, en Washington, con su párroco de Humble observándola, su madre se prepara para encontrarse con su hijo el abogado. Juntos, irán a ver a su cliente—el presidente de los Estados Unidos.

Más Allá de Humble, Texas

Alberto Gonzales y su padre, alcohólico perdido, caminan lenta y trabajosamente por las estrechas y enlodadas calles que conducen a las afueras de Humble, Texas, y del calmado Río San Jacinto. Padre e hijo pasan por entre hileras de casuchas medio derruidas construidas con tablones de cedro rescatados de las granjas abandonadas del este de Texas, pasan al lado de ropas empapadas que cuelgan de cuerdas de pita rescatadas de los muelles del Houston Ship Channel. Desde algunas partes, Alberto Gonzales prácticamente puede captar la silueta de Houston, a 14 millas de distancia. Las torres que brillan al sol sobresalen del paisaje infinitamente plano, como si Texas se hubiera abierto repentinamente un día y hubiera dado espasmódicamente a luz algo inmenso, plenamente desarrollado en un instante. Cuando el calor abruma, esos edificios parecen reverberar como si vibraran por la alocada actividad y el ajetreo dentro de sus oficinas y podría pensarse que, de un momento a otro, saldrían como cohetes hacia el cielo color gris del concreto en dirección al Golfo de México.

Espera hasta que su padre suba al bus que lo llevará a otro empleo mal pagado en una abarrotada ciudad que algunos llaman Bombay on the Bayou. El bus se aleja dando saltos por el pavimento cuarteado hasta que desaparece dentro del espejismo causado por las olas de calor. Se da la vuelta y por fin regresa pausadamente a casa, caminando bajo los débiles pinos que bordean el camino, con una humedad tan alta que parece que estuviera avanzando por entre un sembrado de juncos mojados. Aún puede recordar a Houston, a la que ya no ve, pero que no está nunca fuera de su mente. La había recordado también al amanecer, mientras veía cómo su madre María le entregaba a su padre la bolsa de papel con los frijoles y las tortillas. La recordó mientras veía cómo su madre servía la misma comida a los ocho niños en la casa de dos dormitorios.

Todos los días se repite lo mismo; su padre se dirige con paso firme hacia la puerta otra vez… seis y a veces siete días a la semana… otro día para buscar algún medio de transporte… en la parte de atrás de un destartalado automóvil de un amigo, o en el asiento trasero de un bus… hacia un trabajo urgente, exigente, en algún lugar del área de Houston. A veces, en lugar de salir de inmediato con su padre, mira por entre las pequeñas ventanas que dan hacia la calle Roberta Lane. Puede observar por unos instantes a su padre, con su overol azul, quien tal vez esta vez se dirige a un trabajo que lo obligará a subir por silos cubiertos de suciedad, con el olor acre del arroz procesado traído en camiones desde el este de Texas y el suroeste de Louisiana: *"De niño le rogaba a mi madre que me despertara antes del amanecer para poder desayunar con mi padre antes de que saliera a trabajar."* [1]

"No teníamos automóvil, y todavía recuerdo a mi padre, saliendo a pie a tomar un bus para ir a trabajar a una construcción mientras todos salíamos corriendo de la casa a despedirlo." [2]

Al salir del colegio, siempre esperaba pacientemente a que llegara su padre. Miraba de vez en cuando hacia la calle mientras jugaba béisbol o fútbol con sus hermanos menores, Antonio, Rene y Timmy. Veía a un hombre cabizbajo, que caminaba trabajosamente por las calles vecinas con nombres de mujer—Martha, Shirley y Velma—pero no era él. Caía la noche y su padre aún no llegaba a casa. Tal vez había ido a beber a alguna parte. Tal vez se había detenido en el bar de Antonio Bustamante, en El Laredo o en la calle St. Charles del Norte y estaría pidiendo de nuevo otro Caballito sudando… el *Little Horse*… las botellas de cerveza Jax tenían en sus etiquetas ese icono de Andrew Jackson saludando con el sombrero mientras se aferraba a un caballo blanco en proceso de ser amansado. Si uno era un borrachín redomado de El Laredo en Houston, uno pedía *un Caballito más.* [3] Si uno era un cliente habitual de lugares como El Laredo, podía darse cuenta del pesado trabajo que desempeñaban los mexico-americanos en Houston, precisamente en las tareas que creaban ese enorme imperio, podía ver la forma como los mexico-americanos literalmente vivían a la sombra de los altos edificios, la forma como el sueño americano era realmente eso: otro *sueño*.

Pablo Gonzales no podía dejar de beber. Era un alcohólico vociferante cuya voz retumbaba a veces desde la derruida y pequeñísima casa de la calle Roberta Lane hasta que la escuchaban los niños del vecindario que jugaban entre las agujas de los pinos que se acumulaban en el suelo y levantaban sus ojos aterrados y muy alertos: *"Mi padre tenía un problema terrible con el alcohol. Era un alcohólico, y muchas noches recuerdo que llegarba a casa y tenía acaloradas discusiones con mi madre; yo me tapaba la cabeza con la almohada para tratar de no escuchar todo aquello. Es decir, desafortunadamente, esas situaciones eran demasiado frecuentes… ya saben, lo que quiero decir es que esos fueron tiempos difíciles en mi familia."*[4]

Según algunos registros de Texas, Pablo Medina Gonzales Jr. nació el 12 de julio de 1929, tal vez hijo de inmigrantes mexicanos llamados María Medina y Pablo Gonzales, en la ciudad de Kenedy en el condado de Karnes en el sureste de San Antonio—un lugar famoso por ser la sede de la primera colonia polaca en los Estados Unidos, donde se cultivaba algodón y se criaba ganado, por ser partidario de la confederación y por ser el hogar de un "castillo" secreto manejado por los Caballeros del Círculo Dorado, que estaban a favor de la esclavitud. Kenedy llevaba ese nombre por Mifflin Kenedy, una de las leyendas de los rancheros de Texas; el Kenedy Cotton Compress fue una de las empresas más importantes de Texas. Según otros registros, María Rodríguez nació el 21 de agosto de 1932, no lejos de San Antonio, hija de quienes tal vez fueron inmigrantes mexicanos, Fereza Salinas y Manuel Rodríguez.[5] *"Mis abuelos fueron inmigrantes mexicanos, recuerdo haber ido a visitarlos cuando era muy pequeño—no había teléfono, ni televisión, ni agua corriente, no había inodoro, salíamos a una caseta de madera que quedaba al lado de la carrilera que pasaba por la parte de atrás de la casa,"* recordaba Gonzales.[6]

Pablo y María se conocieron en la adolescencia cuando trabajaban como recolectores de algodón en San Antonio y el área central sur de Texas. Él estudió hasta segundo de primaria; María llegó hasta el sexto grado. Y alcanzaron la mayoría de edad en un estado que presentaba retos distintos, pero igualmente abrumadores para los negros y los hispanos. Partes de Texas estaban regidas por los negocios petroleros y agrícolas—y los negros e hispanos trabajaban en las tareas más pesadas y sucias para mantener en eficiente y constante movimiento las ruedas de las industrias agrícola, ganadera, petrolera y petroquímica. La segregación, el racismo y la brutalidad eran el pan de todos los días. A los niños se les golpeaba por hablar español; las minorías eran arrojadas ante las escaleras de los juzgados si trataban de registrarse para votar; una plaga de enfermedades que iban desde la tuberculosis hasta el cólera se difundía por todas las comunidades minoritarias como una creciente marea de dolorosas y predecibles tragedias.

Además, en el centro de las áreas urbanas de Texas, la policía acordonaba súbita y a veces violentamente a los "barrios de negros" y los "barrios de hispanos" y hacía todo lo que fuera necesario por instaurar puntos de chequeo tácitos—para asegurarse de que las minorías se mantuvieran de su lado de la avenida, del boulevard y de la carrilera del ferrocarril Santa Fe. En las áreas rurales, había también un aislamiento agudo. Para muchas familias, cuyos antecesores habían venido poco a poco desde México, las vidas giraban ahora en torno a un sistema a veces cruel de castas en la parte sur de Texas—yendo a trabajar a los enormes ranchos ganaderos o las grandes granjas, que eran, en muchas formas, como plantaciones modernas. Las familias mexico-americanas no eran esclavas, pero muchas de ellas se encontraban exiliadas, obligadas a vivir en la propiedad de los rancheros y en las granjas para las que trabajaban, muchos de ellos compraban sus provisiones a los ganaderos y granjeros y muchos estaban económicamente atados en una versión moderna de servidumbre legal en Texas.

Para cuando Pablo y María Gonzales se casaron en el sur de Texas en 1952, los sectores de actividad agrícola se estaban mecanizando cada vez más. Los cambios en el comportamiento del mercado laboral para los trabajadores itinerantes en la recolección de algodón, como Pablo y María Gonzales, eran inmensos y no cesaban. Ellos, y miles de otros mexico-americanos en una situación económica de pobreza desesperada, se vieron obligados a enfrentar alternativas y muchos de ellos empezaron a incrementar la oferta laboral para cualquier tipo de trabajo cerca de las grandes ciudades de Dallas y Houston. Esa tendencia se aceleró por los grandes

cambios en el escenario político en algunos lugares de Texas que se construyeron a costa de la sangre y el sudor de inmigrantes mexicanos mal remunerados.

Para mantener la producción de cosechas durante la Segunda Guerra
Mundial, se creó el "Programa de Bracero"—un bracero era un trabajador
legal contratado que hacía trabajo manual, alguien que trabajaba en el
campo. El programa fue un intento para permitir y controlar el influjo de
trabajadores deorigen agrícolas mexicano a los Estados Unidos, y garantizar así una oferta estable de fuerza laboral temporal barata. Entraron así al
país cientos de miles de mexicanos, como braceros, en busca de la garantía
de las necesidades básicas como alojamiento y trabajo a cambio de 30 cen-
tavos de dólar por hora. Muchos de ellos llegaron eventualmente a Texas—
a pesar de la insidiosa reputación del estado como un lugar en donde los
trabajadores agrícolas nunca lograban buenas condiciones de vivienda,
eran objeto de acoso, y no se les ofrecían oportunidades de educación.
Con el tiempo, muchos de los braceros contratados regresaron a México,
pero muchos decidieron quedarse, lo que desencadenó la infame Operación Wetback del Servicio de Inmigración y Nacionalización que capturó
y expulsó cientos de miles de mexicanos en las décadas de los años sin-
cuenta y sesenta. En Texas, miles y miles de familias mexico-americanas
vivían en el más absoluto miedo de ser detectadas y tal vez injustamente
atrapadas por la red de la masiva Operación Wetback. Pablo y María Gonzales, al igual que millones de otros trabajadores agrícolas con escasa educación y mala remuneración en Texas, no tenían la menor sospecha de las
ramificaciones políticas a más alto nivel, pero sin conocer las intrincadas
razones políticas, era evidente que estaban dentro de un mundo cada vez
más mecanizado, incierto e inestable.

A los dos años de casados, Pablo y María tuvieron su primera hija, Angélica. Un año después tuvieron su primer hijo: los registros del condado
de Bexar indican que Alberto Gonzales nació el 4 de agosto de 1955, en
San Antonio. Cuentan los amigos que nació en el histórico Hospital de
Santa Rosa, un ícono de la ciudad desde el siglo XIX. Su padre era un trabajador ambulante de veintiséis años que escasamente leía y hablaba inglés.
Su madre era una trabajadora ambulante de veintitrés años, quien ahora
era responsable de dos hijos—y pensaba tener varios más. Por un tiempo,
mientras Alberto era aún pequeño, sus padres lo llevaban con ellos desde el

barrio y pasaban los veranos recolectando algodón. "Recuerdo los veranos que recolecté algodón cuando era niño, recuerdo el ambiente polvoriento y caluroso. Éramos muy pobres."[7] Poco tiempo después de que naciera su hijo, fue evidente que debían hacer algo. Decidieron dejar el agotador e impredecible trabajo agrícola y trasladarse más cerca de la ciudad más grande del sur: "Mis padres se conocieron como trabajadores ambulantes cuando eran jóvenes. Una vez casados y cuando empezaron a formar una familia, tuvieron que instalarse en algún lugar, por lo que se trasladaron a Houston."[8]

Houston era una ciudad pujante, muy calurosa y superpoblada, pero también era el lugar donde las personas hacían cola para obtener empleos con alto riesgo de muerte y muy mal remunerados: trabajos en la construcción de rascacielos a temperaturas de 105°; traslado de sustancias petroquímicas tóxicas a refinerías cavernosas; vertimiento de concreto y alquitrán en las carreteras que se construían atravesando los barrios antiguos de la ciudad; construyendo el masivo Ship Channel que sirve a las refinerías y a las plantas de productos petroquímicos. Había también otros empleos—empleos que traían recuerdos a los trabajadores ambulantes de las épocas en que recolectaban algodón, maíz y naranjas en las granjas de Texas, donde era duro ganarse la vida. Ahora en Houston, algunos estaban de rodillas excavando con sus manos el fangoso suelo para nutrir las espectaculares azaleas y las maravillosas buganvilia de las lánguidas y lujosas residencias del sector de River Oaks… y esto era algo nuevo, extremadamente nuevo para muchos de ellos… que, al alzar la vista de su trabajo de jardinería, contemplaban sorprendidos el sofisticado estilo de vida, casi en cámara lenta, del mundo de las acaudaladas familias norteamericanas que se reunían, bailaban y reían en un banquete celebrado bajo un toldo.

Esas pobres familias mexico-americanas que se aventuraban hacia la gran ciudad de Houston se filtraban desde todas las regiones del estado—especialmente desde el Valle del Río Grande y el área central al sur de Texas. Para finales de la década de los cincuenta, Houston se estaba ya ahogando con casi un millón de habitantes. Instantáneamente los mexico-americanos fueron exiliados a las zonas orientales del centro camino hacia el Houston Ship Channel—una de las vías fluviales más contaminadas del planeta y en la que, en un momento determinado, se calculó que el 80 por ciento de sus aguas eran negras. Los hombres hispanos siguieron trabajando en los astilleros cercanos o en el ferrocarril Santa Fe.[9] Entre tanto, se esforzaban por mantener un cierto ambiente de comunidad en las hacinadas, calcinantes e inhóspitas áreas de Magnolia Park y Second Ward o, como también se le conoce, Segundo Barrio, las floristerías, los cafés, las cantinas, las remontadotas de calzado y los mercados de barrio a lo largo de Navi-gation Boulevard se esforzaban por mantener una cierta apariencia de comunidad.

Para cuando Pablo Gonzales decidió trasladarse al área con su familia, había al menos setenta y cinco mil o más, probablemente más de cien mil hispanos—o "blancos españoles," como se les solía llamar frecuentemente en los informes de los centros—en el área de Houston.[10] La cifra seguiría aumentando y multiplicándose, pero por el momento, al llegar la familia Gonzales, la población hispana documentada de Houston alcanzaba apenas el 7 por ciento. La familia Gonzales sería parte de una minoría muy específica. Había menos letreros que dijeran "No se Aceptan Mexicanos," pero todavía era fácil ver el rectángulo marcado en las paredes donde esos letreros habían estado colgados anteriormente—y no se necesitaba verlos para entender que no era aceptado que trabajara un mexicano en un determinado banco, restaurante o almacén en Houston.

Pablo Gonzales ya había decidido que él y su nueva familia necesitaban encontrar un lugar donde vivir alejados del centro de la ciudad y del Segundo Barrio. Se instalarían por su cuenta y harían lo que unos cuantos mexico-americanos estaban haciendo—buscar lotes de terrenos baratos o algún terreno baldío en las estribaciones de las principales áreas urbanas. Lugares como Oak Cliff en Dallas y el extremo sur de San Antonio donde, a veces, sí era posible alejarse lo suficiente, sí era posible instalarse en una área inhabitada, en el primer acre de pradera abierta, *en algún lugar lo suficientemente apartado,* donde se podían criar a los hijos y tener a los gallos sueltos, marchando a sus anchas. Se podían cultivar legumbres y abrir los brazos en un espacio libre. Sentirse en un lugar que se podía llamar propio; con amplios jardines, grandes árboles y sabiendo que uno era el propietario. Era mejor estar tan alejados como fuera posible, mejor en algún lugar inhabitado que atrapados en lo que se suponía que era una especie de gran experimento social en las viviendas públicas del Segundo Barrio o en vecindarios hacinados en el mismo centro de la ciudad. Mejor estar en un lugar donde se podía conservar un mínimo de independencia y tal vez también un mínimo de sueños. No era para todo el mundo, pero Pablo Gonzales decidió que él no tenía por qué ser como los demás, ni por qué ir adonde los demás iban. Era bueno estar lo suficientemente alejado de la ciudad.

En términos generales sería mejor que permanecer agachado trabajando en las grandes granjas manejadas por los *padrones,* los padrinos blancos que manejaban la ganadería y la agricultura en Texas como si se tratara de modernas plantaciones sureñas.

P ablo encontró un cuarto de acre no lejos del Río San Jacinto con su flujo de aguas color caramelo en la antigua ciudad de Humble. Había 14.86 millas desde la calle Roberta Lane hasta la Avenida Texas en el centro de Houston.

"Mi padre, en distintas épocas de su vida, recolectó cosechas como trabajador ambulante, trabajó en la construcción y formó parte de un equipo de mantenimiento de una plantación de arroz no lejos de aquí. Tuvo pocas oportunidades porque no tenía educación. Supongo que, para algunos, era un simple trabajador. Pero para mí, era un hombre especial, con unas manos capaces de crear cualquier cosa. Con la ayuda de dos de mis tíos construyó la casa en la que crecí, cerca del Aeropuerto Intercontinental. Mi madre aún vive allí.

"Recuerdo que, siendo muy pequeño, jugaba en el campo mientras asentaban los bloques de concreto gris para los cimientos. Comenzaron por unir vigas de 2 x 4 con puntillas y luego la placa de yeso que formaría las paredes y, con gran habilidad, martillaron las tejas en el tejado de la pequeña casa de dos alcobas que se convirtió en nuestro hogar."[11]

Humble era una ciudad menos compleja que Houston, pero como tantos lugares sorprendentes en Texas, tenía una conexión directa con algo inmenso, extraordinario, esa especie de trueno ensordecedor que realmente causó impacto en todas las ciudades de los Estados Unidos y en todas las naciones del mundo. Esta ciudad, que tomó su nombre de Pleasant Humble—un obstinado piloto de *ferry* del Río San Jacinto—se encuentra en el lugar donde los pinos del este de Texas dan paso a las planicies áridas que conducen al Golfo de México. Hacia fines de 1800, el único negocio, propiamente dicho, que había en Humble, era el maderero, y, en 1880, el pueblo tenía apenas 60 habitantes—diez blancos y cincuenta negros, y gran parte de la población de color se ocupaba del trabajo pesado de talar los pinos y manejar el aserradero. Ese mundo aislado dio un vuelco total cuando se comenzó a explotar un campo petrolero en 1904—y al cabo de unos meses, se estaba bombeando más petróleo de Humble que de cualquier otra parte de Texas. El pueblo se vio invadido, de inmediato, por miles de personas ávidas de obtener dinero fácil, inversionistas, charlatanes y otros esperanzados en hacer fortuna. Un año después de haber comenzado a extraer petróleo, había en Humble más de diez mil personas. Por último, bajo la dirección del futuro gobernador Ross Sterling, nació la Humble Oil and Refining Company (Refinadora de Petróleo de Humble) que más tarde se conocería como la Exxon.

Cincuenta y cuatro años después del descubrimiento de petróleo, y cuando la familia Gonzales decidió reubicarse en Humble, hacía tiempo que la algarabía del petróleo había llegado a su fin. Sterling había decidido que tenían que llevarse su compañía petrolera lejos de la pequeñísima y aislada población de Humble y reubicarla unas millas al sur en Houston, una ciudad más importante. Cuando Pablo Gonzales compró su cuarto de acre en Humble, había apenas dos mil residentes en el área, una combinación de trabajadores y unos cuantos jubilados. Con sus hermanos, construyó una pequeña casa recubierta de tablones de madera blancos con un pozo en el jardín. Había dos dormitorios en la casa de 1,000 pies cuadrados de un sólo piso, que tenía al frente una cuneta que a veces permanecía llena de agua tibia y mosquitos. No había líneas telefónicas. Tampoco habían sardineles ni aceras, no había camino de entrada ni garaje. Tampoco había agua corriente caliente. "Recuerdo que había que ir a traer agua, echarla en una olla, poner la olla sobre la estufa y calentarla para podernos bañar." [12]

Tampoco había policía por la que la familia Gonzales tuviera que preocuparse cuando se instalaron en una ciudad en las afueras de Houston.

Humble estaba lo suficientemente cerca de Houston, pero también lo suficientemente retirada como para que la familia estuviera segura. Suficientemente alejada para mantenerlos vivos, a salvo de la policía. En la ciudad de Houston, los pobres a veces aprendían a temer tanto a la policía como a los delincuentes. Los hombres todavía eran golpeados y asesinados por ser mexico-americanos o negros. Muchas personas del barrio sabían lo que le había ocurrido a Manuel Crespo, el primer policía hispano que vigiló la ciudad. El antiguo director de funeraria y organizador comunitario entró a la fuerza pública en 1940 para "hablar con los hispanos"—había rumores en el barrio, se estaban formado pandillas y los anglos no se atrevían a pasar por Navigation hacia el Ship Channel. Crespo hablaba su idioma; había participado activamente en la organización de espacios deportivos para los niños, comenzado por un grupo de Boy Scouts, y había sido cofundador de la Cámara de Comercio Mexicana. Fue nombrado detective, con oficiales patrulleros anglos que trabajaban a sus órdenes—un hecho que nunca fue aceptado por los elementos nativos de Houston. En 1946, Crespo se dirigió a su escritorio en el deprimente cuartel de policía y se enteró de que se había cometido un delito dentro de la estación—alguien había forzado su escritorio y había robado todos sus archivos. Crespo reportó el robo y renunció al día siguiente. Algunos dijeron que lo hizo por frustración, otros, que lo hizo porque sabía que estaba marcado. Volvió a trabajar en la Funeraria Crespo, en el centro del barrio. Los mexico-americanos no eran tratados como iguales en Houston y a veces el racismo se tornaba violento.

El año en el que nació Alberto, Sigman Byrd, uno de los mejores y menos reconocidos escritores de Texas, se encontraba entre un puñado de periodistas del estado que habitualmente permitía que se escucharan las voces normalmente silenciosas en Houston y en los círculos periodísticos de las muchas personas que la ciudad hubiera preferido mantener en el olvido:

"Para nosotros, que la conocemos bien, ésta es la ciudad más dramática de todos los tiempos, porque cambia constantemente, pasando de ser a la vez una de las más hermosas a ser una de las más desagradables día a día, cada noche más seductora e ingrata, convirtiéndose, ante nuestros ojos, en una megalópolis de torres blancas del mundo del mañana… Claro está que, desde los pisos altos, inclusive volando bajo, no es posible ver, a través de la amarillenta bruma del suelo las marcas de las llantas de los automóviles que patinan en el lodo, los tugurios, el dolor humano ni el cuerpo hinchado que flota en el *bayou*. Sólo se pueden ver las brillantes torres del comercio, las relucientes paredes de piedra de cantera de la ciudad."[13]

Los hombres seguían siendo torturados y, a veces, lanzados por policías

rudos por encima de las barandillas de los puentes a las enlodadas aguas del
Buffalo Bayou, la principal vía fluvial de la ciudad. En realidad, Buffalo
Bayou era un símbolo de los extremos de la ciudad. Era donde se encontraba la gran mansión Bayou Bend junto con otras de las más elegantes
residencias; era también el lugar donde se desarrollaban los secretos más
malvados de la ciudad. Era, en muchos sentidos, el alma y el lugar de nacimiento de Houston. Esta caprichosa vía fluvial fue el lugar al que llegaron
dos hermanos empresarios en el siglo XIX y comenzaron a construir un
sitio poco prometedor bautizado en honor del héroe de la República de
Texas, el General Sam Houston. Estos "fundadores" ingleses, fueron eventualmente enterrados en el Founder's Cemetery, a pocos pasos del Buffalo
Bayou. Afuera de las puertas del cementerio había un enorme y corpulento roble capaz de resistir el peso de un hombre colgado de una cuerda.
Durante décadas, los aterrorizados mexicanos y negros se referían a ese
árbol simplemente como "El Árbol del Ahorcamiento." La verdad es que
había árboles de ahorcamiento por todo Texas—en las afueras de la pequeña Mexia, en el extremo sur de Dallas y en lugares olvidados en los
intrincados bosques de las áreas del extremo este de Texas. Los registros de
los linchamientos, tal como pueden verse actualmente, informan que en
Texas han sido ahorcados cincuenta y cinco hispanos; la mayoría de los
historiadores suponen que esa cifra no es la correcta.

A veces, mientras sus hijos esperaban que regresaran a casa, algunos hombres simplemente se esfumaban en Houston y otros lugares de
Texas. Desaparecían y, cuando esto ocurría, no era necesario tachar sus
nombres de los libros de contabilidad de las cuentas bancarias ni de los
registros—para comenzar, esos hombres nunca se habían tenido en cuenta.
No era necesario agregarlos a las listas de personas linchadas. Por lo tanto,
era como si nada hubiera ocurrido. Como si nadie hubiera desaparecido
en absoluto. Como si nunca hubieran existido, en primer lugar.

En las comunidades mexicanas más pobres en todo Texas, se escuchaba
lo siguiente: *No tenemos nada… pero tenemos fe.*

Y, como siempre, la iglesia se convertía en la roca firme para los desti-
tuidos y aislados mexico-americanos en Humble, Texas, en el general-

mente rígido sistema de castas de esta parte de los Estados Unidos. La iglesia era a veces la única esperanza, la única fuente de fe. La familia Gonzales tenía "creencias católicas muy específicas," sostiene Jacob Valerio, un amigo de la familia, que creció con los muchachos Gonzales. "Eran fervientes católicos, por lo que pude ver. Los padres de Alberto eran muy católicos."[14] María era la fuerza que impulsaba esa conexión temprana con la iglesia y los Gonzales sabían que el deseo de su madre era que sus hijos se mantuvieran fieles a la fe católica. "Mi madre era una devota de su religión y me dio una educación católica, por lo que desde muy temprano aprendí a distinguir el bien del mal."[15]

En la Iglesia de Santa María Magdalena—fundada en 1911—los sacerdotes visitantes de la orden Oblatos de María Inmaculada, que rotaban por la parroquia, se sentían como si estuvieran desempeñando su ministerio en otro país, en otro mundo, sobre todo cuando miraban a los ojos de los fieles como Pablo y María Gonzales y sus impresionables hijos Angélica, Alberto, Antonio, Cristina, Teresa, Rene, Timothy y Paul. ¿Cómo explicarles, cómo explicarles a todas las familias de la parroquia, la historia de María Magdalena? ¿Cómo convencer a estos feligreses pobres de la congregación que deberían encontrar esperanza en la historia de esta mujer?

Para millones de jóvenes católicos, María Magdalena era la prostituta de cabello rojo que se arrastraba en la periferia de la humanidad hasta que suplicaba ser admitida. María Magdalena era una proscrita cuya redención y aceptación sólo se produjo cuando confesó sus imperfecciones. Todos en la parroquia sabían que la iglesia tenía el nombre de la pecadora poseída por los demonios, por algún deseo poco santo. Según los evangelios de Marcos y Lucas, fue sólo cuando "le fueron expulsados siete demonios" que María Magdalena fue aceptada… sólo después de que se sometió al exorcismo en manos de Jesucristo.

Los sacerdotes tímidamente intentaban sugerir que esas historias no eran ciertas, que la verdadera María Magdalena no era un ser humano inferior sino, en realidad, una heroína, una profetiza, y una mujer con una fe sólida y profunda. La aceptación del mensaje tardó mucho en venir. Para los recién llegados mexico-americanos quienes conocían su historia, María Magdalena aún estaba exiliada fuera de las puertas del cielo. Y la historia de María Magdalena era una que Pablo Gonzales, que trabajaba en Houston y vivía en un lugar pobre y oculto llamado Humble, podía reconocer muy bien.

Trabajaba como un perro y luego regresaba a Humble, dejando atrás las elegantes calles de la ciudad para dirigirse a un tugurio construido de bloques, con un terreno enlodado, como una sopa espesa, infestado de larvas de insectos, de perros famélicos que deambulaban y orinaban donde querían, de automóviles acabados, abandonados al pie de pilas de electrodomésticos a lo largo de lo que supuestamente era un antejardín. Pablo Gonzales, con sus manos callosas de trabajar en Houston, bebía y seguía bebiendo. A veces los niños se asustaban con su potente voz. Los domingos, María no dejaba de asistir a la iglesia. Su esposo había tomado la determinación de instalarse en una de las mayores ciudades de Norteamérica. Construyó su casa con la ayuda de sus hermanos y, esa casa, sin lugar a dudas, giraba entorno a él.

Alberto era el segundo de su familia, pero el primer hijo varón de Pablo Medina Gonzales. En realidad no sabía por cuánto tiempo había estado bebiendo su padre. Había poco que decir al respecto, y solo quedaba conformarse con el hecho de que su padre lo soportaba todo, aún con la peor de las resacas, y salía de su casa todos los días sin falla. En el espíritu de María Magdalena, eso, al menos, era una mínima forma de recuperar su honor: *"Por mucho que hubiera bebido en una determinada noche, si al día siguiente había que trabajar, siempre se levantaba y salía a buscar el sustento para su familia, por lo que desde muy temprano en la vida aprendí esa lección."* [16]

A veces Alberto se preguntaba qué pensarían los vecinos. Su madre siempre mantenía a sus hijos cerca de ella. No quería que anduvieran por ahí. Si salían, debían volver a reportarse cada treinta minutos. [17] Durante los fines de semana o en las noches, cuando todos salían de la casa al bajar la temperatura, cuando los vientos subían desde el Golfo de México, él saludaba a las madres que estaban en la calle, cuyo aspecto era idéntico al de su madre María. Algunas mañanas, las veía caminar por la calle al lado de su padre—con el sudor que ya brotaba por entre sus vestidos blancos mientras iban al lugar donde podían tomar el bus para dirigirse a Houston, adonde trabajaban limpiando las mansiones de River Oaks, el lujoso vecindario que se extendía a lo largo del Buffalo Bayou.

A veces parecía como si las dos mil personas que habitaban Humble fueran atraídas hacia Houston por una fuerza irresistible. A veces parecía como si todo el mundo prestara algún tipo de servicio a alguien o en algún lugar en la voraz ciudad de Houston. Tal vez todos los niños, incluyendo a Alberto, se convertirían en personas idénticas a su madre y a su padre. En la noche, abrazaba a sus padres antes de irse a la cama. A veces, por las mañanas, la familia iba toda junta a la iglesia a rezar.

Durante los años posteriores a la Segunda Guerra Mundial, Houston era una ciudad inestable, llena de fabulosos excesos y miserable desesperación. Era una ciudad industrial del sur, cubierta por una perpetua nube de contaminación ambiental como testimonio de los miles de millones de dólares que salían incesantemente de las refinerías de petróleo. A diferencia de Dallas, Austin y algunas otras ciudades famosas de Texas, Houston era la ciudad con mayor diversidad internacional, contaba con consulados y con buques cargueros transatlánticos. Houston era además la ciudad de las antiguas fortunas del petróleo, con suficiente historia como para tener una jerarquía y mantener un sistema de exclusión. El remolino de dinero atraía a negociantes del noreste, muchos de ellos arribistas, buscadores de fortuna y emisarios de familias, todos resueltos a sacar provecho del juego del petróleo a toda costa. Al llegar, estaban casi obsesionados con reproducir a los viejos ricos con sus clubes campestres, partidas de polo, puestos en la junta de la sinfónica y mesas en los bailes, galas y festejos tachonados de diamantes. Cada vez más ubicuos, los nuevos mexico-americanos recién llegados a Houston hacían trabajos de jardinería, mantenimiento, limpieza y servían de ayudantes de construcción en todas estas instalaciones.

Para los que no vivían sobre la línea de la nube de contaminación, Houston se convirtió—a un nivel cada vez más rarificado—en la más impenetrable de todas las ciudades de Texas. Las fortunas, el poder y la influencia en su contraparte competitiva, la ciudad de Dallas, fueron siempre mucho más que transparentes—y sin duda igualmente inalcanzables, pero aparentemente más evidentes, más fáciles de nombrar e identificar. Todos los interesados concordaban en que Houston se encontraba bajo el firme dominio de unos pocos... pero muy pocos podían realmente nombrarlos o describirlos con cierta exactitud. Houston tenía grupos y subgrupos, niveles y subniveles y complejos cónclaves de dueños adinerados en los silenciosos corredores del centro de la ciudad.

La dolorosa sensación de inaccesibilidad total contribuía a bombear las primeras gotas de sangre hacia una serie de movimientos comunitarios entre los hispanos de Houston. Durante la primera mitad del siglo xx, hubo intentos incipientes por identificar los puntos culturales de encuentro y obtener de los norteamericanos, sobre todo de las personas del sector financiero, la policía y los educadores, un tratamiento justo. Para cuando la familia Gonzales se mudó al área, había un poderoso movimiento local por un tratamiento justo, de la Liga de Ciudadanos Latinoamericanos Unidos que trabajaba por lograr la eliminación de la segregación, mejores escuelas y mejores servicios sociales. Con el surgimiento de líderes nacionales de la LULAC, como el abogado John Herrera y el restaurador Felix Tijerina, Houston se convirtió en uno de los puntos donde se inició del movimiento latino.

No hay evidencia de que la familia Gonzales participara en la LULAC ni en ninguna otra organización hispana como el American G.I. Forum o el Comité Patriótico Mexicano, que organizaba bailes, asados y reuniones para celebrar la cultura mexicana y servir como una especie de sociedad de ayuda mutua. La familia Gonzales no había buscado el área de Houston como una zona para adquirir mayor influencia cultural, como un lugar donde la familia pudiera recibir un más amplio cambio social—ni donde pudiera ayudar a promover la causa. No hubo ningún activismo político temprano, ninguna alianza evidente a ninguno de los múltiples movimientos—incluyendo el movimiento pro-Kennedy, "Viva Kennedy," que instaba a los mexico-americanos católicos a poner en sus casas la fotografía de JFK y proclamarlo hombre de fe y simpatía… y a registrarse como votantes. "No recuerdo que mis padres hayan votado alguna vez, pero aprendí a ser responsable," dijo Gonzales.[18]

En 1956, justo cuando Pablo Gonzales pensaba mudarse con su familia a Houston, se produjo otro acontecimiento galvanizador en el estado—el conocido Henry B. Gonzalez reescribió la historia de Texas al convertirse en el primer mexico-americano en el moderno senado de Texas. En 1958, el año en el que Pablo y María decidieron trasladarse a Houston, Henry B. Gonzalez sorprendió de nuevo al estado al convertirse en el primer mexico-americano en emprender una firme campaña como candidato a gobernador. Hubo grandes manifestaciones políticas a favor de los mexico-americanos; la familia Gonzales fue testigo más que participante. Al igual que muchas otras familias de obreros que se mudaron a Houston—y que se ubicaron en los barrios de la ciudad o en las ciudades vecinas como Humble—lo único que buscaba la familia Gonzales, en último término, era sobrevivir. Todos estaban conformes con los trabajos de obrero de su padre y estaban conformes con el ritmo constante de su miserable parte de Texas. Estaban conformes con encontrar una semblanza de paz, hogar y comunidad. El objetivo de Pablo y María era establecerse y echar raíces. Tenían un claro sentido de familia y el convencimiento de que nunca se volverían a mudar, nunca irían mucho más allá del área de Humble. Era un sector pobre, pero ante todo, predecible.

"Durante los años en los que crecimos, hubo paz y tranquilidad. Nunca tuvimos problemas de crímenes ni violadores. Cuando construyeron el anillo vial y la ciudad empezó a crecer, empezamos a tener crímenes ocasionales en el vecindario. Pero, por lo general, en esa época, las cosas eran muy tranquilas. Podíamos dejar abiertas las ventanas y las puertas sin que nadie entrara," cuenta Jacob Valerio, un amigo de la familia.[19]

Es más, cuando niño, Alberto Gonzales nunca se dio cuenta de lo pobre que era hasta que empezó a ir a Houston—y comenzó a frecuentar los rascacielos y los círculos de enormes fortunas y poder, a apenas unas millas de distancia. Más tarde, los Gonzales comentarían: "Como muchas de las personas con quienes he hablado en todo el país, que provienen de familias de bajos recursos, uno no tiene la menor idea de lo pobre que es hasta que llega a una determinada edad."[20]

Fue un plan, un plan perfecto en muchos sentidos.

Houston y otras grandes ciudades de Texas eran infames en el sentido de la forma como sus líderes podían asociarse y maquinar estrategias para controlar el "problema de las minorías"—sobre todo a medida que el movimiento de los Derechos Humanos fue ganando fuerza en las décadas de los cuarenta, cincuenta y sesenta. (En Dallas, el intimidante grupo que manejó la ciudad durante casi todo el siglo xx fue el Concejo de Ciudadanos de Dallas—dirigido, en parte, por el grupo abiertamente racista del

Dallas Morning News, que hacía alarde de sus instalaciones de comedor segregado. El Concejo recibió el apodo de Concejo de Ciudadanos *Blancos* de Dallas de parte de algunos miembros de grupos minoritarios). Los líderes de las ciudades de Texas tenían una solución sencilla pero efectiva para evitar las protestas y los levantamientos que fueran "vergonzosos" y reclamaran los derechos civiles: "elegían" e identificaban ciertos líderes minoritarios con poder y popularidad en la ciudad con los cuales podían "trabajar." Esos líderes minoritarios—un empresario, un educador, un predicador—podían asistir a una reunión en el club campestre, por lo general segregado, o podían ser nombrados para ocupar un cargo con una remuneración representativa o para trabajar en una comisión o una junta. Este proceso de "inclusión" y "acomodación" era la compensación para que ese representante minoritario mantuviera bajo control cualquier intento de agitación por parte de la comunidad minoritaria. Así, entraba al club campestre River Oaks, altamente segregacionista, un líder hispano o un líder de la comunidad negra elegido a propósito por los líderes de la ciudad.

Claro está que algunos líderes de minorías se negaban a seguirles el juego y arriesgarse a que les endilgaran el título de "Tío Tom" o "coco" (negro por fuera pero blanco por dentro). Sin embargo, algunos de los líderes minoritarios se fueron a un extremo radicalmente distinto sosteniendo que la única forma de que las minorías se libraran del sistema de castas era tratando de parecerse más a los angloamericanos—despojarse a la fuerza de los excesos culturales que pudieran representar un obstáculo para su desarrollo económico. Era una pretensión brutal: Dejar de ser para triunfar. Abandonar la herencia cultural para ascender. Dejar de hablar español. Dejar de celebrar las fiestas tradicionales. Dejar de aislarse. Empezar a parecerse más a las personas que realmente manejaban a Houston. Dejar de ser mexicanos y empezar a "actuar" como angloamericanos.

Varios días después del nacimiento de Alberto Gonzales, un adolescente llamado Emmett Till fue asesinado en Money, Mississippi, por personas que creyeron que le había silbado a una mujer blanca. En Pittsburg, Texas, los hombres que habían formado parte de la pandilla que castró a un negro en los años cuarenta se habían instalado en la pequeña y tranquila ciudad, adaptándose a su calmado ritmo. Después de otros veintidós años, un hispano de Houston llamado José Campos Torres sería golpeado por varios policías y lanzado vivo al Buffalo Bayou. El perverso trasfondo de Texas no había cambiado realmente—en muchos sentidos, no presentaría ningún cambio durante años, durante décadas. El éxito—ya fuera por asimilación o por cualquier otro medio—nunca se logró.

Mientras iba creciendo en Humble durante los años sesenta, en las afueras de Houston, el hogar de la mayoría de los millonarios del estado, esa megalópolis no solamente era distante para alguien como Alberto Gonzales. Dadas las intrincadas complejidades—el laberinto social, el racismo, la exclusión—sería un milagro que encontrara la forma de llegar hasta allí. Sería *un milagro* y necesitaría guías, facilitadores poco probables de encontrar, que pudieran lograr que se abriera un lado de la carpa dorada para permitirle entrar. Sus compañeros tendrían que ser diferentes a los de Humble. Al tiempo con estos guías vendrían las compensaciones. Esos compañeros serían como el título de la obra clásica del novelista Larry McMurtry: *All My Friends Are Going to Be Strangers* (Todos Mis Amigos Serán Extraños).

Alberto Gonzales y su familia se habían mudado a la modesta casa que su padre, un trabajador ambulante alcohólico, acababa de construir con sus propias manos en una parte de Texas aparentemente aislada de Houston. No mucho tiempo después, George W. Bush y su familia se mudaron a una espectacular casa en Houston, construida especialmente para ellos y atendida por doncellas y jardineros mexico-americanos en 1.2 acres cerca del club campestre al que su millonario padre acababa de ingresar como socio.

Muy Diferente

Su Alberto había aprendido a mantener el equilibrio entre obtener lo que quería y no convertirse en una persona verdaderamente pesada. Desde muy temprano, los niños de la escuela secundaria Aldine Junior High habían visto—como lo había visto también María en su hogar—que Alberto manipulaba a los demás para obtener comida, ropa y el uso del único baño en la casa de la calle Roberta Lane. A diferencia de su padre, nunca tuvo tendencia a los excesos—pero era competitivo y detestaba perder. Albert, como lo llamaban sus amigos y compañeros de clase, parecía a veces insensible desde el punto de vista emocional y carente de la más mínima curiosidad—mientras que para otras personas era el parangón de la estabilidad, su mente probablemente procesaba un papel diferente del que desempeñaban sus siete hermanos y hermanas. Llevaba a Angélica al colegio y se veían en los corredores. Iba con ella a la biblioteca de la escuela local: "Me encantaba leer. Recuerdo que mi hermana y yo solíamos ir a pie hasta la biblioteca de la escuela local, a un poco más de una milla de distancia. Eran bibliotecas que permanecían abiertas y podíamos sacar libros. Yo sacaba libros de historia y libros sobre deportes. Me fascinaban realmente los libros de animales, pero no puedo recordar ninguno en particular que me haya inspirado o motivado."[1]

Organizaba competencias de lanzamiento de pelotas con sus hermanos Antonio, Rene y Timothy:

"De pequeño practicaba muchos deportes durante el verano con mis hermanos. Me gusta contar que entre los recuerdos que tengo de mi juventud durante los veranos era que nos levantábamos por la mañana—éramos cuatro niños de edades muy cercanas—y salíamos a jugar béisbol, en equipos de dos, toda la mañana. Armábamos el estadio en el jardín de atrás, colocábamos una valla de retención—teníamos malla de gallinero y jugábamos béisbol toda la mañana, entrábamos a la casa, almorzábamos, mi madre nos obligaba a acostarnos y hacer la siesta, cosa que detestábamos, y después jugábamos béisbol toda la tarde."[2]

Además, ayudaba a su madre con los más pequeños, especialmente con Pablo. En Humble, su padre no lo llevaba a las reuniones de los Cub Scouts ni a montar a caballo, ni a acampar. Gonzales aprendió a ser su propio jefe, a identificar una meta y alcanzarla. Practicaba deportes de forma obsesiva—y se dedicaba a aquellos en los que se desempeñaba mejor, en los que podía ganar. No adoptaba una actitud beligerante ni dominante hacia las personas con las que tenía diferencias de opinión, procuraba hacer las paces o ignorarlas. María decía que su hijo no pasaba por encima de nadie para obtener lo que quería. Las oportunidades simplemente le han llegado y él las ha aprovechado."[3]

En el colegio, comenzaba a aprender sobre la separación cultural—la que está profundamente ligada con la historia. Se estaba enseñando en Texas una versión especial de la historia, obligatoria y él parpadeaba asombrado al oír la descripción unilateral de la guerra entre el país de donde habían venido sus abuelos y el estado en el que crecía. "Tengo recuerdos de Texas—hay que aprender sobre la historia del estado, y gran parte del curso se refiere a México y la Batalla de El Álamo. Recuerdo que me sentía muy incómodo cuando se hablaba de la forma como México había conspirado contra Davy Crockett. Me hacía sentir muy mal."[4]

A los doce años, en 1967, Gonzales aceptó un empleo ayudándo a un vecino los sábados a vender sodas y golosinas en la Universidad de Rice, justo en el corazón de lo que se conoce como el corredor intelectual y cultural de Houston. "Los niños comenzaron a trabajar tan pronto como les fue posible," dijo Monseñor Paul Procella en Santa María Magdalena.[5]

Ahora Gonzales sería el que intentaría encontrar el camino hacia Houston que no cesaba de llamarlo. Seguiría ahora los pasos de su padre, tratando de determinar cómo lograr un trabajo bajo el sol y el calor que le pagara unos cuantos dólares al día. No lejos del Museo de Arte de Houston, la Universidad de Rice llevaba el nombre de su patrono original—William Marsh Rice, un financista que murió asesinado y cuya espeluznante muerte por cloroformo hipnotizó a los Estados Unidos. Rice fue el segundo hombre más rico de Texas, forjó su fortuna en los cultivos de algodón, el ferrocarril, los licores y los seguros—con la ayuda de sus quince esclavos. (Rice, quien murió en 1900, era miembro de la "patrulla de los esclavos" de Texas, un grupo de hombres que perseguía a los esclavos fugitivos. Fue asesinado en un apartamento en la ciudad de Nueva York a los ochenta y cinco años de edad. El sensacional juicio que tuvo lugar después de su muerte cautivó la atención de la nación cuando se supo que su mayordomo y su abogado estaban detrás de su muerte por envenenamiento y habían conspirado para utilizar documentos falsos a fin de heredar el patrimonio del millonario. Las cenizas del dueño de los esclavos fueron enterradas bajo una imponente escultura en los predios de la universidad fundada por él.

A veces conocida como la "Harvard del Sur," Rice es la institución educativa más elitista de Texas y aunque Rice la fundó inicialmente como un lugar para los pobres sin medios para obtener una educación, con el correr de los años se ha convertido en uno de los centros educativos más exclusivos y fuera del alcance de los ciudadanos comunes. Tal vez su exclusividad se debía no a una intención fría, rígida y orquestada—sino a muchos años de "tradición" y a esos complejos y excluyentes niveles sociales y culturales en los que se especializaba Houston. No era ni mucho menos una universidad a la que Pablo y María Gonzales hubieran siquiera aspirado como el lugar de educación de sus hijos; ni siquiera habían considerado la posibilidad de que tuvieran una educación superior. En Rice, el número de estudiantes pertenecientes a poblaciones minoritarias era siempre de un sólo dígito. La escuela estaba en algún lugar al otro lado de Houston, en la zona donde los ricos se recreaban, se educaban, eran atendidos por médicos con una práctica privada y cenaban en los más elegantes restaurantes del estado. Era parte de algún orden social deslumbrante del que la familia Gonzales no formaba parte y nunca lo haría. Una cosa era ir a Houston a trabajar en obras de construcción o dentro de los hirvientes silos de arroz, pero era demasiado esperar poder adentrarse en la ciudad, en el área circundante de la universidad, cerca del Museo de Arte de Houston y cerca del hotel que hospedaba los mejores del país, el Shamrock Hotel, construido por el petrolero Glenn McCarthy (la inspiración para Jett Rink de la película y el libro *Giant* y alguien que acumuló millones, muchos millones, y creó su propia marca de bourbon, "Wildcatter").

El Shamrock Hotel, ubicado en la misma calle de Rice, un poco más abajo, era la definición de Texas para todo el país y para el mundo. Cuando se construyó en los años cuarenta, se anunció como el hotel más grande del mundo y tenía una tienda de regalos que vendía orgullosamente tarjetas postales en las que se podían ver mujeres que felizmente practicaban deportes acuáticos en la piscina de proporciones descomunales. Era el escenario de fiestas interminables de donde los invitados salían prácticamente sin sentido; el lugar donde se realizaban orgías, bailes, festejos y muchas cosas más. Decorado para ofrecer un ambiente similar al de Hawái, con ciertas connotaciones tejanas, era como una especie de Xanadú en la Pradera—un precursor del famoso programa de televisión *Dallas* y su representación de los interminables extremos, a veces de mal gusto, de los Vaqueros Calígula en el Estado de la Estrella Solitaria.

McCarthy atendía allí a sus personalidades políticas favoritas y a los iconos de la cultura pop, desde Howard Hughes hasta John Wayne, y tanto para los de las clases bajas como para los más sofisticados, el lugar llegó a convertirse simplemente en un símbolo de exceso de los nuevos ricos que dejaban a todos boquiabiertos en Texas. En realidad, una cosa era ir a Houston a trabajar en una obra de construcción; entrar por la puerta principal de los poderosos de Houston y esperar en la antesala. Otra cosa era ir al área que circundaba la universidad, incluyendo el Shamrock, eso era como entrar en las salas de juego, en los salones, en los dormitorios de los poderosos de Texas.

En Humble, María se preguntaba si había tomado la decisión correcta al permitir que su muchacho fuera a vender Coca-Cola y palomitas de maíz—él no sólo tenía planes de ofrecer sus mercancías en Rice sino también en el famoso símbolo de la ciudad, el Astrodome, en los partidos de fútbol de los Houston Oilers. No era que no confiara en su hijo mayor. Con Alberto, era como lanzar al agua un buque confiable. "Siempre les he dicho que respeten a los mayores y a sus maestros, que digan la verdad y que se cuiden unos a otros," sostenía María.[6] En el Rice Stadium, subía y bajaba los escalones y miraba el elegante barrio bordeado de árboles y el histórico campus universitario.

"Mi primer trabajo fue vender gaseosas en los juegos de fútbol de Rice. Tenía apenas doce años, y llevaba esas pesadas bandejas de Coca-Cola y Sprite hacia arriba y hacia abajo por la tribuna superior del Rice Stadium. Después de los juegos, mientras esperaba que se dispersaran los espectadores para poder regresar a casa, observaba por encima de las paredes del estadio a los estudiantes de Rice que regresaban a su universidad. Me preguntaba: ¿Cómo será ser uno de ellos—un estudiante de Rice?

"Crecer del lado norte de Houston, con un padre y una madre que entre los dos sumaban apenas ocho años de escolaridad, no me daba ninguna idea real de lo que podría ser una educación en Rice. Pero inclusive entonces entendía, mientras animaba a los poderosos Owls, que allí era donde quería estudiar."[7]

En la Douglas MacArthur Senior High School, era el número 34, el *safety* en el equipo de fútbol de los Generals. Tenía el pelo negro, largo y abundante que ondeaba sobre su frente y cuando se lanzaba para atrapar un roletazo jugando para el equipo de béisbol, el pelo ondeaba bajo su gorra. Era uno de cerca de 54 hispanos de una clase de 314 estudiantes; había unos 14 estudiantes afroamericanos en MacArthur. Las escuelas del área de Houston acababan de eliminar la segregación y las familias, los estudiantes, los profesores y la policía estaban atentos a la forma como se desarrollaría el nuevo experimento social—sobre todo dentro de una ciudad con una historia violenta en cuanto a las minorías.

"Era un estudiante brillante. Hizo los cursos de preparación para la universidad mientras estaba en la secundaria y obtuvo excelentes calificaciones. Siempre llegaba a tiempo. No creo que llegara nunca tarde a clase ni que dejara de asistir. Eran los primeros días de la integración y simplemente se abstuvo de pertenecer al grupo de los demás estudiantes hispanos. Sus mejores amigos eran estudiantes blancos que también asistían a las clases más avanzadas y recibían los programas de preparación para la universidad," recuerda Marine Jones, su consejera de la secundaria y la primera afroamericana contratada para un cargo académico. Ella estaba atenta a la forma como coexistían las distintas razas y a determinar si cualquier levantamiento social que se estuviera forjando en algunos de los vecindarios del centro de la ciudad de Houston podía hacer erupción en MacArthur.

"Era algo extraño, porque la mayoría tenía sus pequeños grupos. Aunque estaban en el mismo colegio y participaban en los mismos deportes, a la hora del almuerzo todos los hispanos se reunían en un lugar, todos los negros se reunían en otro y los blancos andaban por otro lado. Él era uno de esos chicos que estaba con todo el mundo. No se limitaba a un solo lugar. No permanecía en una misma mesa. Estaba con todos. En mi opinión, considero que tenía la suficiente confianza en sí mismo como para decirse, 'No tengo que hacerlo. No tengo que segregarme en un lugar. Mi situación no es la de esa persona. No tengo el mismo respaldo financiero ni el mismo tipo de atención—pero valgo tanto como ella. De cualquier forma soy su igual. Soy tan bueno como cualquiera de ellos.' Era algo extraño que los amigos íntimos fueran de otra raza. Pero no así con Al. Sus mejores amigos eran de todas las razas. Eso no parecía importarle para nada. No permitía que lo vieran como una minoría.[8]

Sus amigos hispanos recuerdan un colegio que tenía pocos encuentros violentos de tipo racial, tal vez porque la mayoría de los adolescentes se daban cuenta de que había muy pocas diferencias económicas entre las familias y los vecindarios de los estudiantes—que todos ellos provenían de las partes más pobres de Houston: "No recuerdo ninguna experiencia racista," dice Jody Hernández. "Era un entorno de personas de clase media a clase baja. Había pocos estudiantes que recuerde que tuvieran fortuna o familias adineradas. No era una situación de ricos y pobres. Los blancos nos dejaban tranquilos y nosotros no nos metíamos con ellos. Si uno salía con una chica de otra raza, podía ser el foco de atención para ambos grupos raciales y uno se podía encontrar en una situación en la que los padres no aprobaban esa relación."[9]

A veces Gonzales tenía que pedir a sus padres que vinieran al colegio a firmar papeles o a hablar con los profesores. Las tensiones por diferencias culturales eran más que obvias para Jones. Era evidente que Gonzales había asumido un papel de traductor, de puente para su familia: "Siempre que se presentaba la ocasión de conocer a los padres o algo así, ellos se mostraban muy renuentes a hablar inglés. Él tenía que traducirles todo lo que les decíamos. No eran muy expresivos, en cuanto a intentar comunicarse." [10]

El hecho de hablar español era todavía un asunto delicado en Texas, ocasionalmente desencadenaba controversias, acalorados argumentos y quejas en cuanto a la forma de lograr el equilibrio adecuado entre inglés y español en el colegio, la iglesia y el trabajo. "No se nos permitía hablar español. Las familias se mantenían aisladas en ese aspecto. Yo crecí hablando español, pero sólo lo hablaba en casa. En clase, en el grupo, no nos permitían hablar español. Tal vez decíamos chistes en español o lo hablábamos con nuestras familias. No teníamos un entorno donde pudiéramos hablar nuestro idioma cómodamente. En nuestro colegio prácticamente eliminaron esa posibilidad," sostiene Hernández, un amigo y compañero de equipo de béisbol de MacArthur. [11]

En casa, en su vecindario, la familia Gonzales tendía a mantenerse aislada. Los vecinos veían a Pablo cuando iba y venía del trabajo, veían a sus hijos cuando salían para el colegio o cuando jugaban en el jardín. Pero aún con ocho hijos, la familia Gonzales tendía a evitar permanecer afuera de la casa. Los lazos que unían a la familia eran estrechos, reforzados con creciente insistencia más por María que por Pablo. "En realidad se mantenían aislados, no eran muy sociables," recuerda Brenda Pond, una vecina que vivía calle abajo. [12] Sólo en el colegio el hijo mayor parecía más comunicativo, más dispuesto a cruzar límites y fronteras.

Gonzales era miembro de la Sociedad Nacional de Honor, además de jugar béisbol y fútbol. Salía con chicas tanto anglosajonas como hispanas, incluyendo a Liz Lara, que estaba dos grados atras de él. Ella pudo darse cuenta de que a mediados de los años setenta, se produjo un despertar religioso entre muchos estudiantes, que contrastaba abiertamente con la actitud de otros estudiantes y tal vez inclusive con el ambiente en general: "Sólo nos veíamos en el colegio. Había un cierto sentido de religiosidad, de espiritualidad, en ese entonces, y era muy entre nuestros equipos deportivos. No se trataba de que uno anduviera por ahí predicando la Biblia, pero había un espíritu religioso que creo que provenía de la camaradería de equipo. Nadie andaba preguntando si uno era bautista o católico, todos creíamos en Dios." [13]

Otros amigos, entre ellos Jody Hernández, recuerdan que Gonzales era uno de los atletas del colegio que participaba en grupos religiosos, hablaba de la Biblia y tal vez inclusive llevaba una con él. Según los funcionarios del colegio, Gonzales era miembro de la Unión de Estudiantes Cristianos, un grupo que promovía grupos de oración y varios seminarios religiosos. El cristianismo y el estudio de la Biblia pueden haber servido para allanar las diferencias raciales en un ambiente donde los negros, blancos e hispanos se reunían en los salones de clase e inclusive donde la consejera, Marine Jones, una afroamericana.

"Pienso que era deficil ser hispano en un colegio donde la mayoría de los estudiantes eran blancos. No creo que se tratara de un colegio de alumnos con familias de altos recursos. Era una comunidad de clase media a baja. En ese entonces, pertenecer a una minoría, ya fuera afroamericana o hispana, era algo difícil. No se obtenía de los maestros y los consejeros el impulso para alcanzar logros o luchar por mejores oportunidades. He tenido varias conversaciones con personas que estaban involucradas en el sistema de educación en esos días. Esas personas, ya fueran profesores o consejeros, admitieron no haber contado con las herramientas necesarias para brindarnos su ayuda. Se preocupaban más porque termináramos la secundaria y pensaban que: 'eso era ya un logro en sí mismo.' Si uno tenía el impulso y la motivación para sobresalir, era un esfuerzo que dependía prácticamente de uno solo. Pienso que eso fue lo que hizo Al," comenta Jody Hernández.

"Éramos un pequeño grupo minoritario. Teníamos un fuerte vínculo y nos ayudábamos mutuamente para progresar en nuestra educación. El grado de reclutamiento de las universidades en nuestro colegio era mínimo o muy bajo. Los administradores esperaban que uno se graduara y obtuviera un empleo común y corriente, que fuera a una universidad comunitaria o que entrara a las fuerzas armadas. Desde el ambiente en el que nos encontrábamos, lo único que intentábamos era terminar la secundaria. Al colegio no venían oradores invitados o personas que nos pudieran animar a continuar los estudios. La idea era que uno se graduaba para encontrar un empleo."[14]

Pero Hernández, como cualquier otra persona, podía ver que Gonzales tenía planes, alguna metodología para hacer lo que estaba haciendo. Era deliberado y deliberativo. Era estudioso hasta el punto de que a veces parecía evaluar constantemente las situaciones y las personas. Tal vez no era abiertamente calculador, pero parecía estar eligiendo con cuidado sus amigos y los círculos donde se movía: "Al nunca se identificó con su vecindario. Eso lo recuerdo bien, él nunca se presentaba diciendo: 'Hola, soy de tal vecindario,' dice Hernández.[15]

La chica con la que salía, Liz Lara, recuerda esto también. "Alberto hablaba mucho de querer hacer cosas. En Alberto siempre había ese sentido de propósito. Alberto nunca pensaba en el 'ahora.' Siempre pensaba en lo que sucedería después. Ya desde esa temprana edad reflexionaba seriamente sobre su futuro." Reflexionaba y buscaba dentro de sí mismo hasta en ocasiones llegar a sentirse solo—una soledad voluntariamente aceptada que contradecía la imagen prevaleciente de Gonzales como una ágil criatura social, alguien que podía cambiar sin dificultad de ser una persona despreocupada a convertirse en un ratón de biblioteca, en una persona devotamente religiosa, alguien que parecía tener una forma similar a la de Zelig de estar en todas partes, en cualquier parte, y sin embargo, dejar poca huella en cualquier lugar donde estuviera. En una oportunidad, en un raro despliegue de emotividad, le escribió a Lara una nota íntima:

"También yo soy una persona de ánimo muy cambiante, aunque rara vez estoy solo. A veces la soledad me encuentra y me deja perdido y desconcertado."[16]

Marine Jones describe un ambiente en la secundaria, en Humble, Texas, a finales de los años sesenta que se basaba en sueños. Un ambiente que no se fundaba en "el presente" sino en el reino de las posibilidades borrosas e imprecisas: "En ese entonces no había muchas oportunidades para los negros y los hispanos de poder entrar a la universidad, ni nada por el estilo. Les decíamos a los estudiantes, 'no parece que haya una puerta abierta por el momento, no hay dinero, pero prepárense.' Y así nuestros profesores trabajaban con ellos desde ese punto de vista. Desde el punto de vista de, 'van a tener éxito' y 'van a tener una oportunidad.' Muchos de los estudiantes sabían que no tenían el respaldo financiero ni nada al respecto, pero seguían preparándose por si acaso algo ocurría. Así funcionaban las cosas. Allí la gente se orientaba en gran medida hacia el futuro. Quería que nuestros estudiantes se prepararan para el futuro aunque no lo vieran en ese momento. Prepárense para el futuro aunque no lo vean ahora." [17] Gonzales, según lo describe Liz Lara, parecía tener una intensa aversión a ocuparse del "ahora"—y deliberadamente no permitía jamás que sus amigos íntimos entraran a su mundo en la calle Roberta Lane. Era su hogar, pero estaba estancado y parecía un lugar sin futuro, por las debilitantes adicciones de su padre, por la falta literal de espacio para moverse.

No hablaba de su familia, nadie sabía que su padre era alcohólico, nadie sabía que en su casa no había agua caliente corriente, que hasta sus años de adolescencia, la familia todavía tenía que salir a la esquina para llamar por teléfono. Sus amigos y amigas simplemente nunca fueron a su casa. En cambio, él siempre disponía las cosas para encontrarse con la gente lejos de la calle Roberta Lane. Algunos consideraban que esto era algo extraño y se preguntaban qué estaría ocultando, pero luego lo olvidaban y no volvían a pensar en eso. Era como si sus padres y su casa en Roberta Lane no existieran, como si un nuevo Alberto Gonzales recién bañado, inteligente y pragmático hubiera aparecido repentinamente de la nada, en cualquier lugar, y hubiera avanzado con su enérgico físico directamente por entre las puertas de MacArthur Senior High. Nunca hubo una reunión después del colegio en su casa. Nunca fueron amigos a quedarse a dormir, a comer un sándwich en la cocina, a sentarse en la banca del patio al atardecer ni a buscar nueces en los jardines del vecindario. Nadie sabía cómo era su casa por dentro. Él quería "pasar lo más inadvertido posible," [18] pensaba su consejera de la secundaria. Dominaba el arte de adaptarse a cualquier lugar sin revelar mucho sobre sí mismo. Las huellas que dejaba eran leves y cuando alguien se refería a Alberto Gonzales lo hacía como si estuviera describiendo a un piloto de avión comercial—seguro, calmado, inconmovible, sin cambios emocionales en uno u otro sentido.

Su compostura puede haber tenido algo que ver con el hecho de que era jugador de fútbol en un estado en donde jugar en el equipo de la secundaria suele ser un pasaporte para tener acceso a las chicas, a comidas gratis y a ocupar la posición de un hombre importante dentro del colegio. Le agradaban los privilegios de su status, pero estaba totalmente consciente de sus barreras hispanas y sus restricciones económicas. "En mi último año de secundaria, él se sentaba frente a mí en la clase de inglés. Siempre bromeábamos. Solía golpearlo en la cabeza desde atrás todo el tiempo." dice Alma Villareal Cox, que es cinco días menor que Gonzales. "Ya sabe, siempre lo llamábamos Albert. Era sociable de una manera muy particular. Estaba con el equipo de fútbol y, no obstante, no era una persona ruidosa, siempre usaba jeans, una camiseta y zapatos tenis. No era un muchacho radical según lo recuerdo. Era muy callado, muy distinto a los demás.

"En una época actuó en una obra de teatro del colegio. No sé por qué me pareció tan gracioso. Era el único hispano en toda la obra. Pensé:'¿mira que gracioso? Es el único hispano en todo el elenco.' Era realmente gracioso oírlo hablar con acento. Era simplemente un extra en la representación. Hacía el papel de un personaje que hacía un comentario sobre una mosca en su nariz. Sólo recuerdo la forma como lo decía."[19]

Gonzales fue titular por tres años en el equipo de béisbol y por dos años en el de fútbol. Sus compañeros de equipo decían que era intensamente competitivo, que cambiaba en el estadio, que quería ganar a toda costa, ser cada vez mejor. En su último año de secundaria, el equipo lo eligió como *safety*. Además, sus notas, algunas de ellas de clases avanzadas, fueron lo suficientemente buenas como para situarlo en la Sociedad Nacional de Honor. Hizo algunas apariciones como actor, aunque dejó las inclinaciones musicales de la familia a su hermano menor Timmy, que cantaba y tocaba guitarra con otras personas del barrio. Otro hermano menor, Tony, llegó a ser policía en Houston. Sus hermanas probablemente terminarían siendo amas de casa, al igual que su madre María. Y aún entonces, se negaba rotundamente a que nadie de su colegio, o alguien que no viviera en la calle Roberta Lane, visitara su casa. Apenas el año que entró a MacArthur tuvieron servicio telefónico en la casa: *"Durante mis años de secundaria, nunca invité a mis amigos a mi casa. ¿Sabe? Aunque mi padre había puesto el corazón en esa casa, me avergonzaba que diez de nosotros viviéramos en un espacio tan reducido sin agua caliente corriente ni teléfono,"* diría Gonzales muchos años después. *"Si sólo hubiera sabido… si lo hubiera sabido."*[20]

A veces, sólo para alejarse, Alberto y sus hermanos salían corriendo por los campos cercanos a apenas unas pocas cuadras al noreste de su casa. Corrían hasta que se les doblaban las rodillas y se les agotaba el aire y cuando levantaban los ojos podían ver cómo cada día en los últimos años de la década de los sesenta, parecía haber más y más *bulldozers* y más camiones de cemento estacionados en líneas paralelas cada vez más prolongadas, como si formaran parte de un eficiente ejército que marchaba de dos en dos dentro de los pastizales tejanos del color del pan tostado y del alto del tórax. Houston continuaba creciendo y desbordando sus límites, se estaba construyendo un enorme aeropuerto a poca distancia de la casa de Alberto Gonzales.

Un pequeño grupo de inversionistas había reunido su dinero, había comprado 3,000 acres y los había vuelto a vender a la ciudad para utilizarlos como la sede de lo que inicialmente se llamaría el Aeropuerto Intercontinental. Dicho aeropuerto se inauguró con gran bombo en 1969 y el congresista de Houston, George Herbert Walker Bush estuvo presente para ser fotografiado y ofrecer algunos comentarios. Ese primer año el aeropuerto atendió a casi cinco millones de pasajeros. Con el tiempo se convertiría en uno de los aeropuertos más congestionados del mundo y abarcaría un terreno de 10,000 acres. Cuando el aeropuerto se inauguró, los aviones pasaban retumbando tan cerca de la superficie que a veces parecía que los muchachos que iban en bicicleta por Humble podían saltar y tocarles las barrigas metálicas. Su rugido se difundía por los antejardines y calles y a veces los aviones venían con tanta velocidad y tanta fuerza que las débiles casas temblaban y se tambaleaban. Con el tiempo, la sede de todos esos enormes aviones que hacían temblar a la calle Roberta Lane recibiría el nombre de Aeropuerto Intercontinental George Bush, en honor al congresista que se había convertido en el presidente de los Estados Unidos número cuarenta y uno.

E ra verdaderamente competitivo. No era muy conversador," comenta un compañero del equipo de béisbol de la secundaria, Robert Trapp.[21] "Era rudo. Era una pequeña bola de fuego. Le gustaba sobresalir en los deportes. No se daba por vencido, jamás. Le gustaba ganar, eso lo sé," Su compañero del equipo de fútbol, Arthur Paul, agrega: "Sabía que era inteligente. Me llamó la atención como alguien que sobresalía. Era bueno en todo lo que hacía."[22]

Para algunos, Gonzales parecía ser el clásico muchacho que se excede en sus logros, alguien que no deja de esforzarse jamás. No era físicamente fornido como algunos de los otros ávidos jugadores de fútbol. Uno de sus entrenadores recuerda: "Albert jugaba como defensa posterior. Teníamos un jugador que era un 'monstruo de hombre' en ese entonces. Arkansas contaba con un defensa al que habían apodado el 'hombre monstruo' en la

parte de atrás del equipo, pero no era más que un jugador fuerte. Alberto
era pequeño, no era corpulento en lo más mínimo, pero era realmente
rudo. En ese entonces, MacArthur no era un equipo de fútbol fuerte,
por decirlo así. Nos costaba mucho ganar. Él era un competidor. Al verlo
uno diría, 'No creo que pueda siquiera jugar fútbol.' Siempre lo llamé
Albert, nunca Alberto… venía de una familia realmente numerosa ¿no es
cierto? Creo que él fue el único que tuvo la oportunidad de continuar
sus estudios. Algo parecido a lo que me ocurrió a mí. Soy uno de diez
hijos, somos diez en mi familia. Estoy seguro de que Alberto era igual a
nosotros. Mi padre era un mecánico de tractores y su padre era un obrero
común."[23]

Para el último año de secundaria, en 1973, era un futbolista aceptable,
un beisbolista aceptable, pero evidentemente, su corta estatura no le permitiría jugar a nivel universitario. No recibiría ofertas de becas. Sus calificaciones eran buenas, casi todas A y B, pero la Universidad de Rice seguía
estando fuera de su alcance. Nunca mostró un gran interés por la política,
nunca quiso aprovechar las distintas oportunidades que se le presentaron
de tomar partido en favor o en contra de la Guerra de Vietnam—a favor o
en contra de Richard Nixon. Era evidente que no lo movían las mismas
fuerzas culturales, la música ni la contracultura que tantos jóvenes seguían
en ese entonces. En Houston había descontento en el Segundo Barrio, y
algunos reclamaban intentos más agresivos por lograr la justicia social y los
servicios ciudadanos básicos. En Texas Southern University, los estudiantes
se organizaban y confrontaban a la policía—y algunos de esos enfrenta-
mientos resultaban sangrientos y mortales.

Pero en Humble, era como si en el colegio MacArthur no existieran
ese tipo de problemas. La segregación estaba quedando en el pasado—uno
de sus compañeros de clase dijo que era algo así como *Los Días Felices* que
parecía algo de los años cincuenta más que de comienzos de los setenta. Se
sentía la revolución en el aire. Se sentía en el aire el regreso a casa. Algunos
se preguntaban qué tipo de trabajo conseguirían después de graduarse. Las
bromas escolares eran más importantes que la política; si había alguna inclinación política, provenía del hecho de que muchos de los estudiantes de
último año habían dejado escapar simultáneamente un suspiro de alivio

cuando se enteraron de que había terminado el reclutamiento militar en junio de 1973.

Además, en la calle Roberta Lane, nunca hubo en realidad discusión alguna acerca del hecho de que Alberto fuera a la universidad, a pesar de su buen desempeño escolar: "Todos los muchachos de mi grupo disfrutaban el estudio y obtuvieron calificaciones relativamente buenas. Por lo tanto, eso no me sorprendió en lo más mínimo. Tal vez haya sorprendido a mis padres, pero no a mí."[24] Las calificaciones y el pertenecer a la Sociedad Nacional de Honor realmente no importaban. Era, en cierto modo, algo que daba por hecho, el que nadie en la familia Gonzales había ido a la universidad—y probablemente nunca lo haría. Con el tiempo, tres de sus ocho hermanos nunca terminarían siquiera la secundaria. La universidad estaba tan lejos de su alcance que ni siquiera se preocupó por presentarse a las pruebas estandarizadas de admisión a la universidad—fue uno de los pocos estudiantes negros o hispanos en registrase y tener éxito en las clases avanzadas preparatorias para la universidad. "El simple hecho de que me hubiera graduado de la secundaria se consideraba un triunfo. Todo lo que recuerdo es cuánto disfruté el estudio y el sentir que realmente no tenía un rumbo fijo en el momento de graduarme ni una idea clara de lo que haría de ahí en adelante."[25]

Su consejera sabía que el aspecto económico era un factor. Se preguntaba si la familia de Alberto estaba restringida por su bajo nivel de expectativa y por un cierto sentido de resignación. "No había medios monetarios a la vista para que sus padres pudieran cubrir los gastos de la universidad. Simplemente era algo que no se iba a dar," dice Marine Jones. "Uno creería… que se habría convertido en presidente de su clase y en presidente de la Sociedad de Honor. Pero las minorías no tenían, en ese entonces, muchos ejemplos de liderazgo. Simplemente estaban ahí, haciendo las cosas lo mejor que podían."[26]

Más adelante, algunos de sus amigos sintieron remordimiento por no haberse dado cuenta de hasta qué punto llegaba realmente la pobreza de Gonzales: "Podía ver, por la forma como vestía, que pasaba ciertas privaciones," dice Jody Hernández. "A veces pienso que me hubiera gustado tener una amistad más íntima con él. Ojalá hubiéramos podido ser más unidos. Nosotros teníamos todo lo que necesitábamos. Aún mientras estudiábamos juntos, nunca hubiera podido pensar que tenía ese tipo de dificultades. Jamás las reveló. Eran tantos en su familia y tenían una casa de sólo dos habitaciones. Eran una familia muy unida, pero no me cabe duda de que debió haber sido una situación muy incómoda."[27]

Fue un leve recordatorio de los días en que los hombres desaparecían en Houston y en otros lugares de Texas. Había pocas oportunidades evidentes e inmediatas para que los estudiantes pertenecientes a los grupos minoritarios pudieran superarse en el entorno de los planteles educativos ahora desegregados. La acción afirmativa no era una política, ni siquiera una práctica informal—simplemente no se daba, pero cuando lo hacía, era en momentos aislados, excepcionales, cuando alguien conocía a alguien que conocía a alguien y podía hacer los arreglos para obtener un empleo o un lugar en un buen plantel educativo. Era un patrocinio personal, una benevolencia ejercida por parte de los poderosos para beneficiar a los necesitados. Si se era negro o hispano en Houston, convenía tener un amigo, un patrocinador, alguien que lo pudiera lanzar a uno a algún nivel más alto—alguien para guiarlo hasta la puerta de la oportunidad y tal vez ayudar a abrirla. Sus padres no habían hecho solicitud para ningún tipo de asistencia pública—cuando necesitaban algo de dinero recurrían a la familia y su padre se lo pedía a sus hermanos o hermanas. "Nunca pidió ayuda ni dinero a menos que fuera a sus hermanos o hermanas," dijo Gonzales.[28]

Años más tarde Alberto se refería en tono casi amargo a su creencia de que nadie querría ayudarlo, de que había ingresado al colegio cuando acababa de producirse la desegregación, en un momento en el que ese hecho, ese acto, era considerado un logro suficiente para los negros y los hispanos de Houston: "MacArthur es un excelente colegio, pero allí asistían muchos hijos de familias obreras y no se hacía el mismo énfasis en continuar con los estudios universitarios," decía en su tono deliberado, y calmado. "Mis padres estaban orgullosos del simple hecho de que hubiera terminado la secundaria."[29] Y agregó, "en realidad, no me animaron mucho en la secundaria ni en mi familia a que continuara mis estudios superiores."[30]

Sus padres, en efecto, estaban muy orgullosos y su hijo realmente no

tenía la menor idea de lo que haría con su vida. Sin duda, sus padres no lo
alentaron a ir a la universidad. Fue, en cierta forma, un paralelo exacto con
lo que le ocurrió a George W. Bush—cuando se graduó de la secundaria—e incluso de la universidad; según les contó a sus amigos, no tenía
ningún futuro específico en mente, no tenía metas ni ambiciones particu-
lares fuera de, tal vez, trabajar en los negocios de la familia, en petróleo y en
política. Gonzales estaba a la deriva: "Todo lo que recuerdo es cuánto disfruté el estudio y la sensación de desorientación que experimenté al graduarme y no saber qué haría después."[31]

Su padre era un ejemplo—alguien que podía construir algo a partir de
nada, alguien que ahogaba su melancolía en la bebida, pero que se las arre-
glaba para levantarse todas las mañanas y dar un paso al frente para ir a
romperse la espalda trabajando. Pero también su padre era un ejemplo que,
evidentemente, había que evitar. Algunos expertos que estudian a los hijos
adultos de alcohólicos sostiene que pueden presentar una variedad de signos, incluyendo el de la tendencia a tomarse las cosas demasiado en serio,
a buscar constantemente la aprobación de los demás, a volverse responsables en exceso y, por último, a adoptar una actitud exagerada de esclavos
leales para otros, o a sus principios, y que, a veces, lamentablemente, insis-
ten en su lealtad, aún cuando esa lealtad no se justifique en lo absoluto.[32]
Esa última característica se convertirá en un misterio para cualquiera que
analice la relacion entre Gonzales y George W. Bush.

En 1973, cuando el ejército estaba terminando de hacer su llamado,
Gonzales dijo a sus padres que se iría al ejército. Decía a todos que "lo ins-
piraba la carrera militar del padre de un amigo."[33] Había decidido entrar a
la Fuerza Aérea. Fue su decisión: "En realidad no tuve ninguna orienta-
ción. No sé. En los momentos críticos de mi vida siempre parecía haber
personas a mi alrededor que me ayudaban a tomar buenas decisiones. Además, he tenido suerte con algunas de las decisiones que he tomado.[34]

"Tomé un camino que, en cierta forma, era totalmente inesperado."[35]

Algunos de sus amigos de la secundaria quedaron algo sorprendidos,
pero otros supusieron que, hasta cierto punto, Gonzales tenía planes prees-
tablecidos a más largo plazo y que apenas ahora comenzaba a desarrollar.
No muchos creyeron que se fuera a quedar en las fuerzas armadas por el
resto de su vida. Para muchos, no era un líder intensamente carismático,

alguien a quien acudieran todos en el momento en que entrara a un salón, alguien que acaparara para sí toda la energía. "No era uno de esos líderes, o al menos, para ese entonces, su liderazgo todavía no era aparente," considera Marine Jones.[36]

Era una persona meditativa, pero nadie que inspirara nada. "Su forma de pensar era metódica," dice simplemente su antigua amiga Liz Lara.[37]

Acuerdo de Separación

A los dieciocho años, Alberto Gonzales se alistó en la Fuerza Aérea de los Estados Unidos el 24 de agosto de 1973, cuando George W. Bush terminaba su controversial servicio en la Guardia Aérea Nacional de Texas, el mismo que con tanta frecuencia fuera investigado más tarde. Gonzales ingresó oficialmente al Ejército en la AFEES (Estación de Examen e Ingreso de las Fuerzas Armadas, por su sigla en inglés) en Houston, y de inmediato lo montaron en un avión, en el que fuera el primer vuelo de su vida, rumbo a la Base de Lackland de la Fuerza Aérea en San Antonio, la ciudad donde había nacido y la que se estaba convirtiendo ahora en el alma hispana de Texas.

Después de las seis semanas y media de capacitación prescritas, los recién ingresados que entonces adquirían al fin el nombre de miembros de la Fuerza Aérea, habían recibido un curso básico que incluía historia de la Fuerza Aérea, un curso de tiro y destrezas en supervivencia. Gonzales fue asignado a una "escuela técnica"—y fue transferido el 12 de octubre de 1973 a la Base Aérea de Keesler en Biloxi, Mississippi. Keesler era una base aérea que se había ganado justamente su fama, tal vez más conocida como el lugar de capacitación de algunos de los pilotos Tuskegee, los osados pilotos afroamericanos que hicieron historia al luchar contra todas las probabilidades para conformar una unidad exclusivamente de pilotos

negros y luego desempeñarse de manera heroica en varias importantes
batallas de la Segunda Guerra Mundial. Hacia la mitad de la participación
de los Estados Unidos en la Segunda Guerra Mundial, Keesler era el hogar
de hasta siete mil miembros negros de las Fuerzas Militares. Para cuando
llegó Gonzales, Keesler seguía siendo una de las bases de entrenamiento
más grandes de la Fuerza Aérea, especializada en electrónica y radar.

Después de ocho y media semanas de inmersión en comunicaciones,
capacitación en "telefonía segura" y otros estudios inspirados por la Guerra Fría, el 5 de enero de 1974, recibió órdenes de reportarse a la remota y
pequeñísima Estación Aérea de Fort Yukon, justo al norte del Círculo Ártico en Alaska. Fue, de nuevo, su propia elección. Cuando se había presentado a la oficina de la Fuerza Aérea en Houston y se había alistado para sus
cuatro años de servicio, se le había dicho que probablemente tendría que
hacer al menos un turno de rotación en un remoto lugar de Alaska. Le
ofrecieron la opción de hacerlo apenas terminara el entrenamiento básico
o simplemente esperar a que más adelante le llegaran las órdenes de presentarse. Su primera asignación al terminar la capacitación básica resultó
ser en una estación aérea de Key West, Florida, pero Gonzales la rechazó y
optó por la asignación en Alaska, pensado que así saldría de eso de una vez,
lo más pronto posible. "Acepté esa asignación, me ofrecí como voluntario
para cumplirlas… y decidí pasar por alto la oportunidad de ir a Key West y
aceptar ir a Fort Yukon porque quería salir de lo más difícil primero."[1]
Quedó tácita la posibilidad de que lo que realmente quería era irse a un
lugar verdaderamente distante, ese lugar habría podido ser la otra cara de la
luna, comparado con Humble.

Para alguien que nunca había viajado fuera del territorio continental
de los Estados Unidos, el viaje a los magistrales reinos de la distante Alaska
era enorme. "Fundado" a mediados del siglo XIX, Fort Yukon es un fuerte
de 145 millas de extensión al noreste de Fairbanks y el área fue en realidad
el primer asentamiento de las tribus indias Gwich'in, incluyendo las tribus
Yukon Flats, Chandalar River, Birch Creek, Black River y Porcupine River, que comerciaban unas con otras en las extensas llanuras cerca de la
confluencia de los ríos Porcupine y Yukon. En invierno, las temperaturas
normales solían ser inferiores a cero. Había épocas en las que la temperatura permanecía estable a −50° o menos y todavía había quienes recorda-
ban los aciagos días de 1947 cuando la temperatura descendió hasta −68°,

aún se contaba cómo algunos derramaban jarros de agua para ver cómo ésta se congelaba antes de llegar al piso.

Fort Yukon era considerado una importante base en la época de la Guerra Fría con la Unión Soviética. A medida que aumentaban las tensiones entre los superpoderes, se ordenó en los años cincuenta poner en operación sistemas de radar y programas de comunicación de largo alcance para ayudar en los esfuerzos de reconocimiento. A comienzos de 1956, se instaló una red de sitios de radar llamada "White Alice" en regiones remotas de Alaska, como sistemas de advertencia temprana contra ataques enemigos. Se llamaba "White" porque los sitios eran zonas cubiertas totalmente de nieve; se llamaba "Alice" como un acrónimo de "Alaska," "integrado," "comunicaciones" y "electrónica." Cuando Gonzales descendió del avión y se unió a los cerca de cien hombres que trabajaban en la base aérea, fue recibido por un enorme cartel en el que aparecía un alce gigante con las palabras "8 millas arriba del Círculo Ártico." Gonzales recibió algo de ropa apropiada para las bajas temperaturas y recibió el título oficial de Operario del Sistema ACW (Aircraft Control & Warning), asignado al Comando Aéreo de Alaska—que básicamente contribuía a enviar amplias y claras señales de comunicación a otras bases de advertencia temprana desde potentes antenas instaladas en la inhóspita región norte de Alaska. Se adaptó a un ritmo de monitorización de equipos, a hacer bromas pesadas con los demás pilotos, jugar béisbol y escribir cartas a su familia y a Liz Lara, no muy diferentes de las que escribían los otros jóvenes de su barraca—sus cartas describían la soledad, las bajas temperaturas y el aislamiento total.

La comunidad más cercana era un minúsculo pueblito de nativos Gwich'in (el nombre significa "el pueblo de caribú") a una milla de distancia de la base aérea habitada por seiscientos indígenas descendientes de una antigua raza aborigen que se había forjado allí una forma de vida. Años después, en una obra clásica titulada *Caribou Rising* el magnate petrolero convertido en naturalista, Rick Bass, captaría de manera brillante la tenaz y peligrosa existencia de los Gwich'in y el importante linaje de indios americanos derivado de su árbol genealógico, un linaje que se difundió hasta el suroeste de los Estados Unidos. "Desde la era del hielo—y, quién sabe, tal vez desde antes—los Gwich'in han estado aquí, los más nativos de todos los pueblos nativos, casi geológicos en su integridad, en su resistencia. No tan antiguos como el petróleo que buscamos para quemar en nuestros automóviles, pero sin embargo, más antiguos que cualquier otra cosa perteneciente al hombre en esta verde tierra."[2]

No hay indicaciones de que Gonzales se haya ocupado de estudiar las costumbres de los Gwich'in, ni que se haya relacionado con ellos o que haya sentido cualquier tipo de conexión con estas áreas sorprendentes que formaban la Reserva Ártica de Vida Salvaje. Se preocupaba por no pasar frío, y, en último término, por salir de Alaska tan pronto como terminara su período de rotación. "Todo lo que la gente hace aquí es beber y jugar—y no me gusta ni lo uno ni lo otro," le comentó a un amigo.[3] La abstinencia de alcohol era fácil de entender; aún al norte del Círculo Ártico era difícil olvidar los problemas de alcoholismo de su padre. Sin embargo, había momentos imprevistos que parecían dejarle una especie de huella, cosas que parecían recuerdos capaces de volverse indelebles. Al final, había logrado alejarse de Humble y de las limitaciones que existían o que pensaba que existían en la calle Roberta Lane. "Fue una gran aventura. Yo estaba soltero, tenía dieciocho años y nunca antes había salido del estado de Texas. Las auroras boreales y jugar softball a medianoche resultaron ser una gran aventura para un muchacho."[4]

Al encontrarse tan alejado, se vio sumergido de inmediato en un mundo que no tenía ninguna similitud con las abarrotadas y calientes calles de Houston—ni con Humble… en ese ambiente de hogar con el olor de alcohol que despedía su sudoroso padre y oyéndolo maldecir en español, con el olor de los tamales en la cocina, el ruido de sus hermanos salpicando agua en el jardín acalórados después de otro partido de béisbol, el canto de los sacerdotes entre nubes de incienso en la iglesia, el corto alivio de una tibia brisa que corría por entre los majestuosos pinos, la sensación de la tierra húmeda y la forma como el agua de lluvia nunca parecía llegar a empapar la tierra. Era el único miembro de su familia que había llegado tan lejos. En Fort Yukon, se advertía a los pilotos recién llegados que no se alejaran del lugar, y que permanecieran en grupo. Era vital, absolutamente vital. Si uno se alejaba moriría. Si salía "fuera de la reserva" se perdería en la blanca inmensidad, terminaría por marearse y desorientarse y simplemente colapsaría bajo los árboles que se veían todos iguales y donde le esperaría una muerte segura.

El área del Círculo Ártico era de un orden tan perfecto, aparentemente desierta, pero innegablemente rica, y podía tener un profundo efecto en cualquiera que viviera allí. Era otro gran igualador, esta área no tenía favoritos ni discriminaba entre ricos y pobres—todos luchaban por no pasar frío y estar bien alimentados. Era como si Alberto Gonzales hubiera sido transportado a 4,500 millas de distancia de la húmeda y pegajosa área subtropical de Bombay on the Bayou hasta el Círculo Ártico para encontrar un lugar donde el color de su piel no importara: "En una extensión de bosque como ese, no hay nada ni nadie que te manipule, nada es equivoco, no hay nada oculto, no hay ningún tipo de presión, no hay molestia (ni resentimiento), tampoco hay separación basada en lo que uno haga o deje de hacer, no hay demonios ni historia del pasado en la relación de la naturaleza para complicar la nuestra, y tal vez, lo que es aún más tranquilizante, la naturaleza es, en un amplio sentido, democrática—si no es totalmente ciega al color de tu piel, o a cualquier otra característica física, al menos no juzga, es imparcial."[5]

En Fort Yukon había dos egresados de la Academia de la Fuerza Aérea y cuando Gonzales oyó sus historias acerca de la influyente escuela militar en un hermoso paraje de Colorado, se propuso a presentar su solicitud de ingreso. Si permanecía fiel a su compromiso de cuatro años de servicio en el ejército, podía imaginarse que su vida sería pasar de una asignación de bajo nivel a otra dentro de la Fuerza Aérea, pasar de una base de comunicaciones a otra, de un apartado sitio de radar a otro. Podría ser un lugar menos frío, tal vez algún sitio realmente agradable, pero sería apenas otro piloto olvidado en el gran laberinto de la Fuerza Aérea. Uno de los comandantes de Gonzales dispuso que Gonzales participara en un programa de un curso de correspondencia universitaria en el que respondería cuestionarios de tareas y los enviaría a un instructor universitario en Oklahoma. Aparentemente, el instructor quedó impresionado con su trabajo y recomendó a la Fuerza Aérea que considerara ofrecerle a Gonzales un cupo en la academia.[6] "Algún profesor, al otro extremo del curso por correspondencia, llamó a la base aérea y les dijo: 'Este muchacho es bueno. Debería estar estudiando, no allá sentado (en Fort Yukon). Y, de alguna forma, todo terminó en que Al obtuvo un cupo en la Academia de la

Fuerza Aérea para hombres en servicio. Creo que es una historia muy buena—pero poco se conoce de ella, por lo que tal vez ni Al ni la administración Bush la consideren interesante."[7]

Por último, el encontrarse en Fort Yukon le sirvió de algo. La academia le ofreció educación y alojamiento gratuitos—a cambio, se comprometió a prestar cinco años de servicio militar después de completar su programa de cuatro años. Tenía apenas dieciocho. Saldría de la academia para cuando cumpliera veintidós y saldría del ejército a los veintisiete. Le presentó una petición a su comandante quien "hizo arreglos especiales para que un cirujano de la Fuerza Aérea viniera desde la Base de la Fuerza Aérea de Elmendorf a Anchorage para los exámenes médicos necesarios." Entonces, *"tomó un avión cisterna de la Fuerza Aérea hasta Fairbanks para someterse a las pruebas de aptitud física."*[8] Lo más probable es que en Fort Wainwright o en la Base Aérea de Eileson, cerca de Fairbanks, fuera sometido a varias pruebas estandarizadas, tanto físicas como académicas, para ser admitido en la academia. "Todavía recuerdo haber tenido que hacer lagartijas y abdominales en un viejo gimnasio del ejército. Debido a que no había tomado las pruebas SAT y ACT, se hicieron arreglos especiales para que presentara sólo las pruebas de ACT—en un pequeño cuarto que la Fuerza Aérea había convertido en una biblioteca." Con sólo un monitor en el salón, se administraron las pruebas ACT de admisión a la universidad para comprobar sus destrezas en matemáticas, lectura y comprensión.[9]

Años después, Gonzales recordaba todo el proceso de solicitud de ingreso a la academia: "Me esforcé extraordinariamente, pero había encontrado el camino hacia una educación universitaria—y estaba dispuesto a hacer lo que fuera necesario."[10] Aunque tal vez en ese momento no haya sido consciente de ello, se estaban forjando otras circunstancias extraordinarias en los círculos militares y en el país. Gonzales estaba presentando una solicitud para ser admitido en una de las principales escuelas militares del mundo, en el momento en que el alto comando de las Fuerza Armadas había emitido un mandato para incrementar la inscripción de estudiantes provenientes de las minorías en la Academia de la Fuerza Aérea y en la Escuela Preparatoria de la Fuerza Aérea, un programa que servía de preparación para la academia.

Con el sentimiento antimilitar aún vivo en muchas universidades, a principios de los años setenta, el alto comando de la Fuerza Aérea se reunió para analizar las mejores formas de atraer nuevos reclutas. Las conversaciones se centraron específicamente en cómo atraer más personas provenientes de los grupos minoritarios. Todavía no había aparecido el término "acción afirmativa" que surgiría más tarde, como parte de un continuo y controversial debate. Los términos como "favoritismo," "tratamiento preferencial," "cuotas"—todos los términos que condujeron al debate sobre una creciente participación de las minorías en las universidades y los lugares de trabajo—aún no prevalecían. Pero era evidente que ahora la política de la Fuerza Aérea estaba oficial y radicalmente orientada a admitir de inmediato un mayor número de personas pertenecientes a las minorías a la Academia de la Fuerza Aérea: "En abril de 1972, el General John D. Ryan, Comandante Supremo de la Fuerza Aérea de los Estados Unidos, fijó una nueva meta para la representación de oficiales provenientes de las minorías en la Fuerza Aérea. Para 1980, quería que el 5.6 por ciento de los oficiales de la Fuerza Aérea fueran miembros de grupos minoritarios. Esto equivale a un aumento de 300 por ciento. Para la Academia de la Fuerza Aérea de los Estados Unidos esto significa que tiene que aumentar el número de egresados proveniente de estos grupos minoritarios de 3.4 por ciento en 1973 a 11 por ciento en 1980." (Antes 1955, el año en que nació Alberto Gonzales, no había habido admisiones de estudiantes provenientes de grupos minoritarios a la academia. En 1955 fue admitido el primero, un estudiante asiático-americano. Los estudios indican que los primeros estudiantes con "apellidos en español" llegaron en 1966.)[11]

Gonzales estaba presentado su solicitud de ingreso a la academia justo cuando los oficiales del ejército de los Estados Unidos ordenaron un incremento drástico en el reclutamiento de las minorías. Además, estaba presentado su solicitud en un momento en el que quienes reclutaban estas personas provenientes de los grupos minoritarios estaban buscando afanosamente muchachos recién graduados de la secundaria y muchachos recién ingresados a las Fuerzas Armadas—promoviendo la academia como una universidad de alta calidad, más que como el punto de inicio de una vida dedicada al servicio militar. La idea era que los estudiantes estarían más dispuestos a aceptar ingresar a las Fuerzas Armadas como una universidad que les ofrecía una educación superior comparable a la mayoría de las "mejores" universidades de los Estados Unidos—en vez de recordarles el hecho evidente de que la academia esperaba que estas personas permanecieran en el ejército durante décadas. Se esperaba que, una vez que los estudiantes se sumergieran en el régimen de la academia, se resignaran eventualmente a dedicar sus vidas a la carrera militar.

El mensaje enviado por los encargados de reclutamiento solía reducirse a una simple y atractiva oferta a las minorías—si dedica cuatro años a la academia y luego otros cinco como oficial, habrá recibido sueldo por estudiar, habrá obtenido matrícula y alojamiento gratis, habrá obtenido un título universitario y podrá salir del ejército con una trayectoria bien definida: "El mensaje presenta a la Academia de la Fuerza Aérea como una universidad con un curso de cuatro años que ofrece uno de los mejores programas educativos del país… si califican, cuando se gradúen de la academia, algunos podrán continuar en programas de postgrado o ingresar a facultades profesionales como la de medicina o la de derecho. Además, durante los cuatro años en la academia, los estudiantes reciben un sueldo, aunque tanto la matrícula como el alojamiento son suministrados por el gobierno."[12] Algunos miembros de la Fuerza Aérea provenientes de las minorías que se decidieron por la academia lo hicieron pensando que se comprometerían por nueve años y no de por vida con el ejército. Para algunos candidatos, sobre todo, para quienes pensaban hacer una carrera profesional, la idea era increíble, definitivamente atractiva. La academia podía servir de plataforma de lanzamiento para algún tipo de vida no relacionada con el ejército.

Gonzales nunca ha dicho si él estaba consciente de ese plan de acción afirmativa para las minorías. Pero es evidente que estaba dispuesto a presentar los exámenes de ingreso en el momento en que se dispuso el histórico cambio para ayudar a las minorías. Eran los tiempos en que los Estados Unidos y las Fuerzas Militares respondían a algunas exigencias socioculturales para garantizar la presencia de las minorías—o, al menos, para ofrecer al ejército una provisión suficiente de miembros durante un período conflictivo, cuando los sentimientos en contra de la Guerra de Vietnam estaban aún candentes.

Según los registros militares oficiales, suministrados por el Centro de Registros de Personal Nacional, bajo la Ley de Libertad de Información, Alberto Gonzales no entró de inmediato a la academia, en cambio, asistió a la Escuela Preparatoria de la Fuerza Aérea entre el 28 de julio de 1974 y el 30 de junio de 1975. Ubicada en los predios de la Academia de la Fuerza Aérea, la Escuela Preparatoria es un programa de diez meses diseñado para preparar a los candidatos a una posible admisión a la academia, incluyendo los que "no pasaron" su solicitud inicial: "Si un estudiante no cumple con los requisitos de ingreso (a la academia), pero tiene un puntaje lo suficientemente alto como para indicar un potencial que le permitirá pasar el examen, puede ingresar a la Escuela Preparatoria para la Academia de la Fuerza Aérea. El currículo estaba diseñado para preparar a los aspirantes deficientes a la academia para que eventualmente pudieran competir en los exámenes de ingreso y pudieran tener éxito como cadetes en la academia durante todas las fases de entrenamiento."[13]

El enorme esfuerzo ordenado por el Comandante Supremo de la Fuerza Aérea para atraer un mayor número de personas que fuera miembro de grupos minoritarios hacia la academia también se extendía, como era evidente, a la Escuela Preparatoria—y, aparentemente, tenía como resultado el que los estudiantes de las minorías fueran admitidos con calificaciones más bajas de las que se requerían inicialmente: "En 1972 se realizó un esfuerzo más concentrado para reclutar estudiantes provenientes de estos grupos minoritarios a la Escuela Preparatoria. Se les permitía ingresar con puntajes CEEB ligeramente menores que los requeridos anteriormente."[14]

No hay entrevistas con Gonzales publicadas que hagan referencia a su asistencia a la Escuela Preparatoria—ni que mencionen si sus puntajes de los exámenes de admisión para la academia fueron insuficientes hasta el grado de que haya sido enviado, en cambio, a la escuela preparatoria. La mayoría de los artículos simplemente dan la impresión de que ingresó al ejército, fue enviado a Fort Yukon durante uno o dos años y luego pasó a la Academia de la Fuerza Aérea. (Por ejemplo, *Texas Monthly,* en un perfil amplio de Gonzales publicado en 2003, señala: "Gonzales entró a la Fuerza Aérea y se destacó durante dos años en Fort Yukon, en Alaska."[15] Pero en otro caso, en una extensa entrevista con la Academy of Achievement, adonde ingresó en el verano de 2005, Gonzales se refiere a "un año" de experiencia en Alaska en los siguientes términos: "Pienso que habría sido difícil para alguien con familia e hijos estar lejos de su hogar durante un año. Teníamos una licencia de treinta días durante el año, pero de lo contrario, habría sido difícil estar separado de la familia."[16]

Con base en lo que se informó al público, los registros militares oficiales de los Estados Unidos indican claramente que fue asignado a Fort Yukon el 5 de enero de 1974 y que el 28 de julio de 1974 aparece en la lista de la "Escuela Preparatoria de la Fuerza Aérea de los Estados Unidos." Según sus registros militares, sólo debió permanecer en Fort Yukon un poco menos de siete meses.[17]

Parecía estar muy satisfecho de poner fin a su rotación en Fort Yukon. El intenso frío del Círculo Ártico lo había vencido. *"Con las temperaturas de invierno constantemente por debajo de cero, pronto decidí que debería considerar de nuevo la universidad como una opción."*[18] Y también diría más tarde que su estadía en Alaska fue la mejor decisión que haya tomado jamás: "porque mientras estuve allí, encontré a dos egresados de la Academia de la Fuerza Aérea y, al oírlos hablar de sus experiencias en dicha academia, pensé que sería algo que me gustaría hacer. Fue así como empecé el proceso de buscar la forma de que me enviaran a la academia y tuve la fortuna de poder ingresar.[19]

"Para mi fortuna, me recompesaron con órdenes para presentarme a la academia—por lo que muy contento abandoné la helada tundra de Alaska para ir en pos del nuevo sueño de convertirme en piloto."[20]

Suponiendo que los registros oficiales sean exactos, él estuvo en un selecto grupo de 200 a 250 estudiantes en la escuela preparatoria que hicieron un curso de inmersión generalmente muy intenso que comenzó a mediados del verano de 1974. Según informaciones de la época sobre la escuela, ésta se centraba en: "un desarrollo académico, militar y atlético y la formación del carácter." Además, "cada cadete candidato debe aceptar el Código de Honor al ingresar a la escuela preparatoria; el Código de Honor, las relaciones humanas y el desarrollo espiritual son aspectos de suma importancia dentro del programa; la formación del carácter comienza durante el Entrenamiento Militar Básico y se prolonga durante todo el año." Los registros militares muestran que finalmente Gonzales fue admitido a la Academia de la Fuerza Aérea de los Estados Unidos el 1 de julio de 1975.[21] Al igual que los demás cadetes de la academia, debía completar al menos 187 horas de trabajo en el curso—145 horas y media en trabajo académico, 14 horas y media en educación física o deportes, 27 horas en entrenamiento en liderazgo y prácticas militares."[22] Ingresó a un ambiente exclusivamente masculino, aunque, en ese mismo año, también se inició un movimiento para poner fin a las barreras de género en la escuela. En 1975, el presidente Gerald Ford firmó el documento que ordenaba que fueran elegidas mujeres a la academia, y en 1976, durante el segundo año de Gonzales en la escuela, fue admitida la primer mujer. (El desempeño y el tratamiento de las mujeres en la Academia de la Fuerza Aérea de los Estados Unidos se convertiría en un problema de carácter penal con el correr de los años, con el 12 por ciento de las cadetes sosteniendo en 2003 que habían sido víctimas de violación o intento de violación).

La academia no solamente estaba dispuesta a admitir estudiantes provenientes de grupos minoritarios, sino que estaba muy interesada en asimilarlos también "La Oficina de Relaciones con los Grupos Minoritarios se encuentra organizando estudiantes de habla hispana y otros oficiales minoritarios del personal y profesores para propósitos similares. 'Tenemos que superar problemas tan básicos como decidir el nombre de toda la gente de haldahispana,' indicó un oficial. 'Por el momento nos llaman Chicanos, descendientes de españoles, hispanoparlantes, mexico-americanos, etc. Estar ubicado en un entorno como el de la academia, totalmente separados de su familia, hace que estos estudiantes sientan que no tienen a nadie con quién identificarse. Con frecuencia se aíslan hasta el punto en que desarrollan dudas sobre sus capacidades, se afecta su confianza en sí mismos, su rendimiento desciende y, eventualmente, renuncian."[23]

Al cabo de un año, era evidente que a Gonzales ya no le interesaba terminar su compromiso de cuatro años con la academia, ni tampoco completar su compromiso de permanecer cinco años en el servicio militar después de graduarse. Gonzales comenzó a investigar formas de acelerar su salida. Según dijo al *Washington Post* en 2001, añoraba estar en Houston y quería ser abogado.[24] El *Fort Worth Star-Telegram* informó que "se cansó de los cursos de ciencias e ingeniería."[25] Otros informes indican que su visión ya no era lo suficientemente buena como para ser piloto. Su interés en la academia estaba disminuyendo en directa correlación con la dificultad de los cursos. Fue presidente del Concejo de la Clase de primer año. Aún tenía ambiciones de llegar a ser quizá piloto de un artillero, y tomó un programa para aprender a volar planeadores, pero le resultaba difícil cumplir con el programa de estudios: "La academia me resultó difícil por la concentración de materias como ingeniería física y química, mientras que las materias en donde me destaco son el inglés y la historia, así como la ciencia política, el derecho y el gobierno. En esas materias me iba bien en términos de aparecer en la lista del decano todos los semestres. Pero me costó trabajo. Fue difícil. Tuve que trabajar muy, muy duro."

Gonzales decidió que quería dejar el ejército de una vez por todas: "Tal vez hacia finales del primer año o a comienzos del segundo, comencé a replanteármelo todo. En realidad me preguntaba si debería seguir una carrera militar," sostiene Gonzales. "Pero cuando estaba en la academia empecé a pensar en mi futuro, lo puse, por así decirlo, en las manos de Dios y presenté una solicitud para ser transferido a otra universidad, y esa universidad fue Rice." [26]

Años después en un discurso, Gonzales repitió prácticamente lo mismo: "Mi primer año en Colorado Springs fue bueno; pero me fui cansando cada vez más con la ingeniería y las ciencias—y me interesé en la política y el derecho. Comencé a preguntarme si debería cambiar de rumbo. Dado el extraordinario esfuerzo sólo para lograr que me asignaran a la academia, es fácil entender que se trataba de una decisión muy difícil. Finalmente, lo que hice fue dejarlo en manos de Dios al presentar la solicitud de una transferencia a una universidad en la que había soñado estudiar algún día, cuando era niño. Si me aceptaban en Rice, trataría de hacer una carrera en leyes." [27]

El 20 de mayo de 1977, el Cadete de Tercera Clase Alberto Gonzales presentó su carta indicando que deseaba retirarse de la Fuerza Aérea y dejar su rango de Cadete de la Academia de la Fuerza Aérea. Sólo había acumulado 91.5 de las horas necesarias para graduarse. Su "Registro de Solicitud de Baja" del ejército, indica: *Su desempeño militar como Cadete fue normal mientras que su desempeño académico fue superior al promedio.* Bajo el título "Razones y Circunstancias para Solicitar la Baja," se indica: *El Cadete renunció al nombramiento debido a: un cambio en sus objetivos de carrera (deseo insuficiente de terminar el programa de la Academia.*

En otra sección de su "acuerdo de abandono" de la academia y del ejército dice: *El Cadete Gonzales ha cambiado sus objetivos de carrera. El Cadete Gonzales ha permanecido en la Fuerza Aérea casi 4 años, con 2 años de ser-*

vicio de alistamiento y 2 años en la academia. Ahora desea dedicarse a estudiar
leyes. En la actualidad sus planes son asistir a la Universidad de Rice en Texas, para
estudiar Ciencia Política y esperar ser admitido el año entrante a la facultad de leyes.
Después de sopesar cuidadosamente todas las ventajas de una carrera militar, ha
tomado la decisión de dedicarse a otra carrera en el sector civil."

La Universidad de Rice no tiene una facultad de leyes y tal vez Gonzales se limitó a decirles a sus oficiales de comando que pensaba entrar a un curso de preparación para estudiar leyes. El decano Richard Stabell de Rice le envió una carta con fecha de 13 de mayo de 1977, indicando que había sido aceptado: *"Apreciado Alberto: Tengo el grato privilegio de informarle que su solicitud de admisión a la Universidad de Rice ha sido aprobada."* Diez años antes había estado vendiendo Coca-Cola en las tribunas del estadio de fútbol. La brecha entre su mundo—el mundo de la bruma alcohólica de su padre y la pequeña casita en la calle Roberta Lane en Humble—y la Harvard del Sur le había parecido tan amplia como el Golfo de México. Se requirió un viaje colateral a Fort Yukon, con temperaturas de congelación de 30° bajo cero, para traerlo de vuelta al lugar donde había trabajado a los doce años.

Fue un viaje no soñado, el primero de muchos, y pudo dedicar mucho tiempo a hacer lo que tenía mayor tendencia a hacer en su vida—meditar, evaluar, sopesar la distancia que había recorrido… y quiénes, *qué fuerzas,* lo habían llevado hasta allí. ¿Fue la convergencia perfecta de los acontecimientos—el incremento de oportunidades para las minorías, su propio entusiasmo—lo que lo trajo de nuevo a Rice, pero esta vez como un miembro del estudiantado y no como un turista accidental o un muchacho fácilmente olvidado que ganaba dinero vendiendo bebidas gaseosas a estudiantes bien nutridos y a ex-alumnos de la blanca torre de marfil en el interior de Houston? Iba a asistir a la misma universidad que Howard Hughes y que los presidentes de Texaco, Exxon, Coca-Cola e Eastman Kodak—la universidad a la que habían asistido el vice gobernador de Texas, el secretario de energía y docenas de otros hombres influyentes.

Su padre seguía presentándose a trabajar en los silos de la arrocera, para dirigir unos equipos de mantenimiento al interior de las peligrosas torres. Su madre seguía viviendo en la pequeña casa en el límite más remoto de la ciudad. Los aviones del aeropuerto que más tarde recibiría el nombre de Aeropuerto Intercontinental George Bush, seguían pasando a baja altura por ese lugar con su ruido atronador. Sus hermanos y hermanas estaban aún en el área, ninguno de ellos en la universidad, ni con planes de trasladarse a otro lugar. Tony trabajaba en el Departamento de Policía de Houston y se convertiría en miembro del equipo SWAT. Sus hermanas pensaban en convertirse en amas de casa. Tal vez Tim, quien trabajaba para una empresa de plomería realizando inventarios y organizando documentos, encontraría la forma de hacer carrera tocando la guitarra—realmente le encantaba tocar guitarra. Gonzales comunicó sus noticias a sus familiares y decidió que mantendría en secreto la carta de aceptación de Rice por el mayor tiempo posible: "Esa fue mi plegaria, y la carta del Decano Stabell fue la respuesta a la misma—puso fin al viaje que comenzó como una ensoñación durante esas tardes de sábado en los partidos de fútbol."[28]

El 8 de julio de 1977 recibió otra carta—una comunicación de la Fuerza Aérea con la siguiente notificación: *"la baja del Cadete Alberto R. Gonzales ha sido aprobada por el Secretario de la Fuerza Aérea."*

Antes de dejar la Academia de la Fuerza Aérea, conoció a una atractiva universitaria llamada Diane Clemens, un año más joven que él, con quien eventualmente se casaría a los veintitrés años, en junio de 1979, dos años después de regresar a Houston para entrar a Rice. (De hecho, se casarían en el momento en que él se graduaba de la universidad y se convertía en el primer miembro de la familia en obtener un título universitario). Clemens, criada en Illinois, muy pronto se ganó la aprobación de los amigos de Alberto como la pareja perfecta para el callado y mesurado Gonzales: "Diane era también una persona muy tranquila. Hacían una muy buena pareja, sólo que ambos eran muy callados," recuerda David Abbott, quien más adelante asistiría a la facultad de leyes con Gonzales.[29]

Otros amigos los recuerdan inclinando sus cabezas el uno hacia el otro, haciéndose bromas mutuamente y, por lo que podía verse, muy enamorados. Susurraban y compartían momentos privados, como si dentro de los grupos de amigos se encontraran ellos dos solos. Además, algunos amigos recuerdan una Diane Clemens diferente que ocasionalmente daba un paso al frente, alguien que realmente era más sociable que Gonzales—la persona que podía hacer un comentario espontáneo, que se arriesgaba a expresar su opinión aunque esa opinión pareciera rayar en el extremo, alguien que no vacilaba en demostrar sus sentimientos, poniendo los ojos en blanco si tenía algún tipo de reacción inmediata a algo que le desagradara. "Era más alegre, pero yo no diría que fuera extrovertida. Sin embargo, decía lo que pensaba," sostiene Paul Karch, que también llegaría a compartir con Alberto y Diane Gonzales años después.

Casi todos los que trataban a Gonzales se iban con la impresión de que se comportaba como un jugador de cartas—alguien que revelaba muy poco, alguien totalmente alérgico al exceso, alguien que trataba de permanecer en un estado emocional neutro. Era afable, cortés, ligeramente sarcástico y por lo general consciente de los acontecimientos del día, pero nunca exagerado en su forma de hablar o de vestir. Buscaba personas con las cuales jugar softball, le gustaba ver los deportes en la televisión y parecía tener siempre el esbozo de una sonrisa en su cara. Llevaba el cabello a la moda, un poco más largo de lo normal, pero perfectamente peinado. A veces parecía hacer una pausa más prolongada de lo normal, como si estuviera estudiando a la otra persona, al darle la mano. Se movía con paso algo lento, en forma muy controlada. A veces, Diane era el escape exuberante—la persona que prácticamente parecía hablar por él, o al menos, la que mostraba una dimensión emocional que a él no le interesaba revelar.

"Nos encontrábamos todos reunidos y ella se emocionaba por algún tema político o religioso—lo suficientemente animada como para que uno sintiera deseos de dar un paso atrás. Ya sabe "¿lo que dicen acerca de que no se deben tratar en reuniones sociales los temas de política y de religión porque arruinan una cena? Bien, ese fue uno de esos momentos," recuerda Karch. Aún con ese sorprendente desfogue de opinión, Karch decidió que, en último término, Diane era una de esas mujeres que "estaban un poco más a la sombra que sus esposos."

Karch y los demás recuerdan que Clemens era una persona agradable, animada, que parecía sincera, alguien que se sentía bien consigo misma, alguien que tenía la capacidad de tomar sus propias decisiones. "Era organizada, disciplinada, de esas personas que se hacen cargo de las situaciones. No era una persona bulliciosa, pero tenía mucha personalidad. Diane era inteligente—no estaba al mismo nivel intelectual de Al, al menos eso creo," dice Karch.[30] Permanecería con él durante los siguientes seis años y tendría un final violento.

Rice había sido, como siempre, un lugar inalcanzable—pero al fin había sido aceptado. Había podido transferir varios cursos que había tomado en la Academia de la Fuerza Aérea de matemáticas, ciencias e ingeniería y de esa manera no tuvo que tomarlos en Rice. En cambio, pudo concentrarse en los temas que captaban cada vez más su imaginación—las leyes y la política. Se trasladó de nuevo a Houston y descubrió que Rice era diferente de lo que recordaba cuando vendía Coca-Cola en el estadio de fútbol: "Fue un período de asentamiento después de diferentes acontecimientos—uno de ellos se produjo a mediados de los años sesenta, con la admisión de estudiantes pertenecientes a grupos minoritarios. Otro fue el cambio de dejar la educación gratuita dispuesta por su fundador en la donación original," indica Gilbert Cuthbertson, un experimentado profesor de ciencia política en Rice, y alguien que se convertiría en el mentor de Gonzales—que finalmente lo lanzaría en una trayectoria que lo llevaría a trabajar en la Casa Blanca. "Cuando Gonzales ingresó a Rice, ese proceso (de inclusión de personas de grupos minoritarios) apenas comenzaba y puede haber sido una de las principales causas para que se le permitiera ingresar en la universidad proveniente de la Academia de la Fuerza Aérea."[31]

Surge entonces la interrogante de si su admisión a Rice (y su posterior aceptación en la Facultad de Derecho de Harvard—así como el hecho de que eventualmente fuera nombrado como el primer socio proveniente de un grupo minoritario en la historia de la legendaria firma de abogados Vinson & Elkins) puede haber tenido algo que ver con ser hispano. Años después, reflexionaría tímidamente sobre este tema, mostrando sin disimulo su renuencia a referirse al aspecto de la acción afirmativa: "No soy tan ingenuo como para pensar que la raza no haya tenido algún papel en las oportunidades que se me han presentado. ¿Cómo se define la acción afirmativa? Si la acción afirmativa son las cuotas, entonces yo no la apoyo. Si significa igualdad de oportunidades, entonces sí la apoyo. Pero exigir tratamiento especial por razones de raza, es algo que me molesta. Es posible que esto parezca una afirmación hipócrita viniendo de alguien para quien probablemente su raza haya sido una ventaja."[32]

Gonzales había ingresado a una institución que activamente buscaba formas de atraer estudiantes provenientes de los grupos minoritarios. En ese momento, Rice, según algunos profesores, tenía una población de estudiantes de grupos minoritarios que estaba entre el 10 y el 15 por ciento del total. Además, Rice había sido objeto de las mismas situaciones convulsivas experimentadas por las principales universidades del país en las décadas de los sesenta y los setenta. Abbie Hoffman, el famoso provocador contracultural, no había podido pronunciar su discurso en el entorno universitario a principio de los años setenta, porque los funcionarios de la entidad educativa se lo habían impedido—y ese incidente polarizó a Rice. El movimiento conocido como Estudiantes para una Sociedad Democrática ocupó varios edificios de la universidad, parte del Memorial Center de Rice fue incendiado y algunos registros de estudiantes fueron destruidos. Hoffman terminó desafiando la prohibición y pronunció su discurso en la universidad de todas formas. Pero al igual que la Universidad de Columbia y algunos centros de resistencia y levantamiento político universitario, Rice se encontraba ahora en un período de menor confrontación.

"En el momento en el que Gonzales llegó a la universidad ésta se encontraba en un proceso de recuperación y reanudación de la rutina académica," dice Cuthbertson.[33] Había terminado la Guerra de Vietnam, ya no regía el reclutamiento obligatorio y el movimiento estudiantil había comenzado a desintegrarse. Ronald Reagan estaba a punto de ser elegido presidente y uno de los ciudadanos de Houston, George H. W. Bush, estaba a punto de convertirse en vicepresidente. James A. Baker III, alguien con estrechos vínculos con Rice, estaba a punto de convertirse en un importante Jefe de Personal de la Casa Blanca—esta persona tendría una excepcional influencia debido al enfoque de Reagan, muy poco orientado a los detalles, en cuanto al manejo de la Casa Blanca.

Rice, al igual que algunas universidades del Ivy League (incluyendo la de Yale, donde George W. Bush asistiera entre 1964 y 1968), estaba dividida en un sistema de dormitorios residenciales. No había fraternidades ni hermandades. Al ingresar a Rice, uno era asignado a estas residencias, aunque no tuviera planes de vivir en la universidad. Gonzales se mudó a Lovett College, una de estas residencias, bautizada en memoria de Edgar Lovett, el primer presidente de Rice, en donde había aproximadamente cuatrocientos estudiantes asociados, trescientos de los cuales vivían realmente en los dormitorios.

Apodado "la tostadora," Lovett era un dormitorio exclusivamente masculino en un edificio bajo, de forma rectangular. Construido en 1968, su estilo cuadrado, de diseño práctico, reforzado por una tapia de cemento corrugado que rodea el edificio, se debe a que la universidad se preocupaba por los levantamientos estudiantiles que estaban azotando al país y quería que sus nuevos ingresados estuvieran literalmente a prueba de revueltas. Los arquitectos diseñaron algunos dormitorios con acceso doble a los corredores exteriores para que los estudiantes no quedaran atrapados en sus habitaciones en caso de que la universidad se viera afectada por un levantamiento estudiantil. Tal vez, como reacción a la austera apariencia de estilo soviético del dormitorio, la primera junta de directores estudiantiles del mismo se dio a sí misma el nombre de "Comité Central." Lovett pronto desarrolló la reputación de ser un lugar ocasionalmente confiable para hacer fiestas y era allí donde se alojaban algunas de las lechuzas de Rice que eran las mascotas de la universidad. Estudiantes borrachos tratarían de escalar las tapias de concreto para gritarle a cualquier que intentara pasar por un camino cercano llamado: "El Paseo de las Vírgenes," que daba a las residencias femeninas. En 1974, se popularizó en Rice una tradición persistente, algunos dicen que era específica de Lovett—conocida como Baker 13, consistía en un grupo de estudiantes medio borrachos, desnudos, cubiertos únicamente con crema de afeitar que saltaban y corrían por las áreas de la universidad invitando a otros a gritos a que se les unieran. En los últimos años, ha habido serias afirmaciones de que a algunos estudiantes de primer año, incluyendo mujeres, se les ordena beber y después se les amarra a los árboles o a los postes y se les obliga a presenciar el desarrollo del espectáculo Baker 13.

"Originalmente, (el sistema de dormitorios de Rice) copió el sistema de Oxford, aunque en Oxford, los dormitorios están organizados de acuerdo con las especialidades académicas, mientras que en Rice no es así. Hay estudiantes de todas las facultades en cada dormitorio, por lo que, en cierto sentido, su dinámica social es mayor," recuerda Mark Scheevel, un compañero de clase que vivió en Lovett al mismo tiempo que Gonzales. "El dormitorio se convierte en el hogar; esencialmente en una nueva familia. El dormitorio de la serie de *Harry Potter* en realidad no es una mala analogía. Cuando estábamos en Rice, había dos dormitorios mixtos, dos dormitorios femeninos y cuatro dormitorios masculinos." [34]

Cada dormitorio tenía un maestro asociado a él—por lo general un hombre casado, padre de familia, que vivía en una casa contigua. A veces, algunos profesores asociados solteros vivían también en el dormitorio. El Dr. Sidney Burrus, profesor de ingeniería eléctrica y de sistemas era el maestro encargado de Lovett—y años más tarde diría que no conocía lo suficientemente bien a Alberto Gonzales como para compartir ningún recuerdo de él. Los estudiantes vivían en dormitorios que por lo general estaban en el segundo piso. En el primer piso estaban las áreas comunes del comedor y la sala. Había sótanos con un área de recreación y un televisor. El ambiente, como era de esperarse en una institución educativa con el aura de Universidad Ivy League de Rice, situada en lo más profundo del estado de Texas, era bastante estricto, en ocasiones—algo que no afectaba mucho al ex cadete de la Academia de la Fuerza Aérea, Alberto Gonzales. El desayuno y el almuerzo eran estilo cafetería, la cena se servía a una hora fija, se sentaban ocho personas a la mesa y los estudiantes de primer año servían.

Algunos consideraban a Lovett como un dormitorio de deportistas, aunque todos los dormitorios estaban diseñados para alojar una variada población estudiantil, con personas provenientes de distintos orígenes y con distintos intereses. Cada dormitorio tenía, por así decirlo, su propia personalidad—tal como ocurría en Yale con el dormitorio Davenport donde se alojó George W. Bush mientras estudiaba en esa universidad. (Davenport se conocía como el hogar de los deportistas—al igual que la fraternidad a la que perteneció Bush, la Delta Kappa Epsilon.) "Teníamos la reputación de ser excelentes en proezas atléticas. Lo que no éramos era reservados. Weiss College, otro dormitorio, era una especie de 'Granja de Animales;' el Sid Richardson College era una especie de hogar de personas muy preparadas. El dormitorio Will Rice era más que todo de gente muy estudiosa. En esa época, los dos dormitorios mixtos se mantenían relativamente aislados. En realidad eran como dos mundos, era raro que las personas de alguno de los dormitorios de hombres o mujeres supiera mucho acerca de los que vivían en los dormitorios mixtos," señala Scheevel.[35]

Gonzales daba la impresión a los profesores y a algunos de sus compañeros de clase de ser una persona tímida. Quienes llegaban a conocerlo—incluyendo a "Doc C," como llamaba a Cuthbertson—se daban cuenta de que en realidad no era tímido sino que estaba perfeccionando aún esa tendencia analítica que forjaría su personalidad para el futuro. Si Gonzales se estaba tomando unos segundos más de tiempo para aparentemente sopesar su nuevo y desconocido entorno al que había sido traído por avión—tal como había sido llevado en avión a la helada tundra desde el ritmo sofocante y predecible de Humble—era apenas lógico. Gonzales tenía sólo veintidós años y se encontraba en un acelerado proceso de su vida que lo había llevado de la secundaria a Alaska, luego a Colorado y ahora a los círculos dorados en una parte de Houston que siempre le había parecido inalcanzable. Los últimos cuatro años de su vida habían trascurrido en una bruma. Su tendencia a deliberar era tal vez la forma de bajarle el ritmo a los acontecimientos. Su personalidad era, evidentemente, una copia de la de su madre—uno hablaba sólo cuando le hablaban, debía sentir temor de ingresar al mundo del *norteamericano,* pero lo debía hacer con una fuerte dosis de constante análisis. Toda esta tendencia se agudizó con su estadía en Alaska, en Colorado y ahora en la Universidad de Rice. Cada acontecimiento de su vida parecía reforzar su tendencia a la circunspección.

Todavía aficionado al béisbol, jugaba en el equipo intramural de softball como el *rover*—una posición que se adaptaba a la perfección a su personalidad. Era una persona dispuesta a colaborar, a mezclarse con los demás, a cambiar de lugar. Era, de hecho, como jugar en la defensa de medio campo o en la seguridad de su equipo de fútbol de la secundaria. Los equipos tenían diez jugadores cada uno y el *rover* era uno adicional, el que recorría el área central corta. Era rápido, razón por la cual se le dio esa posición en el equipo, y era extremadamente competitivo. Era un equipo serio, los jugadores querían ganar y seleccionaban a sus jugadores con base en qué tan conflictivos serían. Gonzales y sus compañeros de equipo eligieron el nombre del mismo "Some Girls" (Algunas Chicas)—por el nombre del último álbum de los Rolling Stones ("Shattered," "Beast of Burden," "Some Girls," "When the Whip Comes Down," "Before They Make Me Run"). La canción titular del álbum tenía una letra infame: "Black girls just want to get fucked all night; I just don't have that much jam" (las chicas negras quieren hacerlo toda la noche; yo no doy para tanto).

Como su futuro jefe, George W. Bush, nunca se supo que Gonzales adoptara ninguna posición política en Rice. En primer lugar, no había mucho de dónde escoger: "No era una universidad especialmente política, aunque sí lo fue en la década de los sesenta y a comienzos de los setenta. Eso ya prácticamente había pasado cuando llegamos allí. Los estudiantes ahora se dedicaban únicamente a estudiar y esas cosas. La dinámica social estaba básicamente dividida—había un grupo que estudiaba constantemente y no hacía nada más, otro que estudiaba mucho pero que les gustaba también las fiestas. Rice era una universidad más que todo apolítica en ese entonces. Todo el mundo vio cómo echaron a Nixon y luego se limitaron a andar por ahí, pensando qué ocurriría después." [36]

Como siempre, Gonzales mantuvo en silencio su origen familiar. Sencillamente no era un tema que tratara con sus amigos, con sus compañeros de equipo ni con sus compañeros de clase. Algunos lo consideraban como una persona "realmente inteligente y bien centrada" y "era evidente de que tenía un plan." [37] Era solidario, daba la impresión de una persona con confianza en sí misma y parecía estar constantemente alerta para detectar cualquier riesgo. "Era muy serio. Pero no era altivo ni nada por el estilo; lo recuerdo como una persona segura, pero no ostentosa, no era ruidosa ni nada semejante, era muy reservado." [38]

En el aula de clase se concentraba en la ciencia política y Gilbert Cuthbertson comenzó a notarlo. Cuthbertson era una figura popular en la universidad que tenía un doctorado en Harvard y había venido a Rice en 1963, era experto en política y en derecho constitucional de los Estados Unidos, en teoría política y en política de Texas. Gonzales tomó la clase de derecho constitucional americano de Cuthbertson—y Cuthbertson era además el consejero académico de Gonzales. En 1978, Gonzales escribió una "nota" para la clase de Cuthbertson que dejó muy buena impresión en el profesor: "Fue un trabajo modelo, no sólo por su capacidad analítica y de organización sino por el contundente argumento—que sin lugar a dudas dejaba entrever sus capacidades de abogado para litigar en el tribunal. El caso que estaba "analizando" se llamaba 'The Speluncean Explorers' (Los exploradores espeleólogos). Se trata de un caso hipotético que se utiliza en varias facultades de derecho para ilustrar algunos de los problemas de una reversión a un caso fortuito, cuando las personas se ven apartadas del resto de la civilización y se les permite tomar la ley en sus propias manos.

"Son muy pocos los trabajos de mis estudiantes que conservo, porque no tengo dónde guardarlos en la oficina, pero, de hecho, guardé ese... no voy a decir que sea porque hubiera previsto que Gonzales iba a ascender rápidamente en la política, sino porque el trabajo tenía mucha fuerza y se destacaba, lo que me indujo a conservarlo."[39]

Cuthbertson simplemente pensaba que Gonzales era el mejor de los estudiantes de Rice. Gonzales fue a hablar con él y le dijo que estaba cada vez más interesado en ganarse la vida como abogado. "Gonzales era sin duda uno de los mejores estudiantes que había visto en mis cuarenta años como profesor en Rice, y uno de los más prometedores para el campo del derecho. Lo recuerdo muy bien."[40] Parte de su recuerdo tiene que ver con la forma como Gonzales presentaba sus argumentos en los casos juzgados en el tribunal ficticio. "Su presentación era sólida y muy efectiva. A la vez, Gonzales era un estudiante callado y respetuoso—inteligente y ansioso por aprender. En relación con el libro de J. Frank Dobie, 'Coronado's Children' (Los Muchachos de Coronado) siempre pienso en Gonzales como uno de los muchachos de Coronado—un muchacho perteneciente a la nueva generación de políticos de Texas, mexico-americanos en busca de una vida nueva y mejor, con mayores oportunidades, en Texas."[41]

George W. Bush fue famoso por lo que no hizo en Yale—brilló por su ausencia en los debates, discusiones, intercambios de organizaciones de carácter político. Lo mismo ocurrió con Gonzales en Rice. Cuthbertson, un demócrata, también fue patrocinador de los republicanos del colegio—atribuye esa tarea a su creencia de que había pocos asesores republicanos en Rice y tenía que encargarse de ese papel de patrocinador. Según él, Rice siempre había tenido un sesgo demócrata, aunque en la década de los setenta puede haber sido más o menos 50 por ciento demócrata y 50 por ciento republicano. "En lo que se refiere a la política republicana nunca hubiera imaginado que Gonzales era republicano. Creo que todos pecamos por la tendencia a clasificar a las personas según determinados estereotipos, hasta cierto grado yo habría pensado que, debido a los orígenes de Gonzales, era demócrata en sus tendencias políticas. Pero no recuerdo haberlo escuchado hablar sobre cuestiones políticas ni recuerdo haberlo visto participar en debates políticos ni nada por el estilo."[42]

Cuthbertson, un producto de Harvard, no tuvo inconveniente en escribir una imperativa carta de recomendación para Gonzales, dirigida a la Facultad de Derecho de Harvard. Cuthbertson estaba muy satisfecho con Gonzales, parecía personificar algunas de los ideales originales ya perdidos de Rice, de los días de su fundación. "Podría decirse que era el tipo de estudiante para el cual dispuso William Marsh Rice que se creara la universidad. La universidad estaba prevista para estudiantes de bajos recursos a fin de que pudieran obtener una educación de calidad. Debido al historial educativo de varios estudiantes provenientes de grupos minoritarios, se produce una lucha dentro de un ambiente académicamente competitivo—por lo tanto, la mayoría de los estudiantes pertenecientes a grupos minoritarios no presentaba solicitud de admisión con tanta frecuencia en Rice."[43] Cuthbertson sólo recuerda haber escrito una carta de recomendación, la que dirigió a Harvard, recomendando a Gonzales—aunque está seguro de haberle aconsejado a Gonzales que presentara solicitudes de admisión a más de una facultad, tal vez a la Universidad de Texas o a la Universidad de Houston. Cuthbertson, quien había sido aceptado en la Facultad de Derecho de Harvard años atrás, no se sorprendió en absoluto cuando Gonzales recibió su carta de aceptación en 1979. Gonzales vino a verlo poco después de recibir la invitación de ingresar a Harvard. "Sí, así lo hizo, estoy seguro de que estaba tan agradecido como ansioso por entrar a esa universidad. Alberto se comportó a la altura de los retos académicos y la competencia."[44]

La familia Gonzales estaba presenciando y viviendo momentos muy importantes—incluyendo el hecho de que el hermano menor de Alberto, Tony (nacido el 13 de mayo de 1958) se posesionó de su cargo en el Departamento de Policía de Houston en diciembre de 1978. En la Universidad de Rice, Alberto Gonzales se graduó en la primavera de 1979 con honores, su equipo "Some Girls" de softball, ganó el campeonato y Alberto escribió lo siguiente para el anuario Rice *Campanile* de 1979: "Mientras estuve en Rice tuve muchos motivos para estar agradecido. Mis padres me han respaldado todo el tiempo y les agradezco mucho ese apoyo.

Le agradezco a Diane su amor y comprensión, tan útiles para ayudarme a superar esos cuatro años. Dios ha sido demasiado bueno conmigo y por esto lo alabo." Firmó su nombre, escribió: "1979 Poli" en paréntesis. Al final de su nota cuidadosamente escrita en letra cursiva impecable, agregó una nota para la Academia de la Fuerza Aérea: "Saludo a la Clase del '79 de la USAFA."[45]

El día de su graduación fue de nuevo como un sueño. Su padre, Pablo, que había trabajado en oficios tan pesados codo a codo con los miles de obreros rasos mal remunerados que constituían la fuerza que hizo posible el desarrollo de los brillantes rascacielos de Houston, estaba allí, junto con su madre, María. Este era un lugar al que no estaban acostumbrados a asistir. Sin embargo, esclavo del alcohol, viviendo aún en la casa de dos alcobas de a calle Roberta Lane, levantándose todavía al amanecer para trabajar en la construcción en Houston, su padre no podía menos que maravillarse de su primer hijo. Alberto posó para su fotografía de graduación junto con su padre, sin saber que sería la última fotografía que les tomarían juntos.

Ese día, le vino un pensamiento a la mente: "Realmente creí que sabía exactamente lo que quería hacer con mi vida. Ya habiendo realizado uno de mis sueños de la infancia, tenía la firme, casi arrogante certeza de que podría forjar mi futuro a voluntad. Sin embargo, desde mi graduación, he aprendido—a veces de manera dolorosa—que la vida no se puede escribir como un guión. No podemos prever todos los obstáculos ni oportunidades que nos deparará el futuro."[46] De una cosa si tenía la certeza ese día—pocas semanas después de su graduación contraería matrimonio.

Según algunos registros, Alberto Gonzales y Diane Clemens se casaron el 16 de junio de 1979 en el Condado de Harris, Texas. Es posible que se hayan casado en Colorado y que luego se hayan mudado y hayan reportado su matrimonio en el Condado de Harris. Hay un hecho sorprendente en su matrimonio con Diane Clemens y este es que a pesar de que pasaron varios años juntos, muy pocos de sus amigos y asociados más íntimos supieron que ella existía—ni que más tarde muriera en un accidente de tránsito. Ha permanecido virtualmente ausente de todos los artículos escritos sobre Gonzales. (En Washington, D.C., y en Austin, Texas, algunas de las personas más cercanas a Gonzales no tenían la menor idea de que ella hubiera muerto, hasta que lo supieron por el autor de este libro. En la Oficina del Fiscal General de los Estados Unidos, el jefe de relaciones públicas no sabía de la muerte de Clemens. En el otoño de 2005, un amigo íntimo, el abogado empresarial y antiguo Juez de la Corte Suprema de Texas, Tom Phillips, le preguntó inclusive al autor si pensaba entrevistar a Diane Clemens. Tasia Scolinos, jefe de relaciones públicas del fiscal general hizo también la misma pregunta.)

Ese verano, los recién casados hicieron planes para mudarse a Cambridge, Massachussets y a la Facultad de Derecho de Harvard. Cuthbertson, su consejero en Rice, y una importante influencia en su carrera, ya lo había empezado a llamar "Juez Gonzales"—era en realidad un honor que les hacía a todos sus estudiantes de la clase de derecho constitucional. Pero también tenía un propósito al hacerlo. Quería que Gonzales y todos los demás estudiantes comenzaran a verse como futuros abogados y jueces. En retrospectiva, pensaba que sabía todo lo que tenía que saber acerca de Gonzales. Pero al igual que muchos otros, nunca supo que Gonzales se había casado poco después de graduarse. Gonzales nunca hablaba de su vida personal.

Para muchos, era, en último término, como si Gonzales no tuviera familia, no tuviera esposa, como si esas personas no existieran. Nunca revelaba nada de su pasado, sobre todo si consideraba que se relacionaba con problemas de familia—incluyendo el alcoholismo de su padre. "No, y nunca parecía tener problemas personales—aunque no me cabe duda de que por los orígenes de su familia debe haber habido muchas crisis o dificultades."[47]

Ve a Su Izquierda

En Harvard, encontró una atmósfera universitaria no muy diferente a la que había encontrado en Rice—con una leve carga política, y donde quedaban unos cuantos seguidores de las protestas universitarias de finales de los sesenta, comienzos de los setenta. La Facultad de Derecho de Harvard, a diferencia de la Facultad de Administración de Negocios de esa misma universidad, era considerada por algunos como un tanto liberal en su enseñanza y unos cuantos de los 520 estudiantes de cada clase se agruparían de vez en cuando para protestar por alguna causa que los inspirara lo suficiente. Alberto Gonzales no era uno de ellos. Él era "íntegro, lógico, equilibrado… No todos los estudiantes de leyes eran estable y lógicos. Eran los últimos años de la década de los setenta, había protestas… No recuerdo que haya sido abiertamente político. Como joven estudiante de leyes era una persona de criterio en un ambiente en que muchos no lo eran," dice Howell Jackson, un compañero de primer año que compartió los mismos cursos con Gonzales y que se convertiría en profesor de leyes de Harvard.[1] "Al daba la impresión de ser lógico, no radical. Había más liberales fanáticos que conservadores fanáticos en ese entonces, pero no recuerdo que Al haya pertenecido a ninguno de esos dos grupos. Era un cuerpo estudiantil en su mayoría liberal y sin lugar a dudas, el profesorado de ese entonces era también liberal; por lo tanto, el liberalismo era el tema dominante. Ronald Reagan fue elegido presidente mientras yo estaba en la Facultad de Derecho, pero no contó con el apoyo de nuestra clase en la Facultad de Derecho."[2]

Cuando Gonzales se mudó a Cambridge, fue la primera vez que pisó los predios de la Universidad de Harvard y su entorno. Él y Diane llegaron sin tener aún un apartamento donde instalarse y se apresuraron a buscar un lugar dónde vivir. A diferencia de Houston, había menos lugares disponibles dónde buscar. Los cursos comenzaban en pocos días y alquilaron un pequeño apartamento en uno de los edificios de un área de bajos ingresos en un proyecto de vivienda subsidiada cerca de Fresh Pond. Ese no era, como lo diría un amigo, "un área suburbana," pero tampoco era mala—era un área que se encontraba en la intersección de algunas de las calles principales, un área de tiendas y centros comerciales, una especie de área comercial que lindaba con el área industrial cerca del ferrocarril y de algunas calles congestionadas. Después de dos o tres días de mudarse, les robaron el automóvil.[3] Gonzales tenía una bicicleta de diez velocidades que a veces usaba para recorrer las cuatro millas hasta Langdell Hall, la sede de la biblioteca de la Facultad de Derecho de Harvard. Tenía veinticuatro años y era un poco mayor que los demás estudiantes, cada uno de los cuales estaba asignado a una "sección" de aproximadamente 130 estudiantes, y lo más probable es que él fuera el único en la facultad que hubiera prestado servicio militar en Fort Yukon.

Se esforzó por adaptarse—usaba camisas blancas y shorts, su compañero de clase Paul Karch le enseñó a jugar squash en el Hemenway Gym, entró a los equipos recreativos de softball y volleyball, asistía a las reuniones del bar restaurante George's donde se reunían a tomar cerveza—pero nadie recuerda haberlo visto tomar alcohol ni fumar. Se reía de los chistes de los demás pero nunca contaba chistes propios. También jugó algo llamado *razzle dazzle football* durante tres años—era un programa interno que se desarrollaba los sábados por la mañana durante el otoño y se centraba en un juego inventado, una especie de fútbol soccer, en donde se lanza la pelota y hay pases continuos por el campo, no sólo el pase por la línea de división de equipos. Gonzales se convirtió rápidamente en el mejor jugador, la estrella, el mediocampo que llevaba constantemente la pelota por la banda lateral.

Entre tanto, muchos de sus compañeros no lo clasificaban ni lo consideraban como un estudiante de las "minorías"—aunque uno de sus compañeros de clase calculaba que la población hispana de toda la facultad era relativamente escasa… de dos a tres por ciento, a lo sumo." Si algo veían en él, era simplemente su carácter silencioso, su rostro con un permanente esbozo de sonrisa, alguien muy atlético; no era conocido como "uno" de los dos o tres estudiantes hispanos de su sección. Algunos de sus compañeros de clase recuerda, por el contrario, a un estudiante de Puerto Rico que parecía estar trayendo siempre a colación su cultura y el hecho de que había ido a una prestigiosa universidad Ivy League anteriormente. Como siempre, pocos sabían que tal vez Gonzales fuera el único hijo de los trabajadores migrantes que hubiera podido llegar a la Facultad de Derecho de Harvard: "No tenía la menor idea; era sólo otro miembro de la clase," dice Jackson.[4]

En otra excepcional ocasión, hubo un momento en el que estaba en la biblioteca una noche con un compañero de clase llamado David Abbott, e iniciaron una profunda conversación sobre el aborto, incluyendo una mención al caso que marcara un hito en 1965, conocido como *Griswold vs. Connecticut,* que se refería a la función del gobierno en la privacidad del matrimonio y el control de la natalidad. Abbott y Gonzales eran parte del grupo de "parejas de casados" de Harvard—con cinco parejas que tendían a andar juntas, compartían comidas preparadas en común, miraban televisión, iban al cine y pensaban en comenzar a formar sus familias. "Al y yo estábamos en la biblioteca una noche y empezamos a hablar sobre el aborto. Debimos hablar de derecho constitucional en ese momento. Según lo recuerdo, Al no adoptó ninguna posición específica sobre el problema en ese momento—pero me hacía muchas preguntas. Lo recuerdo muy bien. Me preguntaba si creía que la constitución contenía un derecho a la privacidad. Le dije: Sí, así es, y la razón es la siguiente'… básicamente la respuesta de *Griswold vs. Connecticut.* Según lo recuerdo, Al tenía algunas dudas o incertidumbres al respecto, por lo que hablamos del aborto en este contexto—pero como ya lo he dicho, no recuerdo que haya adoptado ninguna posición al respecto. Por mi parte, adopté una posición, y sé que soy mucho más liberal que Al. Es probable que le haya presentado mi muy enérgico punto de vista, pero no discutió conmigo. Fue definitivamente una discusión de carácter legal, no político ni moral."[5] Abbott sabía que Gonzales era más conservador. Fue algo tácito y no estaba exactamente seguro de por qué tenía esa impresión acerca de Gonzales, pero así era.

El ambiente del aula de clase siempre fue inherentemente competitivo, pero las personas que asistían a Harvard con Gonzales, el estudiante del bigote, decían que poco o nada se parecía a las agitadas escenas de la película *The Paper Chase*—el nivel de competencia nunca alcanzó la arrogancia debilitante ni las perversas conspiraciones para socavar las posiciones de los demás estudiantes. "Sin embargo, tenía sus aspectos intensos. Yo había trabajado como reportero de un periódico antes de entrar a la Facultad de Derecho, y la impresión que tuve fue que la Facultad de Derecho de Harvard era un ambiente bastante insular. Hasta cierto punto centrado en sí mismo y realmente aburrido. En pocas palabras, durante tres años, uno no hacía nada más que mantener la nariz en los libros y asistir a clase," comentó David Abbott.[6] Gonzales fue un buen estudiante, aunque aparentemente no una estrella deslumbrante de su clase durante el primer año; sacaba calificaciones de "B o B+ durante ese primer año," dice otro compañero de clasé.[7]

Por su parte, Abbott preguntaba cómo sería para Gonzales estar inmerso en ese mundo extraordinariamente exclusivo de la Facultad de Derecho de Harvard. No era solamente una de las mejores de América; era, sin duda, la más influyente. Sin conocer todos los detalles íntimos, Abbott podría imaginar que Gonzales tenía poco en común con muchos de los demás estudiantes de Harvard en cuanto al ambiente en el que se había criado y educado. Abbott venía de una familia numerosa de ingresos moderados. "Estoy seguro de que para alguien con los orígenes de Al, llegar a la Facultad de Derecho de Harvard tuvo que ser algo abrumador. Especialmente si consideramos que no había muchas personas como él a su alrededor. Sin duda habría momentos en que debería pensar: 'Cielos ¿Qué estoy haciendo aquí?' Estoy seguro de que tendría sus aspectos intimidantes, como los tiene, hasta cierto punto, para todos los que llegamos allí—y con la desventaja de provenir de un entorno minoritario, lo más probable es que haya sido dos veces más intimidante para Al. Mucho (del elitismo de Harvard) es una especie de mitología, pero, de todas formas, es una realidad que hay que enfrentar. Es posible que Al no se haya sentido intimidado, pero me sorprendería que así fuera, al menos debe haberse sentido un poco intimidado."[8]

Durante las vacaciones de primavera, en el mes de marzo, Gonzales y dos de sus compañeros de clase, Paul Fishman y Brian McGrath, fueron en bicicleta hasta Martha's Vineyard durante tres o cuatro días. Gonzales ayudó a organizar el viaje y trajo su bicicleta de diez velocidades. Colocaron las bicicletas sobre un automóvil pequeño. En Martha's Vineyard, hacía frío y había poca gente en la isla. Se quedaron en una pequeña posada y conversaron sobre los compañeros de clase, los profesores y los deportes. Gonzales era un experimentado ciclista, con frecuencia dejaba atrás a Fishman. Fue un viaje que les sirvió para liberar tensiones, un descanso del incesante estudio y una buena oportunidad para expresar algunas buenas y apasionadas opiniones en un momento en el que la política presidencial y la competencia por llegar a la Casa Blanca dominaban los titulares. "Pero no recuerdo que haya hablado de política en ninguna oportunidad," dice Fishman.[9]

La falta de compromiso político no les importaba a sus amigos. "Era una persona agradable y divertida. Era tranquilo, tenía un buen sentido del humor y reía con facilidad. Era evidente que muchos de los estudiantes de la facultad de derecho experimentaban una ansiedad palpable. Pero Al no parecía mostrar ninguna tensión por el hecho de encontrarse allí. Le iba muy bien; no parecía ser alguien que quisiera ser el primero de la clase… no había nada en su actitud que hiciera pensar que se sintiera abrumado por el hecho de estar donde estaba. Estaba casado, y realmente parecía estar muy centrado," comentó Fishman. "Su apariencia es siempre la misma y es posible que eso sea un reflejo de su origen—tal vez tuvo que soportar tanta adversidad cuando niño, que las indirectas que le lanzan tanto a él como a sus colegas políticos, no lo inmutan. O, si lo hacen, lo disimula muy bien."[10]

El mismo año del paseo a Martha's Vineyard, la familia Gonzales vivió una intensa pesadilla. El hermano menor de Alberto, Rene Gonzales, murió en 1980 y esto se convirtió en un secreto familiar, algo a lo que nunca él se refirió, algo que jamás se mencionó en los muchos artículos y perfiles que se escribieron sobre Alberto Gonzales a través de los años. Al igual que su matrimonio con Diane Clemens—y su subsiguiente divorcio, así como la eventual muerte de su ex esposa—las circunstancias exactas de la muerte de Rene han sido un secreto cuidadosamente guardado por la familia Gonzales. Rene, nació el 31 de agosto de 1959, celebraba su cumpleaños en el mismo mes que su hermano mayor, Alberto. Según los vecinos y amigos, a Rene lo mataron mientras caminaba por la carretera—tal vez la carretera que pasaba a pocas cuadras de su casa, tal vez la carretera más cercana a la ciudad costera de Galveston al sur de Houston—y cuando lo mataron, no llevaba papeles de identificación. Según el vecino, su cuerpo fue transportado sencillamente a la morgue y colocado en el área reservada para muertos no identificados. Entre tanto, en la calle Roberta Lane, todos se preguntaban por qué Rene Gonzales simplemente había desaparecido—porqué no estaba, a dónde podría haber ido.

¿Tendría problemas con las pandillas, con las drogas o con los rudos policías que en 1977 aparecieron en los titulares por golpear sin misericordia a un joven llamado José Campos Torres a quien luego lanzaron desde un puente y lo dejaron ahogar? ¿Había decidido escapar de Humble, en algún tipo de intento fallido por imitar a su hermano mayor, tan admirado, que ahora asistía a la Facultad de Derecho de Harvard? ¿Había decidido que no podía soportar un día más en su casa con su padre alcohólico—o simplemente había decidido que no quería ser como su padre y que tenía que irse, desaparecer, dirigirse a algún lugar donde nadie pudiera encontrarlo? Brenda Pond, una vecina de muchos años, lo recuerda así: "Bien, ya sabe que uno de ellos murió. Cuando lo supimos, el muchacho estaba desaparecido. Uno de los dibujantes del Departamento de Policía fue a la morgue—a la sección de cuerpos no reclamados—y dibujó un esbozo que publicó en el periódico. Así fue como lo encontraron. Lo atropelló un automóvil no lejos de su casa, allí, en la Carretera 59."[11]

La familia decidió colocar una pequeña lápida en el suelo en el cementerio de la Funeraria Rosewood, no lejos de la calle Roberta Lane. Sin duda, esta lápida, sacada de la misma cantera de donde provino el granito rosado con el que se construyó el Capitolio del estado de Texas, era sencilla, pequeña y estaba decorada con una imagen de un libro abierto, tal vez la Biblia, bordeado por ocho flores. La leyenda dice simplemente: "Hijo—Rene Gonzales, 1950–1980." En una oportunidad, en una entrevista relacionada con su ingreso a la Academy of Achievement en 2005,

Gonzales dijo: "Tenía siete hermanos, uno de mis hermanos murió relativamente joven…"[12]

Muchos de los amigos de Gonzales en Harvard jamás supieron que su hermano había muerto—y tal vez murió de alguna forma trágica y misteriosa… tal vez, atropellado en la flamante nueva autopista recién construida cerca de su casa para acortar el camino entre Houston y Humble, mejorar el acceso al que se llamaría Aeropuerto Intercontinental George Bush. Un amigo de Gonzales, llamado Bill Sweeney, un empresario de Texas, dijo que pensaba que Rene había muerto en ese otro camino al sur de Houston—que "murió en Galveston después de haber sido atropellado por un auto mientras caminaba probablemente por una orilla de la carretera." De cualquier forma, si todavía pensaba en la muerte de su hermano Rene y esto lo llevaba a incrementar sus esfuerzos por distanciarse de las limitaciones y del ambiente agobiante de Humble, nunca lo manifestó. Si la muerte violenta de su hermano lo llevó a comprometerse aún más con su propósito de abrirse camino lejos de la vida que habían llevado su padre y los demás miembros de su familia, nunca lo comentó con sus más íntimos amigos de Harvard.

Alberto Gonzales era más que todo "el tipo de persona que se dedica a escuchar más que a hablar. No tenía idea de sus habilidades en la política hasta cuando años después intenté visitarlo en Houston y no lo pude encontrar porque estaba ocupado recaudando fondos para el primer Presidente Bush," señala Paul Karch.[13] Era amable y, por lo general, sólo participaba cuando tenía que hacerlo en presentaciones y debates en la clase. Los requisitos eran muchos, pero él parecía adaptarse a ellos. Permanecía embebido en los libros y liberaba tensiones jugando squash, racquetball, razzle dazzle, softball y volleyball. No pasaba del todo inadvertido, pero tampoco era líder en la clase. Sus amigos no lo recuerdan como alguien que se ocupara de obtener las cosas más apetecidas—como competir por un apreciado espacio en la publicación *Harvard Law Review,* o trabajar en la Oficina de Asistencia Legal u otros programas universitarios, incluyendo cualquier organización dedicada al bienestar de las minorías. Tampoco lo recuerdan como alguien que trabajara en empleos de medio tiempo. Como lo hiciera en Rice, Gonzales "obtenía varias formas de ayudarse financieramente para pagar las costosas universidades—la Ley de los GI, los préstamos estudiantiles, las becas." Eventualmente comentaba "mis padres no pagaron ni un centavo" por su educación.[14]

Karch veía en Gonzales un seguidor: "Al menos en la Facultad de Derecho de Harvard cuando estaba yo allá, no había muchos líderes en la clase. Casi todos eran relativamente pasivos, por lo que no me equivocaría al decir que Al era más un seguidor que un líder en la clase, pero entre 130 estudiantes podría haber habido 10 líderes y 120 seguidores." Muchos estudiantes de la Facultad de Derecho de Harvard estaban totalmente concentrados en el estudio y los retos en el aula de clase, en lugar de considerar a Harvard como un lugar donde cimentar relaciones para el futuro, donde establecer una red para obtener algún buen cargo más adelante. Había un sentido prevalente, que algunos llamarían despreocupado, de que todo saldría bien al final, de que bastaba un título de la Facultad de Derecho de Harvard para alcanzar cosas mejores y mayores en el futuro. No era necesario dedicar demasiado tiempo a alagar a las personas influyentes, a buscar favoritismos, a ofrecerse e intrigar para obtener trabajos y puestos en las oficinas—aunque había unos pocos que lo hacían, especialmente los que habían logrado aparecer en la *Harvard Law Review* y ser lanzados a una zona de mayor octanaje.

Para Gonzales, y otros miembros de su círculo, simplemente había un sentido de inevitabilidad que les hacía pensar que se abrirían las puertas una vez que dejaran definitivamente el entorno universitario. "¿Recuerda la película *The Paper Chase* que presenta la Facultad de Derecho de Harvard como un entorno hipercompetitivo? Bien, esa película es definitivamente una exageración—ninguno de los estudiantes era tan competitivo, y esto se debía, en parte, a que estábamos prácticamente seguros de que obtendríamos un empleo en una importante oficina de abogados. Tal vez no lo obtuviéramos en las mejores oficinas de abogados de Wall Street, pero mientras estuviéramos en ese sitio, si nos graduábamos de la Facultad de Derecho de Harvard—sobre todo si íbamos a cualquier ciudad que no fuera Nueva York, Boston ni Chicago—podríamos obtener un buen puesto en una buena firma de abogados. Por lo tanto, no se trataba de que el ingreso futuro dependiera de qué tan bien nos desempeñáramos en la facultad. Eso era irrelevante porque fuera como fuera obtendríamos un empleo."[15]

Gonzales andaba con los más inteligentes, con los más talentosos, entre ellos Karch, McGrath, Abbott, Jack Roberts y Jodie Einbinder—hombres y mujeres que trabajarían para las firmas de abogados más importantes en los ámbitos nacional e internacional, o que ocuparían cargos ejecutivos en el mundo empresarial. Karch, como los demás amigos de Gonzales a través de los años, tenía la sensación de estar sacando muela cuando intentaba saber algo acerca del pasado de Gonzales—el futuro parecía más obvio, dada la suposición abierta de que Gonzales haría cualquier cosa por regresar a Texas y convertirse en un abogado corporativo.

"Al era muy callado. Era muy difícil que contara alguna historia personal. Tenía que hacerle pregunta tras pregunta. En esa época, muchos nos hacíamos preguntas como: '¿Dónde creciste, cómo era tu estilo de vida?' Pero nunca supe mucho acerca de la niñez de Al, por lo que pienso que simplemente esquivaba esas preguntas. No era que estuviera evitando el tema, creo que era más porque su forma de ser era muy callada y prefería dejar que los demás hablaran. No era difícil, porque algo que puedo decir de los estudiantes de leyes de Harvard es que les encanta oírse hablar—de forma que si uno está con alguien que sea callado, no va a tener que hacer mucho esfuerzo por seguir callado, porque los demás llenarán el vacío. Ya sabe como son las cosas cuando uno está conversando con un grupo de amigos, todos quieren intervenir y contar sus historias personales. Bien, Al nunca lo hizo. Había que preguntarle. Sí, tuve la impresión de que tenía muchos hermanos y hermanas y eso lo debí oír de él después de hacerle una pregunta directa. Pero nunca dijo que sus padres hubieran sido trabajadores ambulantes, ni nada por el estilo."[16]

En su segundo y tercer años, Gonzales aún no se destacaba de manera significativa en la Facultad de Derecho de Harvard. Permanecía por debajo del radar, trabajando duro, mezclándose con los demás y manteniendo un bajo perfil. No se le tenía por brillante en cuanto a la Constitución, o cualquier otro campo de leyes. El *Harvard Crimson* informa que "contribuyó a esto el que fuera mayor que los demás estudiantes, y le ayudó a darse cuenta de que no sería el fin del mundo si no lograba obtener una A en todo (y menos mal que no se preocupaba, porque no las obtuvo). Se reunía con un grupo de estudiantes que disfrutaban su forma de ser tranquila y se consideraban afortunados, sabían que obtendrían excelentes empleos, que estaban allí para aprender, pero también para disfrutarlo. Sabían que, eventualmente, el mundo les respondería."[17]

Él y Diane se mudaron a una de las viviendas para estudiantes casados. Alberto usaba pantalones caqui, jeans y sacos polo y camisetas con el logo de Harvard. Después de su segundo año, hizo arreglos para trabajar en una oficina en Houston, con Vinson & Elkins, la conocida firma de abogados, que tenía su oficina principal en Texas y poseía gran influencia y vínculos con Washington y otros centros de poder del mundo. En Cambridge, Alberto se quejaba aún del frío—aunque no tanto como en el primer invierno que pasó en ese lugar, pero cuando el frío era extremo en la universidad, se quejaba del clima y se preguntaba por qué alguien querría vivir en un lugar tan helado. Siguió jugando squash, deporte que había aprendido tan rápido y tan bien que de inmediato venció a quien se lo enseñó. Paul Karch había jugado al menos cuarenta veces en dos años contra Gonzales y nunca le había ganado. Gonzales seguía siendo la estrella del equipo de softball, y Fishman pensaba que Gonzales era "el mejor" tercera base con el que había jugado. Dos décadas más tarde, cuando su tendencia política conservadora estaba ya bien definida, solían recordarme esta graciosa anécdota de la estrella de softball en la Facultad de Derecho de Harvard: "Al podía ir a la izquierda mejor que cualquiera que hayamos conocido, pero aparentemente no lo ha vuelto a hacer desde entonces."[18]

Con Diane, se adaptó cada vez más a un patrón de socialización con un pequeño grupo de parejas de la Facultad de Derecho de Harvard. Generalmente cenaban donde Paul y Anne, a veces en la casa de Brian y Beth McGrath's, a veces donde Jack y Jan Roberts', o donde Dave y Jan Abbott's. La pareja anfitriona solía cocinar para todos. En ocasiones programaban un paseo. En una oportunidad alguien consiguió boletos para ir a ver el show de Linda Ronstadt en el Boston Garden; Diane y Karch eran grandes admiradores de Ronstadt.[19] En una ocasión, Karch organizó una salida en grupo para ir a ver un partido de fútbol entre Harvard y Yale. Nevaba, los puestos que habían conseguido eran espantosos, y Gonzales se dirigió a Karch en un tono cargado de sarcasmo: "Bien, ÉSTA fue una excelente idea, Paul. Sin duda la estamos pasando muy bien." En otra oportunidad, Karch y su esposa Anne organizaron una salida al cine y fueron por todo Cambridge recogiendo a otras parejas en su camioneta Volvo. Sentados en el asiento trasero, mirando hacia atrás y sintiendo la fuerza de todos los giros rápidos y de todas las paradas y arranques. "Paul… Me agrada como conduces," dijo Gonzales con una ácida dosis de sarcasmo.

Un viernes, Gonzales salió a montar en bicicleta con Karch en Woods Hole, en Cape Cod; Diane había obtenido en trabajo de medio tiempo en una oficina y no vendría hasta el sábado. Karch y Gonzales compitieron en carreras de 20 millas en una vía designada y, por primera vez, Gonzales se vio derrotado y se agotó antes que su amigo.

Tal vez, de vez en cuando, se abría la puerta de la taberna George's y Gonzales entraba, se sentaba con sus amigos y comía pacientemente una hamburguesa con queso mientras los demás bebían cerveza, vociferaban y jugaban Ms. Pac-Man. A medida que se acercaba la graduación de 1982, las conversaciones comenzaron a girar entorno a la vida, las carreras, a lo que vendría después de la universidad. Gonzales dijo a sus amigos que él y Diane querían volver a Texas y que él deseaba trabajar con un abogado comercial, con un abogado empresarial. Nunca se habló de servicio público ni de una vida en la política. Se daba por hecho que él y Diane probablemente regresarían a Houston; todavía había comentarios ocasionales acerca de cuánto mejor era todo, incluso el clima, en Texas. Nadie se lo imaginó en ningún otro lugar sino en un trabajo, con un buen salario en su estado natal.

Cuando los amigos compartían con Al y Diane, a veces se preguntaban cómo sería la dinámica del matrimonio—y se preguntaban también si tendrían un matrimonio exitoso. "Bromeaban entre sí, pero no demasiado. Diane a veces levantaba sus ojos al techo en respuesta a alguna cosa que Al supiera o no supiera. Pero siempre tuve la sensación de que tenían una relación muy estrecha. Pensaba que se habían conocido en Colorado y que habrían enfrentado algunos retos juntos, que todavía los estarían enfrentando unidos—pero todo parecía indicar que se entendían bien. No detecté ningún conflicto entre ellos," dice Karch. "También había ciertos indicios de diferencias en su—no sé cómo expresarlo—origen, imagino que sería como lo expresarían las mujeres. Por ejemplo, mi esposa era Phi Beta Kappa de Harvard, por lo que era una intelectual. Y Jan Abbott, la esposa de Dave era también abogada—de modo que tenía mucho en común con su esposo. Las otras tres esposas, incluida Diane, eran un poco más como las sombras de sus esposos. Creo que ella era secretaria ejecutiva, o algo así. Era organizada, disciplinada, de esas personas que se encargan de todo, por lo que recuerdo haber pensado que probablemente debía ser muy buena en ese tipo de trabajo."[20]

Sólo cinco meses antes de la fecha en que debía graduarse y dos años después de la muerte de su hermano Rene, Gonzales recibió la noticia de que su padre se había caído de un silo en la arrocera de Houston, donde se había convertido en jefe del equipo de mantenimiento.[21] Cuando cayó, fue llevado de inmediato al hospital local donde murió el viernes 22 de enero de 1982. Años después, algunos se preguntaban si su caída habría tenido algo que ver con su alcoholismo.

Pablo Medina Gonzales tenía cincuenta y dos años y parecía haberse establecido en su trabajo en la arrocera. Décadas antes, había surgido una moderada industria arrocera en algunas partes del sur de Texas, siguiendo las enormes operaciones arroceras de Arkansas y Louisiana. Los habitantes del área de Houston se acostumbraron al penetrante olor del arroz vaporizado o convertido, en las instalaciones de Uncle Ben sobre un área de 200,000 metros cuadrados, cerca del Ship Channel de Houston. La compañía, conocida por su, a veces controversial, logo que representaba a un hombre negro sonriente con un corbatín (algunos decían que era la imagen de un granjero arrocero de Beaumont, Texas, mientras que otros decían que era en realidad un maître de un restaurante de Chicago), se desarrolló en Houston después de la Segunda Guerra Mundial y se forjó un nicho con una fórmula que prometía sellar los nutrientes del arroz.

En Houston, la muerte de Pablo Medina Gonzales, pasó prácticamente inadvertida. Era "sólo" otro trabajador que había encontrado una muerte prematura mientras realizaba uno de los miles de trabajos menores en Houston. Desde un extremo de la gran área de Houston al otro, los obreros solían ser víctimas de alguna forma de accidente laboral. Podía ser en una de las gigantescas industrias que se desplegaban sobre el Ship Channel o en una de las refinerías, o en una de las plantas petroquímicas. Podía ser, en realidad, en uno de los innumerables sitios de trabajos de construcción en una ciudad donde se había empezado a decir que "la grúa" era el "ave típica de la ciudad"—como referencia al sinnúmero de enormes grúas de construcción que podían verse en todos los lugares de Houston.

La familia llevó el cuerpo de Pablo de Houston a Humble y se rezó un rosario a las 7 p.m. del domingo en la Capilla de la Funeraria Brookside. Se celebró una misa fúnebre a las 9 a.m. del lunes en la Iglesia de Santa María Magdalena, oficiada por el padre Adam McClosky. Pablo Medina Gonzales Jr. fue enterrado entonces al lado de su hijo Rene en el Cementerio de Rosewood.[22] María eligió una leyenda en metal incrustada en un bloque de granito color rosado. La leyenda, como la de Rene, se colocó en el suelo; no era una lápida vertical. Fue enterrado en un área ocupada por otras familias hispanas, una mujer de nombre Dominica Sánchez estaba enterrada al otro lado de su tumba. La lápida de Pablo era más elaborada que la de su hijo Rene, decía: "Amado Esposo y Padre, Pablo M. Gonzales Jr., Julio 12 de 1929–Enero 22 de 1982." Tenía una cita del Salmo 23: *"Aunque camine por senderos oscuros, nada temo; porque Tú estás conmigo; Tu vara y Tu cayado me confortan."* A la izquierda de esta leyenda se veía la figura de un ángel, que sobrevolaba las nubes y parecía agarrar una pequeña estrella por encima de un sol poniente. Hacia la parte superior de la leyenda había una urna vertical para poner flores.

Alberto Gonzales tenía veintiséis años. Su madre trabajaría por años como ama de llaves en la misma funeraria en donde había enterrado a su hijo y a su esposo. "Esto me da una razón para levantarme en las mañanas. Me enseñaron a valerme por mí misma y a no ser una carga para nadie," solía decir a todos.[23] Aprendería a conducir mejor y se volvería más independiente. Los hijos que aún permanecían en Humble, a diferencia de Alberto, tendrían un mayor sentido de obligación hacia su madre—tendrían que ir a verla con cierta periodicidad, a llevarle lo que necesitara, a ver que estuviera bien. Ella había sido la columna vertebral de la familia de muchas formas. Pablo había luchado contra sus demonios, había guiado a la familia hasta Houston, había construido una casa y había traído comida a la mesa. Y su hijo mayor se arrepentiría de no haber apreciado el simple hecho de que su padre realmente había trabajado como un perro, durante la mayor parte de su vida. Su hijo siempre lamentaría no haberle agradecido debidamente a su padre todo lo que había hecho y no haberle dicho, lo suficiente, cuánto lo quería realmente:

"Si sólo hubiera sabido que moriría durante mi último semestre en la Facultad de Leyes, le habría dicho con más frecuencia que lo amaba. Si sólo hubiera sabido, el

día que me gradué (del preuniversitario), que pronto mi padre ya no estaría, le habría agradecido el haberme dado un techo para protegerme de la intemperie—y le hubiera dicho cuán orgulloso me sentía de ser su hijo. Si sólo lo hubiera sabido."[24]

Para cuando se graduó, era ya un hecho que volvería a Houston y que le ofrecerían un puesto en la oficina de Vinson & Elkins, tal vez, inclusive algún programa interno para llegar a convertirse en socio, y un ingreso de $500,000. Había trabajado como oficinista y ese comportamiento metódico, ese comportamiento que su antigua amiga Liz Lara había observado en él durante los años de la secundaria, seguía ahí presente. Había programado cuidadosamente su regreso a Houston y este sería aún más importante que su experiencia en la Universidad de Rice. En esta oportunidad estaría mudándose permanentemente al mundo dorado al que su padre y su madre habían contribuido como sirvientes.

Tal como ocurría en la Academia de la Fuerza Aérea, en Rice, y en la Facultad de Derecho de Harvard, Vinson & Elkins estaba cambiando de acuerdo con la tendencia de aumentar la participación de las minorías—aunque, en el caso de esta firma de abogados, ese cambio era más bien lento. La nueva gerencia de la firma se había dado cuenta de que V&E necesitaba cambiar más allá del ciclo constante de contratar estudiantes blancos recién graduados de las principales universidades. En el pasado no se habían contratado judíos, mujeres ni negros. En 1974 contrataron el primer abogado negro, al que siguió un hispano en 1977. Pero ahora la frontera con México se estaba desdibujando cada vez más y se requerían abogados hispanos para aprovechar cualesquiera clientes comerciales importantes; Houston, Dallas y San Antonio eran zonas cada vez más importantes para los negocios petroleros, las sociedades comerciales y las firmas de negocios internacionales en México, Centroamérica y América del Sur. Tener un abogado hispano graduado de Harvard en Vinson & Elkins era algo esencialmente lógico, era una protección para el futuro, era un activo para las relaciones con la comunidad y, como siempre, si Alberto Gonzales no llenaba las expectativas podría ser despedido en cualquier momento en el que los gerentes de la firma lo desearan.

No fue nada malo para las perspectivas de Gonzales que en 1982,

el mismo año en que fue contratado, el abogado hispano que originalmente trabajaba para esta firma hubiera decidido renunciar después de
cinco años.[25] En V&E había ya un corto número de personas provenientes
de las minorías, que habían sido contratadas y la firma no quería ser blanco
de ninguna crítica. En el momento en que el primer abogado hispano
de V&E salía de la firma, se le estaba garantizando a Gonzales una posición allí.

Fundada en 1917 en Houston por James Elkins y William Vinson, V&E,
como se la conoce universalmente, era simplemente una de esas firmas de abogados con un inmenso poder de intimidación, que había utilizado sus utilidades masivas iniciales provenientes del petróleo para avanzar
eventualmente hasta superar las fronteras de Houston e instalarse en Wall
Street, en Washington y en varias capitales extranjeras. El viejo Vinson había llegado a Houston desde Sherman, Texas, y convidó a Elkins a trasladarse allí desde Huntsville, Texas, y trabajar con él. Vinson era la columna
intelectual de la firma, mientras que el viejo Elkins era el que haría "crecer
la firma." Al decidir flotar en el enorme mar de petróleo de Texas—y convertirse en el solucionador de todos los problemas de la sociedad, ayudán-
dole a desenmarañar, definir, impulsar y forjar innumerables negocios
relacionados con buscadores de petróleo, gigantes multinacionales de
energía, derechos de explotación minera, disputas de tierras, herencias, seguros, perforación de pozos de petróleo, instalaciones de producción, negocios navieros, plantas petroquímicas y refinerías—por fin V&E llegaría
a tener setecientos abogados altamente remunerados, en once oficinas dis-
tribuidas hasta en los rincones más remotos del mundo. En el siglo XXI
sería una firma de abogados extensamente conocida y representaría a Enron, la compañía que vio a varios de sus ejecutivos con graves acusaciones
legales, como resultado del mayor colapso financiero en la historia de los
Estados Unidos.

En sus años iniciales, Elkins quería que V&E fuera más que una simple
firma de abogados que se encargara de manejar papeles. Desarrolló a V&E
hasta convertirla en una especie de empresa encargada de impartir instrucciones para producir dinero, incluyendo la creación del mayor banco

de Houston, el First City National—y, con el tiempo, aunque los negocios de petróleo y gas seguían siendo la base de la firma, V&E se ramificaría en todo tipo imaginable de trabajos legales, incluyendo la reestructuración de mega corporaciones, el derecho internacional, los negocios de bienes raíces, el capital de riesgo y así sucesivamente. Ante todo, V&E desarrolló una cultura corporativa de discreción en el enloquecido y peligroso mundo del petróleo y los grandes negocios de Texas—en donde las traiciones, los negocios ilegales, los subterfugios y los engaños no tenían paralelo—V&E se había ganado la reputación justamente famosa de mantener protegidos a sus clientes. Si uno era cliente de V&E, importante o menos importante, mientras su dinero fuera bueno, estaría trabajando con una firma seria que hacía hasta lo imposible por proteger la privacidad de sus clientes, por mantener a sus clientes fuera de la prisión y para mantener la fuente de ingresos fluyendo a la perfección.

A través de los años, V&E atraería socios de alto perfil, incluyendo al ex gobernador de Texas, Secretario del Tesoro John Connally y el ex senador líder de la mayoría, Howard Baker. Además, se convirtió en la firma que representaba a Enron, Halliburton y Brown & Root y muchos otros gigantes empresariales de Texas. Con el tiempo, V&E ayudó sin dificultad a dirigir y forjar los gobiernos tanto de Houston como del estado—y se mantuvo trabajando con el poder político de Texas al manejar aspectos como las reglamentaciones del medio ambiente hasta los argumentos antimonopolio. Como es evidente, gran parte del establecimiento de esas poderosas sociedades tenía que ser discreto. Alguien con una personalidad como la de Alberto Gonzales se sentiría como en su casa en las legendarias oficinas de Vinson & Elkins, en el corazón de Houston: "Él actúa con mucha discreción," sería la forma como lo expresaría su hermano Tony.[26]

Entró oficialmente a trabajar con V&E en junio de 1982, poco después de salir de Harvard y sólo cinco meses después de la muerte de su padre en la arrocera. En V&E, su predilección por la discreción y el esfuerzo—su deseo de entrar más profundamente dentro de los círculos de poder y la sociedad de Houston—se vería perfeccionada y refinada durante los siguientes trece años. Pagaría sus cuotas y comenzaría el decidido asenso por la escalera corporativa. El socio principal, Harry Reasoner, que se encontraría como la figura principal años más tarde, cuando toda la atención se volcara hacia el colapso multimillonario de Enron, presintió que Gonzales estaba impulsado por "un fuego en sus entrañas" que lo llevaba a superar cualesquiera obstáculos que hubiera tenido que enfrentar durante los años de su niñez y su adolescencia.[27]

Se exigía al máximo en el grupo "transaccional"—reuniendo los documentos sobre las fusiones, adquisiciones, negocios de bienes raíces y banca. A veces, cuando empezaba a especializarse en bienes raíces, redactaba los detallados documentos para proyectos de construcción que empleaban miles de obreros como su padre, subeducados y mal pagados. Nunca comentó con sus amigos la ironía perfecta—el hecho de que su firma en una hoja de papel fuera ahora el instrumento que conduciría al trabajo a tantos obreros mexico-americanos en y alrededor de Houston. Tenía veintisiete años, su padre acababa de morir y él se encontraba al otro extremo de la cadena alimenticia de Texas, en la fuente del poder financiero de Houston. Estaba asignado al grupo de banca/bienes raíces/energía de V&E, encabezado por el abogado Joseph Dilg, y su trabajo se relacionaba con una variedad de proyectos famosos e infames—desde Enron hasta intentos mayoristas por reformar completamente la apariencia del centro de Houston.[28]

Gonzales trabajaba duro, trabajaba horas extra, se esforzaba, se acostaba tarde, traía a casa su portafolio repleto de papeles y hacía llamadas a todas horas. Estaba, como muchos de los otros socios de la firma, automáticamente absorbido por el esfuerzo de ganar adeptos para alcanzar la posición de socio y entrar a los círculos donde se manejaban las grandes fortunas—aunque no era tan abiertamente evidente al respecto. Estaba desarrollando, desde muy temprano en su carrera en V&E, un cierto estilo y una personalidad legales. Era, naturalmente, una persona que no hacía uso de arengas intimidantes; por el contrario, era mesurado, ponderado y buscaba, en último término, lograr cambiar la actitud de su oponente y hacerle ver el *carácter razonable* de su argumento. No era que fuera un asesino silencioso, era más bien un facilitador, una presencia tranquila que había comenzado a desarrollar la habilidad de darle al cliente exactamente lo que quería—y a reducir las dispendiosas y complejas transacciones de bienes raíces y comerciales convirtiéndolas en sinopsis que sus clientes pudieran digerir fácilmente.

Muchos de quienes lo conocieron durante sus años en V&E no lo describirían como un visionario legal brillante, no fue conocido de inmediato ni universalmente como una mente legal gigante. Pero era eficiente en una forma que rara vez absorbía toda la energía de un salón ni llamaba la atención hacia sí mismo. Era, simplemente, en las palabras de un abogado, una persona a quien le gustaba "hacer lo que había que hacerse" y ese estilo que fue evolucionando demostró ser efectivo en varios negocios complejos, incluyendo una oferta pública de una complejidad casi imposible que tomó a un grupo de abogados de doce estados un total de seis meses desenredar. Gonzales no le caía mal a nadie, al menos no por mucho tiempo, y solía ser la voz de la razón: "Al, con su modo de ser amable, es probablemente quien tiene la forma más efectiva de abordar una situación, porque la mayoría de los proyectos de transacciones corporativas se relaciona con proyectos que reúnen diferentes constituyentes con distintos intereses para alcanzar un objetivo común, y requieren gran cantidad de persuasión. Por lo tanto, si uno logra que todo el mundo se una a su equipo y logra que todos trabajen en paralelo, la transacción progresa sin contratiempos. Pienso que Al, con su personalidad, sabe hacer eso mejor que nadie," indica Robert Baird, uno de los socios de V&E.[29] Ese abordaje calmado, pero insistente llamó eventualmente la atención de las personas de V&E que lo podían hacer avanzar hacia los niveles más altos de la firma.

En el creciente ejército de abogados de V&E, parecía tener pocos enemigos. Era evidente que no era el principal actor en la firma, no era el monstruo capaz de hacer que se llenaran los cofres de la firma con grandes cantidades de dinero provenientes de los mejores negocios, pero a todos *les gustaba* Al Gonzales—y ahora era "Al," no "Alberto." Todos parecían apreciarlo mucho, así como uno puede apreciar mucho a alguien que se sienta al otro lado del salón de clase—esa persona que no levanta la mano a cada pregunta del profesor. No era el jugador estrella del equipo de fútbol, era el jugador que mantenía la seguridad. No era el *pitcher* que iniciaba la jugada, era el intermediario, que recorría el jardín externo. Realmente no se destacaba entre los cientos de hábiles abogados de V&E—y esa era tanto su limitación como su fuente de atracción. "Era ese tipo de persona que uno quiere ver progresar. Se esforzaba mucho y era muy hábil para escribir y analizar," indica James McCartney, quien fuera miembro del comité administrativo de V&E.[30]

Barry Hunsaker Jr. estaba en la misma división con Gonzales. Su oficina quedaba al lado de la suya y los dos compartían la misma secretaria. En ocasiones veía a Gonzales conducir su BMW 328 de dos puertas. Comentaban un poco la experiencia en Rice, y hablaban de lo mucho que Gonzales había disfrutado su corta estadía allí y cómo le gustaba más que estar en la Fuerza Aérea. Cuando tenían tiempo, concertaban una cita para jugar racquetball. Gonzales era invencible en la cancha y le gustaba jugar con mucha frecuencia, a veces casi todos los días—llegó un momento en el que algunos de sus amigos se negaban a seguir jugando con él. Era casi invencible; quería ganar siempre. "A Al no le importaba que la persona con quien estuviera jugando fuera su más preciado cliente. No le importaba si esa persona era un socio que tuviera el poder de decidir si Al llegaría a ser socio también. Lo que le importaba era vencer—quería ganar. Uno no obtenía de él ninguna clase de tratamiento especial."[31]

Gonzales y Hunsaker compartían algunos clientes, incluyendo la compañía propietaria y encargada del alquiler para el enorme proyecto Houston Center—un proyecto de alto costo que se proponía remodelar dieciséis de las cuadras más importantes del centro de Houston para construir locales comerciales, oficinas y puntos de venta minoristas. Ese proyecto tenía ocupado a Gonzales tratando de diseñar y revisar contratos multimillonarios de construcción, alquiler y sociedades y lo tenía negociando con grandes cadenas hoteleras como la Four Seasons, mientras que hablaba con distintos funcionarios sobre cómo conectar los edificios del centro de la ciudad mediante túneles o pasos elevados. Se convertiría en el mayor esfuerzo de Gonzales para V&E—estaba reformando la misma ciudad que solía observar desde la distancia cuando niño—y le representaría entrar en contacto con una amplia variedad de poderosos actores, organizaciones comunitarias y juntas cívicas de Houston. Gonzales y Hunsaker estaban haciendo esencialmente lo que algunos abogados llaman "el trabajo difícil" y diseñando contratos de alquiler, acuerdos y negociaciones con grandes clientes de bienes raíces.

Observando a su amigo, Hunsaker llegó a creer que Gonzales dejaba a los clientes con la impresión de que no tenía ninguna agenda propia oculta, de que era inconmoviblemente leal a la persona que lo contrataba. "Los clientes lo apreciaban mucho porque se mostraba muy interesado en ellos. No tenía el gigantesco ego asociado con los abogados. Se interesaba de verdad en los clientes y no en una fuente de ingresos," indicó Hunsaker.[32] Hunsaker observó algo más. Gonzales no hablaba de su familia, con excepción de algunas referencias ocasionales a su esposa y, más adelante, a sus hijos. No mencionaba para nada a los demás miembros de su extensa familia de Humble. "En realidad no hablaba mucho de ellos. Francamente, supe más de su familia después de que dejó la firma y la gente empezó a escribir acerca de él. Era una persona muy reservada. Fuera de su familia más cercana, nunca conocí a ninguno de sus demás parientes. Y nunca se refería a ellos."[33]

El hecho de que Gonzales fuera hispano y evidentemente uno de los pocos pertenecientes a las minorías que se hubiera asociado con la firma, parecía ser un hecho que no muchos de sus socios tenían en cuenta. Su origen étnico, su nombre era evidentemente algo que la gente conocía y admitía; pero nunca se hablaba de ello abiertamente, nunca se cuestionaba, nunca se debatía ni era tema de interminables minucias legales. "Era algo evidente que se sabía. Pero a la vez no era algo que se comentara en una u otra forma," indicó Hunsaker. Gonzales tampoco expresaba abiertamente ninguna ambición significativa de "hacerse cargo" de la firma, ni de ubicarse en el nivel superior del grupo ejecutivo. No parecía ser una persona muy política, aunque sin duda hablaba de política con la gente. "Quienes tienden a ser líderes firmes son también a quienes les agrada el aspecto político de este cargo. Y si bien Al estaba interesado en política y en asegurarse de que las personas elegidas fueran las mejores y de contribuir a su causa, no es el tipo de persona al que le guste ser el centro de atención. No estoy seguro de que haya deseado alguna vez ocupar un cargo altamente influyente dentro de la firma."[34]

Uno de los clientes de Gonzales a principios de los años ochenta era Larry Dreyfuss. Gonzales ayudó a Dreyfuss con una variedad de negocios de bienes raíces y energía, incluyendo alquileres de oficinas, una venta de activos a Coke Industries y una transacción de un oleoducto por un valor de 250 millones de dólares. Se hicieron muy amigos y a veces iban a comer a restaurantes italianos—ocasionalmente Dreyfuss disfrutaba una copa de vino mientras observaba a Gonzales beber otra Coca-Cola dietética más. Dreyfuss había descubierto por qué le gustaba hacer negocios con Al Gonzales: "No tiene ninguna agenda personal para nada de lo que hace." [35] En otras palabras, era extremadamente leal a su cliente. Se encargaba de negociaciones complejas, como la relacionada con Coke Industries, y las reducía a pequeños segmentos manejables, fáciles de entender. Dreyfuss, al igual que muchos otros, comenzó a utilizar el término "calmado" para describir a Gonzales. Para otros, su personalidad rayaba en lo aburrido. Y para otros más, incluyendo sus antiguos compañeros de V&E, que habían crecido con el tipo de cultura corporativa reservada, firme y discreta que caracterizaba toda la firma, Gonzales tenía la dosis perfecta de anonimato: "Todos usaban saco y corbata. Él era simplemente uno más de los de saco y corbata," recuerda Jim McCartney, antiguo socio de V&E que entró a trabajar en la firma en 1952. [36]

Pero fuera del imperio de V&E, algunos, incluyendo la comunidad hispana, empezaban a reconocer poco a poco a Gonzales. Era el resultado tanto de su agenda personal y de esa forma calculada en la que V&E se interesaba por cuidar a sus nuevos clientes. Gonzales, después de establecerse en V&E y de aprender a practicar el derecho en bienes raíces, estaba listo para progresar un poco más—ingresando al campo de la política y la alta sociedad donde se movían miles de millones de dólares en campañas para recaudación de fondos, en juntas urbanas que abarcaban toda la ciudad, en invitaciones a fiestas de gala y eventos de beneficencia donde únicamente ingresaban quienes estuvieran formalmente invitados. En otras palabras, estaba dispuesto a ir más allá de los negocios de alquiler y de su trillado trabajo en el grupo "transaccional" para entrar en un mundo que lo expusiera a los actores que realmente detectan el poder en Houston y en Texas. Había cerrado las brechas entre la calle Roberta Lane y el centro de Houston. Entre MacArthur High y la Facultad de Derecho de Harvard. Había entrado por la puerta principal de los edificios de Houston a los que se le negaba el ingreso a su padre, aunque habían sido manos como las suyas las que lo habían construido. Ahora, iría más allá de la puerta principal, en lo más profundo de Houston, más cerca de las personas más poderosas del mundo.

Comentario Triste

Después de seis años, su matrimonio con Diane estaba al borde del abismo. No habían tenido hijos. Muchos de sus amigos, colegas, compañeros de trabajo, no tenían la menor idea de que hubiera un problema—pocos podían recordar gran cosa acerca de Diane. Para 1985, cuando aún trabajaba en V&E, solicitaron el divorcio en el condado de Harris. Él tenía veintinueve años y ella veintiocho. Sus amigos de Harvard, algunos de los cuales se mantenían aún en contacto con ellos, habían oído decir que durante esos primeros años que Gonzales estuvo en V&E, Diane había conseguido un trabajo en una oficina en algún lugar de Houston, tal vez para continuar ejerciendo su profesión como secretaria ejecutiva. En un testimonio verídico de la forma como, según su hermano Tony, Gonzales y su familia pueden mantener las cosas "bien guardadas," pocos de los asociados más cercanos de Gonzales se enteraron de que Diane Clemens había muerto en un accidente automovilístico después del divorcio. El amigo de Gonzales, Bill Sweeney, dice que "después de que ella y Al se divorciaron, ella volvió a Illinois, donde había crecido, y un tiempo después murió en un accidente de automóvil."[1]

(Para los estudiantes de la extensa Dinastía Bush, el hecho de que la primera esposa de Gonzales haya muerto en un violento accidente de tránsito, no es en sí nada sorprendente. Algunos afiebrados seguidores de

Bush hablan de "la maldición de las mujeres relacionadas con la familia Bush" y les agrada señalar que, cuando era una adolescente, la Primera Dama, Laura Bush, se vio involucrada en un mortal accidente de tránsito en donde murió una de sus amigas íntimas de la secundaria; la abuela del Presidente George W. Bush murió cuando el automóvil que conducía su abuelo, quien en último término salió ileso, rodó por una loma en la parte norte del estado de Nueva York—fue un accidente algo misterioso que llevó a la policía a realizar una exhaustiva investigación y la bisabuela del Presidente George W. Bush murió también mientras caminaba por una calle de Rhode Island en un día cualquiera y la atropelló un automóvil, sin que su esposo sufriera ningún daño).

Naturalmente, los padres de Alberto habían tenido grandes discusiones en ocasiones acerca del hábito de beber de su padre. Pero continuaron casados porque eso era lo que hacía la gente, el divorcio no tenía cabida en algunas familias devotamente católicas. El divorcio, para los más católicos, no era sólo una connotación de debilidad sino también de pecado. En otras palabras, el divorcio nunca fue una opción para Pablo y María Gonzales. Su hijo ya no era católico devoto de la doctrina de la iglesia. En 1985, llegó para él el momento de seguir adelante. Además, su divorcio coincidió con el hecho de que poco a poco se estuviera convirtiendo en una cara más visible en los entornos de los selectos círculos cívicos de Houston. Según algunos registros, su divorcio de Diane Clemens finalizó el 15 de julio de 1985, veinte días antes de que cumpliera treinta años.

Según sus amigos, se mudó por un tiempo a una habitación del Four Seasons Hotel, frente a la oficina de V&E, para no tener que desplazarse hacia y desde el trabajo. Se dedicó por completo al Proyecto Houston Center, ese enorme y controvertido plan de reestructurar las valiosas propiedades del centro de la ciudad. Realizó un trabajo "detallado" en una adquisición de mil millones de dólares de la división industrial de bombeo y válvulas de Baker Hughes."[2] Era uno de quince abogados de V&E que representaba a la Occidental Petroleum en una adquisición de $1.250 millones de Cain Chemical Incorporated. Además, trabajó al igual que muchos abogados de V&E, para el gigante de la energía, Enron. Con su sede principal en Houston, Enron era una de las firmas más importantes, que en una oportunidad pareció ser el modelo de la transparencia, o al menos, de la eficiencia en los negocios. Sus ejecutivos eran miembros de organizaciones de beneficencia y era difícil imaginar a Houston sin un actor clave como Enron. También era difícil imaginar a Vinson & Elkins contratando nuevos abogados como Alberto Gonzales sin que estuvieran recibiendo millones de dólares de Enron. La naturaleza de la relación entre Vinson & Elkins y Enron era de una profanidad enorme y totalmente impulsada por un incesante número de complejas y lucrativas negociaciones de petróleo y gas. Docenas de abogados de V&E eran constantemente asignados a intereses relacionados con Enron y había tanta polinización cruzada que al menos veinte de los abogados de V&E fueron simplemente a trabajar tiempo completo para Enron. Todos comenzaron a llamar a la antigua firma "Vinson & Enron."

Enron se convirtió en el frente más grande e importante de V&E y representó cerca de $32 millones de los ingresos de V&E para 2001, el año en que Enron se desplomó en un miasma de controversia. Uno de los mentores de Gonzales en esa firma, el socio gerencial Joseph Dilg—que también estaba afiliado al trabajo en Enron—diría a *Business Week:* "Todo lo que los abogados de la firma que ha representado a Enron han hecho ha sido totalmente profesional, competente y ético."[3] Una cosa era clara. Vinson & Elkins era una firma de abogados importante cuando Enron se impuso en primer lugar en la montaña de miles de millones de dólares del sector energético. Sus socios administradores eran buenos amigos, tanto en el trabajo como fuera de él, con Ken Lay y los otros directivos de Enron, que pronto serían desafortunadamente famosos. A veces algunos de los abogados de V&E trabajaban tan estrecha e íntimamente con Enron, que simplemente establecían oficinas temporales en Enron.

La gente de V&E sostenía que el trabajo de Gonzales para Enron se relacionaba con asuntos menos importantes, muy apartados de las operaciones financieras internas de Enron—distantes de los negocios que manejaban algunos de los más grandes y mejores expertos en derecho energético de V&E, lejos del negocio que llevaría a las acusaciones de los ejecutivos de Enron y a uno de los más conocidos escándalos empresariales de la historia de los Estados Unidos. Su trabajo más importante en Enron fue cuando lo asignaron como uno de varios abogados que debían redactar los documentos legales que permitirían a Enron crear una sociedad limitada maestra conocida como EOTT Energy Partners—era una sociedad que "reunía, transportaba y negociaba petróleo crudo, productos refinados y fluidos de gas natural."[4] Claro está que, durante años, después del colapso de Enron, se vendría a descubrir la forma como se estructuraron esos negocios y quién sabía qué en Enron y en cualquiera de sus firmas asociadas. El Gerente Administrativo de V&E, Dilg, ofrecería esta breve observación acerca de Gonzales, a quien él había acogido bajo su ala protectora: "Creo que él sólo estaba poniendo el hombro y ayudando a algunos otros abogados. La empresa (Enron) no era, evidentemente, uno de sus principales clientes." Según los registros internos de V&E, Gonzales presentaría sus últimas facturas de horas trabajadas en aspectos relacionados con Enron, en mayo de 1994, su último año en Vinson & Elkins.[5]

Aún no era abiertamente político, pero decidió volverse republicano. Fue algo fácil de hacer en una ciudad y un estado donde John Connally había establecido la tendencia al cambiar fácilmente de partido y aplicar, sencillamente, sus raíces sociales-conservadoras de demócrata sureño al GOP. Gonzales no había pertenecido a nínguna afiliación partidista con sus amigos en Vinson & Elkins, pero era evidente que—bajo la guía de hombres como el senador de Texas, John Tower, y el entonces vicepresidente George Herbert Walker Bush—Houston se había convertido en un bastión republicano y en uno de los centros principales financieros para las divisiones del partido a largo plazo. Vinson & Elkins, una firma siempre dispuesta a trabajar estrechamente con los clientes, no se iba a mostrar, ni mucho menos, adversa a ninguna tendencia que la llevara a lo más profundo del GOP. Para Gonzales, sería una progresión natural el GOP, tan evidente, que cualesquiera argumentos provenientes de futuros críticos anti-Gonzales sobre su "abandono" de sus raíces demócratas, sería farisaico. El hecho es que Gonzales nunca tuvo raíces demócratas, nunca expresó ninguna filiación demócrata. El entorno—el interior de la firma de V&E, y los corredores del poder adonde estaba siendo enviado a obtener más negocios y a servir como "representante hispano" de la firma—era tan pro-GOP como pueda imaginarse.

Es posible que haya existido algún otro factor, una pequeña parte de lo que su futuro mejor amigo George W. Bush podía desestimar calificándolo de "psico-necedad." Gonzales se esforzaba aún, seguía aún empeñado en ascender en la legendaria y poderosa firma de abogados. En ese sentido, no se diferenciaba en nada de ningún otro abogado, y, naturalmente, tampoco se diferenciaba en nada de todos los otros abogados que tenían entre los veinte y los treinta y pico de años en cualquiera otra importante firma de abogados del estado. Sin embargo, al mismo tiempo, era totalmente distinto de la mayoría de los abogados. Él había comenzado desde una ubicación muy posterior en la manada. Sin escuelas privadas, sin agua caliente corriente y sin teléfono. Y mientras crecía en la pobreza, crecía también en un estado increíblemente empeñado en elevar a algunos empresarios al estatus de Reyes Ciudadanos—tal vez representado mejor por alguien como Ross Perot.

Se puede argüir que Texas es el estado más prendado de sí mismo de todo el país y que ha desarrollado una inconmensurable industria doméstica de autopromoción—frecuentemente impulsada por los llamados "profesionales texanos" y basada en caricaturas de villanos y héroes cuidadosamente creados, así como por la adulación. La industria objectiviza sin fin a Texas produciendo un estereotipo fácil tras otro sobre su cultura, su historia, sus políticos y sus hombres en busca de poder—e invistiendo en personas ansiosas de alcanzar la fama con más seriedad y pompa de lo que se merecen. Los hiperlativos, la lluvia de superlativos y las exageradas caricaturas que salen continuamente de Texas son predicadas con demasiada frecuencia en calculados intentos por cobrar mediante la venta de una imagen específica de Texas al resto del país—y sacar provecho vendiéndoselas a un desarraigado y cambiante segmento de la población de ese estado, hambriento de cierto sentido de pertenencia, cierto sentido de lo que realmente es Texas.

Algunos observadores auténticamente texanos se enfurecen ante toda esta fanfarronería y se refugian en el hecho de que esta mitología moderna, esta pleitesía falsa y la creación de algunos fantasmas, es el producto de las tramas que aman quienes realmente no sólo malinterpretan lo que es la "verdadera" Texas—sino que realmente detestan la mayor parte del estado, o, al menos, no transitan por las calles secundarias ni por los callejones del centro de la ciudad para obtener una idea de lo que es verdaderamente Texas. Cuando la motivación básica de las caricaturas—cualquiera que sea la razón para esa perversa reinvención de tantos texanos como profundamente perversos o gloriosamente angélicos—éstas han sido inevitables. Tal vez el estado haya sido deliberadamente compartimentalizado por

personas que *necesitan* compartimentarlo—mediante la venta de estereotipos texanos simplistas como el viejo programa de televisión *Dallas,* es
mucho más fácil que reconocer que las personas, los políticos, y aún los
hombres en busca de poder, no siempre son exactamente textos en blanco
y negro.

El proceso de crecer, alcanzar la mayoría de edad y encontrar su camino en el Houston empresarial, hizo a Gonzales susceptible a las hipér-
boles y a los entusiasmos pasajeros así como a la creación de mitos, tanto
como cualquier otro. Tal vez en V&E, fue más susceptible—considerando el ambiente tan extraño en el que se encontró comparado con su
mundo de Humble. Toda esa energía y efervescencia en Texas era como un
gigante parpadeando ante una señal del camino. Había, en cierta forma, un
culto al poder en Texas—y, en Houston, era difícil permanecer indiferente
a ese culto.

Se convertiría en un republicano convencido en un estado en donde el
GOP estaba decidido a dominar. Fue un plan, una progresión que comenzó en el occidente de Texas, cuando la familia Bush había llegado a
invertir millones de dólares de la fortuna familiar en los yacimientos de
petróleo en las afueras de Midland y Odessa. Cuando los Bush hicieron su
primera fortuna en petróleo, se reubicaron en Houston, en 1959, porque
era allí donde tenían su sede los principales actores del mundo del petróleo—y porque Houston era el lugar más confortable para construir el
aparato estatal para el GOP. Además, en los años ochenta, a medida que se
desplegaban los estrategas políticos por todo el país intentando obtener
una idea del potencial de electores no explotados disponibles en esa región, algunos de ellos, incluyendo a George W. Bush—comenzaron a re-
portar que había cantidades significativas de cristianos en lugares como
Texas que podían ser atraídos hacia el GOP. Además, como se lo dijera
George W. Bush una y otra vez a los líderes del partido republicano, incluyendo a su padre, había allí una mina de electores hispanos que podían
aceptar la agenda conservadora del GOP. El joven Bush y su asesor político, Karl Rove, fueron unos de los primeros en sugerir a los líderes del
partido que el GOP debía trabajar más en Texas para atraer a esos electores
tanto cristianos como hispanos al partido republicano.

Gonzales ya estaba allí: "En su concepto, el partido republicano era donde quería estar. Antes de que fuera popular ser un republicano hispano, antes de que los republicanos estuvieran cortejando a los hispanos," indicó un abogado que lo conoció en Houston.[6] Además, Gonzales ya estaba escuchando, literalmente, el mensaje de George W. Bush. El más joven de los Bush, por indicación de uno de sus mejores amigos, un estratega político que había abandonado el partido demócrata, Lee Atwater, se había convertido en orador suplente de su padre—generalmente enviado a territorios amistosos para hablar ante auditorios fáciles que hicieran pocas preguntas y que aceptaran que viniera el hijo en lugar del padre a hablarles durante los almuerzos. Gonzales conoció al joven Bush en 1988, en Houston, en uno de esos discursos de suplencia. No fue un encuentro necesariamente memorable para ninguno de los dos, pero era evidente que Gonzales estaba encaminado a unirse al rebaño republicano—y dada su inclinación por complacer a los demás, dado su amor por el béisbol, no era difícil de imaginar que estos dos hombres, cuando al fin llegaran a conocerse mutuamente, tendrían al menos una o dos cosas en común. Después de todo, ambos eran los hijos mayores de sus respectivas familias. Además, Bush había luchado en contra de la adicción al alcohol durante muchos años a lo largo de su vida—había sido arrestado por conducir bajo los efectos del alcohol—y tal vez, de cierta forma, el hecho de que Pablo Gonzales fuera alcohólico, uniría también a estos dos hombres.

A medida que Gonzales se concentraba en abrirse camino hacia el centro del escenario como socio de su firma de abogados, era perfectamente lógico para él hacer lo que tantos otros abogados jóvenes de Houston estaban haciendo—convertirse en partidario irrestricto del partido republicano. Pero Gonzales fue un paso más allá del concepto a veces aceptado que algunos de sus jóvenes y ambiciosos compañeros abogados habían profesado—de que el partido republicano era el que podía "maximizar su potencial de ganancias." Es evidente, al examinar las pocas declaraciones de autorreflexión que Gonzalez ha expresado durante los años, que llegó a considerar su vida como algo totalmente autodirigido—algo que él tenía que ubicar en el momento correcto, en el lugar correcto, para liberarse de su niñez miserablemente pobre. Sugirió que no había tenido mentores, guías o asesores que realmente le exigieran ir a la universidad. Fue algo que él mismo decidió, nadie más, fue su decisión ir a Fort Yukon y no a Key West. Fue él quien aprovechó las oportunidades, las puertas que se le abrieron en la Academia de la Fuerza Aérea, en Rice, en Harvard y en Vinson & Elkins. Nadie de su familia se sentó con él para programar una estrategia para su futuro. Fue él y siempre ha sido él el único de su familia que se liberó y se alejó—y que luego regresó para reclamar un lugar en ese lado de la ciudad que parecía irremediablemente inalcanzable para el hijo de un alcohólico de Humble, Texas.

Gonzales iba a hacer algo por sí mismo, de nuevo—se uniría al GOP, aunque pensara que no era la tendencia prevalente entre los hispanos de Texas. Era posible que lo hiciera simplemente porque se había comportado anteriormente como un iconoclasta, pero también era posible que lo hiciera sólo porque pensaba que el GOP era lo correcto para su personalidad: "Me gustó lo que había oído de algunos de los principios republicanos acerca de ser personas seguras de sí mismas, dedicadas al trabajo, por lo que simplemente me atrajo," dijo Gonzales.[7] Además, el partido republicano se mostró más que dispuesto a aceptar a Alberto Gonzales entre sus miembros. Era exactamente lo que el viejo y el joven Bush estaban buscando cuando diseñaron su estrategia política: "Tenía muy buena reputación entre los republicanos, aún desde los primeros días. Tenía una excelente educación, era un hispano talentoso y trabajaba con una influyente firma de abogados. ¿Quién no querría a alguien con ese perfil en su partido?" comentó un abogado de Houston.[8]

Era evidente, y Gonzales lo sabía, que muy al centro de la red política de los Bush, había sido identificado y señalado por ser hispano. George W. Bush, Rove y Atwater habían tenido largas conversaciones en Washington y Texas sobre las formas de posicionar al joven Bush para que se postulara al cargo de gobernador en Texas en 1994. Por otra parte, habían continuado esas conversaciones sobre cómo apoderarse de la "franja del medio" para ganársela a los demócratas—cómo atraer a los electores demócratas, cristianos y a las minorías aún no decididas entre uno y otro partido, a las líneas del partido republicano. Tanto Rove como Atwater convenían en que el joven Bush podría venderse, mercadearse, como el nuevo tipo de republicano joven—un "conservador compasivo," dispuesto a incluir a las minorías en su plan de juego y en su administración. La frase de coservador compasivo había sido utilizada en muchas formas durante la anterior administración Bush y durante su campaña, pero nunca había adquirido verdadera fuerza. Rove decidió que sería perfecta para la siguiente generación de la familia Bush, y que sugeriría que los líderes republicanos como el joven George Bush estaban abriéndole la puerta a los electores que tradicionalmente se habían inclinado hacia los demócratas.

En Texas, en la firma de abogados que representaba al buen amigo del recién elegido Presidente George Bush, Ken Lay y a Enron, era difícil no notar la presencia del más prominente hispano—Alberto Gonzales. Era difícil no darse cuenta de que era bien recibido y respaldado, y aceptado en muchas juntas y reuniones de alto perfil en la ciudad—y, por último, se estaban haciendo arreglos para que Gonzales viajara a Washington a reunirse con los funcionarios administrativos de Bush. Como un signo de aprobación a su experiencia militar, fue considerado para un cargo con el Departamento de Vivienda y Desarrollo Urbano, donde tanto republicanos como demócratas parecían guiar a los administradores de las minorías. Gonzales dijo que Bush el viejo "buscaba identificar personas que surgieran de entre las minoriás estadounidenses para llevarlas a Washington a servir en su administración." [9]

Como siempre, no se detuvo a considerar abiertamente si el color de su piel tenía algo que ver con el lugar que había alcanzado en su vida— buscando esos negocios de millones de dólares, aprendiendo a jugar golf, conduciendo su BMW, siendo objeto del cortejo del presidente de los Estados Unidos, comiendo en restaurantes italianos y viviendo en el Four Seasons. Las oportunidades tuvieron que surgir, decidió él, por el hecho de que era hispano. Pero la forma como se desarrollaron en realidad fue algo que siempre decidió no medir ni analizar. Era una de las pocas cosas de su vida que parecía no cuestionarse, no estudiar en detalle. Era algo que, como si fuera parte de una fuerza social inmutable, simplemente había sucedido y había ocurrido en el momento correcto para él. No lo cuestionaba, no lo analizaba abiertamente y no se preguntaba si él era un beneficiario específico mientras que otros en iguales circunstancias no lo eran. Había decidido adoptar los puntos de vista republicanos en cuanto a este aspecto. Él mismo había hecho la mayoría del esfuerzo, se había levantado tirando de los cordones de sus botas en lugar de que alguien le hubiera dado una mano o le hubiera ayudado financieramente. Por sí mismo había llegado a una posición que le permitió aprovechar las oportunidades. Fue él quien tomó la decisión de ir a la Fuerza Aérea, a Alaska, a la academia, a Rice, a Harvard, a Vinson & Elkins. "Como la mayoría de las minorías étnicas, probablemente he sido herido por mi origen étnico y al mismo tiempo este me ha ayudado. Tal como yo lo veo, espero que al final, esas desigualdades desaparezcan. Cualquier que sea la razón por la cual se me ha brindado la oportunidad, lo que es más importante es lo que yo he logrado hacer con ellas."[10]

Rechazó la oferta de Bush padre, no aceptó las ofertas de trabajo en DC y decidió concentrarse en convertirse en socio con derecho pleno de Vinson & Elkins. En Washington habría recibido un sueldo de cinco cifras mientras que existía la posibilidad de que podía llegar a ganar en último término un millón de dólares como socio directivo de una de las más poderosas firmas de abogados del mundo. Los Bush, sobre todo el hijo, se dieron cuenta de que Alberto Gonzales había rechazado la oferta que le hiciera el padre.[11] Lo cierto es que el joven Bush no conocía íntimamente muchos miembros de las minorías fuera de aquellos que habían trabajado en su casa como amas de llaves, cocineros y conductores durante años: Había personas como Julia May Cooper y Otha Fitzgerald Taylor, las sirvientas negras que ayudaron a criar a Bush mientras crecía en el occidente de Texas. También estaba un adolescente afro-americano de nombre Jimmy, con quien Bush había hecho una muy buena mistad, a principios de los años setenta, cuando trabajara por un corto tiempo en un programa comunitario en el centro de la ciudad llamado PULL, en Houston. Estaban también las sirvientas mexico-americanas y las amas de llaves que trabajaron para George y Laura Bush en Midland en los años ochenta. Ocasionalmente, Bush llegó a ser muy amigo de las mujeres jóvenes de esas familias mexico-americanas. Y, claro está, estaba también la mujer mexicana que la familia Bush contrata cuando se mudó al área de Houston al mismo tiempo que el ex migrante Pablo Gonzales se mudaba con su familia al área de Houston. En 1959, cuando la familia Bush se mudó a su gran mansión, una mujer llamada Paula Rendón "vino de México" a trabajar en la casa de los Bush, cerca del Houston Country Club. El joven George Bush la recordaba así: "Era una mujer que buscaba la forma de ganarse un sueldo para sostener a su familia en México. Me quería mucho.

Me comía a besos. Trató de educarme. Y he llegado a quererla como una segunda madre." [12]

Los primeros años de Gonzales en Vinson & Elkins pasaron si ninguna novedad, excepto por el hecho de que los clientes lo consideraban increíblemente leal y circunspecto. Tan discreto, que nadie sabía que pensaba. "Nunca hubiera imaginado que era republicano," dice Lynn Liberato, el ex presidente de la Asociasión de Abogados del Estado de Texas. [13]

Vinson & Elkins quería ver qué tipo de capital político y financiero podía obtener Gonzales en los círculos sociales y con el público. Se hizo miembro de grupos influyentes social y económicamente—grupos que se reúnen para desayunos en los pisos superiores de los rascacielos del centro de la ciudad, donde el ambiente destila los aromas mezclados y penetrantes de la loción de afeitar y el café, donde las presentaciones se acompañan de inclinaciones de cabeza y guiños muy populares entre los burócratas y rotarios de todas partes del mundo. Era miembro del United Way, el Houston Hispanic Forum, Big Brothers and Sisters, Catholic Charities, Leadership Houston y Houston Bar Association. En 1990, se convirtió en presidente de la Houston Hispanic Bar Association, una organización para abogados de las minorías en las principales firmas de abogados de la ciudad (la Mexican-American Bar Association local ya existía, pero tendía a ser una organización para abogados independientes y firmas pequeñas). Una de las primeras acciones de la HHBA fue la de iniciar un compromiso de las firmas de abogados para incrementar la contratación de abogados provenientes de las minorías. Liberato recuerda que Gonzales hacía llamadas tras bambalinas para impulsar esta iniciativa. "Hacía cosas como llamar por teléfono, asistir a reuniones, conectar a las personas, crear coaliciones, ese tipo de cosas. Creo que ha continuado trabajando así muy activamente durante toda su carrera." [14]

En 1990, las cosas dieron un vuelco dramático y decisivo: Fue elegido específicamente por V&E para ser el Asesor Legal Especial del grupo—de cuya presidencia compartida formaba parte el ejecutivo de Enron, Ken Lay—que era el anfitrión de un gran evento que el presidente George H. W. Bush estaba trayendo a Houston. La Cumbre Económica Internacional llenaría la ciudad con miles de reporteros, dignatarios, grupos de protesta y funcionarios del mundo entero—era la forma como Bush le agradecía a la ciudad el haberle suministrado el dinero para ser elegido presidente. Los mayores contribuyentes a la familia Bush eran de Houston, incluyendo varios de los ejecutivos de Enron, como Lay. La cumbre que se celebraría en breve reforzaba la enorme influencia y el peso que tenía la familia Bush en la ciudad y a qué grado se había arraigado la política republicana—y, como es natural, hasta qué punto había llegado la confianza en Gonzales tanto dentro de V&E como dentro de la órbita de la familia Bush.

Su trabajo en la Cumbre Económica Internacional—que fue tratada en Houston y en Texas con la típica indulgencia de hiperventilación por los líderes de la ciudad y los funcionarios estatales—se consideró un rotundo éxito. La reunión se desarrolló esencialmente con muy pocos contratiempos; ni siquiera el Ministro de Relaciones Exteriores de Italia, con su cabello largo—que permaneció hasta altas horas de la noche en el bar del hotel Warwick con una despampanante mujer tomada del brazo y entreteniendo a sus oyentes con relatos intrascendentes—pudo dañar el sólido éxito de relaciones públicas para Bush. Gonzales sería recompensado por su trabajo y al poco tiempo de la cumbre, fue informado sin mayor despliegue de que cosas aún mejores lo esperaban en Vinson & Elkins. La firma había decidido promover a tres abogados provenientes de las minorías a la posición de socios—incluyendo a Gonzales. En enero de 1991, se hizo el anuncio oficial.

Desde el punto de vista práctico, significaba que Gonzales podría ganar muchísimo más dinero—tal vez millones de dólares a través de los años. Estaba enormemente orgulloso y a veces simplemente decía que era el "primer" socio proveniente de las minorías en la firma. Sus amigos decían que él lo consideraba como un éxito personal increíble—que era el momento decisivo de su vida, y se sentía como si hubiera llegado a un nivel superior que lo hacía ansiar de forma increíble poder disfrutar de sus triunfos. Fue también una noticia que se difundió rápidamente por la comunidad hispana de Texas—y los miembros hispanos de ambos partidos (incluyendo el fiscal general de Texas Dan Morales y el juez de la Corte Suprema de Texas, Raúl Gonzalez, ambos demócratas poderosos) lo consideraron lo suficientemente importante como para viajar a Houston a celebrarlo con una fiesta privada ofrecida en honor a su asenso. "Lo conocí cuando estudiaba en la facultad de derecho, porque fue el primer hispano en convertirse en socio de una de las principales firmas de abogados. En ese momento, era un comentario triste, pero le confirieron ese honor," dice David Medina, quien más tarde se convertiría en Magistrado de la Corte Suprema de Texas.[15] Massey Villareal, uno de los compañeros de Gonzales en la junta de Big Brothers and Big Sisters en Houston, lo expresó así: "Si yo fuera Al Gonzales, iniciaría mi propia firma. En lugar de Vinson and Elkins, sería Vinson y Gonzales. Ha llegado el momento de las grandes fortunas para la comunidad hispana. No tiene nada de malo ser rico. Él es un hombre notable y encontrará lo que le conviene a su alma."[16]

A veces los amigos en Houston se preguntaban sobre las fuerzas culturales, la forma como los hispanos como Gonzales probablemente tenían que encontrar el equilibrio para mantenerse en dos bandos—entre sus profundas raíces culturales y el nuevo mundo en el que se habían sumergido. "Uno está en constante tensión tratando de probar que se es americano o mexicano. Realmente uno no sabe qué es," dice Tanny Berg, un urbanista de Texas y líder en los círculos empresariales hispanos. Algo era evidente para sus amigos: entre más trabajaba Gonzales en Vinson & Elkins, más se identificaba con el partido republicano—y más lo persuadían los líderes del GOP de Texas: "Por lo general, uno ve personas que han logrado el éxito por parte de un sistema, que se sienten atraídas hacia el partido republicano. La mayoría de los miembros del partido republicano es protestante anglosajon blanco. Por lo tanto, es de suma importancia para ellos promover cualquier líder minoritario. El partido republicano quiere mostrarse como un partido donde hay todo tipo de personas por lo que aparentemente hace énfasis en este tipo de líder."[17]

Gonzales no hablaba mucho de eso—y le dijo a un amigo que en realidad no le gustaba hacerlo—pero dedicó algún tiempo a "distribuir" panfletos de literatura de campaña para el comunicativo Clayton Williams, un millonario petrolero que usaba sombrero de vaquero, proveniente de Midland, que se postuló como opositor de Ann Richards para el cargo de gobernador en 1990, en Texas. Sus amigos dicen que Gonzales debe haberlo hecho porque sabía que tenía que hacerlo, que era lo que los republicanos leales hacían—aunque no les gustara ni el candidato ni el proceso. Para

1990, era evidentemente un militante de tiempo completo del GOP. Y se movía en un círculo de jóvenes abogados de iguales tendencias políticas, muy ambicioso, que cobraban altas sumas de dinero por su trabajo. Un conocido cercano, de Austin, dijo que el dinero—y el hecho de que haya crecido sin dinero alguno—siempre fue la fuerza impulsora de su vida. Gonzales, decín sus amigos, simplemente dejaba en claro que quería ganar mucho dinero—y que si había entrado, de alguna forma, a la vida pública, lo había hecho porque era algo que le traería mayores beneficios en cuanto a sus ingresos, una vez que abandonara la política.

Los observadores políticos con experiencia, sobre todo los analistas políticos hispanos, comenzaron a observar cuidadosamente a Gonzales. La aceptación de las ideas derechistas de la política republicana, fue algo más que un simple momento aislado y Gonzales parecía simbolizar una tendencia en Houston y en Texas. "Creo que está surgiendo una nueva generación de hombres y mujeres educados, de origen hispano, que están buscando enriquecerse. Creo que muchos de los hispanos consideran que el partido demócrata los ha dado por hecho, sobre todo los hispanos con cierto nivel de educación, porque observan las comunidades donde crecieron y las ven tal como eran hace veinte años," dice Neftali Partida, un consultor político que trabaja en Houston. "Creo que, desde muy temprana edad, Al se dirigió en esa dirección. Los hispanos comienzan a convertirse en electores muy independientes."[18]

Si quedara cualquier duda acerca de sus inclinaciones, éstas quedaron bien definidas en 1991 cuando fue él la elección lógica para otro proyecto de alto perfil del partido. La próxima convención de GOP en 1992 tendría lugar en Houston y el comité anfitrión para el evento también estaba presidido por Ken Lay de Enron. El asistente ejecutivo de Lay recomendó que Gonzales fuera parte del equipo coordinador legal de la Convención del GOP. Lay, cuyo cargo en Enron lo había hecho el mejor promotor para los grandes eventos políticos y sociales de Houston y Texas, manejaba esencialmente toda la preparación de la Convención del GOP. Ese trabajo llevó a Lay y a otros organizadores de Houston a tener estrecho contacto con la ya familiar red política de la familia Bush. Por un tiempo, Ken Lay fue considerado como "un buen hombre"—obtuvo ese preciado título de la familia Bush no sólo por manejar la Cumbre Económica y la Convención Republicana sino porque era un sólido respaldo financiero de Bush padre.

Gonzales conocía tanto a Ken Lay como a Nancy McNeil, su asistente ejecutiva. "Al trabajó con Lay y Nancy McNeil," dice Patrick Oxford, un amigo de George W. Bush y un prominente abogado en Houston que además trabajó en la Convención del GOP. "Las mismas personas que trabajaron en la Cumbre (Económica Internacional) trabajaron en la Convención del GOP. Comenzamos a trabajar en la convención a principios de 1991, por lo que Al acababa de salir de la cumbre. Teníamos un cliente en común que sugirió que trajera a Al a la junta para que nos ayudara como una especie de asesor general, y yo lo hice con gusto. Ese cliente era Nancy McNeil. Era la asistente ejecutiva de Ken Lay en Enron." Aparentemente, la relación entre Gonzales y Ken Lay incluía también su participación en el Comité del Área de Bienvenida a Casa, una corporación formada para organizar celebraciones por el regreso a casa de los veteranos de la Guerra del Golfo en la primavera de 1991. Gonzales, Lay y David Duncan, el auditor de Arthur Anderson que manejaba la contabilidad de Enron, eran miembros de la corporación.[19]

Oxford había llegado a conocer a Gonzales como una persona intensa, bien formada y centrada. Además, Oxford no creía que el origen étnico de Gonzales tuviera nada que ver con el que hubiera sido escogido como uno de los principales abogados para manejar la Convención del GOP para la familia Bush en Houston. "No, no, no. La razón por la cual llamamos a Al y lo incluimos en nuestro equipo de trabajo fue porque es un excelente abogado, con un gran sentido común—no debido a que era una persona preveniente de las minorías. En Texas, generalmente no se piensa en los hispanos como minorías, porque todos en Texas tienen básicamente algo de mexicanos."[20]

A medida que avanzaba el año de 1991, Gonzales se concentró más en el trabajo para la Convención del GOP. Al mismo tiempo se fue haciendo cada vez más amigo de Rebecca Turner, una mujer de treinta años, divorciada. Los amigos de Gonzales y Turner dicen que Turner conoció por primera vez a Gonzales cuando era adolescente, que, tal vez, permaneció en contacto con Gonzales a través de los años y es posible que lo haya conocido en los mismos círculos legales en los que se movían ella y su esposo. Como madre de un hijo de ocho años, llamado Jared, a muchos les parecía una mujer especialmente atractiva en su físico—alguien con una personalidad tan exuberante y extrovertida que sería mucho más fácil de recordar que la de Gonzales. Según algunos registros, se había casado con un abogado de Houston llamado Patrick Freeze, casi al mismo tiempo que Alberto Gonzales se casara con Diane Clemens, en el verano de 1979—y después se había divorciado prácticamente al mismo tiempo que Alberto Gonzales, en el verano de 1985. Trabajó por un tiempo, según dicen sus amigos, en calidad de administradora del Bank One en Houston.

Los amigos de esta mujer alta y rubia, de ojos verdes, la llamaban "Becky" y la recuerdan como una persona de conversación sencilla, a veces abiertamente emocional. A diferencia del hombre constantemente callado con el que había empezado a salir, tenía la habilidad de atraer a otras personas para que participaran en la conversación, tenía una risa fácil y le gustaban las confidencias. Según sus amigos no era una persona altiva. "Becky definitivamente no es una persona ostentosa. No es de las que sale a comprar un vestido de diseño exclusivo para cada ocasión," dice Larry Dreyfuss. "Becky tiene una personalidad que atrae a la mayoría. Al igual que la señora (Laura) Bush que tiene la mejor personalidad de la pareja Bush, lo mismo ocurre con Becky. Al cabo de quince minutos, uno prefiere hablar con Laura o con Becky."[21] Sus amigos supusieron que Gonzales había encontrado en Turner algo que a él le faltaba. En el insulso mundo de los hombres de negocios—concentrados en los negocios comerciales de bienes raíces, en los negocios políticos, y en sus propios juegos—Turner era un antídoto, luminoso, extrovertido, sin complicaciones, para Gonzales. "No es necesariamente un extrovertido, despreocupado," sostiene George Donnelly, que después sería director de la Cámara de Comercio Hispana de Houston. "No es de los que salen a bailar a la pista, ni nada por el estilo."[22]

Turner sería quien sacaría a las personas a bailar—y llevaría al grupo de amigos a comer en el Macaroni Grill, o confiaría a sus amigas los detalles de la crianza de su hijo, sus películas favoritas, la ropa que compraba. "Becky lo cuenta todo, es muy vivaz," dice su amigo Larry Dreyfuss. También sabe desarmar a las personas y no es reservada, expresa libremente sus opiniones sobre los demás. Hay quienes lo han experimentado, es el tipo de persona capaz de introducirlo a uno de inmediato en su mundo. Para algunos era como un libro abierto—y un libro abierto es algo que pocas personas esperan ver en Gonzales. "Siempre me sentí muy, muy cerca de Becky. Fue una de esas cosas que ocurren, cuando uno conoce a alguien y de inmediato se conecta con esa persona. Es el tipo de persona que es tan sincera," dice su más íntima amiga Kenna Ramírez, esposa del ex alcalde de El Paso, Carlos Ramírez.[23]

El año 1991 fue sin duda para Gonzales un año muy importante, por varias razones. Comenzó con su nombramiento como socio en V&E en enero. De ahí pasó a ser nombrado para trabajar en la Convención Republicana para el presidente de los Estados Unidos, para quien Houston era su hogar. Y, por último, él y Becky decidieron casarse después de su cumpleaños. Los registros indican que Alberto Gonzales se casó con Rebecca Turner, antes Rebecca Turner Freeze y casada previamente con Patrick Freeze, el 31 de agosto. De forma muy discreta, algunos críticos hispanos en Texas sostenían que era políticamente incorrecto y controversial que Gonzales lo tuviera todo en este momento: ser socio de una firma de abogados importante que anteriormente había excluido a los miembros de las minorías—y una esposa como un deslumbrante trofeo *norteamericano* que impresionaba a cualquiera que llegara a Houston. Esos mismos críticos sostenían que sólo quedaba un pequeño segmento más pragmático de inclusión para el triunfo de Alberto Gonzales—debía reconsiderar la posición que había tomado de rechazar la oferta de la Dinastía Bush. Al menos, debía hacer algo, lo que fuera, para obtener una posición pública más prominente.

En diciembre de 1991, en testimonio de la cuidadosa atención que prestaba a su carrera—y cómo había comenzado a sopesar la dirección hacia la que quería dirigirse en el futuro, de cómo quería ir más allá de los límites de la firma de abogados, de cómo había decidido convertirse en un personaje más influyente en la política—Gonzales acordó una reunión en un restaurante de Houston con el consultor político demócrata Marc Campos. Este consultor había trabajado en la exitosa campaña del recién elegido alcalde Robert Lanier, un demócrata que se había posesionado de su cargo con el sólido apoyo de la comunidad latina. Gonzales se encontraba en una misión de reconocimiento y quería determinar qué necesitaría para convertirse en fiscal de la ciudad.

Campos quedó sorprendido. Para entonces, se sabía en los círculos internos que Gonzales había sido cortejado por los Bush, que había trabajado en la Cumbre Económica y que se encontraba hasta la cintura en trabajo legal para la Convención del GOP. Campos consideró que era una

jugada extremadamente osada para un republicano como Gonzales buscar
a un estratega demócrata para pedirle trabajo en una administración demócrata. "Era lo suficientemente inteligente para saber que Lanier le debía
mucho a la comunidad latina por el apoyo que había recibido. Por lo tanto,
¿por qué no un latino para fiscal de la ciudad? Yo lo respaldé... pense:
'Bien, aquí hay una oportunidad.' No había muchos abogados latinos demócratas que fueran socios de una de las principales firmas de abogados a
los que yo pudiera presentar la posición de fiscal de la ciudad. Cuando se
trata de patrocinio en términos de la ciudad—hay nombramientos clave.
Los verdaderamente clave son siempre los de alto perfil, como el jefe de los
bomberos, el jefe de la policía y el fiscal de la ciudad. No estaba apuntán-
dole a un alcalde de la ciudad latino. No creía que su filiación política
pudiera ir en detrimento de la comunidad latina—después de todo, había
estado trabajando para Bob Lanier."

La solicitud de Gonzales fue tomada muy en serio por los líderes
del partido demócrata en Houston. Campos sostiene que Gonzales fue
uno de los finalistas, pero que no hubo apoyo suficiente para él de parte
de otros asesores mayoritarios—sobre todo de quienes sospechaban de la
afiliación partidista de Gonzales. "Aunque era un republicano, nunca lo
vi como uno de los mayores guerreros de la derecha," sostiene Campos.
"Inclusive se lo dije, que habría algunos demócratas que se opondrían a
su nombramiento—algunos demócratas de la comunidad latina... por
el simple hecho de su filiación de partido. Pareció entenderlo, pero le
fue difícil aceptarlo. Estaba más dispuesto a buscar a sus contrapartes
del lado demócrata que a los demócratas que estaban dispuestos a bus-
carlo a él." [24]

Con su matrimonio con la Turner, se convirtió en el padrastro de Jared
Freeze. Siete meses y una semana después de su matrimonio, algunos
registros de Texas indican que Alberto Graham Gonzales, el primer hijo de
esta pareja, nació en Houston el 7 de abril de 1992. Ese año, su enfoque
estaba cada vez más centrado no sólo en su familia sino también en su
trabajo para George Bush padre, Ken Lay y la Convención Republicana
Nacional. Gonzales estaba manejando el trabajo "comercial," ayudando a

redactar contratos, diseñando esquemas de la organización de la infraestructura, obteniendo bienes y servicios para la convención—y estaba bajo enorme presión a fin de poder atender a todos los clientes. Empezó a reunirse cada vez con más frecuencia con un grupo selecto de abogados de Houston que habían sido elegidos a propósito para conformar la infraestructura legal de la convención—se dividieron los conflictos de alquiler, las controversias de los delegados, las diluciones de derechos de autor y de patentes de marca, las negociaciones con los contratistas de servicios públicos, las discusiones con los funcionarios de la ciudad y del estado sobre los aspectos de tránsito vehicular, los derechos de los grupos de protesta y cualesquiera de las demás emergencias que parecían surgir día tras día. En comparación con las horas que le dedicó a la Cumbre Económica Internacional, el trabajo para la gran reunión del GOP en el Astrodomo fue sin lugar a dudas el más abrumador y angustioso—llevó a Gonzales a tener un contacto más estrecho con la jerarquía Bush, con la familia Bush, con las personas más allegadas a esta familia.

Para incrementar aún más la presión, su trabajo se vio interrumpido de repente cuando se lesionó el tendón de Aquiles, tal vez jugando handball, según Patrick Oxford. Fue justo antes de la convención y cerca de su primer aniversario de bodas. "Justo en medio de los preparativos, se desgarró el tendón de Aquiles, de manera que fue como si hubiera salido de licencia al momento final del gran esfuerzo. Recuerdo que él y su esposa vinieron a la suite de la firma de abogados que quedaba en la terraza del Astrodomo y él venía en muletas. No nos podía ayudar debido a la cirugía a la que se había sometido por su lesión," recuerda Oxford.[25] En ese punto de su carrera—y en términos de lo que parecía un éxito en los confines de V&E y la política republicana—este inconveniente de salud no importaba. Gonzales se había ganado un lugar con los Bush y con el partido republicano y se suponía que era sólo cuestión de tiempo antes de que encontrara el momento correcto de ingreso a una participación aún más activa—o antes de que la red Bush hiciera otro intento por contratarlo.

Si había presiones para Gonzales, es posible que se debieran al hecho de que sabía que estaba en presencia de personas que querían que viniera a Washington y que probablemente le insistirían de nuevo: En 1992, apareció un artículo en el *Houston Chronicle:* "Gonzales, quien dice haber dedicado muchas más horas al trabajo de abogado voluntario para la Cumbre Económica Internacional, dice que la Convención del GOP conlleva mucha más presión debido al número de grandes personajes involucrados…"[26]

La campaña de George W. Bush para gobernador de Texas se inició al tiempo que su padre era elegido para la presidencia en 1988—y adquirió el nivel de un plan activo cuando su padre perdió las elecciones en 1992. Las sesiones para determinar la estrategia de su campaña para gobernador contra su enormemente popular oponente Ann Richards—alguien que había llegado a la gobernación de Texas con el amplio apoyo de las minorías—se realizaron en Dallas, Houston y Austin bajo la dirección de Karl Rove.

Cada vez más insistentemente, Rove sugirió que la campaña tratara de desarrollar la dinámica usual, las suposiciones habituales, que les venían a la mente. Tenía un plan muy elaborado para ganar los votos de los electores hispanos, los votos de los cristianos evangélicos—y para reinventar a su cliente George W. Bush, como un importante y exitoso empresario. Rove había iniciado el proceso a fines de los años ochenta, con una cuidadosa campaña en medios para caracterizar al joven Bush como un director ejecutivo all-American muy activo—el principal director ejecutivo que había tomado las riendas del tambaleante equipo de béisbol de los Texas Rangers convirtiéndolo en una fuente de ingresos para todos.

Rove había insistido que Bush se identificara en las historias de las noticias como el "propietario" de los Texas Rangers, aunque sólo poseía el 1.8 por ciento del equipo. Rove y Bush habían estructurado un negocio que recurrió ampliamente a los fondos de los miembros de la familia Bush, de los inversionistas y colegas—si compraban el equipo, el joven George Bush entraría a trabajar para ellos como "la cara pública" del equipo. Era un cargo que absolutamente ninguno de los verdaderos dueños del equipo de los Texas Rangers deseaba. De hecho, la mayoría sentían horror por los medios de comunicación y no tenían la menor ambición de aparecer en los periódicos ni en la televisión—menos aún postularse para un cargo político. El joven Bush podía elevar su perfil al servir al grupo propietario como su vocero público pagado—una garantía para lograr que apareciera su nombre en los medios de comunicación y en la prensa de manera regular. Si el equipo ganaba algún dinero, si ganaba algunos partidos, era una situación en la que todos saldrían ganando—y de hecho eso era lo que Rove y Bush estaban desarrollando en su plan para el área de Dallas y sus alrededores, donde todo funcionaba a la perfección: el periódico *Dallas Morning News,* también llamado el "periódico de record" en Texas, estaba publicando artículos sobre George W. Bush como si realmente fuera el propietario del equipo de béisbol.

A medida que se desarrollaba la campaña para gobernador del joven Bush a principios de 1990, Rove y otros asesores de Bush también se mantenían en contacto por teléfono con los reporteros políticos en el influyente diario *Morning News*—en especial con Wayne Slater, que recibió la misión de cubrir la carrera y la vida de George W. Bush para el diario más influyente del estado. Slater sostuvo conversaciones y reuniones con Rove, Karen Hughes y otras personas estrechamente cercanas a Bush. En una oportunidad se tomó una fotografía de Rove y Slater abrazándose y jugando rudo en un momento de tranquilidad en el que posaron para la cámara en los predios de la mansión de la familia Bush en Kennebunkport. Con el tiempo, el *Dallas Morning News*—publicación que estableció el tono para el cubrimiento estatal y nacional de Bush—fue criticado, al menos por una persona de su equipo directivo por no profundizar en la vida de Bush en los momentos iniciales, cuando Bush se convirtió por primera vez en una figura pública en Texas.

La crítica se centraba en el aspecto de que había muchas interrogantes de importancia sobre los antecedentes criminales, la historia militar y los manejos empresariales de Bush que se debieron analizar a comienzos de los años ochenta y más aún a mediados de los años noventa, cuando se supo por primera vez que Bush se postularía para gobernador en Texas. (Después se escribieron biografías de George W. Bush en 1999 y Nicholas Kristof del *New York Times,* Lois Romano del *Washington Post* y los equipos directivos de los diarios *Fort Worth Star-Telegram, Houston Chronicle, San Antonio Express-News,* `Boston Globe, Los Angeles Times* y *Chicago Tribune,* comenzaron a publicar esquemas biográficos de Bush—el ritmo y la profundidad sobre los antecedentes de Bush avanzó entre 1999 y 2004.)

Alberto Gonzales y otros interesados en entrar a la red de Bush en Texas a comienzos de los años noventa, recibían una entusiasta bienvenida—y a Gonzales lo invitaban fácilmente a abordar el tren de la campaña conocido como George W. Bush para la campaña de gobernador.

Una vez más, Bush no conocía a muchos miembros de las minorías en un estado donde los hispanos representaban aproximadamente el 25 por ciento de la población. Después de que su padre perdiera las elecciones, vino Fred McClure, el antiguo legislador de enlace en Capitol Hill de su padre—el hábil negociador afroamericano que se había mudado a Dallas para asesorar al joven Bush. Estaba el jefe de la autoridad de vivienda de Dallas, Alphonso Jackson—a Bush le gustaba el brío de Jackson y realmente le gustaba la forma como Jackson se entusiasmó en las primeras etapas de las sesiones de estrategia en Dallas y gritó que el equipo de Bush necesitaba alcanzar a Ann Richards y darle "una patada en el trasero." (Más tarde Jackson se convertiría en Secretario de Vivienda y Desarrollo Urbano en la administración de Bush hijo.)

Había unos cuantos hombres de negocios hispanos aprendices de la política republicana, prominentes en Houston, El Paso y Dallas. Había un joven en el sur de Texas, Tony Garza, que se había convertido en juez republicano del condado. (Garza sería nombrado después embajador en México en la administración de Bush hijo y terminaría casándose con la mujer más rica de ese país.) Estaba Roderick Paige, de la junta escolar de Houston y antiguo decano de la Houston's Texas Southern University. (Paige después se convertiríen Secretario de Educación en la administración del joven Bush). Estaba también Carlos Ramírez, el alcalde demócrata de El Paso quien muchos pensaban que respaldaría cualquier campaña de Bush. El hecho de que Bush atrajera a estas figuras de las minorías y luego simplemente llevara a tantos de ellos a altos cargos en su administración presidencial sugiere que, durante años, él y Rove habían programado cuidadosamente la estrategia—una estrategia que, en realidad, se remontaba a la época en que Bush padre había identificado por primera vez a Alberto Gonzales y le había ofrecido cargos en *su* administración.

Para octubre de 1992, Gonzales se había pasado a vivir con Rebecca y sus dos hijos a una agradable casa en West University Place—el confortable y encumbrado vecindario que rodeaba su alma mater, la Universidad de Rice. La familia se reubicó en el área de Spring para que Gonzales pudiera calificar como miembro de la Comisión del Planificación y Zonificación de Houston—era una entidad que se ocupaba más del destino, el futuro y la apariencia de Houston que sus contrapartes de otras ciudades. Un mes después, Gonzales (que estaba siendo identificado en los informes periodísticos como "un verdadero abogado de bienes raíces con la firma Vinson & Elkins") le dijo a los periódicos locales que había decidido abandonar su participación en la licitación abierta por la comisión. Gonzales indicó a los periodistas que había un conflicto de intereses, que Vinson & Elkins tenía clientes que aparecerían ante la comisión y que "hemos estudiado la situación y hemos decidido que es la mejor forma de proceder." [27] Gonzales, quien había sido nombrado anteriormente para ocupar un puesto en el influyente Comité de Estrategias de Uso de la Tierra, por la alcaldesa Kathy Whitmire, agregó que pensaba permanecer en otra junta a la que había sido nombrado—la del Comité de Estrategias de Zonificación.

Los oráculos políticos se reunieron en los lugares de costumbre de Houston e intentaron deshacer todas las maniobras en uno y otro sentido—y la forma fácil y rápida como Gonzales trasladaría a su familia a su nuevo hogar sólo para cumplir las normas de calificación para la comisión de planeación… y luego, con la misma facilidad, decidiría abandonar ese cargo. Había algo más en la historia que la repentina comprensión de que podría haber un conflicto de intereses—cualquier abogado inteligente que hubiera dedicado una década de trabajo a los bienes raíces en Houston lo habría sabido de antemano.

Surgieron, de inmediato, rumores acerca de que, en realidad, Gonzales estaba siendo preparado para convertirse en el primer alcalde hispano de la ciudad—y de que sus asesores políticos en V&E y en el GOP habían decidido que su plan original de elevar su perfil a través de la comisión de planeación no era exactamente el camino adecuado. Entre tanto, otros conocedores políticos sugerían que tal vez Gonzales ya había sido identificado para una función más valiosa dentro de la maquinaria nacional de Bush—tal vez había sido elegido para algo que redundaría en beneficio de la Dinastía Bush, en forma mucho más significativa que tener a Gonzales como alcalde de Houston.

En 1991, se había producido otro momento fortuito aunque prácticamente nunca mencionado para acompañar los acontecimientos de haberse convertido en socio, haberse casado y pasar algún tiempo con los miembros del círculo interno de la familia Bush: Había sido elegido como miembro de la junta directiva de la Asociación de Abogados del Estado de Texas. En comparación con los otros acontecimientos de ese año, éste fue un evento poco importante. Pero ocuparía un puesto en dicha junta durante los siguientes tres años. Y resultaría ser una jugada que lo sacaría directamente de la órbita exclusiva de Houston para ponerlo en contacto más habitual con abogados de un nivel de poder mucho mayor provenientes de todos los rincones del estado. En especial, llegaría a conocer a Harriet Miers, una abogada seria y callada de Dallas, que se había convertido en uno de los verdaderos asociados más cercanos del empresario de Dallas, George W. Bush—y quien había asumido la presidencia de la Asociación de Abogados del Estado de Texas en 1992.

A medida que el hijo del ex presidente llevaba su campaña por la gobernación a velocidades más altas, había llegado a preferir cada vez más a la tranquila y bien centrada Miers. Eventualmente, ella se convertiría en su abogada personal, alguien con la que él contaba como su confiable y cercana amiga.

Entre tanto, Miers y Gonzales comenzarían una amistad propia. Eran irremediable, casi increíblemente similares en términos de su estilo legal y su forma de ser—reservados, calmados, deliberantes, no conocidos como muy comunicadores, orientados a los detalles. Eran "*wonks* del proceso legal"—abogados que parecían sentirse a gusto con las interminables, intrincadas y aburridas complejidades de redactar informes, presentar documentos y hacer investigaciones sobre casos corporativos. Ninguno de los dos tenía fama de ser uno de los pocos grandes intelectuales de Texas, ni notables eruditos constitucionales, ni los profesionales más deslumbrantes del derecho extemporáneo… no eran liebres, eran tortugas. Eran tostadas secas y, por lo general, lograban que sus clientes de Exxon, Walt Disney y Microsoft quedaran muy contentos. Su antiguo compañero de Vinson & Elkins, el socio Jim McCarthy, tenía un nombre para las personas como Miers y Gonzales: Eran abogados "de traje y corbata"—hormigas trabajadoras, bien remuneradas, en lo más profundo del enorme aparato gris, que se habían forjado un espacio dentro del engranaje de la firma de abogados con una impecable eficiencia.

Con una sincronización tan perfecta en sus trabajos y su forma de ser, sería sólo cuestión de tiempo que ambos se sintieran igualmente ligados por su enorme fascinación, lealtad y admiración por George W. Bush. Cada uno de ellos diría, esencialmente, que le debían tanto a Bush—y que era una de las personas más brillantes e influyentes que jamás conocieron. Miers y Gonzales llegarían a estar tan cercanos el uno al otro, sus carreras tan entrelazadas, que sería difícil imaginar al uno sin el otro—y algunos dirían que esto representaría tanto su maldición como su bendición, esta estrecha unión entre sí y con George W. Bush, por el resto de sus vidas públicas.

Un Buen Hombre

En 1993, Gonzales estudió la carrera por la gobernación y esa casi deliciosa mezcla de candidatos claramente contrastantes: la alcaldesa, la pelirroja Ann Richards y el empresario George W. Bush.

Hasta cuando Richards decepcionó profundamente a su plataforma años más tarde, al aceptar un trabajo de cabildeo altamente remunerado para la industria tabacalera (la página principal de la publicación en línea *Slate* la tildó infamemente en una oportunidad de ser una de las "Meretrices Liberales del Tabaco")—para irse a trabajar después en una firma de relaciones públicas que representaba a George W. Bush, había alcanzando un nivel prácticamente de culto en algunos entornos liberales de Texas. Bush, para contrarrestar los bastiones de Richards, comenzó una fuerte campaña para atraer el voto de las minorías—y además comenzó a centrarse en el creciente grupo de electores suburbanos de altos recursos que se estaban mudando a "McMansions" en comunidades cerradas de las afueras de Dallas, Houston y Austin. Así, atraía directamente las dobles inclinaciones de alguien como Alberto Gonzales—un hombre mexicoamericano con un alto nivel de educación que tenía cada vez más cosas en común con los grandes personajes conservadores suburbanos de las grandes ciudades de Texas.

Aunque seguía haciendo negocios de bienes raíces y seguía trabajando para Enron (una vez más, presentaría sus últimas facturas por horas extras a Enron en 1994), Gonzales dedicaba cada vez más tiempo a representar su firma en la asociación de Abogados del Estado de Texas. Ese trabajo en las reuniones de la Asociación, en las juntas y en las actividades sociales lo llevó a tener un contacto cada vez mayor con la presidenta de la Asociación de Abogados del Estados, Miers, quien se convertiría en la abogada personal de George W. Bush y en la Asesora General de la campaña de Bush para gobernador de Texas.

Desde los años setenta, Bush había estado involucrado en complejos negocios de petróleo y bienes raíces. Desde que se mudó de nuevo a Texas, después de graduarse de la escuela de negocios a mediados de los setenta, Bush había entrado en un número de sociedades y negocios relacionados con el petróleo y luego había tomado prestados medio millón de dólares de un amigo para pagar su inversión de 1.8 por ciento en los Texas Rangers. Su contador era un viejo amigo de Midland, Bob McCleskey, alguien que Bush tenía enorme confianza. Rápidamente, Bush extendió el mismo grado de confianza a Miers. Era evidente que lo que estaba en juego era muy grande: Rove y Bush ya habían dicho confidencialmente a sus amigos que la postulación para gobernador en Texas era sólo un punto de parada en el camino hacia la carrera por llegar a la Casa Blanca. Cualquier problema, o enredo de carácter comercial legal tenía que resolverse ahora—en 1993 y 1994—antes de que Bush ganara el cargo de gobernador. Miers, que se había forjado un camino mediante un trabajo extremadamente duro para sus megaclientes (Microsoft y Walt Disney), se consideraba como la persona precisa para ayudar a inmunizar a George W. Bush contra cualquier investigación futura en sus asuntos legales y comerciales.

Claro está que Bush ganó la competencia electoral contra Richards en 1994 y muy pronto le pidió a Miers que se convirtiera en su abogada durante su "período de transición," en las semanas anteriores a su toma de posesión en enero de 1995. Ella se encargaría de todos los asuntos relacionados con sus cargos directivos y supervisaría las ramificaciones legales de sus inversiones y responsabilidades administrativas. Al mismo tiempo, recomendaría nombres a Bush para esos distintos nombramientos—en primer lugar, y ante todo, alguien que pudiera ser asesor general permanente de Bush.

Esa recomendación fue casi demasiado fácil para ella. Alberto Gonzales, de Vinson & Elkins, era el mejor candidato tanto por razones prácticas como fríamente pragmáticas. Era un joven republicano conservador e inteligente de una de las firmas de abogados más influyentes del estado. Era conocido por ser un abogado detallista que se mantenía alejado de los medios, era incondicionalmente leal a sus clientes y era conocido por su capacidad de sintetizar y simplificar las complejas cuestiones legales para ponerlas en términos fáciles de entender. En la opinión de casi todos los que trabajaban en V&E, Gonzales era capaz de explicar las cosas en frases y párrafos sencillos y directos a sus clientes—no en los ofuscadores términos legales. Cuando se recibía un concepto legal de Alberto Gonzales, decían que con gusto él daría primero la "sinopsis"—daba primero la respuesta corta y, si uno lo deseaba, podía dar la versión más larga después.

Además de todos los factores que podían hacer que su estilo legal se adaptara a Bush, Gonzales era hispano. Todos en el estado—y en el país—observaban con atención para ver si Bush podía igualar la forma en que Ann Richards había aumentado dramáticamente el número de personas nominadas para ocupar cargos en su administración provenientes de los grupos minoritarios. Era un tema—una comparación—que estaba en pleno auge en Austin. El haber elegido a Gonzales como miembro de alto perfil del círculo interno de Bush era prácticamente una estratagema política: "Al era republicano antes que fuera popular para los republicanos reclutar hispanos," indicó uno de sus antiguos amigos, un abogado compañero suyo en Houston, que sabía del reclutamiento de Gonzales por parte de Bush.[1]

En el otoño de 1994, antes de que Bush asumiera su puesto en el invierno de 1995, Miers y otros presionaron a Bush para que obtuviera, sin demora, los servicios de Gonzales—y parte de la presión más influyente provino de George Bush padre, quien normalmente recomendaba asociados comerciales y políticos al mayor de sus hijos. Uno de los asesores clave de Gonzales en Austin dice simplemente que el viejo había llegado a conocer a Gonzales y a enterarse de su reputación en Houston y que "cuando Bush ganó las elecciones de gobernador, su padre le recomendó a Al como Asesor General." El joven Bush tal vez recordara sin dificultad a la ascendente estrella hispana de V&E, el que fuera asesor legal especial del comité que sirvió de anfitrión durante la Cumbre Económica que organizara su padre, el que había trabajado tanto para la Convención Republicana de su padre, el que había rechazado las ofertas de su padre para que entrara a trabajar en su administración en Washington. "Fue así como la primera vez que lo conocí en Austin, durante los días cercanos a su elección, me habló de lo que quería, de cuál era su visión, de cuáles eran sus metas como gobernador," indicó Gonzales. El abogado de treinta y nueve años se quedó mirando fijamente al joven Bush y se limitó a preguntarle "¿Por qué yo?" Bush le dijo que había oído hablar por primera vez de él hacía años, cuando rechazó la oferta que le hiciera su padre.[2]

Varios días después de la elección, hubo otra reunión organizada entre Bush y Gonzales en las oficinas de Vinson & Elkins en Houston. Era una muestra del poderío de V&E—la firma que representaba a Enron, la firma que era el socio esencial de la familia Bush—que el joven George Bush fuese a reunirse con Gonzales en esas oficinas. A través de los años, Vinson & Elkins se convertiría en el tercer mayor contribuyente corporativo a los intereses políticos de la familia Bush. (Enron era el primer contribuyente empresarial a las campañas de Bush.) No valía la pena para Bush ver a Gonzales en su dominio. Además, a Bush le convendría mucho oír lo que los personajes más importantes de V&E decían acerca de Gonzales— en especial, Joe B. Allen III, el tesorero del Comité de Acción Política de V&E y un Pionero de Bush, un título que recibía todo el que hubiera conseguido al menos $100,000 para las arcas políticas de la familia. Allen y Ken Lay eran los mayores contribuidores a la campaña del joven Bush para alcanzar el cargo de gobernador.

Una cosa era atreverse a dar el paso de nombrar un novato en la política, relativamente desconocido, como asesor general del gobernador— otra era asegurarse de que esa elección fuera a prueba de balas, inatacable, que Gonzales fuera verdaderamente capaz y no se sintiera abrumado por un bagaje nocivo. El hecho de que Bush también había escuchado una recomendación de los antiguos amigos de los Bush, Patrick Oxford, el abogado de Houston que había trabajado directamente con Gonzales tanto en la Cumbre Económica como en la Convención del GOP, también era una ventaja. Bush conocía a Oxford y confiaba en él—y Oxford no vacilaba en recomendar a Gonzales como la persona correcta para convertirse en el asesor general del gobernador.

Bush y Oxford llegaron juntos a las oficinas de V&E y esperaron a que Gonzales bajara de su oficina: "Recuerdo haber ido con Bush a Vinson & Elkins para encontrarnos con Al," dijo Oxford. "Le pedimos a Joe B. Allen que los presentara y Al bajó a una sala de conferencias para reunirse con nosotros. Recuerdo que todo salió muy bien. Se entendieron de maravilla, eso se lo puedo asegurar. El gobernador habló, Al escuchó. Al habló, el gobernador escuchó. Fue una relación muy fácil de hombre a hombre."[3]

Quienes supieron de estas reuniones postelección pensaron que Bush se había decidido en un tiempo relativamente corto. Era su estilo, tomar decisiones rápidas—y comenzar en la zona de poder en V&E al ver el evidente apoyo del pionero de Bush y recaudador de fondos Joe B. Allen, parecía ser una decisión sensata. Alberto Gonzales trabajaría para George W. Bush. Pero hasta el momento en que presentó oficialmente su renuncia, quienes habían estado durante toda su vida profesional ligados a los eslabones del derecho corporativo, pensaron que Alberto Gonzales, proveniente de la paupérrima zona de la calle Roberta Lane, no abandonaría la posibilidad de ganar altas sumas de dinero por hacerse cargo de los indudables dolores de cabeza del Capitolio Estatal en la impredecible Austin. Muy pocos de ellos habrían estado dispuestos a hacerlo. Claro está que pocos de ellos habrían sido elegidos, como lo fue Gonzales, para un trabajo con alguien que ya estaba haciendo campaña para llegar a la presidencia. "Todos quedaron algo sorprendidos cuando… renunció a ser socio de la firma de abogados para comprometerse con el servicio público. Sin embargo, creo que Al ya lo tenía bien pensado y que fue una decisión deliberada," dijo James Daniel Thompson III, otro socio de V&E.[4]

Gonzales era hijo de trabajadores ambulantes que trabajaron como esclavos en los campos del Rey del Algodón. Bush era el hijo mayor de una dinastía política impulsada por las grandes fortunas petroleras. Ambos eran *de* Texas—ambos eran *productos de* Texas. Se definían por las cosas que definían a Texas. Gonzales nació en una casa que su padre había construido literalmente. Bush nació en la casa de los Bush. Tal vez la dinastía política y empresarial con más eslabones en la historia moderna de los Estados Unidos. Claro está que había otra yuxtaposición irónica. Había un movimiento de las masas para cambiarle el nombre al gran aeropuerto que quedaba sólo a corta distancia de las casas de paneles de madera de la calle Roberta Lane. Los aviones jet todavía pasaban a grandes velocidades sobre la casa donde había crecido Gonzales en Humble, Texas. María todavía vivía en esa casa. Aún se levantaba cada mañana y se vestía para ir a su trabajo como ama de llaves de la funeraria. La vieja casa de los Gonzales todavía se sacudía cuando los aviones pasaban demasiado cerca rumbo a lo que se convertiría en el Aeropuerto Intercontinental George Bush.

Gonzales cumpliría cuarenta años en 1995. Sus amigos decían que tenía algunas pasiones reconocibles además de su familia, su trabajo y el racquetball. Como George W. Bush, Gonzales nunca demostró interés en ningún autor, músico o artista ni en ningún otro género en particular. Él iba a la iglesia regularmente, colgaba retratos de su familia en su pared y se mantenía al tanto de los asuntos corrientes. Sus amigos decían que parecía haber leído mucho, pero no podían identificar qué libros o autores prefería. También decían que su fijación era claramente su carrera, pero no estaba dispuesto a hablar sobre sus planes en términos de ambiciones o metas. Cuando otros abogados contaban sus estrategias personales él cambiaba de tema de conversación. Y si la charla se dirigía a temas más profundos, esferas de discusiones pseudo-intelectuales, él a menudo permanecía en silencio. Se pensaba que él no era necesariamente anti-intelectual, como algunos sugerían que George W. Bush había sido (la teoría que prevalecía era que Bush había sido envenenado por su experiencia de ostracismo en Yale en los años sesenta, y que había llegado a aborrecer la comunidad intelectual como puesto de liberalismo). Más bien les parecía a sus amigos que Gonzales estaba simplemente preocupado por su trabajo, por tener bajo control el juego de ajedrez legal que confrontaba. Sus amigos decían que era inteligente, pero que no le interesaban las búsquedas intelectuales elevadas, incluyendo el aplicar alguna visión más flexible o estudios meditativos al área de la ley. Él era fastidioso, orientado al procedimiento, al detalle. Si había algo de lo cuál disfrutaba en su trabajo era la misión de redactar, perseguir soluciones escuetas y respuestas al cliente. Lo que más le gustaba era estar con otros abogados.

Hasta este momento nadie lo había visto tomarse un trago. Y se mudaría a Austin—dejando lo que probablemente era al menos medio millón de dólares de ingresos en Vinson & Elkins, para aceptar un trabajo que pagaba unos $90,000. Gonzales había dedicado doce años a trabajar en la firma de abogados y se había convertido en un bien remunerado socio con un refinado gusto por los trajes impecables elaborados a la medida.

De cierta forma, no era del todo inusual que alguien tomara unos años de descanso del trabajo corporativo ordinario para ir a trabajar en un cargo público del alto poder—con el pleno convencimiento de que ese abogado regresaría simplemente al cabo de un tiempo al mundo empresarial y que probablemente ocuparía un cargo aún más elevado y de mayor poder en la firma. El trabajo de Gonzales como asesor general del gobernador de Texas sería invaluable para su carrera y para una firma como V&E. Era un recorte financiero a corto plazo—y no era como si Gonzales se fuera a trabajar por un sueldo de subsistencia para ofrecer asesoría legal gratis a los indigentes o a los mexicanos inmigrantes. Se había prometido que le dedicaría unos años y que luego volvería al mundo del derecho privado, con mayores niveles de ingreso. "Francamente, creí que sería un cambio transitorio, que trabajaría con el gobierno por unos años y luego volvería a la práctica privada," dijo Gonzales.[5]

En Austin, Gonzales entraría a trabajar como miembro de un grupo clave de asesores, asistentes y personas confiables de respaldo—la mayoría de los cuales permanecerían al lado de Bush durante años. Rove, el doctor que organizó el GOP sin haberse graduado nunca de la universidad, pero que, sin embargo, se había convertido en el estratega republicano más poderoso del estado, era el asesor político principal. Karen Hughes, la hija del ex gobernador militar de la Zona del Canal de Panamá, esa mujer de mentón cuadrado que había sido una personalidad de televisión en Fort Worth, estaría a cargo de las comunicaciones. Joe Allbaugh, apodado Pinky, por Bush (por el hecho de que tenía la cara roja como la de Dick Butkus, con muy poco pelo sobre un cuero cabelludo rosado, lo que le daba la apariencia de una trampa de arena), sería el muy comunicativo director del grupo. Clay Johnson, amigo de Bush y compañero de dormitorio del exclusivo colegio de educación secundaria Phillips Andover y exalumno de Yale, supervisaría los nombramientos a las distintas juntas y comisiones.

Había, además, como era habitual, varios otros miembros del grupo político menos notorios, que se abrían camino en Austin, a quienes Bush había heredado de las anteriores administraciones del GOP. Había personas como Reggie Bashur, un asesor político que había trabajado con varios ex gobernadores de Texas, incluyendo el rustico, y vociferante petrolero de voz ronca Bill Clements. Sin embargo, comparado con casi todos los demás que entraron a la nueva administración Bush, Gonzales era un neófito político que todavía no había captado la realidad de cómo la política en Texas podía estirarse, doblarse e interpretarse para adaptarse al momento. No había dedicado sus días a seducir y cortejar a los reporteros políticos de *Dallas Morning News,* asignados al cubrimiento de la política estatal. No se había mezclado con los "jugadores de béisbol internos," las personas que frecuentaban los bares, restaurantes y clubes privados, provenientes de Congress Avenue en el centro de Austin. Para la mayoría de las personas experimentadas en este campo, Gonzales era un desconocido—y así le gustaba a él. Así le gustaba realmente a Bush.

Normalmente, el nuevo gobernador reconvenía habitualmente a Rove o Hughes si alguna vez pensaba que cualquiera de ellos le estaba quitando protagonismo en un entorno público. Los llamaba a un lado, con la cara enrojecida, y simplemente hacía alarde de lo que la familia Bush solía llamar "modificación del comportamiento." Maldecía con el vocabulario de un marinero, les clavaba los dedos en el tórax y les colocaba su mentón a una o dos pulgadas de la cara—mientras se mecía hacia delante y hacia atrás sobre sus talones. Según decían los amigos de Bush, éste a veces resentía el estatus de Rove como intelectual político, como un ilustrado Svengali que había creado cuidadosamente a Bush como si se tratara de algún experimento de laboratorio político concebido en las deprimentes y oscuras oficinas sin ventanas de Rove en Austin. En más de una oportunidad, Bush diría a los medios que una determinada idea era suya—no de Karl Rove. A veces tenía que recordarles que la conferencia de prensa era suya—no de Karen Hughes ni de Karl Rove—si llegaba a ver a algunos de sus subalternos conversando con los reporteros.

Pero Bush nunca tuvo que preocuparse por interceptar a su nuevo asesor general. Gonzales habría preferido comer vidrio que someterse a una entrevista o a una conversación informal con los medios. Esto a Gonzales no le interesaba. No le importaba ser el centro de atención ni ser considerado como capital político para compartir, divulgar, enviar o dejar escapar fragmentos de noticias—por inocuos que fueran—a los medios de comunicación. Gonzales nunca contó a ninguno de sus mejores amigos de toda su vida—de la secundaria, de la universidad, de la facultad de leyes ni de Vinson & Elkins—nada sobre su familia en Humble, ni sobre su hermano muerto, ni sobre la muerte de su ex esposa o de su padre. ¿Por qué iba a entrar en una especie de "toma y vete" con los medios? Era un rasgo, una dimensión intrínseca de Gonzalez que haría que George W. Bush lo apreciara siempre.

Todo esto era el resultado de la clara comprensión que tenía Bush acerca de la historia política de su familia. Después de que Bush padre perdió las elecciones en 1992, el joven Bush y Rove revisaron lo que había salido tan horriblemente mal—buscaban indicios, problemas que había que evitar. Entre más se reunían en Austin y Dallas, más seguían dando vueltas sobre el mismo concepto—Bush padre había sido lesionado por una serie de informaciones que se habían filtrado en una embarcación que ya no le era leal. Con una creciente desorganización dentro de la administración Bush en los meses que llevaron a la elección presidencial de 1992, la Casa Blanca se había convertido en una especie de colador. El hijo contó a algunos amigos que su padre había sido saboteado por personas desleales de su personal que habían ido a hablar con los medios. Hasta cierto punto, se obsesionó con este concepto. Comenzó a repetir su adagio político favorito: "La percepción lo es todo en la política." Para el joven Bush, la forma como fueran "percibidos" los políticos lo era todo—y esa percepción debía ser controlada y esculpida en todo momento. Eso significaba que no podía haber variación, no podía darse cabida a ningún escape que pudiera alterar la percepción. Todos estaban obligados a "no soltar el mensaje" y Alberto Gonzales, decidió el joven Bush, jamás soltaría el mensaje, nunca permitiría un escape de información, sería incuestionablemente leal hasta el punto de que jamás daría motivos de preocupación. Sería, naturalmente, *un buen hombre*.

Bush hizo lo que siempre hace—le puso a Gonzales un sobrenombre. Karl Rove se llamaba "Turd Blossom" (Flor de Muladar) porque dondequiera que fuera florecía. A Karen Hughes la llamaba el "Profeta Mayor" porque su apellido de soltera era Parfitt; terminó llamando a Gonzales "Fredo." La mayoría decía que no tenía nada que ver con el que Bush se considerara un Michael Corleone, el hermano del servicial pero peligroso Fredo, en *El Padrino*—la mayoría decía que tenía que ver con el hecho de que Bush nunca recordaba los apellidos de nadie… que a Gonzales lo llamaba "Fredo" porque le sonaba como una versión corta de "Alberto."[6] A veces, en broma, Bush llamaba "Al Fredo" a Gonzales.[7]

Claro está que quedaba aún una pendiente curva de aprendizaje puesto que Gonzales fue obligado abruptamente a pensar más como un político que como un abogado de bienes raíces. Los asesores de Bush que lo veían en acción durante las primeras semanas y meses después de que él y Becky se mudaron a Austin, decían que era tan rígido en su forma de pensar que prácticamente no sabía cómo desempeñarse en el juego político: "Al diría, 'Esta legislación es inconstitucional, debe vetarla. Es probable que tuviera toda la razón. Pero luego yo lo pensaba, y yo era el experto político. Si Al lo había marcado como algo que debía vetarse sobre la base de que era inconstitucional, yo decía, 'Adelante, gobernador, fírmelo.' No somos nosotros quienes deben decidir si es inconstitucional. Eso le corresponde a la Corte Suprema. Creo que, al comienzo, Al no se sentía muy cómodo con esa situación," dice Dan Shelley, quien fuera director legislativo del gobernador George W. Bush, en Austin.[8]

Hubo otros cambios obvios—incluyendo unos relacionados con su casa. Gonzales fue lanzado a un nuevo mundo, dentro de un Austin mucho más pequeño. Fue alejado de su confortable círculo de amigos y familia en Houston, donde, a veces, podía visitar a su madre en Humble y siempre encontrar un momento para jugar racquetball con un abogado de Vinson & Elkins. Austin no era el hogar de la misma omnipresente y expansiva comunidad hispana que vivía en Houston. Para 1995, a muchos de sus amigos no les parecía que Gonzales fuera alguien que se mantuviera espontánea y entusiasta o abiertamente en contacto con su herencia hispana—no hablaba español, no estaba mencionando sus raíces constantemente ni su pasión erudita por algún aspecto de la historia, la comida o la música hispana. Y ahora que estaba en Austin, un lugar más definitivamente segregado por las líneas raciales y económicas que Houston.

En Austin, las comunidades hispana y negra estaban eficientemente exiladas al este de la Interestatal 35, mientras que las próximas comunidades anglosajonas estaban al occidente de esta autopista. Era una ciudad universitaria, donde se encontraban las mayores universidades del país; era más una ciudad "empresarial casual;" era una ciudad de los que se mueven en los más profundos círculos políticos y era sencillamente cultural y estilísticamente distinta de la megalópolis internacional que era Houston. Austin, en los años sesenta, había sido un lugar muy importante para lo que constituía la contracultura en Texas—hippies, músicos e iconoclastas, venían a Austin atraídos por la Universidad de Texas, por el BBQ barato, por la música en vivo y por los hermosos pozos para nadar. Con el tiempo, se convirtió en la autoungida ciudad conocida como el "bastión liberal" de Texas y podía decirse que su patrono era Willie Nelson—que había abandonado la escena de la música country en Nashville y había encontrado un hogar *funky* en las colinas de las afueras de Austin, donde podía pacíficamente fumar marihuana, tocar su música e ir a jugar golf con sus amigos.

Para cuando Gonzales se mudó a Austin, ésta se encontraba en el punto máximo de la mayor expansión, con miles de trabajadores del sector de alta tecnología que venían en bandadas desde California y creaban una especie de Silicon Hills en el centro de Texas (quienes con nostalgia veían desaparecer el viejo Austin, llamaban a este proceso la "Californización" de Texas). Los precios de las propiedades se dispararon. Algunas de las cosas que daban a la ciudad su encanto—las cantinas mexicanas y las cabañas de tacos, los famosos *bailaderos* con la música de las rockolas y los *honkytonks*—se iban desvaneciendo con el surgimiento de la *gentrificación,* "la llegada de los pioneros urbanos" y con la amplia demolición y expansión de la ciudad. El estilo de vida tranquilo se desvanecía rápidamente y los habitantes de Austin se quejaban de que un estilo de vida brillante y superficial se había apoderado de la ciudad. Tal vez los cambios fueron mejor resumidos por Doug Sahm, el legendario músico tejano que por sí sólo personificaba el sentido *hippie* de lo que era Austin en los años sesenta, cuando anunció en los noventa, que dejaría la ciudad. Sahm dijo que estaba harto de los *yuppies*—y que "era imposible conseguir una buena enchilada" en Austin. Se iría a San Antonio, donde según él, los puntos de referencia culturales de la ciudad, incluyendo su rica cultura hispana se verían impulsados hacia un mayor florecimiento.

En la casa de los Gonzales, ni Alberto ni su esposa se preocupaban mucho por si Austin había cambiado para mejor o para peor—y si Austin era o no un buen lugar para un hombre cuyos padres trabajadores ambulantes a veces no hablaban mucho inglés. Estaban centrados en la realidad inmediata de soportar un considerable descenso en su cuenta bancaria—y se preguntaban si todo el esfuerzo, el progreso en el sentido profesional, estaba siendo descuidado. "Era difícil para mí pasar de ser una persona que recibía el salario de un socio a convertirme en alguien que recibía un salario del gobierno," dice su esposa Rebecca. "Pero esto a Al jamás le preocupó. Sabía que nos iría muy bien. Sabía que se le había abierto una puerta y que teníamos que hacer algunos sacrificios. Fue una decisión fácil."[9] Decidieron que Rebecca volvería a trabajar y, en octubre de 1996, consiguió un trabajo de $40,000 al año en el Departamento de Servicios de Prevención de Asaltos Sexuales y Crisis en la oficina del fiscal general de Texas. Según los informes del *Boston Globe,* las revisiones de desempeño demostraron que carecía de las "capacidades básicas necesarias para el cargo de administradora fiscal de un programa de subsidios." Una evaluación indicaba que tenía que aprender más sobre el trabajo con el asalto sexual y que también debía tomar cursos de contabilidad; su supervisor, entre otros comentarios, dijo que debía aumentar sus capacidades y sus conocimientos después de posesionarse del cargo.

Si Gonzales experimentó alguna presión como consecuencia de los cambios de su existencia predecible dentro de un sarcófago de terciopelo en Vinson & Elkins, donde había pasado los últimos doce años de su vida, ni sus nuevos socios ni sus viejos amigos lo notaron. Si se sentía aislado como hispano en el occidente de Austin, no era nada que fuera evidente. Podía relacionarse con el simple hecho de que consideraba su trabajo para Bush como una parada transitoria en su camino. Le dedicaría unos cuantos años y luego se iría, mejor posicionado para ganar mucho más dinero en Vinson & Elkins.

Por lo general era el primero en llegar a la oficina, hacia las 6:30 de la mañana, según lo recuerda el abogado Stuart Bowen—a quien Gonzales entrevistó durante una reunión a la hora de almuerzo en el Four Seasons Hotel de Austin para luego ofrecerle un trabajo como uno de sus asesores asistente. Gonzales se sintió inmediatamente identificado con Bowen; habían pasado cuatro años de servicio activo como oficial de inteligencia de la Fuerza Aérea. (Bowen iría a trabajar después con Gonzales en Washington y se convertiría en Inspector Especial General para la Reconstrucción de Irak). Bowen y otros observaban la forma como Gonzales decoraba su oficina con una espada montada en un estuche y varias fotografías de su familia—tenía sobre su escritorio una fotografía de Rebecca de pie en un acantilado rocoso, con olas en el fondo—pero nunca hablaba de su familia en el trabajo. "Era relativamente reservado en cuando a los detalles personales de su niñez," indica Bowen. En su oficina había otras fotografías. Tenía muchas fotografías suyas con Bush (el Presidente George Herbert Walker Bush)." [10]

A diferencia de los abogados que trabajaban a su cargo, Gonzales parecía disfrutar al máximo las reuniones de personal que se realizaban cada mañana. Algunos de los miembros de su equipo podían escucharlo cuando se aproximaba por el corredor—sus tobillos habían desarrollado un ruido característico. Le gustaban las reuniones un poco más informales en las tardes y los viernes, cuando con su equipo de abogados, comían palomitas de maíz y tomaban Coca-Cola en el salón del frente, afuera de su oficina principal.

Era evidente que trataba a Bush de la misma forma que siempre había tratado a sus clientes de bienes raíces en los círculos de Enron en Houston—aún podía reducir sus conceptos legales a pequeñas porciones que prácticamente cualquier mente no habituada con los conceptos legales podía entender rápidamente. Se confiaba en Gonzales para obtener opiniones legales sobre una amplia gama de asuntos: Ya se tratara de si las tribus indias de Texas podían abrir casinos; de si los convictos podían ser elegibles para algún tipo de reconsideración de su condena a la pena de muerte; de manejar una solicitud de las hijas adolescentes de Bush para encontrar un lugar donde ir a nadar e intentar determinar si esto podría lograrse haciendo que Bush aceptara ser miembro de un country club de Austin; para evaluar la visibilidad y legalidad de la legislación que Bush pensaba lograr que la intransigente legislación de Texas aceptara. "En realidad, estábamos aprendiendo todos al mismo tiempo, porque Al no tenía la más mínima experiencia en la mayoría de esos temas," dijo uno de los miembros de su equipo. [11]

Los actores tras bambalinas, los que tienen la última palabra en el Capitolio de Texas sostienen que el Capitolio es más grande que cualquier edificio de cualquier capitolio en el país, incluyendo el Capitolio Nacional—empezaron a buscar datos sobre Gonzales, procuraban leer todo lo que se escribía sobre él, intentaban ver cómo podrían llegar a contar con su amistad y con la de Bush: "Era un hombre extremadamente discreto. Uno podía pasar por la oficina de Al y decir 'Santo cielo, hubo bastante agitación en tal oficina ayer.' Esa es la mejor manera de obtener información en el Capitolio. Pero con Al no se obtenía nada. Tal vez un 'Aja' o un '¿De veras?' Nunca tuve la menor idea de lo que estaba diciendo Bush ni de lo que él sabía," dijo el ex senador del estado David Sibley, uno de los seguidores más confiables de Bush.[12]

Bush tendía a tener ciertas reacciones sarcásticas y cínicas—muy similares a las de su madre—y estaba rodeado por personalidades similares a la suya que por lo general estaban dispuestos a dar sus opiniones en forma de rápidas y agudas descargas. Allbaugh, Hughes y Rove entraban en la elegante oficina de Bush enchapada en madera y de una manera alegre y despreocupada discutían sobre los editoriales de *Dallas Morning News* que alababan la forma como los débiles demócratas parecían estar en las garras de algún tipo de creciente aura pro-Bush. Bush gozaba de enormes grados de aprobación y era el momento de vanagloriarse de ello—pero Gonzales jamás participó en estas expresiones de satisfacción, ni en el habitual rumor político ni en las comidillas que tuvieron lugar en la oficina de techos altos del gobernador en el mezanine del segundo piso con la imponente vista del centro de Austin. Ahí estaba Gonzales, generalmente a un lado, generalmente con el más imperceptible esbozo de una sonrisa en su rostro. Sin embargo, su comportamiento era el mismo que cuando había trabajado para sus clientes en la compañía de energía eléctrica—o cuando había trabajado para la familia Bush en la preparación de la Cumbre Económica Internacional y de la Convención Republicana Nacional. No trabajaba sólo para robarse el centro del escenario, evitaba el papel protagónico como si esto lo pudiera acabar.

Después de una reunión a alto nivel con Bush, Rove, Hughes y Allbaugh, Gonzales se iba simplemente a su oficina, reunía a sus asesores adjuntos y ponía en marcha el proceso de producir un documento con un concepto bien enunciado que enviaba al escritorio de Bush. Sus asesores adjuntos apreciaban esta falta de protagonismo, su comportamiento de contrapunto no operático a las tendencias ocasionalmente volátiles de Bush; también llegaron a verlo como un contrapunto más firme contra el comportamiento pálido e intimidante de Rove o comparado con el carácter combativo de Hughes o la autosuficiencia de Allbaugh. "Una de las razones por las que Al le agradaba al gobernador era que cuando le presentaba algo, era muy conciso, iba directo al grano y, luego, al final, le hacía una recomendación," comentó el asesor de Bush Vance McMahan.[13] "Cuando se reunía con el gobernador, sólo hablaba de negocios. A diferencia de los demás—Karen, Karl, Joe—no intercambiaba muchos chismes. No le gustaba ese tipo de conversación," indica Bowen.[14]

La familia vivía en el distinguido vecindario ubicado en las lomas al occidente de Austin, en una comunidad no lejos del Club Campestre Barton Creek—el club más prestigioso de la ciudad y un lugar adonde les gustaba ir a jugar golf a los Bush, padre e hijo, con Ben Crenshaw, o tenis con el ex presidente de Argentina. Su hogar en el occidente de Austin—en un sector de la ciudad lleno de millonarios provenientes del mundo de las computadoras trasplantados de California, y muchas de las personas que habían hecho fortuna trabajando para el multimillonario Michael Dell que vivía en las proximidades—tampoco quedaba lejos del lugar donde Karl Rove y Karen Hughes tenían sus respectivas residencias.

Gonzales, al igual que muchos de los que estaban más próximos a Bush, llegó a adquirir el gusto por el golf—pero tal vez no como a Bush le gustaba jugarlo. Bush insistía en jugar "golf aeróbico," intentando correr entre un hoyo y otro, yendo contra los elementos lánguidos del juego. Gonzales nunca jugaría así. Desarrollaría un handicap de 18 y jugaría de la misma forma como trabajaba: sin descanso y sin correr riesgos por intentar apresurar el proceso. Era uno de sus principales pasatiempos, algo que comenzó a practicar con más frecuencia con Bush, aunque sus amigos no podían recordar que se mostrara abiertamente entusiasmado por este juego. A veces le gustaba jugar al tenis y disfrutaba ver los juegos de la NBA, los partidos de fútbol en la Universidad de Texas en Austin, a los Texas Rangers, a los Houston Oilers (y más adelante, cuando se mudaron, a los Tennessee Titans) y a los Houston Astros. Los amigos decían que era un cineasta menor y que una vez confesó que le gustaban las comedias románticas. Estaba siempre listo y dispuesto a vencer a cualquiera en la cancha de racquetball. Pero muchos de sus amigos decían también que no parecía haber obras musicales, de literatura o de cine, ni de artes visuales que utilizara como puntos de referencia para su vida. Cuando lo veían escuchando música—tal vez mientras iban en el automóvil con él—siempre escogía música rock suave o música country. Un amigo pensaba que le gustaban los Beach Boys, tal vez los Doobie Brothers.

No mostraba aprecio ni gusto específico por ningún tipo especial de comida. Un compañero de trabajo cercano, un juez de Texas, al preguntarle por "cualesquiera libros, películas o tipos de comidas que Al prefiriera o por los que mostrara un interés o un gusto especial," simplemente respondió: "Lo que recuerdo puede no ser correcto, pero creo que le encantaban las papas fritas de McDonald's. Los escribanos del tribunal solían hacer bromas al respecto—todos dejaban el trabajo antes de tiempo para salir a almorzar y pasaban corriendo por McDonald's por Alberto… pero podría equivocarme." [15]

Era muy parecido a su nuevo jefe George W. Bush—a Bush le gustaba el golf, le gustaba la pesca y le gustaba mirar el béisbol. Pero no se demoraba en ninguna de esas actividades de manera rapsódica, ni en el mismo sentido en el que Roger Angell intuía en el béisbol cierto tipo de propósito más altruista y profundo. Aparentemente, Gonzales se parecía mucho a Bush: durante gran parte de su vida personal Bush disfrutaba el "hacer"—el proceso de una actividad personal—pero rara vez, dejaba en sus amigos o en los miembros de su familia la impresión de que viera en esas actividades un significado más alto, un contexto histórico o espiritual más profundo, subyacente a las actividades personales que disfrutaba. Quienes lo conocían muy bien han dicho que su forma de jugar golf lo resume todo—completa el proceso apresuradamente, no se demora, no tiene actitudes sentimentales en cuanto a la belleza del paisaje circundante y tampoco se entrega a las lánguidas posibilidades del juego. Hace bromas, retoza, corre, enviste abriéndose camino desde el primer hoyo hasta el último—generalmente convirtiendo este deporte en un juego de ver quién puede acabar primero.

Gonzales no era dado a permanecer mucho tiempo en una determinada actividad. A lo que más se dedicaba era a su trabajo como abogado: "Trabaja sin descanso. Siempre ha sido una persona que trabaja mucho," dice su viejo amigo Larry Dreyfuss. El consenso de quienes lo conocían era que estaba en busca de una pasión, de algún tipo de poesía personal, la encontró en confrontar la montaña de estatutos, declaraciones, documentos de conceptos, argumentos y contra-argumentos para luego iniciar el extremadamente metódico asenso hasta la cima, hasta la conclusión. Su trabajo ininterrumpido de doce años en negocios de bienes raíces de millones de dólares—día tras día—envuelto en negociaciones laboriosas, y

hombro a hombro con todos los demás abogados impecables del centro de
Houston—había instilado una mentalidad rígida de línea de ensamblaje.
En la oficina del gobernador y más tarde en la Casa Blanca, se consideraba
como un evangelio el que se podía dejar caer una tormenta de documentos en la oficina de Alberto Gonzales y él comenzaría a procesarlos uno
por uno.

En el curso de todo esto, sus amigos decían que conservaba una inusual
capacidad para centrarse en uno durante una conversación; escuchaba
atentamente. Estaba, sin duda, bien sintonizado con los asuntos de actualidad, y poco a poco iba adquiriendo mayor fluidez en la forma como la
lubricación social hace que se mueva el intrincado, a veces peligroso sistema político de Texas. Era impecablemente educado en su correspondencia; a veces era difícil saber si solo quería halagar a las personas a quienes
enviaba notas personales en papel membreteado oficial del estado de Texas.
En una nota al editor del *Texas Monthly,* Mike Levy, para agradecerle una
taza para café adornada con imágines de renacuajos con cuernos, que éste
le había enviado, Gonzales se deshace en ponderaciones por ese sencillo
obsequio que normalmente se envía en forma masiva todos los años—en
una parte de la nota dice que el regalo es "renacuajamente" gracioso. En
otra nota, se dirige a alguien a quien ha visitado en México, y le dice:
*"Muchísimas gracias por su hospitalidad durante mi reciente visita a México. Agra-
dezco muchísimo su generosidad y su disponibilidad para enseñarme sobre su gente
y su país. Incluyo aquí copias de artículos recientes sobre México publicados en periódicos de Texas. Pensé que podría encontrar interesantes estas historias. Lamento
que estén escritos en inglés. Le agradecería que me llamara si alguna vez viene a
Austin, Texas. Me encantaría volverlo a ver. Cordialmente, Alberto Gonzales, Asesor General."*

Quienes han leído su correspondencia personal, puesta a disposición
del público según la Ley de Registros Abiertos de Texas, han dicho que da
la impresión de una persona inocente que escribe en una forma erudita y
extraña—se disculpa por estar enviando artículos en inglés sobre México
a un mexicano. Sus intentos por dar a sus comunicados una nota de humor
y establecer una cierta camaradería tienen ese cierto tono agridulce de
alguien que se esfuerza al máximo por ser aceptado. Y dentro del llamado
"Triángulo de Hierro" de Bush, se veía fácil y repetidamente relegado a
segundo plano durante las sesiones estratégicas de la mañana, en los desa-

yunos de poder en la mansión del gobernador y en cualquiera de las reuniones en la casa de Karl Rove en el occidente de Austin.

Pero esos intentos un poco torpes a veces de lograr el tono de camaradería en su correspondencia personal son un agudo contraste con la amplia variedad de otros memorandos y documentos oficiales provenientes de su escritorio—en especial los que lo colocan en el centro de los más intensos debates en Texas. Gonzales manejó, literalmente, miles de asuntos como asesor general: En una oportunidad, Bush le pidió que le hiciera un favor a un viejo amigo y comprobara si la policía de Fort Worth estaba llevando a cabo una "investigación incoherente e inepta" en relación con un asesinato que había ocurrido en esa ciudad; manejó la correspondencia con la familia de la desaparecida líder atea Madalyn Murray O'Hair; escribió cartas detalladas a un representante estatal que quería saber porqué su cónyuge no había quedado en la Junta Estatal de Examinadores Dentales, se comunicó con las personas que organizaban una delegación comercial oficial de Texas a la India; cuando otro antiguo amigo de Bush envió una carta averiguando acerca del estado de libertad bajo palabra de alguien en El Paso, la carta fue llevada al escritorio de Gonzales y dejada allí con la típica nota del secretario personal de Bush: *"Al G.—Por favor estudie esto. Jim Paul es un buen amigo del gobernador, pero como podrá darse cuenta debe tratarse como una solicitud 'normal.'"* [16]

El volumen de trabajo era grande y a veces de alcance ilimitado: manejaba correspondencia de los candidatos para ocupar el cargo de juez del distrito estatal. Enviaba copias de los proyectos de ley favoritos de Bush que habían muerto en el Senado de Texas, como, por ejemplo, medidas para controlar los juegos de azar que Rove deseaba que fueran adoptadas para ganarse la aprobación de los electores cristianos conservadores—y los enviaba a fiscales del distrito de la ley y el orden en Texas con notas muy directas que decían "Espero que podamos contar con su apoyo" y "Sería muy útil si me enviara sus comentarios por escrito tan pronto como le sea posible." Escribía cartas cuidadosas y bien redactadas a los representantes de un grupo llamado La Republica de Texas, que había enviado una *"Nota de Intención de Llamado de Derecho Consuetudinario para Recibir una Declaración Oral"* de Bush—Gonzales respondió, *"Usted no tiene jurisdicción sobre el gobernador Bush y él no está obligado a cumplir sus instrucciones de presentarse según ésta Orden de Derecho Consuetudinario para rendir testimonio."* [17]

El Congresista Dan Miller se puso en contacto con Bush y le pidió que presionara a alguien en Texas para que hiciera pagos de sostenimiento que supuestamente le debía a una mujer en el distrito de Miller en Florida—y el enredo fue transferido a Gonzales. Revisó innumerables órdenes ejecutivas—para la creación del "Equipo de Trabajo DWI del Gobernador" y nombrando el "Concejo Asesor Municipal" como "el Depositario de Información Estatal de Texas." Además, pronto dio su veredicto cuando Rove y Bush detectaron un posible "problema de percepción." En un caso, cuando se filtró la noticia de que el estado había pagado casi $90,000 para arreglar una demanda contra la comisión de licores de Texas, Gonzales expidió una candente carta: *Sé que ustedes y otros miembros y empleados de su agencia adoptarán las medidas del caso para impedir que se vuelva a presentar el tipo de comportamiento que resultó en la aceptación de este acuerdo, y que todos los responsables serán debidamente disciplinados.* [18]

Además, Gonzales también se indignaba con algunos miembros del personal de Bush que enviaban a su oficina memorandos con su apellido mal escrito—"Gonzalez" en lugar de "Gonzales"—solían ser notas cortas e imperativas escritas apresuradamente a mano indicándole lo que debía hacer y cómo hacerlo: "Le agradecería si pudiera estudiar este asunto. Le sugiero que comience con la legislación que creó la Comisión…" o "Al, tengo que hablar con usted lo antes posible."

Revisó además correspondencia de Karl Rove sobre el hecho de que Texas no reconociera los matrimonios entre personas del mismo sexo celebrados fuera del estado. También aprendió a actuar rápidamente sobre aspectos presentados por el buen y viejo amigo de Bush, su asesor Doug Wead. Un antiguo miembro del personal de Bush en la Casa Blanca, que dejó tras de sí un remolino de controversias. Wead vendía productos Amway y era cristiano evangélico y trabajaba en estrecha asociación con Jim y Tammy Faye Baker—era alguien que normalmente asesoraba a la familia Bush sobre cómo obtener puntos de "el movimiento," como llamaba Wead a los cristianos conservadores.

Wead, que más tarde desarrollaría el hábito de grabar secretamente sus conversaciones con Bush hijo, había salido al campo con George W., había escrito un libro autorizado por la familia Bush y había presentado a los Bush a muchos de los líderes cristianos fundamentalistas evangélicos conservadores de América. Wead hizo algo más que cerrar la brecha entre el eje dorado Yale-Harvard-Episcopal con el mundo del conservatismo cristiano del "estado rojo." Fue el guía de la familia Bush en ese reino poco familiar—llevando a George W. Bush por todo el país a conocer a los líderes cristianos en la década de los ochenta.

En 1995, Wead envió a Bush una nota sugiriendo que los reporteros estaban a punto de recabar una historia acerca de una prisionera tejana quien supuestamente había sido víctima de abuso en prisión—la nota enviada por Wead a su viejo amigo decía, en parte: *"Sobra decir que, estoy orgulloso de usted. No hace mucho, parecía haber desaparecido de la pantalla del radar nacional lo cual probablemente es una excelente idea. Los medios detestan a un perro caliente. ¿Está consciente de la controversia sobre la prisionera tejana Jan Weeks Katona? Mi primer instinto fue ignorarlo, pero ha recibido tanta atención que he decidido que usted debe estar alerta a este asunto y hacer que alguien lo verifique. Al menos por razones políticas..."*

La advertencia de Wead fue enviada a Gonzales y se produjo después una agitada serie de investigaciones: *"El Sr. Weed (sic) nos pidió que investigáramos el estatus de advertencia de la Sra. Katona, acerca de un reportero que estaba preparándose para publicar un artículo en el que la Sra. Katona fue víctima de abuso."* Por insistencia de Bush, Gonzales escribió una nota personal a Wead agradeciéndole la advertencia.

Y, por último, cuando los importantes amigos del sector financiero de la familia Bush, los de los negocios petroleros, se pusieron en contacto y le pidieron a Bush que moviera ciertas palancas para beneficiarlos, se le pediría también a Gonzales que revisara cartas como la siguiente:

Honorable Askar Akayev
Presidente
República de Kyrgyz

Apreciado Presidente Akayev:
  Escribo para presentarle a William C. Nixon, a quien conozco desde hace más de veinte años. El Sr. Nixon es amigo personal de la familia Bush. Tengo entendido que el Sr. Nixon trabaja actualmente en el desarrollo de una refinería de petróleo cerca de Bishkek que ayudará a que la República de Kyrgyz sea más autosuficiente para el suministro de gasolina y combustible para avio-

nes jet... en pocas palabras, conozco al Sr. Nixon y sé que es un hombre de
palabra. Le deseo a usted y a su país el mejor de los éxitos.

Cordialmente, George W. Bush.[19]

E s interesante observar que a medida que Gonzales se adaptaba más a su cargo, también le llegaban asuntos de derecho penal. Era algo muy diferente de lo que tal vez había aprendido a dominar en el mundo de los grandes negocios de bienes raíces en Houston. Nunca había trabajado en un caso de derecho penal ni de derecho civil. "Al no sabía nada de derecho penal, puesto que venía de V&E," indicó Karen Greene, una abogada que comenzó a trabajar con Gonzales cuando se convirtió en asesor general.[20] Se vio inundado de cartas, peticiones y faxes de personas que pedían su opinión, su consejo sobre cómo obtener el perdón, la libertad bajo palabra, o más dramáticamente una reconsideración de enviar a alguien a la pena capital. Gonzales y Bush sabían que Texas era conocido en algunos círculos como el Estado de la Muerte—que mataba a más personas que cualquier otro estado de la nación. Algunos consideraron como la más perfecta y horrenda ironía que el mismo día de la toma de posesión de Bush se llevara a cabo, a la medianoche, una infame ejecución en la cámara de la muerte a 170 millas en Huntsville, Texas.

El Estado de la Muerte

A medianoche, doce horas antes de la toma de posesión oficial de Bush como nuevo gobernador de Texas, en enero de 1995, un asesino convicto, de nombre Mario Márquez, fue ejecutado a pesar de que sus defensores sostenían que era retrasado mental, que tenía un cociente intelectual de 65, que tenía las destrezas adaptativas de un niño de siete años—y de que no se permitió que se presentara en su juicio la evidencia de su retardo mental. La mayoría de los asesores de Bush, incluyendo a Gonzales, ya habían empezado a trabajar como parte de la transición a la nueva administración en Texas. Era la primera de muchas ejecuciones que se realizarían durante el tiempo que Gonzales desempeñó su cargo.

Durante años, cuando ya hacía bastante que sus hijos se habían acostado. Gonzales solía sentarse con uno de los otros asesores en su oficina de Austin y recibir por teléfono los informes actualizados de la cámara de las ejecuciones en Huntsville, a medida que pasaban los minutos y los segundos hasta el momento en que se llevaría a cabo la ejecución de un prisionero. Estas ejecuciones, cuando tuvo que ocuparse de ellas por primera vez, se programaban siempre para unos minutos después de la medianoche. Y a 170 millas de distancia, en Austin, la escena en su oficina adquiría un carácter surrealista horripilante. Del altoparlante de un teléfono saldría la voz sombría, pero insistente, de un funcionario—explicándole a Gonzales paso a paso todo lo que ocurría a medida que el prisionero condenado era conducido desde su celda hasta la sala de la ejecución. Con el área que rodeaba el Capitolio Estatal totalmente callada y oscura, Gonzales se quitaba su chaqueta de botones cruzados y escuchaba mientras los prisioneros eran amarrados con correas a las camillas e inyectados con veneno hasta que los oficiales de la prisión le decían a Gonzales que el prisionero había sido declarado muerto. El proceso era abstracto y ajeno; era un proceso por el que Gonzales debería pasar una y otra vez.

"Cuando comenzamos, las ejecuciones se efectuaban a la medianoche. Por lo tanto, era evidente que en esas noches trabajábamos hasta tarde. Permanecíamos en el teléfono con el director de la cárcel de Huntsville. Recuerdo la primera ejecución que hicimos, sólo él y yo... siempre estaba presente y los distintos deberes se rotaban entre los asistentes de los asesores generales, según el que hubiera investigado los asuntos y redactado el memorando para el gobernador. Era extraño, simplemente por la forma como se desarrollaba paso a paso, por así decirlo, una ejecución ordenada por teléfono, mientras permanecíamos sentados y esperábamos hasta oír que el prisionero había muerto y entonces notificábamos el hecho al gobernador; eso era todo. Era extraño," volvía a decir uno de sus asesores asistentes.[1]

Así, a medida que Bush se preparaba de forma más agresiva para la nominación presidencial por el partido republicano, la pena de muerte se convirtió en un tema agudamente político. A Rove se le había ocurrido la idea de presentar a Bush como un "conservador compasivo," la clase de persona que nombraría a una persona de las minorías, como Alberto Gonzales, como su abogado—¿pero cómo podía ese título de conservador compasivo conciliarse con el interminable desfile de prisioneros que iban a la sala de las ejecuciones?

Texas ha encabezado a los demás estados de la nación con cientos de prisioneros condenados a muerte y cientos de ejecuciones desde cuando la Corte Suprema dispuso de nuevo la legalización de las ejecuciones en 1976. Surgieron problemas cada vez más complejos, relacionados con delincuentes juveniles en espera de la pena de muerte, prisioneros con retardo mental sentenciados a muerte y, naturalmente, la posibilidad de que tanto hombres como mujeres fueran injustamente condenados a la pena de muerte. Estos problemas, temas de debate candentes, prácticamente nunca habían surgido durante la campaña en la que Ann Richards y George W. Bush compitieron por el título de gobernador—tanto Richards como Bush estaban a favor de la pena de muerte. Pero a medida que Bush comenzó a pensar en la Casa Blanca, hubo casos de sentencias a muerte que comenzaron a captar la atención nacional y a plantear interrogantes acerca de hasta qué punto Bush era realmente un "conservador compasivo." Su exasperada vocera, Karen Hughes, había adoptado la costumbre de gritar a los periodistas—"¿Cuál es la parte que no entienden? ¿Compasivo? ¿Conservador?"

Lo que era evidente era que los casos de pena de muerte no desaparecerían. Texas siempre sería el Estado de la Muerte. Cualquier relación— kármica, política o de otra índole—con los eventos que se desarrollaban en la cámara de las ejecuciones sería algo que permanecería con cualquiera que quisiera mantenerse como miembro del círculo más allegado at Bush. En Austin, la tensión que rodeaba el problema de la pena de muerte comenzó a tornarse casi palpable a medida que las personas más cercanas a Bush intentaban adoptar una posición de línea media entre presentar a Bush como alguien dispuesto a condenar a las personas a muerte—mientras que lo mostraban como alguien dispuesto a ganarse la simpatía de los electores indecisos, de las minorías y de los demócratas que vacilaban en cuanto a su elección de candidato... algunos de los cuales se oponían a la pena de muerte. Se trataba de un debate moral atrapado dentro de espinosas urgencias políticas y Gonzales se encontró escribiendo un memorando tras otro que literalmente tenía que ver con si un ser humano vivía o moría.

Con el tiempo, los observadores de Gonzales se referirían a estos memorandos como los "memorandos de clemencia." Como elementos de trabajo, esos memorandos lo llevarían directamente hacia algo que nunca había previsto ni deseado. Para los críticos, Alberto Gonzales podía llegar a personificar la perversa alma de Texas y de George W. Bush. Para algunos críticos alrededor del mundo, Alberto Gonzales llegaría inclusive a personificar las peores tendencias de los Estados Unidos. Estaba a punto de tomar un sendero sinuoso que lo llevaría mucho más allá de ser un abogado de bienes raíces bien pagado, "encargado de la tierra y los negocios." Como asesor general del gobernador de Texas—y como el hombre que asesoraba personalmente al gobernador acerca de quién debía ser condenado a muerte en Texas—Gonzales revisaría las peticiones de clemencia y luego prepararía sus propios "memorandos de clemencia" sobre cincuenta y siete posibles ejecuciones.

Cada una de esas ejecuciones pendientes era, tal vez por definición, controversial—aunque, cada vez más, a medida que se llevaba a cabo cada ejecución programada, se prestaba menos y menos atención a este hecho por parte de los medios de comunicación. Las ejecuciones, empezando por la que se realizó el mismo día que Bush tomó posesión, sucedieron con rapidez y eficiencia, una tras otra, hasta que resultaba difícil encontrar alguna mención de las mismas en los medios de radio o televisión o en los medios impresos. El hecho de que la demócrata Ann Richards había sido una firme defensora de la pena de muerte en Texas, indicaba que se trataba de un curso de retribución endosado por la mayoría de los electores del estado. Bush no difería de Richards en su inconmovible apoyo a la pena de muerte. Y los casos seguían aumentando, las ejecuciones se sucedían calladamente en la cámara del Estado de la Muerte y se les prestaba poca atención. Sin embargo, tanto el anonimato como el sentido de resignación comenzaron a desaparecer a medida que Bush probaba las aguas presidenciales.

Stuart Bowen apreciaba a su jefe Al Gonzales. Se habían entendido de inmediato, desde el punto de vista personal. Bowen consideraba que Gonzales lo escuchaba y confiaba en él. Ante todo, Bowen pensaba que Gonzales era un *muy* buen oyente. Si estaba intranquilo por el desfile de hombres que se dirigían a la cámara de la muerte, si estaba desconcertado en alguna forma, tener que escuchar todos esos prisioneros que estaban siendo ejecutados noche tras noche, mientras él permanecía sentado en una oficina adornada con las fotografías de sus hijos, Gonzales nunca lo demostró. Seguía siendo imperturbable, casi inescrutable. A veces, en las noches, permanecía sentado en su oficina, sin el saco, todavía con la corbata y los tirantes, sin mostrar ninguna actitud emocional extrema. Bowen estaba sentado con él allí cuando recibían las noticias de las muertes que llegaban de Huntsville: "Tenía, ya sabe… si era algo extraño para él, realmente no lo demostraba. Sabe mantenerse ecuánime prácticamente en cualquier situación. Nunca lo he visto perder la paciencia. Sí, es cierto que había muchos aspectos controversiales que manejábamos y jamás lo vi perder el control. Jamás lo escuché utilizar palabras de mal gusto ni lenguaje soez."[2]

Karen Greene, la abogada que Gonzales había contratado localmente poco después de llegar a Austin, no podía creer que alguien pudiera mostrarse tan plácido como él—decía que era uno de esos "hombres del tipo que no se inmuta por nada." Solía contar un chiste de él, a sus espaldas: Simulaba ser una amiga de Gonzales que estaba realmente angustiada, alguien que corría hacia él gritando: "¡AL! ¡AL! ¡SE TE ESTÁN QUEMANDO LOS PANTALONES!" y luego, Greene, hacía una imitación perfecta de Gonzales, se limitaba a asentir con la cabeza y decir lentamente "Ooookay."

Trabajar para George Bush era para Gonzales como tenerlo todo bajo una lupa—con el pedigrí de Bush, con el hecho de que Bush estaría lanzando su candidatura para presidente, con la línea de conga de reporteros que se apresuraban a llegar a Texas para hacer otro perfil de Bush. Los demócratas locales estaban todavía resentidos por la victoria de Bush sobre Ann Richards y habían seguido con sus ataques contra Bush; los operativos demócratas nacionales permanecían en los recibidores del hotel Four Seasons y tomando cerveza en el Texas Chili Parlor intentando descubrir la forma, cualquier forma, de poner a Bush en una situación embarazosa o ridícula. Entre tanto, Greene llegó a pensar que en realidad se producían muchos incendios, pero Gonzales jamás se alteraba. "Jamás levantaba la voz. Nunca parecía disgustado. Y, ya saben, permanecía siempre perfecto, inmaculadamente pulcro y arreglado. Jamás, jamás, jamás permitió que lo viéramos sudar."[3]

A los cinco meses de estar ocupando su nuevo cargo, él y Turner tuvieron su segundo hijo en el verano de 1995. Gabriel Quinn nació el 5 de junio, según algunos registros de Texas, en el Condado de Harris. Sus amigos recuerdan ésta como una época agitada, de frenesí, mientras la nueva administración Bush luchaba con las agendas legislativas accionarias en el Capitolio del Estado. Rebecca había dicho a Gonzales y a sus amigos que insistiría en que su bebé naciera en Houston, donde la atendería su médico habitual. En su oficina, a medida que se multiplicaban las presiones en el Capitolio, y Bush y Rove se esforzaban por sacar adelante las reducciones de impuestos, la privatización del sistema de bienestar social y la adjudicación del control de los programas sociales a los grupos religiosos, Gonzales decía repetidamente a sus subalternos: "Debo estar allí para ver nacer a mi hijo." Ese segundo hijo nació al final de una efervescente sesión legislativa—y Gabriel vino a hacerle compañía a Graham y a su medio hermano Jared. Un amigo recuerda que Gonzales llamó a Bush y le dijo que iba a ser padre de un nuevo barón. Bush felicitó a Gonzales y le dijo que debería tomarse un día libre. Los amigos de Gonzales se preguntaban si al fin éste explotaría ante Bush—pero no lo hizo. "Bien," dijo Gonzales a todas las personas de su oficina, "en este momento estamos ocupados."

Colocó fotografías de sus hijos en la oficina—un lugar muy poco glamoroso en el segundo piso que, por alguna extraña razón arquitectónica, tenía una ventana parcialmente bloqueada por una gran loza de granito color rosado. Cuando Gonzales estaba hablando por teléfono o en reuniones, las palomas se apareaban fuera de la ventana, emitiendo sonidos de arrullo cada vez más fuertes. Sus hijos venían a visitarlo al trabajo cuando la ocasión lo permitía. Gonzales estaba cerca de los cuarenta años; Turner tenía treinta y cinco. Él permitía que sus niños comieran donas y tomaran leche achocolatada en su escritorio.

En agosto, Gonzales cumplió cuarenta años y los celebró con una fiesta a la que vinieron sus amigos que, de nuevo, se maravillaron al ver que se negara a tomar aunque fuera un sorbo de alcohol cuando todos estaban brindando en su honor. Un abogado de Houston lo expresó así: "Nunca lo verán desviarse del camino. Puede ser medianoche y puede no haber ni un solo automóvil en la vía. Si hay una señal de pare, él se detiene allí y espera."[4] En una oportunidad, algunas personas de la oficina de la asesoría le preguntaron por qué jamás bebía: "Ya ha sido más que suficiente." Sabían que se refería a su padre.

Pocos días después de su cumpleaños, Gonzales y la abogada de su equipo, Karen Greene, fueron de Austin a Huntsville a presenciar la ejecución programada de Vernon Lamar Sattiewhite. El asesino convicto de San Antonio, había nacido en el mismo año y en el mismo mes que

Gonzales. Su ejecución estaba programada para el martes, 15 de agosto, a las 12:01 a.m.

En la mañana del 19 de junio de 1986, la estudiante de enfermería Sandra Sorrell y su nuevo novio caminaban hacia la escuela de San Antonio a la que ambos asistían—cuando, de repente, se les unió Sattiewhite, la tomó a ella por el brazo, le hizo una llave en el cuello, sacó una pistola calibre .22 y comenzó a llevársela a rastras hacia la parte posterior de un edificio. El asesino había estado saliendo con Sorrell anteriormente—y la había amenazado en diferentes ocasiones durante semanas—el nuevo novio los siguió hasta un estacionamiento, intentando convencer a Sattiewhite de que la soltara. De repente, Sattiewhite empujó a Sorrell al piso, luego, sin demora, la puso de nuevo de pie y sin más preámbulos le disparó a quemarropa en la cabeza dos veces.

"Nadie más la tendrá," dijo Sattiewhite mientras se rasgaba su camisa y luego se colocaba repetidamente la pistola contra su propia cabeza. Por último, salió en una desenfrenada carrera, pero fue alcanzado por la policía que lo encontró de pie a la orilla del río. Tenía el revolver apuntando de nuevo hacia su cabeza. Tiró del gatillo, la pistola falló y Sattiewhite terminó por entregarse. Sattiewhite ya había amenazado a Sorrell—los registros policíacos mostraban que ya en dos oportunidades la había amenazado con un revolver, incluyendo una oportunidad en la que la policía había investigado el hecho, apenas diez días antes.

Sattiewhite dijo a sus interrogadores que había trabajado como "obrero"—y que fue criado por una tía después de la muerte de su madre, cuando él tenía apenas siete años. Siempre fue un estudiante de educación especial en las escuelas públicas y, según los registros de la oficina de Gonzales, alguien que podría haber sido víctima de abuso infantil. Abandonó los estudios en octavo grado, después de haber abusado de las drogas en forma significativa. Los registros del Condado de Bexar indicaban que había intentado suicidarse a los veintiún años disparándose en el estómago. Además, los registros psiquiátricos indicaban que, en otra oportunidad, había sido hospitalizado por beber una mezcla de Clorox y Black Flag. En un tercer intento suicida, quiso saltar de un puente en el parque de diversiones Six Flags. Por último, sus registros de la prisión indicaban que Sattiewhite aseguraba que, durante diecisiete años lo había perseguido el espíritu de su abuela muerta—decía que había estado hablando con ese espíritu durante todos esos años. En 1976, fue arrestado por asesinato punible con pena de muerte cuando le disparó a un hombre en la cara, en un bar. Después de permanecer tres años en prisión obtuvo la libertad bajo palabra. Tenía además dos sentencias de prisión por robo en su expediente. Sattiewhite fue sentenciado en 1986 por el secuestro y asesinato de Sorrell—y fue enviado a la lista de espera para la pena de muerte de Texas, que aumentaba cada vez más. Nueve años después se enteró de que al fin se había fijado la fecha para su ejecución.

La semana anterior a la fecha prevista para su ejecución, su abogado envió una última petición de clemencia a Bush y a la Junta de Perdones y Libertad Bajo Palabra. Como siempre, Gonzales revisó el caso y preparó su resumen de clemencia para Bush. En el resumen que le entregó a Bush el 14 de agosto, la víspera de la ejecución, Gonzales resume la petición de clemencia de Sattiewhite:

"La base de la solicitud es la siguiente: El crimen subyacente de secuestro utilizado para establecer el cargo de asesinato castigado con pena de muerte no está lo suficientemente respaldado por la evidencia. Aunque Sattiewhite está realmente arrepentido, la evidencia atenuante en relación con la niñez inestable y el abuso infantil de los que fue víctima no se presentaron al jurado. Sattiewhite se encontraba en un estado de locura transitoria en el momento en el que cometió el asesinato; y actualmente es incompetente para ser ejecutado. Estos son los motivos que se han presentado en los procedimientos de habeas corpus a nivel estatal y federal y han sido denegados por los tribunales. El argumento más viable sería el de que Sattiewhite sí tiene un adecuado estado mental para ser ejecutado. Es probable que vuelva a interponer una petición ante el tribunal de acusaciones para obtener una audiencia sobre su estado mental.

"En respaldo al argumento de que el delito subyacente de secuestro no está respaldado por evidencia suficiente, la petición incluye una carta de Karen Amos, una ex fiscal que participó en el proceso de Sattiewhite. Indica que se tomó la decisión de llevar el cargo contra Sattiewhite a nivel de asesinato castigado con pena de muerte, a pesar de que la evidencia era marginal. Según el abogado de Sattiewhite, ésta carta respalda el argumento de que la decisión para procesar a Sattiewhite por asesinato castigado con pena de muerte se tomó debido a que la Oficina del Fiscal del Distrito no obtuvo las órdenes protectoras para proteger a Sorrell, que había presentado su queja la víspera de ser asesinada como resultado del asalto que le hiciera Sattiewhite."

En una parte de su conclusión de cinco frases, Gonzales le escribe a Bush lo siguiente: *"Es probable que la ejecución de Sattiewhite se lleve a cabo según lo programado. El único argumento viable que resta es si Sattiewhite tiene un adecuado estado mental para ser ejecutado. Si los tribunales niegan este argumento, si todos los tribunales habrían revisado y negado el alivio de la pena con base en todos los argumentos. Por esa razón, no parece que pueda ganarse nada con una suspensión transitoria de la ejecución o una conmutación de la sentencia."*[5]

No hay claridad en cuanto a la razón por la cual Gonzales decidió asistir a la ejecución de Sattiewhite—su memorando de clemencia a Bush es algo distinto de los demás, sobre todo por el hecho de que parece considerar con mayor detalle los factores atenuantes, mientras que dedica tres frases a esquematizar el argumento de la defensa, con el apoyo de la fiscal, en el sentido de que había "evidencia marginal" para una sentencia de asesinato castigada con pena de muerte… y que tal vez la Oficina del Fiscal de Distrito había decidido procurar una sentencia de pena de muerte para Sattiewhite debido a su incómoda posición de no haberle conseguido a Sorrell la orden de protección que podría haberle salvado la vida. De nuevo, no queda claro si Gonzales se vio influenciado por la sugerencia de que se estaba ejecutando un hombre cuando aún quedaban dudas pendiendo sobre su cabeza—o si simplemente fue "enviado" por Bush, como Greene lo sostendría más tarde.

Cuando el avión en el que viajaban Gonzales y Greene llegó a Huntsville, ya había pasado el mediodía. Se reunieron con los funcionarios de la prisión y con el capellán y visitaron las distintas unidades de la penitenciaria. Greene recuerda que Gonzales quedó fascinado con las celdas y sorprendido de lo pequeñas que eran. Hicieron una pausa a la hora del almuerzo y luego regresaron a continuar su visita. En un momento determinado, mientras recorrían el corredor de la muerte, pudieron ver a los prisioneros que sacaban espejos por entre las puertas de las celdas para ver quién venía por el pasillo. Algunos de los hombres en espera de la sentencia de muerte comenzaron a decir horrendas obscenidades lanzando gritos acerca de tener una mujer ante ellos y expresando un deleite perverso con el cabello rojo de Karen Greene: *"¡Sí! ¡Traigan a esa pelirroja para acá!"* Greene quedó horrorizada; aparentemente, Gonzales no se inmutó.

Esa noche, justo antes de que dieran las doce, Gonzales y Greene fueron escoltados a una habitación con un espejo doble. Estaban en la misma habitación donde se encontraban los funcionarios de la prisión que serían los encargados de administrar la droga letal a Sattiewhite—una de las diecisiete personas que recibiría este castigo en 1995, después de la toma de posesión de Bush. Gonzales observaba mientras los funcionarios disponían el equipo de infusión intravenosa y lo conectaban a un tubo que pasaba por un pequeño orificio a la habitación donde se encontraba Sattiewhite amarrado a una camilla con la aguja intravenosa ya en su brazo. Sattiewhite pronunció sus últimas palabras, que incluyeron una referencia a la Sra. Fielder (tal vez refiriéndose a Pamela Fielder, que se había convertido en la heroína de los círculos de mujeres maltratadas): "Quisiera decir—que sólo espero que la Sra. Fielder esté contenta ahora. Quisiera agradecer a mi abogada, Nancy, por su ayuda en mi caso y por estar conmigo ahora."

En unos minutos, pareció como si Sattiewhite se hubiera quedado profundamente dormido. Naturalmente, estaba muerto. Greene y Gonzales observaban en silencio, dejaron la habitación y menos de una hora después abordaban el avión que los llevaría de regreso a Austin. Era cerca de la una de la mañana. Tal como se comportó cuando los presos gritaron obscenidades y palabras profanas a su colega—en realidad, tal como se había comportado toda su vida—Gonzales jamás pronunció una palabra acerca de lo que había visto.

Años después, el escritor Alan Berlow, haría un análisis en el *Atlantic Monthly* de las funciones de Bush y Gonzales en los casos de pena de muerte en Texas—en particular un análisis de los "memorandos de clemencia" que Gonzales escribiera y entregara a Bush sobre cincuenta y siete ejecuciones pendientes. El trabajo de Berlow sería distinto de los reportajes de Wayne Slater, que cubría las noticias relacionadas con Bush y Gonzales para el *Dallas Morning News*. El enfoque y el alcance de las investigaciones de Berlow lo llevaron a sus propias conclusiones condenatorias. En cierto sentido, Berlow sostendría que probablemente Gonzales se estaba comportando exactamente en la forma en que lo había hecho durante toda su carrera de abogado. Estaba siendo un abogado increíblemente eficiente—para su cliente. Estaba haciendo lo que él o cualquier otro abogado bajo contrato debía hacer a cambio de su remuneración, esto era defender ante todo los intereses de su cliente. Berlow y otros críticos sostendrían que Gonzales se estaba limitando a identificar el resultado que su cliente deseaba: "Bush dejó en claro que no estaba interesado en conceder clemencia, y Gonzales le dio lo que quería. Su trabajo correspondía a lo que su cliente, Bush, deseaba. Gonzales lo sabía. Entre los dos crearon un estándar—que había que tener evidencia de inocencia total o acceso incompleto a los tribunales. Gonzales tenía que ser parte de la creación de ese estándar. El término de clemencia lo definían en un sentido tan estrecho, que era virtualmente imposible obtenerla." [6]

Wayne Slater habló por la estación de radio pública nacional sobre Gonzales y los memorandos de clemencia y en su concepto sostuvo que Gonzales eran tanto un "hombre bueno" como un hombre "muy ponderado" en sus actos—y que se esforzaba por trabajar para Bush "de manera razonable." Slater dijo: "No es pretencioso, le gusta trabajar tras bambalinas—es muy pensativo, callado, discreto, un buen hombre." Agregó que si Bush tenía una solicitud específica—Gonzales encontraría la forma—es decir, la forma razonable—de satisfacerlo." Se le preguntó a Slater cómo respondía a la intensa investigación realizada por Berlow en relación con la actitud de Gonzales en Texas: "Debo decirle que, una de las cosas que hizo Gonzales—y esto no es positivo ni negativo, o tal vez tanto positivo como negativo, dependiendo de cómo se mire—lo que hizo fue que pudo, fue obligado por la ley y la constitución de Texas a hacerlo, a entregar el… básicamente a vetar estos casos de pena de muerte antes de una ejecución y a presentar la esencia del caso al gobernador antes de la ejecución para que éste expidiera su juicio acerca de si deseaba posponer, perdonar u otorgar clemencia.

"Y en estos casos, Gonzales tuvo mucho éxito en agilizar los procesos con frecuencia extremadamente largos y complejos." Más tarde, Slater agregó: "Lo interesante acerca de Gonzales es que uno ve a los políticos de izquierda atacándolo como si se tratara de una persona perversa." [7]

Berlow, el primero en estudiar a profundidad los memorandos de clemencia de Gonzales, sostuvo que Gonzales simplemente produjo esquemas fluidos de los casos de pena de muerte, enfatizando los escabrosos crímenes cometidos, omitiendo las bases para cualquier petición de clemencia, luego enviándole a Bush sus resúmenes del tamaño de una nuez. Durante el tiempo que Bush desempeñó el cargo de gobernador, se ejecutaron ciento cincuenta y dos personas, Gonzales le presentó a Bush "memoriales de clemencia" para al menos cincuenta y siete de esos casos. Y habría podido ser casi tan simple como una convergencia perfecta del estilo legal de un abogado en concordancia con el estilo administrativo de su cliente—Gonzales fue contratado, en parte, debido a su capacidad para reducirlo todo a cortos y simples memorandos… y Bush era conocido evidentemente como alguien que sólo buscaba el resultado final.

Berlow sostiene que, en último término, Gonzales ignoraba el verdadero propósito de un memorando de clemencia, que "era la primera fuente de información de Bush para decidir si alguien vivía o moría." Sin duda, los memorandos de Gonzales son breves—a veces de sólo tres a siete páginas y se caracterizan por un relato esquemático del crimen del que se acusa al prisionero, una biografía del prisionero, y una revisión cronológica de la evolución del caso. A Gonzales le gustaba ordenar sus memorandos con números romanos: "I" era el título de "Resumen Breve de los Hechos;" "II" era "Antecedentes Personales" (de la persona que sería ejecutada); "III" era "Antecedentes Criminales;" "IV" era "Resumen del Proceso," "V" era por lo general un solo párrafo titulado "Conclusión."

Estos memorandos carecían de cualquier trasfondo que ofreciera un panorama amplio desde el punto de vista legal o histórico—algún punto de referencia contextual, que lo unificara todo y que pudiera ayudar a Bush a decidir si debía ordenar o no que se pospusiera la ejecución por treinta días. Un examen de todos los memorandos de clemencia de Gonzales, que fueron facilitados bajo la Ley de Registros Abiertos de Texas, demuestra un relato de escaso a muy breve de las circunstancias atenuantes o de las opiniones de la Corte Suprema—incluyendo discusiones acerca de la forma como los jueces estaban emitiendo sentencias con relación al aspecto del retardo mental y de los prisioneros juveniles condenados a muerte, aspectos que surgieron una y otra vez en Texas. Berlow insistía que Gonzales presentaba estos memorandos de clemencia ya listos para ser sellados—cada memorando tenía una casilla con la leyenda NEGADO, que sólo esperaba la marca y la firma de Bush—y Bush y Gonzales discutían el asunto a lo sumo por treinta minutos para analizar los méritos de la petición de clemencia del prisionero.

Los hechos de estos casos de sentenciados a muerte—relacionados con prisioneros que con frecuencia habían estado en espera de la ejecución de la sentencia por varios años a medida que sus casos tomaban giros diferentes—eran complejos e innumerables. Las pruebas de ADN y otras medidas forenses eran cada vez más fáciles de obtener y despertaban dudas, en primer lugar, acerca de si, podía certificarse, inequívocamente, la culpabilidad de todos los que esperaban la ejecución de la condena. Los memorandos de Gonzales para Bush, desde cualquier punto de vista que se les considere y más allá de cualquier tendencia de partidismos políticos, son muy concisos y esquematizados. El memorando de clemencia de Sattiewhite es un ejemplo; tiene cinco páginas; sin duda, sus expedientes que reposan en el tribunal, sus expedientes policiales, sus expedientes psiquiátricos y sus diversas peticiones y ruegos llenarían cientos, tal vez miles de páginas. Los asesores adjuntos que trabajaban con Gonzales han dicho que había una extraordinaria cantidad de deliberaciones relacionadas con la elaboración de cada uno de los memorandos de clemencia—que lo que finalmente se imprimía en esas tres a cinco páginas de cada memorando dirigido a Bush no reflejaba las incontables horas dedicadas a estudiar los méritos de cada uno de los casos en espera de la ejecución de la pena de muerte.

Pero podría argüirse que ese es, precisamente, el problema con los memorandos de clemencia de Gonzales: Eran los últimos documentos que el gobernador de Texas iba a ver—los instrumentos finales que estudiaría para decidir si se debería retardar, al menos transitoriamente, una ejecución. Conociendo el "estilo de gobierno" de Bush, sabiendo que Bush se describía a sí mismo como un director ejecutivo, sabiendo que Bush se consideraba muy rápido en casi todo lo que hacía en su vida—incluyendo el jugar "golf aeróbico"—¿se prepararon estos memorandos de clemencia de esta forma a propósito para que fueran más aceptables para Bush… a costa de los muy graves asuntos en juego? ¿Debería Gonzales, en ese momento especialmente grave, haberse decidido, a riesgo de equivocarse, a exigir—ordenar—que Bush se tomara mucho más tiempo para deliverar que lo que estaba dispuesto a mostrar en otros asuntos que pasaban por su escritorio?

Un hecho bien reconocido en el que están de acuerdo tanto los republicanos como los demócratas en Texas es que la oficina del gobernador

tiene un alcance constitucional limitado. El gobernador de Texas no necesariamente dedica su tiempo a escribir leyes y proyectos de ley—pasa su
tiempo deseándolos y desarrollándolos, trayéndolos astutamente a la existencia. Las fuerzas legislativas de Texas se reúnen sólo durante unos pocos
meses un año sí y uno no. Según algunos observadores, el gobernador de
Texas tiene más tiempo para deliberar, meditar, analizar y estudiar a fondo
un asunto en curso—incluyendo, tal vez para cada una de las distintas ejecuciones en Texas. Y, desde que tomó posesión del cargo, Bush había identificado lo que sus asesores comenzaban a llamar los "cuatro principales
grupos de alimentos" para su administración—reducción de impuestos,
privatización del bienestar social, mejoramiento de la clasificación de nivel
de estudios de Texas que estaba entre las más bajas y bloquear las enormes
demandas legales contra las corporaciones. Esos eran los aspectos que dominaban las reuniones internas del personal que trabajaba para él—y casi
toda demacración pública de Bush o de uno de los miembros de su equipo.
La pena de muerte no era un problema que realmente se divulgara públicamente, que tuviera que ser divulgado. De nuevo, tanto Bush como su
predecesor habían declarado abiertamente que eran fuertemente partidarios de la pena de muerte—al igual que la mayoría de los electores en el
estado de Texas.

Bush era, quiérase o no, alguien que solía ser muy decisivo—nunca
alguien que se sintiera como si tuviera que dejar algún tipo de declaración
escrita para acallar la conciencia que certificara la energía mental y espiritual que podría haber dedicado a una de sus decisiones. Como siempre,
consideraba parte de todo eso como "psico-bobadas"—como forraje para
los historiadores y reporteros en busca de algún significado más profundo
en cosas que eran de por sí demasiado obvias. Sin embargo, algunos de esos
historiadores y reporteros esperaban que su autobiografía—*A Charge to
Keep (Un Cargo para Conservar)*—sería el único lugar en el que realmente
revelaría aunque fuera una mínima parte de su alma, e incluso permitiría
dejar ver un fugaz atisbo de lo que pensaba mientras sopesaba el creciente
número de ejecuciones en Texas. De hecho, la pena de muerte es un tema
importante en este libro—y el enfoque se centra en la ejecución de un
convicto específico que recibió atención internacional durante la campaña de Bush por la presidencia—Bush sostiene que trabajó mucho en esa
decisión, como en todas sus decisiones, y que fue un momento de crisis

personal. Sin embargo, los críticos dirían que cualquier moción que "embargara su alma" que describa en ese libro, no es auténtica—porque su autobiografía fue escrita para él por su directora de comunicaciones Karen Hughes. No fueron sus palabras sino las de ella. Él no escribió su autobiografía y ¿cómo podría Karen Hughes articular correctamente lo que realmente sintió George W. Bush en su corazón al leer cada uno de los cincuenta y siete memorandos preparados por Alberto Gonzales, que se entregaron a la oficina de Bush apenas unas pocas horas o inclusive unos pocos minutos antes de una ejecución?

Estudiar estos memorandos de Gonzales, sabiendo que el memorando de tres páginas que se tiene en la mano fue todo lo que se interpuso entre la decisión de que alguien viviera o muriera, puede haber sido una experiencia profunda para quienes tuvieron acceso a ellos. Según cualquier criterio, los memorandos de Gonzales parecían exigir, pedir a gritos, no minutos sino días de revisión… mayor información… y una mente inquisitiva, incluyendo mentes que estuvieran en absoluta paz con la legalidad y el carácter de la pena de muerte, a fin de provocar ciertas interrogantes. Quienes trabajaron con Gonzales han atestiguado, en relación con esa época, lo fastidioso que era el trabajo de Gonzales en esos memorandos de clemencia—quedó tácito el concepto de que además le tomó tiempo reducir todo ese trabajo a tres, cuatro o cinco páginas para presentárselas a Bush. Para algunos observadores, las interrogantes estaban más allá de la controversia: ¿Se cometió algún pecado de omisión al reducirlo todo a unas pocas páginas? ¿Arregló Gonzales sus memorandos para satisfacer a su cliente—más que para servir a la justicia y a la humanidad?

Berlow lo expresó en estas palabras: "Creo que tanto en relación con él como en relación con Bush, no se puede probar que hayan ejecutado a una persona inocente, tampoco hay forma de asegurar que no lo hicieran. Creo que su trabajo fue falto de ética, inmoral e inescrupuloso—se podría utilizar cualquiera de esos adjetivos. No tengo un concepto claro de que haya tenido cualesquiera convicciones. ¿Cuáles son? Me gusta Gonzales, es un hombre decente que se hizo a sí mismo. Pero su trabajo legal a veces deja algo que desear. Es inescrupuloso." Además, Berlow sugiere también que hay dos Gonzales—el que podía escribir lo que Berlow y otros sostienen que son memorandos engañosos y por lo tanto inmorales sobre docenas de casos de pena de muerte, y el que parece no ser pretencioso, el que agrada a todos sus amigos. "Hay todo tipo de personas que son buenos con sus nietos ¿Qué puedo decir?" sostiene Berlow.[8]

La hermana Helen Prejean, conocida por su posición en contra de la pena de muerte y que fue representada por Susan Sarandon en la película *Dead Man Walking* (*Pena de Muerte*), basada en el libro de la hermana Prejean, desarrolló también sentimientos similares hacia Gonzales. Su argumento, como el de Berlow, es que podía conocer al reticente Gonzales por los memorandos que escribía—más tarde en su vida, en su carrera y en la Casa Blanca, todos dirían lo mismo acerca de otros memorandos controversiales que escribiría en esos momentos.

"Le diré que lo veo por entre el prisma de lo que hizo con Bush (en Texas). Eso dice mucho del carácter de una persona que agiliza y legitima la ejecución de un ser humano. Es algo que dice mucho de la forma como funciona su mente y de cuáles son sus valores más profundos," dice Prejean. Después de revisar los memorandos de Gonzales, sostiene, "Ni siquiera incluye ninguna evidencia atenuante ni ninguno de los problemas legales, o inclusive aspectos de verdadera inocencia. Lo presenta de tal forma que Bush no tendría por qué desvelarse." Prejean sostiene que podría imaginar a Gonzales en un ascensor, tal vez en la Corte Suprema de Justicia Antonin Scalia con varias personas del "centro de la ciudad"—y todos ellos atrapados juntos porque el ascensor se atasca, cada uno de ellos experimentando hambre y sed. Cree que sería una magnífica escena para una novela—piensa que la mejor forma de ver a Gonzales es bajo un microscopio de clase, no de raza.

"No hay necesariamente personas horribles. Estoy segura de que, con su familia, Gonzales es muy bueno. Pero lo que ocurre es que existe la perversión de los buenos, que se confunden y sirven a una causa que es injusta mientras ellos mismos se aíslan de sus efectos—eso fue lo que ocurrió con el holocausto. Es la presión. La presión social. Puedo imaginarme a un Alberto Gonzales joven, puedo verlo durante sus años de crecimiento, le va bien, sabe dónde obtener lo que necesita y sigue el sendero social sin ver los efectos de lo que hace y sin estar en contacto con ello. Se necesitaría algo realmente grande—como un huracán Katrina en su vida—para hacer que se despierte."[9]

Tal vez debido al ritmo y el número de las ejecuciones que estaba manejando, Gonzales estaba realmente determinado a emular a Bush, en términos de estilo administrativo. Tenía un concepto muy claro de lo que para él eran las ventajas de los métodos administrativos de Bush: "Es muy bueno para obtener información, para escuchar todas las partes… obtiene la información y luego estoy seguro de que piensa en esos importantes asuntos y toma una decisión, y sigue adelante, a pesar de las críticas. No importa. Ha tomado una decisión y sigue adelante. Sé que soy muy similar. Hay que ser así. Son demasiadas decisiones las que hay que tomar." [10]

En el fondo, las objeciones a las deliberaciones de Gonzales sobre la pena de muerte en Texas tenían que ver absolutamente con críticas que sugerían que simplemente preparaba esquemas de rutina para Bush— que no estaba sólo sacando los aspectos básicos de los casos increíblemente complejos para adaptarse al corto período de atención de Bush, sino que estaba también apalancando cualesquiera hechos complejos que pudieran llevar a cualquier gobernador a solicitar que se pospusiera la ejecución. Además, Bush, seguramente, había desarrollado un estilo que recordaba el de su figura política favorita—Ronald Reagan. También Bush había querido siempre ser un gran comunicador, como algunos decían que había sido Reagan, y la historia juzgaría si tendría éxito o no en ese aspecto. Pero también consideraba que era prudente ser, como Reagan lo había sido, un experto en la delegación de autoridad.

Bush solía describirse como un director ejecutivo que vivía en la mansión del gobernador, era como el director de una empresa que se rodeaba de funcionarios, gerentes y directores de departamento talentosos, emprendedores y leales—nunca fue la intención de Bush ni tampoco tuvo interés de llegar al nivel de la micro-administración. Los amigos y enemigos de Bush y Gonzales sostenían que, en lo que a la pena de muerte se refería, Bush dependería en gran medida de todo lo que Gonzales le dijera acerca de las docenas de ejecuciones programadas en Texas. Delegaría los delicados detalles de las ejecuciones pendientes a un hombre, Alberto Gonzales—y luego Gonzales instruiría a sus asesores asistentes para que recabaran en la historia de los casos de pena de muerte y le presentaran un núcleo que pudiera a su vez, presentarle a Bush.

El diario *Chicago Tribune* publicaría un examen ampliamente documentado que revelaba que en una tercera parte de los casos de pena de muerte de Texas, los abogados para la defensa fueron sometidos en último término ya fuera a sanciones legales o a expulsión de la Asociación de

Abogados; las investigaciones del *Tribune* sugerían además que al menos en cuarenta casos, durante la fase de la sentencia, los abogados defensores no produjeron evidencia o a veces sólo presentaron un testigo.[11] Además, en unos cuantos años habría un intercambio entre Alberto Gonzales y el Senador Russell Feingold, el demócrata de Wisconsin, durante las audiencias del Comité Jurídico del Senado sobre el nombramiento de Gonzales para fiscal general. Feingold se estaba centrando en el papel de Gonzales en los casos de pena de muerte de Texas—y, en especial, en un caso infame en donde el prisionero en espera de la ejecución de la sentencia pretendía que su caso fuera revisado porque su abogado se había quedado dormido durante su juicio por asesinato:

> SENADOR FEINGOLD: *Quiero saber acerca de la función que desempeñaba cuando era asesor del entonces gobernador Bush. Usted preparó lo que se conoce como los memorandos de clemencia que resumen el caso de un determinado prisionero condenado a muerte y su petición de clemencia por parte del gobernador… Ahora bien, según la revisión que mi personal ha hecho de los memorandos de clemencia, parece que usted presentó los memorandos al gobernador casi siempre el día mismo de la ejecución. ¿Por qué? En un asunto tan grave como una decisión de vida o muerte ¿por qué se retardó la decisión hasta el día de la ejecución?*
>
> GONZALES: *Es posible que la decisión final haya quedado para el día de la ejecución o para una fecha muy próxima a ese día porque así lo deseaba el gobernador. Sin embargo, esos memorandos reflejan el resumen de las discusiones que tuvieron lugar con frecuencia entre mi oficina y el gobernador en relación con cada una de las ejecuciones. No era inusual—de hecho, era muy frecuente, que tuviera múltiples conversaciones con el gobernador mucho antes de la ejecución programada…*

El intercambio continuó:

> SENADOR FEINGOLD: *Imagino, quiero saber, en la forma como describe el desarrollo del proceso que ¿alguna vez buscó obtener tiempo adicional para darle al gobernador el tiempo necesario para revisar y entender ese caso? En otras palabras, una vez que el gobernador leía el memorando*

que se le presentaba en el día programado para la ejecución ¿hubo alguna
oportunidad en que se solicitara una prórroga de tiempo?

GONZALES: *No recuerdo ninguna ocasión en la que se haya solicitado más*
tiempo cuando presentamos ese memorando final. Sí recuerdo muchas ve-
ces que iba a hablar con el gobernador sobre los hechos de un caso especí-
fico y sobre la base para conceder clemencia, y el gobernador—si yo le
expresaba alguna preocupación o alguna inquietud—me indicaba que
fuera a investigar los hechos y de que me asegurara más allá de cualquier
duda, porque aunque el gobernador cree en la pena de muerte, piensa que
reduce la tasa de criminalidad y salva vidas, también cree firmemente que
debe ser aplicada con justicia y que sólo los culpables deben ser castigados.

SENADOR FEINGOLD: *A ese respecto, uno de los casos tuvo que ver con*
un prisionero condenado a muerte, de nombre Carl Johnson. Fue ejecu-
tado en septiembre de 1995, durante el primer año de Bush como gober-
nador y usted era su asesor en esos asuntos. El Sr. Johnson estaba
representado por un abogado de nombre Joe Cannon, que se quedó
dormido durante la mayor parte del juicio y, aparentemente, era conocido
en los círculos legales por este tipo de comportamiento. En su contestación
para apelar la sentencia del juicio, el Sr. Johnson sostuvo en forma consis-
tente que su defensa había sido ineficiente, basando su reclamo principal-
mente en el hecho de que el abogado que lo representaba en el juicio se
había quedado dormido. Usted, en el memorando que le presentó al
gobernador con el análisis de este caso y de la inminente ejecución, no
hizo, sin embargo, mención alguna de la base de la apelación del Sr. John-
son. Usted describe en gran detalle los hechos subyacentes del asesinato,
pero no menciona que el abogado se durmió durante la mayor parte del
juicio. Me gustaría que, en un segundo, me explicara esta omisión. Quiero
saber cómo hubiera podido ignorar totalmente el gobernador el memo-
rando de clemencia, si usted hubiera al menos indicado la base para la
solicitud de clemencia.

GONZALES: *Senador, tal como ya le he descrito el proceso—esos memoran-*
dos reflejaban el final del proceso de informar al gobernador los hechos de
un caso específico. Lo cierto es que tal vez no haya quedado incluido en el
memorando, es posible que hayamos tenido múltiples conversaciones al
respecto, es posible que él haya dicho, '¿Se ha revisado este asunto a fondo

*y cuidadosamente en los tribunales?' Y es posible que hayamos vuelto...
yo... yo, no recuerdo los hechos de este caso específico, pero es posible que
hayamos vuelto a, nuestra oficina puede haber vuelto a estudiar eso, sí, de
hecho, la ayuda ineficiente del defensor se consideró numerosas veces en
los tribunales y ese alegato se consideró frívolo.*

Feingold se mostró incrédulo ante la respuesta de Gonzales—y sugirió que el caso, que se había convertido en una especie de ejemplo clásico para quienes estaban a favor de abolir la pena de muerte, se había convertido simplemente en algo demasiado infame como para que Gonzales no lo recordara:

SENADOR FEINGOLD: *Bien, ese... este fue un caso muy famoso. Me re-
sulta difícil imaginar que no conozca los detalles al respecto. Y es casi ini-
maginable para mí que un memorando legal, formal, final para el
gobernador no haya incluido una referencia al hecho de que el abogado
defensor de este hombre se quedó dormido durante el juicio.*

En este punto de la conversación, interrumpió el Presidente Legal del Senado, el Senador Arlen Specter: *"Se ha terminado el tiempo del Senador Feingold, pero, Juez Gonzales, puede responder a la pregunta."*

Gonzales se quedó observando a Feingold y a Specter y dijo: *"No tengo una respuesta, a menos que esa haya sido una pregunta."*

Feingold respondió: *"Fue una declaración."*[12]

L os debates acerca del papel que desempeñó Gonzales en cuanto a la pena capital en Texas fueron también el último aviso premonitorio de las controversias que un día tendría que enfrentar en Washington—especialmente cuando redactara memorandos y asesorara al presidente de los Estados Unidos sobre qué significa, con exactitud, torturar a un ser humano en el siglo XXI. Sus memorandos de clemencia, los que prepararon para él los abogados de su equipo son, evidentemente, versiones totalmente someras, comprimidas, de los muy complejos casos de pena de muerte que habían tenido muchos cambios e incidentes a lo largo de varios años. Gonzales y sus abogados han sostenido que dedicaron el tiempo adecuado a analizarlos y a preparar esos memorandos finales para Bush; sus críticos sostienen que simplemente no es razonable ni factible que nadie pueda resumir adecuadamente los casos y hacer recomendaciones minuciosas y bien pensadas sobre aspectos de vida o muerte en apenas tres a siete páginas… y presentar esos memorandos al gobernador de Texas el mismo día para el que está programada la ejecución de algún prisionero.

Alrededor de ésta misma controversia giraba otro pensamiento de parte de los que apoyaban la decisión Bush-Gonzales—acerca de que la totalidad del debate sobreestima la función que Bush pueda desempeñar en evitar que alguien sea ejecutado. La base de ese argumento es que, según sostienen quienes lo presentan, según las leyes de Texas, Bush no tenía una barita mágica para conmutar una sentencia de muerte (a menos que contara con la recomendación de la mayoría de los miembros de la Oficina Perdón y Libertad Bajo Palabra de Texas); sólo contaba con la capacidad de conceder una prórroga de treinta días en la ejecución para permitir que la oficina reconsiderara el caso. Claro está, que los enemigos de la pena de muerte sostienen que eso era todo lo que esperaban de Bush y Gonzales—un poco más de tiempo, un poco más de estudio y deliberación. Quienes observaban a Gonzales en Texas sostuvieron que sus memorandos de clemencia—y, en realidad, la forma en que fueron presentados a último momento—no parecían ser el trabajo del mismo hombre cuidadoso, deliberado, que de forma muy dispendiosa redactó mucho más prolongados memorandos de funciones y adquisiciones de negocios de bienes raíces para sus clientes corporativos.

Se preguntaban si Bush, con su énfasis en respuestas finales rápidas—con su inclinación general a considerar el mundo en términos de blanco y negro y de no demorarse en lo que para él eran ambigüedades innecesarias—había llevado, a Gonzales, de alguna forma, hacia un nuevo estilo legal. Sin duda, Bush valoraba el compromiso firme, y la toma de decisiones osada. Los críticos de Bush y Gonzales sugerían, en forma acalorada, que ese estilo político, simplemente no se adapta a la necesidad de hacer evaluaciones sobre quién debe vivir o quién debe morir.

Las ejecuciones de prisioneros específicos atrajeron la atención nacional hacia Gonzales y Bush, entre ellas las muertes de Gary Graham, David Spence, Karla Faye Tucker y Terry Washington. El memorando de tres páginas que redactara Gonzales en respuesta a una solicitud de clemencia de treinta páginas enviada por Terry Washington, se centraba escuetamente en el horrendo crimen. Washington había sido acusado de asesinar una mujer de veintinueve años, madre de dos hijos, a quien había apuñaleado ochenta y cinco veces—de forma tan repetida y brutal, que prácticamente le sacó las entrañas. El memorando de Gonzales repite claramente los detalles del horripilante y abrumador crimen. Prácticamente no se menciona el hecho de que Washington era un hombre de treinta y tres años, con retardo mental, con la capacidad de comunicación de un niño de siete años, que probablemente había recibido asesoría inefectiva y que podría haber nueva evidencia atenuante que tener en cuenta. El extenso debate nacional sobre la ejecución de hombres y mujeres que tienen retardo mental no se mencionó para nada. Quienes se oponían a la muerte de Washington, sostenían que su caso pedía a gritos que el memorando de Gonzales incluyera al menos alguna mención de ciertas circunstancias atenuantes—ese memorando fue escrito en respuesta a una detallada petición de clemencia de treinta páginas. Las limitaciones mentales de Washington y el hecho de que él y sus diez hermanos fueron golpeados regularmente con látigos, mangueras, cables de extensión, ganchos de alambre para colgar la ropa y correas de ventilador, nunca se puso en conocimiento del jurado, aunque tanto el fiscal del distrito como el defensor de Washington en el juicio conocían esas evidencias atenuantes. Gonzales tampoco mencionó el hecho de que el abogado de Terry Washington no había llamado a declarar a un experto en salud mental.

El caso de David Spence fue otro punto de controversia para los críticos del binomio Bush-Gonzales: Spence fue ejecutado después de ser encontrado culpable del triple asesinato de unos adolescentes cerca del lago Waco, no lejos de donde Bush llegaría a tener un rancho. Su período de espera para la ejecución de la pena de muerte, se prorrogó por casi quince años, estuvo tachonado de una serie de investigaciones y revelaciones subsiguientes que indicaron la posibilidad de que fuera inocente—la policía había identificado a otro sospechoso, pero esa noticia nunca llegó al tribunal. El otro sospechoso tenía un historial de veinticinco asaltos, muchos contra adolescentes, muchos en el mismo lago Waco—y, aparentemente, había dicho a varias personas que había participado en esos asesinatos. Ese otro sospechoso, se disparó en la cabeza con un revólver cuando llegó la policía a interrogarlo sobre otro crimen. Entre tanto, los testigos claves del juicio fueron asediados por supuestas inconsistencias en sus declaraciones. Dijeron inicialmente que las víctimas estaban gritando—y, luego, cuando se hizo ver a los testigos que las víctimas se habían encontrado amordazadas, estos dijeron que las víctimas habían sido amordazadas después de muertas. Para algunos, el caso de Spence se convirtió en un símbolo de confusión, falta de claridad y aspectos contradictorios que pueden entrar en juego en los casos de pena de muerte—y cómo Texas debería hacer lo que haría después el gobernador de Illinois, George Ryan, en cuanto a conmutar las sentencias de muerte de todos los prisioneros y sugerir que esa era la única forma de descartar la posibilidad de que un inocente fuera ejecutado. En Texas, Gonzales pudo haber recomendado que Bush concediera una prórroga de treinta días, y ordenara que la junta revisora iniciara una investigación especial, iniciara una nueva audiencia o que simplemente le pidiera a la junta revisora que revirtiera la sentencia de muerte. Ninguno de los memorandos escritos por Gonzales indica que haya sugerido esas opciones a Bush.

Los colaboradores políticos hispanos más íntimos de Bush eran Gonzales y Tony Garza, un bien parecido y carismático juez del condado de Cameron, que parecía sentirse extremadamente cómodo en los ambientes sociales y en quien Bush había pensado para nombrarlo secretario de estado. No eran rivales, pero representaban tendencias distintas para la vanguardia hispana en la nueva administración Bush. Garza parecía sentirse a sus anchas haciendo campaña y en las apariciones en público; a Gonzales le gustaba trabajar desde "el interior" y algunos de sus socios de V&E decían que—"Gonzales había entrado a la casa," según lo que todos decían en Houston. Sin embargo, la actividad política de Alberto Gonzales sería un hecho, le gustara o no.

En su primer año de trabajar dentro de la casa con Bush, Gonzales fue enviado por el American Council of Young Political Leaders, como miembro de una delegación a China, al año siguiente fue enviado por ese mismo concejo en un viaje a México. Los dos viajes tenían por objeto educar a Gonzales en el mundo multipropósito, donde la búsqueda de hechos se fundía con la concesión de favores. Sin embargo, los amigos decían que había regresado de esos viajes de adquisición de conciencia política prefiriendo aún el trabajo tras bambalinas, el influir y trabajar en un escondido salón de conferencias—sin pronunciar discursos, sin codearse con la gente en reuniones oficiales y, ante todo, sin conceder entrevistas. Como un paréntesis, conviene decir que tampoco le gustaba la idea de ser testigo de lo que ocurría dentro de un tribunal. No era un abogado defensor y había dicho a sus amigos que nunca quería convertirse en uno.

Sin embargo, en 1996, el mismo año en que estaba siendo obligado a seguir una educación política en la práctica, se encontró en un tribunal, en un ambiente que tenía que ver con más que el privilegio de abogado-cliente… tenía que ver con los profundos secretos que la familia Bush había mantenido escondidos, a propósito, durante décadas. Eran secretos que tenían que ver con ese mantra que George W. Bush repetía—"la percepción lo es todo en la política"—y se trataba de secretos que, supuestamente, podían tener un efecto directo en la elección presidencial.

El periódico *Dallas Morning News*—en un esfuerzo por implantar el tono de las noticias en la primera campaña de Bush para gobernador y bajo la supervisión de los editores Stu Wilk y Bob Mong—no había publicado ninguna historia acerca de los antecedentes penales de Bush. Tal vez el periódico no había investigado los antecedentes de Bush y no había sacado nada a la luz. Tal vez el periódico no había investigado sus antecedentes. De cualquier forma, como se reveló después, los delicados detalles de los antecedentes penales de Bush (y su historial militar) salieron a la luz *después* de su elección como gobernador—no antes: Bush había sido arrestado por la policía y había recibido la orden de abandonar Princeton Township en New Jersey, después de una trifulca, había sido acusado de conducta impropia después de cometer un robo en un almacén de New Haven, había sido acusado de conducir su automóvil bajo la influencia del alcohol con su hermana adolescente como pasajero, en Kennebunkport, no lejos de la casa de su familia en la playa, sobre la costa de Maine.

Gonzales, sin duda, debió encontrarse alguna vez con un cliente de V&E en Houston que tuviera antecedentes penales, pero esos antecedentes probablemente no afectaban mucho el negocio de bienes raíces que se estuviera realizando. Como asesor interno para el gobernador de Texas—para un gobernador de apellido Bush, para un hombre que era el hijo del ex presidente de los Estados Unidos, para un hombre que supuestamente estaría nominado para ocupar la Casa Blanca—la situación era totalmente distinta.

Se llegó a un punto, un momento decisivo para Gonzales, en 1996, en el que George Walker Bush, de cincuenta años de edad, domiciliado en 1010 Colorado Street, en un edificio normalmente conocido como La Mansión del Gobernador, recibió un sobre que contenía la citación oficial para que sirviera de jurado del Condado de Travis. La citación llevaría a Gonzales a su única aparición en un tribunal a nombre de Bush.

El 30 de septiembre, Bush y Gonzales se encaminaron hacia el imponente edificio de la Corte del Condado de Travis, a una cuadra de la mansión del gobernador. Bush dijo a los reporteros del *Dallas Morning News* que para él era "un placer" servir y que consideraba éste como su deber. Se describió como "un hombre común y corriente" que se presentaba para cumplir su deber como jurado. Los tres encuentros con la policía en su expediente penal, aún no habían sido mencionados en las historias que se publicaban sobre él.

En la corte, Bush fue asignado como jurado en un caso de conducción de automóvil en estado de embriagues relacionado con una nudista de un bien conocido club de Austin llamado Sugar's. El caso sería presentado ante el Tribunal 3° del Condado presidido por el Magistrado David Crain. El magistrado, un demócrata, estaba muy interesado en asegurarse de que no hubiera perturbaciones en su tribunal y de que los procesos siguieran su curso, según lo previsto, a pesar de toda la agitación de la prensa por tener como posible jurado al gobernador de Texas. El fiscal estatal, John Lastovica, era una importante figura de la ley y el orden y casi todos suponían que estaría muy satisfecho de tener un gobernador de la ley y el orden, como Bush, como uno de los jurados—también se daba por hecho que Bush probablemente terminaría como presidente del jurado.

El abogado defensor, David Wahlberg, tenía sentimientos encontrados—le intrigaba la idea de hacerle "algunas preguntas," o de "tomarle juramento a Bush cuando tuviera que responder algunas preguntas," pero le preocupaba el aspecto político involucrado en la situación. Wahlberg, al igual que varios en Texas, había escuchado rumores acerca de un terrible problema que Bush había tenido en una oportunidad con el alcohol—y que, aparentemente, simplemente había dejado de beber en un determi-

nado día. A Wahlberg le intrigaba y pensaba que algunas de las historias
reales acerca de Bush saldrían a la luz cuando se le estuviera interrogando
para determinar su posible servicio como jurado. "Tenía la idea de que
nadie deja de beber de un momento a otro, a menos que sea por una causa
dramática. Por ejemplo, que la esposa amenace con divorciarse. O que uno
tenga un terrible accidente. O que sea arrestado. O por muchas otras causas. En mi experiencia, al tratar muchas personas involucradas en casos de
conducción en estado de embriaguez, nadie deja de beber a menos que sea
por una razón grave. Estaba dispuesto a preguntárselo. Había escuchado
algunas historias que circulaban por aquí acerca de su mal comportamiento
en fiestas, y cosas así en Midland (donde Bush había vivido y había luchado una batalla en la que fue derrotado, para ocupar un puesto en el
Congreso)—y quería preguntarle algunas cosas al respecto, por lo que estaba ansioso por tenerlo allí sentado ante mí. Pero sólo más tarde—mucho
más tarde—salió a la luz la historia de que realmente había sido arrestado
por conducir en estado de embriaguez. Si había respondido con la verdad
estando bajo juramento, o si había respondido con la verdad al llenar su
tarjeta de información para prestar servicio de jurado, debería haber tenido que revelar esos datos." [13]

Al llenar su tarjeta de información para prestar el servicio de jurado,
Bush no incluyó nada en la sección que preguntaba "¿Ha sido acusado en
alguna ocasión o ha sido objeto de una queja, o ha sido testigo de algún
caso penal?" Había sido acusado de conducta desordenada en 1968 y luego
acusado de conducir en estado de embriaguez, en 1976. No era contra la
ley dejar esa sección de la tarjeta en blanco—y años más tarde, un vocero
de Bush diría que el cuestionario para jurado había sido llenado por un
ayudante de viaje de Bush que no conocía las respuestas a las preguntas
que iban de los números once a cuarenta, por lo cual las había dejado en
blanco. [14]

El día del juicio, Wahlberg, Lastovica y Crain estaban en la sala consul-
tando entre ellos algunos detalles preliminares menores. Levantaron la vista
cuando entró Alberto Gonzales al tribunal y pidió permiso de acercarse.
Detrás de Gonzales pudieron ver a Bush afuera, en el corredor del tribunal,
respondiendo una improvisada conferencia de prensa y hablando despreo-
cupadamente con otros posibles jurados. Wahlberg escuchó a Gonzales
cuando se le presentó a Crain y dijo que estaba allí a nombre del Gober-

nador Bush—escuchó también cuando Gonzales dijo que "había reconsiderado su posición y había llegado a la conclusión de que sería inadecuado que un gobernador en ejercicio prestara servicio de jurado en un caso de derecho penal."

Fue el lanzamiento de una bola curva que nadie se esperaba realmente. Fue una jugada que dejó desconcertados a todos los que estaban a la expectativa ante el prospecto de que Bush prestara el servicio de jurado. Bush, que durante su campaña se había referido a la importancia de ser un "tejano común y corriente," que se había esforzado por llegar adonde estaba, tenía ahora a su abogado hablando a nombre suyo para excusarse de cumplir el deber de realizar ese trabajo de jurado que exigía tiempo y era mal remunerado y que cientos, tal vez miles de texanos "comunes y corrientes" se veían obligados a hacer cada semana.

Los cuatro hombres—Gonzales, el abogado de la defensa, el fiscal de distrito y el juez—hablaron por un momento y luego se retiraron a las oficinas del juez. El abogado para la defensa, el fiscal de distrito y el juez recordarían que Gonzales "les pidió una conferencia, que no quedara registrada en actas, en la oficina del juez."[15] Esa reunión privada se prolongó durante quince a veinte minutos. Años después, Gonzales diría que "no recordaba haber solicitado una reunión en las oficinas del juez," pero que sí recordaba haber hablado de un posible "conflicto" por el hecho de que Bush sirviera como jurado. También diría que no había "solicitado" que Bush fuera retirado del grupo de posibles jurados.[16]

Ya fuera que Gonzales pidiera o no una reunión privada con el juez, los demás hombres recuerdan haberse reunido allí. Recuerdan además que Gonzales presentó un argumento que no habían oído antes—el gobernador de Texas no debe ser elegido como jurado porque quedaría atrapado en un conflicto de intereses si alguna vez le pidieran el perdón del acusado. El Juez Crain quedó sorprendido. La posibilidad de que la acusada, en caso de que fuera sentenciada, pidiera al gobernador de Texas su perdón, era prácticamente nula. "En público, estaban pregonando a los cuatro vientos que Bush estaba preparado para servir. Adentro, en la oficina del juez, estaban tratando de liberarlo de esa obligación," indicó el Juez Crain.[17]

En último término, Wahlberg, el Juez Crain y el fiscal del distrito acordaron sacar a Bush del grupo de jurados. Wahlberg, en especial, no presentaría ninguna objeción. Por tentadora que fuera la posibilidad de poner a un gobernador sobre la parrilla, quería prestarle el mejor servicio a su cliente, y al excluir a Bush del jurado, suponía que estaría excluyendo a alguien que habría actuado como un tejano con muy poca consideración hacia la acusada.

El abogado de la defensa tuvo que admirar a Gonzales—hasta cierto punto. "Soy un abogado penal certificado por la Asociación de Abogados. He trabajado en muchos casos. He tenido una buena tasa de éxito. Y él me tendió una trampa—¿no es cierto? En términos de su nivel de destreza, debo darle una calificación muy alta. Mantuvo un… perfil muy bajo en relación con toda esa situación. No dio la impresión de estarnos obligando a nada. Su comportamiento fue calmado, persuasivo, presentó sus argumentos legales… que todos pensamos que eran imprecisos, pero que fueron suficientes, su argumento fue aceptable. Yo simplemente reconocí que era un hombre que sabía lo que hacía." Cuando Bush fue excusado de su deber de prestar servicio de jurado, Wahlberg tuvo tiempo de pensar en lo que realmente acababa de suceder.

"Tengo algunas preocupaciones éticas reales acerca de la forma como sucedió todo. Creo que no hay duda, en mi mente, de que toda esta charada se diseñó para evitar que Bush tuviera que responder cualquier pregunta bajo juramento y se diseñó específicamente para evitar revelar su antecedente de arresto y exponerlo a cualquier tipo de preguntas. A veces puedo llegar muy lejos y entrar a una selección de jurados con un abogado que tiene carta blanca para preguntar cualquier tipo de pregunta sobre cualquier cosa, entonces… sí, ya veo por qué estaban preocupados. Y fue evidente para todos que eso, precisamente, fue lo que ocurrió. La charada funcionó."

Wahlberg se preguntaba en qué posición se encontraba Alberto Gonzales como abogado—adónde había llegado en términos de su concepto de la ley y sus lealtades hacia su cliente. Gonzales había tenido que enterarse de algunos secretos de la familia Bush. Probablemente habría cosas espinosas en los antecedentes de Bush que la familia deseaba mantener ocultas, pero que, por último, habían decidido compartir con Alberto Gonzales. En ese entonces, Wahlberg no sabía cuáles eran esos secretos, pero debían haber sido lo suficientemente graves como para hacer que el asesor general del gobernador de Texas hiciera su primera aparición en un

tribunal penal. En realidad, fue como una escena de película. Para los cínicos que se fascinaban por la intriga en Austin, fue como una escena de
Robert Duvall-como-Tom Hagen en *El Padrino*—el discreto abogado
"que lo arregla todo" haciendo negocios tras bambalinas confiando en la
evidente fuerza política de su cliente.

Divorciado de la política partidista—sin tener en cuenta si alguien era
pro-Bush, anti-Bush, demócrata o republicano—era evidente que Gonzales trabajaba en ciertas cosas, hacía ciertas cosas para George W. Bush, que,
sencillamente, jamás había hecho en su profesión como abogado—era un
estilo de trabajo que no había aprendido en la Facultad de Derecho de
Harvard. Años después, admitiría que había sido informado acerca del
pasado penal oculto de Bush. Bush había compartido con él algo que
la familia Bush había mantenido oculto durante la campaña de Bush de
1977 para el Congreso de Texas—y durante su campaña en 1994, para
gobernador.

"Sabía desde antes que había sido arrestado por estado de embriaguez.
Fue sólo después de que llegué ese día al tribunal que supe que era un caso
de conducción en estado de embriaguez. Previendo que eso pudiera ocurrir, pensamos en lo que haríamos, y evidentemente el gobernador estaba
allí para servir de jurado y respondería con la verdad a cualquier pregunta
que se le hiciera. Antes de la audiencia, me acerqué al abogado defensor y
le mencioné el hecho de que podría haber un conflicto de intereses inherente si el gobernador servía de jurado. Pero el abogado de la defensa me
dijo que ya había pensado en el posible conflicto y que iba a objetar el
hecho de que el gobernador prestara servicio como jurado."[18]

Gonzales había cruzado hacia la zona en la que los intereses políticos
en juego estaban acumulados al más alto nivel posible. Su lealtad y discreción se estaban poniendo a prueba con un bien escondido secreto de la
familia Bush. Gonzales había sopesado las implicaciones de su día dedicado a extraer a su cliente del tribunal de Texas—y había sopesado las implicaciones de haber sido encargado de cuidar el expediente penal de su
cliente. Y ahora Wahlberg se preguntaba, como un abogado que sopesa las
acciones de otro abogado, qué significaba todo esto: "Un abogado se encuentra ante un conflicto… Es evidente que uno tiene un deber para con
su cliente, pero también tiene el deber de decirle la verdad al tribunal. Se

tiene la responsabilidad de decir la verdad en el tribunal. Y creo que éste fue, en realidad, un subterfugio para proteger la reputación de Bush... y eso me preocupa."[19]

Desde cualquier punto de vista que se considere este episodio, el trabajo de Gonzales bajo las baratas luces fluorescentes de la sala del tribunal del condado de Travis salvó a George W. Bush de tener que revelar los detalles potencialmente vergonzosos y políticamente dañinos de su pasado judicial. El arresto de Bush por conducir en estado de embriaguez—lo que podía haberlo colocado en una excepcional situación de ventaja en caso de que tuviera que juzgar a alguien acusado del mismo delito— permanecería oculto hasta apenas unos pocos días antes de las elecciones presidenciales de 2000, cuando apareció como por arte de magia como la llamada "Sorpresa de Octubre."

Gonzales había utilizado toda su magia legal para evitar que su cliente tuviera que responder preguntas en un tribunal de Texas—y, por consiguiente, había mantenido el camino hacia la presidencia libre de todo lo que los críticos de Bush pudieran aprovechar para sus fines. Si Alberto Gonzales no se había dado cuenta del grado de importancia política que había adquirido su cargo, su aparición a nombre de su cliente en un caso de conducción en estado de embriaguez, en 1996, se lo pintó en colores imposibles de ignorar.

Habría aún más maniobras dentro de la administración Bush que lo llevarían por caminos diferentes de los que había previsto cuando tomó la decisión de dejar el sarcófago de terciopelo de Vinson & Elkins. El caso del pescador mexicano sentenciado a la pena de muerte en Texas puso a Gonzales en otro territorio internacional imprevisto: En junio de 1997, Gonzales envió una carta al secretario de estado de los Estados Unidos en la que esencialmente sostenía que Texas no estaba obligado por ciertas normas internacionales—específicamente, por el Artículo 36 de un tratado internacional conocido como La Convención de Viena. En 1969, el Senado de los Estados Unidos había aprobado el tratado y lo había convertido en ley—los ciudadanos de otros países que fueran acusados de cualquier crimen tenían derecho a contactar a sus abogados y solicitar asesoría legal de alguien que representara su país de origen.

En 1985, un ciudadano mexicano llamado Irineo Tristan Montoya fue encontrado culpable de apuñalear veintidós veces a un ciudadano norte-americano en el extremo sur de Texas, donde el Río Grande desemboca en el Golfo de México, cuando el norteamericano se detuvo para darle un aventón a Montoya que pedía que lo llevara. México insistía que Texas había violado los derechos de Montoya bajo la Convención de Viena al no informar de inmediato al consulado mexicano sobre su arresto. Quienes estaban a favor de Montoya sostenían que simplemente Texas había vio-lado tanto el derecho estadounidense como el derecho internacional. Montoya, quien no entendía inglés, firmó un documento, según dijo, pensó que era un formulario de inmigración—pero que era, en realidad, una confesión. Fue enviado al pabellón de los que esperan la pena de muerte en Texas y se programó su ejecución para el verano de 1997.

La carta de Gonzales al Departamento de Estado dos días antes de la fecha de la ejecución decía que "dado que el Estado de Texas no es signa-tario de la Convención de Viena sobre Relaciones Consulares, considera-mos que es inadecuado pedirle a Texas que determine si se produjo violación de derecho en conexión con el arresto y la sentencia de un ciudadano mexicano." Dos días más tarde, Montoya fue ejecutado, ante la mirada de su padre. La oficina de Bush emitió un comunicado de prensa en el que sugería que Montoya había obtenido un juicio justo y la plena protección de la constitución—aunque Berlow y otros sostenían que el Artículo 6 de la constitución, junto con distintas disposiciones de la Corte Suprema, obligaban expresamente al estado de Texas a cumplir los tratados firmados por los Estados Unidos, como "el derecho supremo del país." Las personas que estaban a favor de la carta de Gonzales simplemente soste-nían que Montoya había recibido un juicio justo, que había matado con sedicia a un hombre inocente y que se había ido de fiesta después de arro-jar el cuerpo de su víctima en un huerto de árboles de toronja, probable-mente había recibido un mejor tratamiento legal en los Estados Unidos del que habría recibido en México. Quienes se oponían a la carta de Gon-zales sostenían que Montoya podría haber sido culpable y que probable-mente había obtenido un juicio justo—pero que, en México, no había pena de muerte. Ésta se había abolido en ese país en 1929.

———

Unos meses después de la ejecución de Montoya, Bush llamó a Gonzales a su oscura oficina. Bush se encontraba sentado tras un imponente escritorio de madera que había pertenecido a su padre. Detrás de él, sobre una mesa baja, había una serie de fotografías de familia—fotografías de él con su padre, fotografías de la familia Bush, del mismo estilo de las que Gonzales había elegido para decorar su propia oficina. Desde donde se encontraba sentado, Bush podía ver la vitrina de cristal que contenía sus 250 pelotas de béisbol autografiadas, la pintura al estilo del oeste de un vaquero solitario, los mapas antiguos de Texas y la otra pintura que lo conmovía cada vez que la miraba—un retrato que fue rescatado de lo más profundo de los archivos estatales que representaba al viejo y barbado General Sam Houston, el héroe de la República de Texas, luciendo una toga.

Bush le dijo a Gonzales que deseaba nombrarlo secretario de estado—que esto elevaría su perfil y colocaría a otro hispano en un cargo prominente, que podía hacer uso de ese puesto, en gran medida tranquilo, para atraer los múltiples electores registrados en Texas, especialmente los hispanos que Bush esperaba ganar para el Partido Republicano.

Rove se había convencido de que, con la ayuda de unos pocos nombramientos clave, Bush podría enfrentar la convención y ganar aún más votos hispanos. En sus discursos, Bush incluía una o dos frases en un tímido español—pasaba mucho tiempo en El Paso y en el sur de Texas, donde había grandes concentraciones de población hispana. Bush y Rove habían hablado acerca de que los demócratas tendían a dar por descontado el voto de los hispanos, que los medios asumían que los hispanos votaban como un bloque liberal. Rove, en particular, había llegado a creer que había un gran número de electores hispanos que eran inherente y profundamente conservadores—totalmente opuestos al aborto, plenamente a favor de la pena de muerte, pro-militares y dispuestos a introducir la religión en las escuelas y en los programas manejados por el estado.

Rove le dijo a Bush que el Partido Republicano nunca había promovido debidamente sus credenciales conservadoras ante los electores hispanos. Hubo conversaciones en Austin, con personas que trabajaban dentro del GOP, sobre cómo sacar el mayor provecho de Alberto Gonzales. Cómo maximizar su presencia, cómo capitalizarla. Ese año había ganado una "citación presidencial" de la Asociación de Abogados

Estatal por permanecer conectado con varios grupos de abogados del estado y pronunciar discursos orientados a ayudar a resolver las necesidades legales de los indigentes—y era evidente que ese tipo de acciones podía ayudar a la percepción "compasiva conservadora" de Bush.

Gonzales había "entrado a la casa" con Bush y había probado varias pruebas de fuego, incluyendo esa prueba de lealtad y discreción en el condado de Travis. Había llegado la hora de que Gonzales le diera la cara al público—y el cargo de secretario de estado se había considerado desde hacía mucho tiempo como un cargo relativamente poco exigente, una forma simple de adquirir notoriedad en los periódicos y aparecer en la televisión. Cuando Bush se había posesionado de su cargo, le había dado ese puesto a Tony Garza, la estrella hispana que había comenzado a surgir en el estado de Texas, como una forma de "presentar" a Garza—se aplicarían las mismas reglas a Gonzales. Claro está que los bromistas en Austin no abandonarían el concepto de la Dinastía Bush y su parecido con los Corleone—el chiste en Austin era que Bush le había hecho a Alberto Gonzales "una oferta que éste no pudo rechazar." Gonzales sólo le había dicho no a la familia Bush en una oportunidad cuando rechazó la invitación de Bush padre de venir a Washington. De cualquier forma, Rove, Hughes y los otros sabían que Gonzales era uno de los más cercanos asesores de Bush. Cuando Bush les dijo que quería que Gonzales fuera su secretario de estado, dejó en claro que esa medida no significaba que Gonzales participaría en las más importantes decisiones políticas de la red Bush: "Lo más importante es que Al permanezca en el círculo interno," sostuvo Bush.[20]

En ésta oportunidad, Gonzales aceptó convertirse en el secretario de estado no. 100 de Texas—pero durante la transición a ese cargo a fines de 1997, mientras se desempeñaba como asesor general encargado y secretario de estado, se produjo otro caso explosivo de pena de muerte que hubo que enfrentar.

El mundo estaba a la espera, el reloj seguía avanzando, y una mujer estaba a punto de enterarse si viviría o moriría. El Papa había enviado peticiones. El hecho es que miles de personas habían enviado peticiones… primeros ministros, estudiantes de primer año de primaria de la ciudad de Nueva York, enardecidos predicadores Bautistas del extremo sur de los

Estados Unidos. Las líneas telefónicas estaban bloqueadas y las máquinas de fax tenían miles de mensajes apilados en sus pequeñas bandejas plásticas. Cientos de reporteros enviaban sus escritos. En Washington, la Corte Suprema se apresuraba a escuchar peticiones de urgencia, de último minuto. Mientras esperaba, Gonzales miraba ocasionalmente a Bush, que se encontraba al otro lado de la oficina. Peripatético y ya predispuesto a enfadarse, Bush recorría de un lado a otro su oficina. Gonzales era como el contrapunto de Bush—paciente, inmóvil.

Se avecinaba la tormenta perfecta, la convergencia de una política de palabras fuertes y las evidentes aspiraciones presidenciales—una mujer de plácido rostro campesino, llamada Karla Faye Tucker, esperaba su ejecución programada para el 3 de febrero de 1998. Había sido adicta a la anfetamina cristal, acusada de asesinato después de ingerir heroína, cocaína y píldoras que la condujeron a una ira sangrienta en la que masacró a dos personas que dormían en sus camas. Tucker estaba a un paso de convertirse en la primera mujer ejecutada en Texas desde la Guerra Civil. Su caso despertaba atención internacional—no sólo por su género. Quienes la apoyaban decían que se había convertido en una ardiente cristiana, y que había enviado apasionados mensajes proclamando su falibilidad y su remordimiento. Se habían reunido fuerzas extremadamente dispares para rogarle a Bush que le perdonara la vida—Bianca Jagger, el evangelista cristiano Jerry Falwell y Pat Robertson estaban entre los extraños compañeros de petición que exigían que Bush hiciera algo para detener su ejecución.

Eran cerca de las 5 p.m. de una calurosa tarde en Texas. Estaba programada para ser ejecutada en la siguiente hora. Bush ya había hablado del problema con Rove. Karen Hughes había llegado y lo había retado, como si estuviera obligándolo a mantenerse firme. Bush escuchó el mismo concepto político pragmático de ambos. *Sea como sea—si la envía a la muerte o la deja vivir—el camino hacia la Casa Blanca se tornará de pronto muy incierto.* Bush escuchaba también las opiniones de Doug Wead, un leal amigo de la familia Bush—ex funcionario de la Casa Blanca, vendedor de Amway y cristiano evangélico que se acostumbraría a aprovecharse en secreto de Bush. Ahora, Wead enviaba mensajes urgentes por fax, a Bush, diciéndole que no enviara a Karla Faye Tucker a la muerte. Wead estaba preocupado, como siempre, de que Bush pudiera perder el control de lo que a Wead le gustaba llamar "el movimiento"—el voto de los cristianos evangélicos de los Estados Unidos.

Bush recorría su oficina de un lado a otro y repetía algo que había estado diciendo todo el día: *"¿Dónde dice Alberto que nos encontramos en este momento?"*

Gonzales y Bush se consideraban mutuamente como amigos íntimos. Pasaban tiempo juntos en el patio de atrás de la señorial, casi fantasmagórica mansión del gobernador de Texas—Bush movía el pie hacia arriba y hacia abajo mientras intentaba aclarar algún punto de la conversación, Gonzales asentía lentamente en silencio. Los miembros del cuerpo de seguridad se mantenían en la cercanía, observando cómo Rove o Garza entraban en la conversación y una pequeña nube de humo de tabaco se elevaba arrastrada por el viento hacia donde estaba estacionado el automóvil Lincoln Town de Bush.

Ahora, faltaban menos de treinta minutos para la ejecución de Tucker. Las actualizaciones de las noticias eran trasmitidas por cable a medida que se sucedían los acontecimientos. La Corte Suprema de los Estados Unidos había rechazado las apelaciones de último minuto para salvar su vida. Sus oponentes se habían retirado, en pánico, a los tribunales inferiores en Texas, en un intento por presentar distintas apelaciones estatales. Esas también fueron inmediatamente denegadas. De repente, mientras Bush permanecía de pie cerca de él, Gonzales recibió una llamada de urgencia del abogado de Tucker. Gonzales escuchó con atención mientras el desesperado abogado decía que tenía un mensaje final. *No habrá más desafíos. Se ha terminado. Todo está en sus manos.*

Gonzales dirigió la mirada a Bush y le dijo que no había obstáculos legales: *No había más obstáculos… ahora, el único recurso sería una orden urgente de cancelación de la ejecución emitida por el gobernador de Texas.* Ahora, en ese preciso momento, de Bush y de Gonzales dependía la decisión de si Karla Faye Tucker vivía un poco más—tal vez lo suficiente como para que Bush usara su influencia política, su inmenso capital político, para presionar a las juntas estatales a que reconsideraran su destino. Solos y unidos, Gonzales y Bush conferenciaron una última vez a puerta cerrada. Gonzales le dijo a Bush que estaba a salvo: *La ley es clara.*

Faltando menos de veinte minutos para su ejecución, Bush salió finalmente de su oficina. Dijo que tenía un anuncio que hacer: *La ejecución de*

Karla Faye Tucker, procedería. Gonzales, aún taciturno, sin que su ancha cara revelara el menor sentimiento, escuchó mientras Bush agregaba: *"Dios bendiga a Karla Faye Tucker, y Dios bendiga a sus víctimas y a sus familias."*

Teniendo en cuenta el ambiente en que creció, como crecen los muchachos en los alrededores de Houston, habría sido imposible prever a Alberto Gonzales y a George W. Bush congelados dentro de ese mismo momento brutal, definitorio—con la vida de una mujer en sus manos—y que la decisión de permitirle vivir o enviarla a la muerte podría, posiblemente, cambiar todo el rumbo de sus respectivas carreras. Ahora, Gonzales permanecía de pie en la oficina de Bush y escuchaba por teléfono las noticias que venían de la cámara de la muerte en Texas. Los escalofriantes detalles de los últimos minutos de la vida de una mujer salían de un pequeñísimo altoparlante. Gonzales escuchaba la voz al otro extremo:

"6:26: la prisionera es atada a la camilla."

Y,

"6:28: se inserta la aguja."

Y,

"6:35: se administra la dosis letal."

Y, por último,

"6:45: la prisionera se declara muerta."

Gonzales permaneció en silencio. Él y Bush nunca habían cedido. Él y el futuro presidente de los Estados Unidos estaban ahora unidos por ésta convergencia de política y muerte. Al salir por la puerta de su oficina, Bush se detuvo repentinamente y miró a Gonzales. Le dijo: *"Gracias. Hizo un buen trabajo."*

Las reverberaciones de ese día permanecerían y seguirían provocando un intenso dolor. Los informes dirían que Bush se había burlado sin misericordia de Karla Faye Tucker al imitar su tono agudo y la cadencia de su voz en una desesperada súplica por su vida. Los críticos llegarían incluso a decir que Bush caracterizó falsamente su decisión como una de las decisiones más difíciles de su vida—y la única razón por la que aparentemente Gonzales y él habían deliberado acerca del caso, la única razón por la cual Gonzales preparó un informe un poco más extenso sobre su caso, fue porque Karla Faye Tucker estaba atrayendo la atención de los conservadores cristianos… y Karl Rove no quería que ese bloque de electores se disgustara… Karl Rove no quería disgustar a Jerry Falwell y Pat Robertson ni a otros evangélicos que habían decidido que Karla Faye Tucker realmente se había convertido y se encontraba religiosamente rehabilitada.

En una entrevista siete años más tarde, Gonzales habló de su carrera: "Hay que ser valiente porque habrá que tomar algunas decisiones que no van a ser populares y eso es algo que hay que aceptar... Creo que la lealtad es también algo muy, pero que muy importante, y esa es la lección que realmente he aprendido de nuestro presidente (George W. Bush)," diría más adelante Gonzales. "Quieren que la agenda de nuestro presidente tenga éxito debido a la enorme lealtad y afecto que tenemos por nuestro líder. No creo que cambiaría nada de lo que ha ocurrido en mi vida... ¿Hubo errores? Sí. ¿Hubo cosas que desearía que nunca hubieran sucedido, personas que tal vez hayan sido heridas? Sí, pero no tengo quejas acerca de mi vida." [21]

Magistrado de la Corte Suprema

Gonzales aprovechó la simpatía del periódico más importante del estado—el *Dallas Morning News,* que tenía estrechos vínculos con la familia Bush—y comenzó a escribir el tipo de artículos que llaman la atención y que a los políticos les encanta que aparezcan en las páginas editoriales que los respaldan. Su primer artículo, a principios de 1998, probablemente hizo que sus amigos con los que jugaba racquetball en Houston sonrieran al leer su columna tan académica y minuciosamente redactada acerca de por qué el comercio entre México y Europa era algo provechoso. "Como el recién nombrado asesor en jefe del gobernador para las relaciones con México y los asuntos fronterizos, considero que Texas no tiene por qué temer el establecimiento de vínculos estrechos entre México y Europa… Como regla general, lo que es benéfico para México es benéfico para Texas. Claro está que hay algunas excepciones a esa regla." [1]

Todavía estaba haciendo malabares con algunos de sus deberes como asesor general encargado de Bush, pero se estaba alejando cada vez más de ser un *consejero* "interno" para convertirse en una figura pública, encargada de pronunciar discursos, cortar cintas en las inauguraciones y estrechar manos entre el público como secretario de estado—y al mismo tiempo actuaba esencialmente como el embajador de Texas en México. Hubo otros artículos de opinión escritos en el mismo tono sordo, ansioso, de alguien que intenta encontrar su voz, alguien que no está habituado a presentar una vigorosa e inspiradora campaña pública: "¿Por qué es México tan importante para Texas? Porque tenemos una relación especial...: México también es importante para Texas por razones de comercio... Al ayudar a México, nos ayudamos nosotros mismos."[2]

A puerta cerrada, también aceptaba sin ruido a ir contra la corriente en otra misión de Bush. Se trataba, básicamente, de un plan para desacreditar y, ojalá, desalojar al principal hispano demócrata del estado: a alguien que podría representar no sólo una amenaza pública inmediata, sino alguien que podría neutralizar el plan maestro de atraer permanentemente a los electores hispanos hacia el GOP. Dan Morales era el distinguido fiscal general de Texas que acababa de alcanzar un enorme éxito—al conseguir el mayor pago legal de la historia, una sentencia de $15,300 millones de dólares contra la industria tabacalera. Morales había obtenido su título de abogado de la Facultad de Derecho de Harvard en 1981, un año antes que Gonzales—y ahora algunos lo calificaban como el heredero hispano de Henry Cisneros, que fuera en una época la brillante estrella de Texas y que había pasado de la oficina del alcalde en San Antonio al gabinete del Presidente Clinton, pero que luego se convirtió en un ángel caído, cuya credibilidad había quedado lesionada por un escandaloso romance extramarital.

Morales anunciaba a todo pulmón su sorprendentemente y lucrativo triunfo contra los zares del tabaco—y lo había logrado justo cuando Bush empezaba a dedicarle toda su atención a su reelección como gobernador y a la campaña presidencial del año 2000. La mayor noticia proveniente de Texas, que opacó a Bush, fue la que apareció a comienzos de 1998 acerca del joven y brillante demócrata hispano que había puesto a Goliat de rodillas. Había inclusive apuestas de dinero de que Morales se postularía para la oficina del gobernador en un futuro próximo. Ya existía cierta enemistad entre Morales y los íntimos de Bush, en especial Karl Rove. A fines de 1997, Morales se había pronunciado en contra de Rove por trabajar como consultor pagado para Philip Morris, la mayor compañía pública tabaca-

lera del mundo, durante cinco años—sostenía que Rove seguía trabajando
para Phillip Morris mientras era asesor del Gobernador George W. Bush.

La animosidad llegó al máximo después del pago de los $15,300 millo-
nes de dólares, cuando Bush y Rove se unieron contra Morales y lo ataca-
ron por aprobar $2,300 millones de dólares en honorarios para los abogados
que manejaron el juicio contra la industria tabacalera. Todo parecía indicar
que el estado de Texas tendría que pagar parte de los honorarios de los
abogados—y lo que era aún peor, en el concepto de Bush, era que daba la
impresión de que esos abogados de los demandantes donarían millones de
esos honorarios a las arcas de los demócratas. Era una pesadilla surrealista—el estado de Texas pagándole a unos abogados demócratas que tomarían ese dinero para financiar las campañas demócratas en Texas.

Bush estaba lívido. Y en el pintoresco y antiguo Austin Club, a unas
cuadras del Capitolio del Estado, los senadores y representantes republicanos de Texas se encontraban reunidos en sus almuerzos hablando de cómo
Morales estaba a la espera de una sentencia de pena de muerte en Huntsville—excepto que no lo sabía. Estaba marcado para ser ejecutado, era un
muerto viviente, alguien que de alguna forma, en cierta manera, sería lanzado bajo las ruedas de la desbocada campaña de Bush para Presidente. Ese
tren, como ya todos en Austin lo sabían, estaba saliendo de la estación—
y la única pregunta que faltaba por responder era: ¿Será Dan Morales o
Alberto Gonzales el hombre que Bush respaldará?

Gonzales, por su parte, estaba siguiendo y monitoreando atentamente,
tal como se le había pedido, el enorme acuerdo tabacalero que comenzaba a desarrollarse. Desde el comienzo, cuando Morales parecía el
Llanero Solitario—trabajando desde la oficina del heroico e independiente fiscal general y sacándole miles de millones de dólares a la industria
tabacalera—Gonzales había hecho algo de investigación para Bush. En un
artículo publicado en el *Dallas Observer,* la reportera Miriam Rozen dijo
que Gonzales sabía que había un enorme acuerdo en ciernes y que había
estado hablando por teléfono con los abogados de Nueva York que representaban la industria tabacalera para intentar averiguar el estado de las negociaciones. Bush y Gonzales no querían ser víctimas de la ignorancia,

cuando se anunciara el mayor acuerdo legal en la historia de la nación. Todo esto sucedía más o menos en el momento en el que Karla Faye Tucker sería ejecutada. Había enormes intereses en juego—y como lo repetía Bush constantemente a todos los que trabajaban en su oficina, "la percepción lo es todo en la política." No quería que lo percibieran como alguien que había quedado eclipsado por un recién iniciado fiscal general Demócrata—y no quería que quienes observaban el caso de Karla Faye Tucker mientras éste llegaba a su sombrío final lo percibieran como demasiado sanguinario ni demasiado condescendiente.

Naturalmente, Gonzales estaba al lado de Bush para los dos desafortunados eventos de comienzos de 1998. Con el tiempo, el resultado de cualquier posición real o percibida, adoptada por Gonzales y Morales en cuanto a sus convicciones, tendría un final devastadoramente claro. Morales fue aplastado por la codicia y la vanagloria y, tal vez, por la revancha política, llegando eventualmente a sucumbir ante una compleja investigación que lo llevó a pagar una pena de prisión de cuatro años por evasión de impuestos y fraude postal—todo esto relacionado con las afirmaciones de que había intentado desviar cientos de millones de dólares del pago de la tabacalera a su propio bolsillo y al de un amigo. Entre tanto, quedó entendido que Gonzales había ayudado a cerciorarse de que Texas no tuviera que pagar millones de dólares a los abogados demócratas.

Según las personas que observaban su relación cada vez más estrecha con su asesor, Bush había llegado a considerar a Gonzales como alguien tan invaluable como sus ayudantes más notorios, Rove y Hughes. Quienes conocían a ambos hombres, decían que Bush consideraba a Gonzales como un fiel súbdito dispuesto a realizar el mismo trabajo sucio e intenso en los aspectos legales que realizaban Rove y Hughes con los medios. Había cierta sospecha entre los psico-chismosos de Austin, que sostenían que Gonzales había dado un traspié y había ido a caer en el terreno de la adulación y que parecía extraño que estuviera colgando tantas fotografías de los dos George Bush en la pared de su oficina. Pero sus amigos decían que no era correcto sugerir que hubiera alguna tipo de veneración—ni que Gonzales hubiera llegado a ver en George W. Bush el hermano mayor que nunca tuvo ni en Bush padre, el padre que siempre deseó. "No, no tenían ese tipo de relación. Su relación era y es una relación de hombre a hombre, de amigo a amigo y de abogado a cliente. Hasta donde yo sé es muy respetuosa e igualitaria. No hay analogía, al menos no que yo sepa, en el contexto familiar."[3]

En 1998, Gonzales recorrió en todas direcciones las regiones de Texas en donde el Partido Republicano se esforzaba agresivamente por atraer a los electores hispanos. Tanto él como Bush fueron en repetidas oportunidades a El Paso, la grande, descuidada y olvidada ciudad de Texas. Una de las funciones de Gonzales como secretario de estado era la de animar a los texanos a salir a las urnas, y elaborar diversas estadísticas sobre el registro de electores y su asistencia a las urnas. "Creo que los políticos van a estar prestando mucha más atención a El Paso," dijo en el verano de 1998—y ordenó a las personas que trabajaban en su departamento que vieran si podían encontrar formas en las que las estrategias utilizadas para llevar a los electores potenciales a registrarse en El Paso, pudieran replicarse en otras ciudades.[4] Sin lugar a dudas era una persona que quería que los hispanos votaran; Rove estaba convencido de que bastaba que Bush hiciera un llamado a los electores hispanos, que enfatizara algunas de las agendas sociales conservadoras o que aprovechara algún recurso que los anteriores candidatos del GOP habían ignorado. Para Gonzales era, lo más cerca que había llegado a una verdadera campaña política. En una campaña para atraer electores en Dallas, Gonzales se encontró de repente en un entorno incómodo—haciendo una presentación con una cantante pop algo extraña llamada Lisa Loeb, en un concierto llamado "Rock the Vote."

Para ese mes de septiembre llegó la noticia que tanto Gonzales como Bush habían previsto: el Magistrado Raúl Gonzalez, uno de los dos últimos demócratas de la Corte Suprema de Justicia de Texas anunció su renuncia. Habría una vacante—en Texas los magistrados de la Corte Suprema son elegidos, pero un gobernador puede asignar a alquien a una vacante por un tiempo temporal. La medida no asombró a nadie; quienes se movían en los círculos políticos lo habían visto venir y fue algo que reafirmó la especulación acerca de las razones verdaderas por las cuelas Alberto Gonzales se sometía a una posición tan tediosa y condescendiente como la de secretario de estado:

Los apretones de mano con funcionarios mexicanos de bajo nivel, el no tener ningún poder legislativo, presentarse en los centros comerciales de Dallas con músicos pop a cuyos conciertos jamás habría soñado asistir, el tener que presentar grandes gráficas indicando el número de personas que votaba en las elecciones, escribir aburridos editoriales que parecían tareas obligatorias de un estudiante universitario que se especializara en historia, el recorrer las ochenta dispersas escuelas secundarias de Texas y tratar de pronunciar un discurso que no produjera risa entre los aburridos adolescentes, ahora parecían tener lógica. Bush y Gonzales sabían que habría una vacante en la Corte Suprema, el más alto tribunal civil de estado, y tener a Gonzales desempeñándose en un cargo tan alto aunque, en último término, neutro, como secretario de estado, era un precio menor que éste tendría que pagar mientras esperaba la apertura de la vacante en la Corte Suprema.

Durante años habían venido creciendo los rumores de que Raúl González—en realidad un republicano disfrazado de demócrata, y alguien que había sido el primer hispano elegido para un cargo estatal en 1984—estaba pensando renunciar después de tener derecho a todos los servicios de la jubilación estatal. Por otra parte, una Corte Suprema tejana totalmente controlada por republicanos era un plan audaz, pero factible; desde hacía mucho tiempo Rove había planeado estrategias que tendrían como resultado el que los republicanos ocuparan todos los cargos estatales en 1998. Mucho antes de la renuncia de Raúl Gonzales, se había tomado la decisión de llenar la vacante con otro miembro de un grupo minoritario—la popularidad como resultado de nombrar un miembro de una minoría para la Corte Suprema sería siempre de gran valor. La elección de Alberto Gonzales era bastante evidente.

Bush ganó su campaña para la reelección en noviembre con una diferencia abrumadora. El duro esfuerzo que tanto él como Gonzales habían dedicado a atraer el voto de los hispanos en lugares como El Paso, tuvo un gran resultado—Bush obtuvo el 49 por ciento del voto hispano, una cifra sorprendente para ese estado. (Bush también obtuvo el 27 por ciento del voto de los negros, otra cifra igualmente inusual para un republicano.) La carrera terminó antes de comenzar. Y una semana después de su triunfo, anunció que nombraría a Gonzales para la Corte Suprema de Texas—aunque Gonzales nunca había sido magistrado y, francamente, escasamente había estado en el interior de un tribunal. Se le preguntó a Bush si el hecho de que Gonzales fuera hispano había tenido algo que ver con su elección y el respondió de inmediato: *"Claro que sí, el origen étnico era importante."*[5]

Bush nunca dejaría que se supiera si Gonzales había sido el beneficiario de algún tipo de cuota interna. Pero Gonzales hizo alusión a esa posibilidad: "Cuando fui nombrado para la Corte Suprema de Texas, preguntaron al Gobernador Bush si mi raza había sido un factor en esa decisión. Él respondió que claro que lo había sido. Dijo que pensaba que era importante tener al menos una persona de color en el tribunal más alto del estado, pero no era el más importante de los factores. Los factores importantes eran la competencia y el carácter..."[6]

De hecho, sus amigos nunca hablaban de cuotas con él, ni de acción afirmativa, ni de si pensaba que había pasado a encabezar la fila debido al color de su piel. En términos generales, sus amigos eran demasiado educados para mencionar el tema y demasiado leales a él. Un observador político de Texas dijo que para 1998, Gonzales ya no se sentía avergonzado de su origen. Ahora, tenía otras razones para evitar mencionar sus ancestros. Se trataba ahora, más que su intenso deseo de evitar cualquier tipo de especulación, cualquier sugerencia de que no estuviera calificado para los nombramientos y cargos que estaba asumiendo. Cualquiera que fuera la razón de su constante renuencia a hablar de su padre, de su madre y de algunos de los miembros de su familia, aún hacinados en esa minúscula casa de la calle Roberta Lane, era parte de una minoría única.

Para el final de su primer período como gobernador, el 79 por ciento de los nombramientos hechos por Bush recayeron sobre anglos, 12 por ciento sobre hispanos, 8 por ciento sobre negros. (Ann Richards había nombrado un 18 por ciento de hispanos y un 16 por ciento de negros.)[7] "Pienso que será una mezcla bastante interesante, tener alguien que no haya sido nunca juez, en la Corte Suprema. Creo que los magistrados y aquellos que presenten sus casos ante Al, se van a dar cuenta de que es un gran magistrado," anunció Bush.

El nombramiento de Gonzales a la Corte Suprema hizo que tanto Bush como Rove asumieran una posición más osada. No hubo posiciones en contra, ni críticas mordaces en los círculos legales ni en los periódicos. Y el hecho de que Gonzales no tuviera la menor experiencia como magistrado era algo que los asesores de Bush y de Rove consideraban no sólo como refrescante sino osado, decisivo, contra-intuitivo y tal vez incluso motivado por alguna característica anti-intelectual en el pasado de Bush y de Rove. Los dos habían establecido un fuerte lazo de unión desde hacía mucho tiempo, una mutua identificación, al hablar acerca de cómo se sentían ajenos a la tendencia general durante la tumultuosa época de los años sesenta y setenta—cómo a veces se sentían condenados al ostracismo por los arremolinados eventos sociales de ese entonces, cómo detestaban la forma como se expandió ese período que produjo tantas leyes indulgentes. Sus héroes mutuos eran Ronald Reagan y los pistoleros afiebrados como Lee Atwater—las personas que ellos pensaban que habían logrado inyectar una cierta energía arremolinadora en el Partido Republicano.

Bush y Rove hablaban de ellos mismos como personas ajenas que se movían por los límites, con más agilidad que los estirados maestros del GOP empantanados en el cerrado círculo de Washington. Bush hijo detestaba la forma como los medios habían representado en una época a su padre como un fanfarrón anémico—*Newsweek* había propinado un golpe bajo a la familia Bush al usar la palabra "pelele" para caracterizar a Bush padre. Bush hijo deseaba con desesperación evitar todo eso. No le importaba que su actitud perturbara a los líderes republicanos de Texas. Después de todo, no le importaba; acababa de ganar dos importantes contiendas gubernamentales y había ingresado en la marcha de la precoronación, de la etapa pre-presidencial. Nombrar a una persona que nunca fue juez a la Corte Suprema, una persona que jamás había juzgado un caso penal o civil, era algo fácil para Bush—y concordaba con su enfoque confiado, según algunos, arrogante, hacia los nombramientos, según el plan de desarrollado con Rove. Esa fue también una táctica que trataría de copiar dentro de unos pocos años en Washington, con la amiga cercana y alma gemela de Gonzales, Harriet Miers—pero con resultados mucho más desastrosos.

Por su parte, Gonzales detestaba el hecho de que se tratara de un nombramiento de prueba y de que eventualmente, tendría que hacer campaña a nivel estatal para mantener su puesto en la Corte Suprema. Hacer campaña significaría que tendría que revelar su vida como nunca antes lo había hecho. Por ahora, con el nombramiento de Gonzales como la cereza en el centro de la torta, los republicanos oficialmente poseían todos los veintinueve cargos por elección en Texas. En la Corte Suprema, sería la primera vez desde la Reconstrucción que los republicanos ocuparan cada uno de los nueve puestos.

Gonzales estaba en la cumbre del establecimiento legal de Texas. Su ascensión, su nombramiento para un cargo de tanto poder, fue considerado como sorprendente tanto por los demócratas como por los republicanos. Su círculo de influencia crecía exponencialmente. En último término, él sabía que tenía algo que ver con su origen étnico: "Sé que mi origen étnico me ha ayudado. Pero el resultado final es… que los hispanos no deben esperar nada más que igualdad de oportunidades. El que ahora dijéramos que deberíamos tener más oportunidades debido a nuestro origen étnico, fuera cual fuera nuestra razón, significaría que estaríamos discriminando contra otra persona que por casualidad no es hispana, y eso es lo que precisamente hemos estado rechazando durante décadas… Personalmente, no me ofende el que la raza sea un factor. Pero nunca debe ser una condición que desconozca el peso de otros factores más importantes."[8]

Cuando Bush ganó su segundo período como gobernador a fines de enero de 1999, los medios nacionales se volcaron sobre Texas. No se trataba sólo de una buena oportunidad para una fotografía—enmarcando a Bush hijo dentro del mismo marco que su padre—era la crónica de una campaña no anunciada para la presidencia. Era un viraje intenso e impulsivo de aquí en adelante y toda la opinión pública se iba a referir en masa a los significados tanto evidentes como los más escondidos. En ese frío día de enero, mientras Bush prestaba juramento para reasumir el cargo, decidió hacer mención en su discurso del nombre de uno de sus asesores de mayor confianza. De hecho, el primer nombre que mencionó en su alocución, inmediatamente después de dar gracias a Dios, fue el de Alberto Gonzales:

"Pienso en mi amigo, Al Gonzales, recientemente nombrado Magistrado de la Corte Suprema. Sus padres criaron a ocho hijos en una casa de dos dormito-

rios en Houston. Trabajaron duro, día tras día. Se sacrificaron para que sus hijos tuvieran una oportunidad de triunfar. Al Gonzales ha convertido su sueño en realidad."

Fuera de la equivocación al decir que la casa de Gonzales estaba en Houston, no en Humble, la importancia de la referencia a Gonzales fue inmensa. Los reporteros nacionales empezaron a llamar a los periodistas regionales para pedirles que les dieran todo lo que se hubiera publicado sobre Alberto Gonzales—y por qué Bush lo había destacado en un discurso tan importante. Desafortunadamente, no había mucho que ofrecer a los reporteros. Los detalles del trabajo de Gonzales cuando había protegido a Bush para que no tuviera que servir de jurado en un caso de conducción en estado de embriaguez no eran ampliamente conocidos. Su trabajo tras bambalinas en los casos de las penas de muerte ciertamente no se conocía—pasarían años antes de que sus memorandos sobre los sentenciados a la pena de muerte fueran sacados a la luz pública por Alan Berlow o que surgieran las noticias sobre el hecho de que Gonzales hubiera asistido alguna vez a una ejecución.

Los negocios de bienes raíces por millones de dólares y su trabajo con Enron prácticamente no se conocían en Houston. Claro está que, los detalles de la educación de Gonzales nunca habían aparecido en los medios de comunicación—tampoco los prolongados problemas de su padre con el alcoholismo, ni la misteriosa muerte de su hermano a una edad relativamente temprana, tampoco la caída de su padre desde lo alto de un silo de arroz, ni su divorcio, ni la trágica muerte de su ex esposa, ni la posibilidad de que una de sus hermanas, como lo indicara Brenda Pond, hubiera tenido algún tipo de "problema"—ni la posibilidad de que uno de sus hermanos, Tim, hubiera tenido que luchar también contra el alcohol… ni que Alberto soliera contratar a Tim para que le podara el césped.

"Tim era mi jefe en la compañía de plomería. Trabajaba en el taller donde estaban todos los suministros. Era el responsable de firmar los papeles para todos los suministros que llegaban. Tenía una esposa y no recuerdo cuántos hijos. Tal vez dos niños y una niña ¿o tres niños y una niña? Tocaba guitarra. Le encantaba tocar guitarra. Tocaba todo el tiempo. Era un buen jefe. Yo era un muchacho conflictivo," dijo Brent Gibson, que había trabajado con Tim Gonzales en Houston. "Siempre tenía que llamarme la atención para que me portara bien. Llegaba al trabajo en bicicleta porque no tenía automóvil. Me decía que a veces trabajaba para su hermano Cortando el césped. Me decía que su hermano era un abogado importante. En aquel momento y no sabía quien era el hermano, pero ahora sí.

"Solíamos esconderle la bicicleta con frecuencia. Era la única persona que llegaba al trabajo en bicicleta. Yo se la escondía y él se molestaba mucho. Cuando pasábamos junto a él en la carretera, e pitábamos y él se desviaba hacia la cuneta. Todos decían, 'Oh, ahí va Tim.' " [9]

Los años durante los que Gonzales evitó hablar de su niñez y su juventud se entremezclan fácilmente con el anonimato general que protegía a la, ahora totalmente republicana, Corte Suprema de Texas. Bruce Davidson, del *San Antonio Express-News,* uno de los más experimentados reporteros políticos de Texas, escribió, a comienzos de 1999—cuando apenas Gonzales había tomado su puesto en la Corte Suprema, que sólo el 1 por ciento de los seiscientos electores registrados sabía que Alberto Gonzales era el nuevo magistrado recién nombrado. (Sólo el 2 por ciento recordaba el nombre de Tom Phillips, que había sido magistrado de la corte por varios años; varios otros magistrados no recibieron ni siquiera menciones suficientes para llegar a alcanzar un punto porcentual.) [10] Los magistrados, quienes sin duda tenían considerable poder, estaban exilados en un reino en el que sólo eran conocidos por un escaso grupo de personas interesadas en la política y académicos del estado. Sería un aterrizaje suave para Gonzales—un lugar donde podía aprender a convertirse en juez, donde podía estudiar bajo la tutela de avezados abogados republicanos convertidos en jueces que habían alcanzado ese alto nivel años atrás provenientes de diversas firmas de abogados famosas similares a la de Vinson & Elkins.

De cualquier forma, la mitad de las personas que ocupaban cargos en el tribunal estaban allí gracias a Bush—y Gonzales, como el principal asesor jurídico de Bush, y como alguien con impecables vínculos con la Asociación de Abogados de Texas y su anterior presidente, Harriet Miers, había venido asesorando a Bush sobre los nombramientos legales en Texas, de todas formas. Por lo tanto, eran personas que Gonzales conocía, con las que ya había trabajado antes, a las que había visto en convenciones legales, en entornos académicos y en reuniones sociales en todo el estado.

No serían extraños para él y Gonzales fue acogido sin demora en un ambiente de exclusividad que fomentaba la cultura del anonimato. Durante los veintitrés meses siguientes, trabajaría en la Corte Suprema de Texas y este período se convertiría en el único verdaderamente sometido a escrutinio en relación con su vida. Estaría fuertemente relacionado con todo lo concerniente a si debía ser nombrado para la Corte Suprema de los Estados Unidos; un día, su corta permanencia en la Corte Suprema de Texas sería disecada y desgarrada por todos, desde Rush Limbaugh hasta Ted Kennedy.

Algunos ya se ocupaban de hacer un profundo escrutinio de Gonzales. "Fue el primer nombramiento en mucho tiempo de alguien que nadie sabía quién era y tampoco sabían si había sido o no juez anteriormente. En realidad fue algo excepcional, tenía a todo el mundo aterrorizado," dijo el abogado tejano David Keltner.[11]

En su hogar, se produjo también un cambio para su esposa. El 31 de enero de 1999, Rebecca renunció a su trabajo estatal en la oficina del fiscal general y pasó a ocupar un nuevo cargo en la Oficina del Contralor Estatal en Austin. Los críticos se preguntaban si su esposo le habría ayudado a conseguir ese puesto—o si el asenso de su esposo a la Corte Suprema de Texas había inspirado la elección de su esposa para ese cargo.

Entre 1980 y 1990, la Corte Suprema de Texas sostuvo diferentes posiciones—adquirió la reputación de simpatizar con los abogados penanstas y los demandantes que presentaban quejas contra las principales empresas... para luego volver al otro extremo y ser considerada como abiertamente defensora del sector empresarial, dispuesta a desechar lo que Bush y otros estaban calificando agresivamente como demandas legales frívolas. (Los políticos de Texas decían que los ataques de Bush contra esas demandas se basaban, en parte, en el concepto de que los abogados sacarían una gran tajada de dinero de las grandes empresas—y luego donarían gran parte de ese efectivo a los legisladores demócratas.) Para cuando Gonzales entró a la Corte Suprema, ésta había intentado desplazarse un poco más hacia el centro—sin embargo, siendo un tribunal totalmente dominado por los republicanos, se consideraba que, por lo general, diera crédito a la comunidad empresarial en vez de al consumidor.

Durante su ceremonia de toma de posesión en Austin, en el salón principal del Capitolio Estatal, Bush repitió el mismo discurso que había pronunciado antes—en el que contaba la historia de Gonzales que había vendido Coca-Cola durante los partidos de fútbol en la Rice, mientras soñaba en asistir algún día a esa entidad educativa. Gonzales escuchó a Bush contar de nuevo la historia y, cuando Bush terminó, los dos hombres se abrazaron. Gonzales se dirigió a sus amigos de Houston que habían venido hasta allí a presenciar y a grabar en video la ceremonia y les dijo que estaba agradecido con Bush por haberlo convertido en el Magistrado Alberto Gonzales de la Corte Suprema de Texas. Estaba también allí la madre de Gonzales y en un momento determinado pareció como si Bush se hubiera conmovido realmente, como si los ojos se le hubieran llenado de lágrimas. Fue extraño, dijeron algunos de los que estuvieron presentes—extraño en el sentido de que era evidente que Gonzales había llegado mucho más lejos que cualquier otra persona de su familia.

Con cada nueva fase de asenso en su carrera, las brechas entre el primer hijo de Pablo y María Gonzales y todos los demás que en una forma u otra aún seguían atados a la calle de Roberta Lane en Humble continuaba ampliándose. Tal vez se tratara de habladurías, pero sus amigos realmente se preguntaban si el hecho de que Gonzales no llamara la atención hacia su familia se debía a que, en ésta oportunidad, no quería hacerlos sentir incómodos con su éxito. Según decía "Lo que ocurre con mi vida no es más importante que lo que ocurre en la vida de mi hermano. Es difícil, en el sentido de que es una clara y dolorosa muestra de las inequidades de la vida. Es algo que realmente hace que uno se pregunte por qué alguien que ha crecido exactamente en ese mismo entorno pueda llegar a tener éxito."[12]

Una cosa fue obvia ese día en que sus amigos, su familia y sus colegas de Vinson & Elkins se reunieron para presenciar su toma de posesión al cargo de magistrado en la Corte Suprema de Texas; no había indicios, ninguna señal, de que su permanencia relativamente breve en el cargo de magistrado de Texas pudiera llegar a tener algo que ver con los más altos niveles de la historia de los Estados Unidos… y con los eventos extremadamente dramáticos que se arremolinaron entorno a la constitución de la Corte Suprema de los Estados Unidos. Bush, educado casi desde su nacimiento para pensar en planes políticos a largo plazo, ya había hablado con los líderes republicanos de Texas, incluyendo a Rove, acerca del futuro de Gonzales—si no llegaba hasta la Corte Suprema de los Estados Unidos, se consideraría de todas formas como candidato para algún tipo de cargo en Texas. Tal vez, inclusive el de gobernador. Un antiguo funcionario de la Corte Suprema describió el entorno al que Gonzalez estaba apunto de ingresar en la Corte Suprema, como muy insular, muy aislado, en el que se fermentaba una especie de actitud precavida, en el que los magistrados ordenaban a sus subalternos a mezclarse con los colegas y ver qué podían descubrir acerca del nuevo magistrado. Este funcionario indicó que varios de sus colegas habían llegado a la conclusión de que "Gonzales no quería realmente ser magistrado y sólo había aceptado como un favor a Bush."

Bush dijo que estaba "ubicando" en Texas a una nueva generación: "Ninguno de nosotros podrá olvidar jamás el emotivo instante en el que le tomé juramento a Al Gonzales al posesionarse de su cargo, una persona que había comenzado como mi Asesor General, que luego fue Secretario de Estado, era ahora magistrado de la Corte Suprema de Texas," dijo Bush. "Creo que he contribuido a ubicar una nueva generación de líderes para mi estado." [13]

Bush, como lo sugeriría más tarde en su famosa opinión sobre Harriet Miers, creía conocer lo que había en el corazón y el alma de Gonzales. La falta de experiencia de Gonzales como juez realmente no importaba. Gonzales era *un buen hombre* de quien podría esperarse que votara desde su cargo de juez de una forma que estaría sólidamente alineada con las políticas de Bush. No era de los que se iba a desmoronar ni de los que empezaría a votar habitualmente en forma extraña, totalmente contraria a la agenda de Bush. Al igual que Clarence Thomas, al igual que Antonin Scalia, podría definirse a veces—con o sin razón—por su raza y su origen étnico. Al igual que Thomas y Scalia, prácticamente podría esperarse que adoptara una postura conservadora en su cargo de magistrado de Texas. En último término, Bush no tenía ningún temor de que Gonzales pudiera convertirse en "el David Souter de Texas"—el a veces liberal magistrado de la Corte Suprema de Justicia nombrado por Bush padre, un hombre

que había llegado a convertirse en un odiado y airado defensor de los mal-
trechos y traicionados conservadores.

Desde el punto de vista de estilo, Gonzales ingresó a la Corte Suprema
haciendo lo que siempre había hecho durante toda su carrera de abogado—absteniéndose de adoptar cualquier clase de postura agresiva ante
sus colegas magistrados durante sus conferencias y deliberaciones. Esto
podría estar relacionado con el hecho de ser nuevo en esta posicion. Podría
tener algo que ver con el hecho de que, como lo había dicho a unos pocos
de sus amigos, aún estaba un poco inseguro acerca de abandonar la seguridad de estar cerca de Bush. Fue rápidamente aceptado en el redil; Gonzales
no era un persona a la que le gustara sobresalir, no era alguien que se dejara
engrandecer por la idea de haberse convertido en uno de los nueve miembros selectos del más alto tribunal de Texas.

Durante casi dos años en el cargo de magistrado, Gonzales escribió
catorce opiniones mayoritarias (junto con cinco opiniones concu-
rrentes y dos disentimientos) y esas opiniones demostraron que Gonzales
no era ningún engreído activista legal. Entre las catorce opiniones, había
unas seis claramente más importantes que las otras—importantes en términos de casos legales que establecerían precedentes y ofrecerían una ventana hacia su estilo y su filosofía legales. Considerando la totalidad de su
trabajo, en realidad no estaba interesado en legislar desde la magistratura y
parecía totalmente obsesionado por mantener ante todo una adhesión segura y fiel a la ley. Era, en último término, una abeja obrera—un dedicado
jornalero que estaba decidido a aplicar la ley—no un visionario ni un
erudito ocupando un cargo entre los magistrados. Años de trabajo con
negocios de bienes raíces y grandes ejecutivos que querían conocer los
resultados finales financieros y legales—y con Bush, que estaba totalmente
empeñado en que le entregaran un resumen del resultado final—habían
predispuesto a Gonzales a mantenerse alejado del arte de la ley, lo que los
críticos denominarían pontificado indulgente. Gonzales no procuraría
abrirse un lugar en las mentes y los corazones de quienes escribían las leyes; él simplemente iba a aplicarlas, a hacer cumplir cualquier cosa que
ellos redactaran. Texas ya había tenido suficientes magistrados activistas en
las últimas dos décadas. Gonzales no era uno de ellos.

En cambio, llegó a ser conocido como lo que podría calificarse con más certeza de "conservador moderado," quien, a veces, sorprendía a los observadores votando en contra de las corporaciones y a favor del más pequeño. Gonzales fue descrito en una oportunidad por un grupo de observadores como miembro de la así llamada "Nueva Guardia"—junto con los magistrados Greg Abbott, Deborah Hankinson, James Baker y Harriet O'Neill—que estaba dándole forma de nuevo al tribunal rescatándolo de lo que a veces había sido un activismo conservador demasiado agitado. Se decía que la Nueva Guardia, constituida principalmente por personas nombradas por Bush, era mucho más útil cuando se trataba del deseo del candidato presidencial George W. Bush, de aparecer como un "conservador compasivo"—llegaría sin duda al territorio legal del liberal William O. Douglas, pero tampoco era el terror de los moderados en Texas, en la mayoría de los casos.

Gonzales comenzó su cargo en enero de 1999 con el caso de *General Motors Corp. vs. Lawrence Marshall Chevrolet Oldsmobile. vs. A. J. Sánchez,* en un caso que tenía que ver con un granjero tejano que fue encontrado muerto por el capataz de su rancho cerca de un corral. El *pickup* Chevy 1990 de Sánchez había rodado en reversa, con la puerta del lado del conductor abierta, atrapándolo con violencia contra la puerta del corral. El granjero luchó por liberarse mientras que el *pickup*, rodando libremente, le cortó una arteria en su brazo derecho, haciendo que se desangrara durante la siguiente hora. Su esposa y su familia demandaron al representante local de la GM por responsabilidad por un producto riesgoso y negligencia, arguyendo que el vehículo tenía una transmisión defectuosa y que la caja de cambios "no tenía los engranajes en el lugar correcto." La GM sostuvo que Sánchez podía simplemente haber dejado el vehículo en reversa, o en neutro—y que si esa mala ubicación de los engranajes hubiera ocurrido, no había sido por falla del vehículo sino por falla del granjero.

El tribunal le adjudicó a los sobrevivientes de Sánchez $8.5 millones de dólares en daños reales y punitivos. Gonzales, apenas unas pocas semanas después de haber asumido su cargo como magistrado, hizo muy pocas preguntas sobre los argumentos orales y luego buscó un terreno neutro—revirtió la sentencia del tribunal inferior y dijo que los sobrevivientes podrían quedarse con el dinero por los daños reales, pero no con el correspondiente a los daños punitivos. Gonzales escribió: "hay

cierta evidencia de un defecto del producto" y al final, la familia recibió
$1.3 millones de dólares. Los abogados de las dos partes parecieron quedar
relativamente satisfechos con esta decisión que podría llamarse salo-
mónica. Uno de ellos simplemente comentó que podía haber sido muchísimo peor.

En ese mismo mes de enero, Gonzales escuchó los argumentos en un
caso relacionado con un pleito entre una compañía aseguradora de granjeros contra una mujer llamada Daisy Murphy que reclamaba un pago
después de un incendio en su casa. Se alegaba que su esposo había incendiado la casa a propósito y la aseguradora sostenía que no le debía nada, el
esposo acusó a la empresa de violación del contrato de la póliza. En medio
de ésta disputa, Daisy Murphy presentó su propia reclamación por los beneficios de la póliza. El complejo caso se caracterizaba por el conflicto
entre Daisy y su esposo, quienes estaban tramitando el divorcio, mientras
acordaban repartirse cualquier dinero que obtuvieran por concepto del
seguro. El argumento giraba en torno a si Daisy había tenido algo que ver
con cualquier posible acto incendiario—o si, de hecho, era una esposa
inocente, y no sabía nada de lo que había ocurrido y que simplemente
había perdido su hogar por un incendio.

Gonzales determinó que "Daisy tiene derecho a recuperar su parte de
los beneficios de la póliza"—pero los expertos legales han dicho que su
opinión está tan cuidadosamente redactada que aunque parece que está
permitiendo que una mujer común y corriente e inocente de Texas ob-
tenga algún alivio monetario, el propósito de Gonzales era asegurarse de
que su opinión no pudiera ser utilizada para abrir la puerta a una inunda-
ción de casos similares. Gonzales quería que Daisy Murphy obtuviera algún dinero, pero no quería que su caso estableciera un precedente legal
que se prolongara en el tiempo.

Además, Gonzales revisó los argumentos en un caso apasionante
(*Southwestern Refining vs. Bernal*) que tocó las fibras que hacen vibrar a
Texas y que Gonzales sin duda conocía muy bien, desde sus días en Vinson
& Elkins. Un grupo de 904 personas en la ciudad hispana costera de Corpus Christi, densamente poblada, argüían que se habían perjudicado por
el efecto de una nube tóxica que cubrió sus viviendas después de la ex-
plosión de un tanque de almacenamiento en la Refinería Southwestern,
en 1994. Los tribunales inferiores habían afirmado su derecho de pre-

sentar reclamaciones por lesiones personales bajo la cobertura general de una demanda de acción de clase. Claro está que Southwestern quería que la Corte Suprema decidiera en contra de la demanda—esperando poder evitar así lo que sería un arreglo por una suma inmensa. Los directores de las empresas de todo Texas estaban muy atentos al desarrollo del caso; simplemente no querían ver que los abogados que alegaban lesiones personales tuvieran carta blanca para organizar demandas de acción de clase.

Había cuatro demandantes principales—mujeres hispanas cuyos apellidos eran Suárez, De La Garza, Bernal y Barrera—a quienes se les unieron 900 personas más en la demanda de acción de clase. Los residentes decían que sufrían de una amplia gama de trastornos debilitantes ocasionados por todas las sustancias químicas tóxicas. Se quejaban de problemas respiratorios, irritaciones oculares, dolores de cabeza, náuseas—y sostenían que sus plantas, árboles y mascotas ya habían muerto por causa de estos gases tóxicos. Los críticos sostenían que algunas de las reclamaciones eran falsas y que la única razón por la cual los demandantes se unían en ésta demanda de acción de clase era porque pensaban que podían obtener un arreglo por una suma de dinero mucho mayor que la que obtendrían si seguían el costoso proceso de presentar reclamaciones individuales, uno por uno, contra Southwestern.

Al final, Gonzales desbarató todo el concepto de la demanda de acción de clase al redactar una opinión mayoritaria que condenaba las decisiones de los tribunales superiores como "un abuso de discreción" y sostenía que "debido a ésta conclusión, no tenemos que considerar las demás objeciones de Southwestern a ésta acción de clase." En el panorama global, Gonzales ayudó esencialmente a arrojar una lenta llave inglesa contra cualquier intento futuro de parte de los abogados de Texas de certificar demandas de acción de clase impulsadas por reclamaciones de lesiones personales. La opinión mayoritaria fue su opinión más importante porque prevaleció por más tiempo; cualquiera que pretendiera presentar una demanda de acción de clase en Texas estaría buscando indicios en la opinión de Gonzales. Y cualquiera que pretendiera atacar a la industria petrolera de Texas con una de estas demandas debería antes que todo ver la decisión de Gonzales a favor de la gran refinería petrolera. Los abogados que participaron en el caso se quejaron de que Gonzales no solamente no debería haber escrito esa opinión mayoritaria, sino que se debía haber retirado del caso—él tenía demasiados vínculos con Ken Lay, Enron, la industria petrolera e incluso grupos que contribuirían con dinero a sus campañas políticas.

El mismo día en el que Gonzales escribió esa opinión mayoritaria a favor de la empresa, la Corte Suprema de Texas también entregó una opinión en el caso de la *Ford Motor Company vs. Sheldon*—una vez más, decidiendo en contra de los demandantes quienes argüían que tenían que gastar hasta $2,000 dólares cada uno para arreglar la pintura que se estaba descascarando después de apenas dieciocho a treinta y seis meses de haber comprado sus nuevos automóviles Ford (ensamblados entre 1984 y 1993). Tal como la había hecho en el caso de Corpus Christi, la Corte Suprema de Texas desatendió las decisiones de los tribunales inferiores que habían dado luz verde a los compradores de los automóviles para unirse en una demanda de acción de clase. Un grupo de observadores en Texas dijo que la decisión en el caso de la Ford, en el caso de Southwestern, y en otro caso en donde Gonzales apoyó la decisión, el caso de *Intratex Gas Co. vs. Beeson,* eran una tripleta destinada a limitar las acciones de clase para proteger a las grandes empresas en el estado de Texas. Ese grupo hizo notar que en abril, Gonzales había dicho "la corte ha dicho muy poco sobre los casos de acción de clase. Actualmente tenemos la oportunidad de presentar un panorama mucho más amplio en acción de clase en Texas"—y que ahora era muy fácil ver cuál era el panorama que Gonzales deseaba.

En las calles de Austin, los que estaban en contra de Bush lo redujeron a los más intrincados detalles: Bush había declarado que uno de sus cuatro principales grupos de alimentos se centraba alrededor de la reforma de la lesión jurídica y la erradicación de las demandas frívolas—y su mejor amigo, su *abogado,* su consejero, el que le había ayudado a encubrir su arresto por conducir en estado de embriaguez, estaba ahora haciendo las apuestas a nombre de Bush en la Corte Suprema de Texas.

Uno de los otros magistrados de la corte, el Magistrado Craig Enoch, dijo que era fácil resumir a Gonzales: "Pensaba las cosas realmente a fondo, no se limitaba a sacar conclusiones apresuradas. Trabajábamos en una opinión o en algún aspecto de un caso y yo iba a sentarme en su oficina para hablar del tema con él. Nunca se apresuraba a sacar conclusiones—siempre decía 'analicemos esto, analicemos aquello,' Muy pronto, Alberto diría: 'Lo que pienso es lo siguiente,' y siempre daría un concepto extremadamente preciso."

Por consiguiente, es sorprendente que, cuando Enoch entró a lo que los jueces llamaban "el cuarto de las togas"—donde los magistrados de la Corte Suprema de Texas se reúnen antes de salir al estrado a escuchar los argumentos. Entre un caso y otro, Gonzales, Enoch, Nathan Hecht y los demás se retiraban al cuarto de las togas a comer panecillos, pastelillos, tacos o para beber algo. Con frecuencia, Enoch veía al Magistrado Tom Phillips y al Magistrado Alberto Gonzales en cuclillas, con la espalda apoyada contra la pared. Un día, Phillips los había retado a todos a un concurso de cuclillas, para ver quién podía mantener las piernas a un ángulo de 90° por más tiempo. "Los reté a todos a que lo hicieran conmigo," dijo Phillips. "Acepto el reto," gritó Gonzales. Los dos hombres comenzaron a acuclillarse, intercambiando victorias y derrotas. "Se podía ver esa pequeña aura de entusiasmo competitivo," dijo Enoch.[14]

Gonzales escribió también la opinión mayoritaria en el caso de *La Ciudad de Fort Worth vs. Zimlich,* un caso que había estado bajo el estrecho escrutinio de los denunciantes de prácticas corruptas y sus abogados en Texas e incluso de todo el país. Un dedicado ayudante del Sheriff de Fort Worth, de nombre Julius Zimlich, había recibido una información anónima y había encontrado lo que pensó que eran toneladas de toxinas ilegales que supuestamente se estaban desechando en un basurero de desechos sólidos propiedad de un influyente ex concejal de la ciudad. Zimlich, quien en el pasado había recibido elogios estelares por su trabajo, se embarcó en una pesadilla al contarles a sus supervisores lo que sabía, se preguntaba por qué no se estaba haciendo algo más y por qué parecía que se le había dado ventaja al propietario del lugar. Zimlich decidió aparecer en la televisión y hablar sobre el supuesto basurero. Meses más tarde en la evolución de este conflicto, se encontró reasignado a lo que se consideraba, por lo general, un trabajo miserable, en el equipo de seguridad del tribunal local. El denunciante y sus aliados dijeron que se habían vengado de él después de que metiera la nariz donde no debía.

Por último, un tribunal de Texas le adjudicó $200 por utilidades perdidas en el pasado, $300,000 por utilidades perdidas en el futuro, $300,000 por angustia mental y $1.5 millones de dólares por daños punitivos. La Ciudad de Fort Worth le pidió a la Corte Suprema de Texas que anulara todo el acuerdo—y con Gonzales como autor de la opinión, el tribunal rechazó la mayoría de los laudos. Gonzales concluyó que no había malicia alguna y que los hechos en los que se basaba el caso no eran sólidos. En su escrito decía: "No hay evidencia que respalde la opinión del jurado de que la ciudad pospuso o se vengó de Zimlich como resultado de su informe." Y agregó: "Revertimos la asignación de $200 por utilidades pasadas perdidas y la asignación de $300,000 por utilidades futuras perdidas" y además "revertimos la asignación de daños punitivos." Una vez más, los críticos de Texas dijeron que Gonzales no trabajaba solamente con las grandes empresas, que ahora estaba entrando al terreno de los valientes denunciantes de prácticas corruptas y distanciándose de la intención de la Ley de Denuncia de Prácticas Corruptas de Texas.

En otro caso, escribió una opinión mayoritaria a favor del estado de Texas en una prolongada batalla de tierras (*John G. y Marie Stella Kenedy Memorial Foundation vs. Dewhurst, Comisionado de la Oficina General de Tierras y el Estado de Texas*) con una poderosa fundación de caridad que había recibido una fortuna en fondos bancarios acumulados por una de las icónicas familias petroleras y rancheras del sur de Texas—la familia Kenedy que había dado su nombre a la ciudad donde naciera el padre de Gonzales—y que pretendía recibir el título de propiedad de varios miles de acres en la costa del golfo. En *Pustejovsky vs. Rapid American,* Gonzales escribió también la opinión de la mayoría que abrió el camino para que un jurado en un juicio considerara los méritos de un caso en el que un trabajador metalúrgico en Rockdale, Texas, sostenía haber estado expuesto a asbesto durante veinticinco años. El problema en este caso surgió cuando el trabajador demandó a una compañía en 1982 por su estado de salud y después recibió un pago en arreglo de común acuerdo por la suma de $25,000—más tarde, cuando su estado de salud empeoró, en 1994, intentó demandar a otras tres compañías incluyendo a Owens Corning. Las tres compañías presentaron resistencia a ese intento, sosteniendo básicamente que el estatuto de limitaciones ya había prescrito. Gonzales decidió a favor del trabajador de la metalúrgica—y los observadores del tribunal dijeron que era una indicación más de que, a veces, Gonzales se ponía a favor del individuo y en contra de la industria.

El hecho no pareció asustar a muchos conservadores de Texas. Una vez más, Gonzales redactaba opiniones tan cuidadosamente estudiadas, en cuanto a su terminología, que era evidente que se esforzaba por asegurarse de que sus palabras, sus opiniones, no pudieran ser utilizadas como decisiones de cobertura global, una y otra vez en distintos casos—parecía estar pecando de redactar sus escritos en forma tan desapasionada, preocupado sólo por los hechos, que sus palabras tampoco podían siquiera ser utilizadas en su contra para efectos políticos. Claro está que hubo un caso en el que, sin importar lo que escribiera ni cómo votara, alguien quedaría ya fuera temeroso de él o fascinado con él. Se trató de un caso que dividió al tribunal, lo que nunca antes había sucedido, un caso que perduraría con él durante años, tal vez por el resto de su vida pública.

La Ley de Notificación Paterna de Texas que exigía que los padres fueran advertidos por un proveedor de salud cuando una menor pensara en abortar, se había convertido en una de las leyes favoritas de Bush y de los conservadores del estado. Algunos observadores predecían que las cosas podían ponerse muy difíciles con algunos de los términos evasivos de la nueva ley—en particular, la parte de la ley que permitía que una menor decidiera por ella misma si se consideraba lo suficientemente madura y con los conocimientos necesarios, a la vez que parecía darle también a la menor la oportunidad de "pasar por alto" la ley, si los jueces consideraban que tenía algunas razones sólidas para no querer que sus padres se enteraran de su aborto.

¿Qué debía entenderse por madurez? ¿Qué quería decir realmente "tener los conocimientos suficientes"? ¿Cuáles eran las normas—y qué peso debería dársele a cualesquiera consecuencias financieras, físicas y mentales que la muchacha pudiera enfrentar en el futuro… tal vez parte de sus padres? ¿Qué significaba tener una razón lo suficientemente grande o lo suficientemente sólida para que una niña pudiera optar por mantener el aborto secreto e impedir que sus padres se enteraran?

Estas preguntas pasaron la primer prueba de fuego cuando una joven

de diecisiete años de Texas fue a los tribunales de primera instancia para
tratar de obtener el derecho de practicarse un aborto sin decírselo a su
padre y a su madre. De alguna forma, ésta estudiante de último año de secundaria, una muchacha que tenía buenas calificaciones y un trabajo de
medio tiempo, se embarazó con su novio estudiante y se formó un gran
caos—sus padres estaban en contra del aborto y eran muy religiosos y la
estudiante de secundaria ni siquiera sabía a ciencia cierta si tanto su madre
como su padre estaban enterados de que tenía relaciones sexuales con su
novio. Lo único de lo que estaba segura era de que sus padres se opondrían
enérgicamente a que abortara y probablemente harían todo lo posible para
impedirlo. Podrían inclusive ponerle algunos obstáculos de carácter financiero, retirarle su apoyo.

Con la nueva ley, la Corte Suprema se había visto obligada a seguir una
vía legal sin un mapa; simplemente no había precedente y los nueve magistrados tuvieron que intentar encontrar alguna lógica de lo que preten-
dían realmente los legisladores de Texas cuando redactaron la Ley de
Notificación Paterna. Fue, por defecto, un caso en el que la política, las
acusaciones y los sentimientos personales ejercerían persión en sus conceptos—y en el que las acusaciones de "activismo judicial" serían lanzadas
en uno y otro sentido por los magistrados, como si se tratara del peor de
los anatemas posibles. El ambiente normal de mutua ayuda del tribunal
supremo se trasformó para convertirse en un lugar donde se ventilaban
argumentos corrosivos sobre cómo definir la madurez—cómo definir si
alguien tiene una total comprensión de lo que significa un aborto. Durante semanas, el intercambio de opiniones continuó desarrollándose a
fuego lento en la Corte Suprema y Gonzales admitió que por último se
convirtió en un "acalorado debate de grandes proporciones en el que unos
miembros acusaban a otros de tratar de imponer sus ideologías personales,
y yo deseaba tranquilizar a mis colegas y convencerlos de que eso no estaba
ocurriendo." [15]

Cuando los magistrados recibieron por primera vez el caso proveniente
de un tribunal inferior, estudiaron lo que otros estados—incluyendo Ohio,
Alabama, North Carolina, Nebraska, Massachusetts y Kansas—habían hecho con leyes hasta cierto punto relevantes. El determinar si alguien tiene
siquiera derecho a sostener qué es lo suficientemente maduro como para
tener un aborto era difícil. Pero cuando Gonzales con su voto se adhirió a

la mayoría de 6 a 3, la Corte Suprema estuvo de acuerdo en que una adolescente de secundaria debería tener derecho de volver a un tribunal ante una estancia menor y reclamar su derecho a pasar por alto la Ley de Notificación Paterna. Tenía derecho a presentar un caso arguyendo que tenía los conocimientos necesarios acerca de los abortos y que ya era "lo suficientemente madura" como para someterse a uno.

Cuando la muchacha acudió de nuevo a una corte de más bajo nivel, llegó armada con lo que pensaba que era evidencia sólida, convencida de que real y honestamente sabía todo lo que había que saber sobre el aborto: sostenía haber consultado con expertos en asuntos de paternidad en la escuela y con Planned Parenthood, haber estudiado un video de una ecografía de un feto, haber hablado con una mujer que se había practicado un aborto, haber hablado con una madre adolescente, casada, haber leído folletos sobre el aborto, y sostuvo además que estaba muy consciente de las implicaciones psicológicas del aborto así como también de la adopción. Decía haberse conmovido ante la perspectiva de dar a su hijo para adopción: "Bien, siento, personalmente, que si llevara este niño en mis entrañas por nueve meses me apegaría emocionalmente a él. Y entregarlo a otra familia no me parecería correcto… Además, no sé si tendría que llevar una vida peor de la que yo podría ofrecerle o si los padres lo querrían y lo cuidarían como si realmente fuera de ellos." [16]

La juez del tribunal negó su caso, ella volvió a apelar y toda la cuestión llegó de nuevo a Gonzales y a sus colegas magistrados. De nuevo Gonzales votó 6 a 3 con la mayoría, sosteniendo que la ley no decía que los derechos paternos fueran "absolutos." Él y la mayoría de los otros jueces esencialmente dieron a la muchacha y a otras como ella, ese permiso legal de pasar por alto la Ley de Notificación Paterna. Podía abortar sin que sus papás se enteraran. De inmediato, muchas personas que estan en contra del aborto quedaron sorprendidas y enfurecidas. No era algo que hubieran esperado de una Corte Suprema compuesta totalmente por republicanos, nombrados por George W. Bush. Entre tanto, los que estan a favor del aborto, se hicieron sentir en un intento por determinar cuáles de los magistrados de la Corte Suprema habían dejado ver sus visos anti-abortistas y serían los probables sospechosos de cualesquiera intentos futuros de revocar los derechos al aborto. Ambos lados comenzaron a tratar de definir quién había hecho qué—y todos encontraron dos ejércitos en guerra, uno contra

el otro, fácilmente identificables. Uno estaba comandado por la Magis-
trada Priscilla Owen y sus aliados—y el otro por el Magistrado Alberto
Gonzales como uno de sus líderes.

Automáticamente, lo que se decía en voz baja comenzó a filtrarse desde
la corte y hacia los cuartos de atrás, donde los doctores que desarrollan la
política hacen sus negocios en Austin. Gonzales era un diablo o un ángel:
había ayudado a perforar el corazón del plan de Bush para monopolizar el
voto de los conservadores cristianos… pero… había ayudado a que Bush
luciera más como una persona de línea moderada. Un funcionario de
Texas Right to Life dijo: "Quedamos sorprendidos de ver que un amigo
de tanto tiempo y un aliado político conservador de la familia Bush decidiera en contra de una ley que Bush había defendido agresivamente. Al
momento de su nombramiento, no percibimos al Sr. Gonzales como un
abogado a favor del aborto, creemos que interpretó la ley en una forma
que calificaríamos de activismo jurídico, y quedamos muy decepcionados
con su decisión." [17] Los que estaban a favor del aborto sostenían que el
verdadero activismo jurídico provenía de la minoría de opinión en contra,
sobre todo de Owen, y que su resistencia a Gonzales y a otros magistrados
significaba "adoptar una posición por extremos políticos radicales." [18]

Leyendo las opiniones, las mayoritarias y las minoritarias, se detecta un
cisma cada vez más desagradable relacionado con algo más que el simple
estilo judicial—las opiniones eran tan contundentes que sólo podían ayudar a lo que Bush religiosamente se oponía. Crearían una "percepción" y
esa percepción significaría todo. Sería explorada por los medios y entonces
se volvería indeleble. Gonzales siempre había sido más que cuidadoso al
elegir sus palabras en cada una de las frases de su vida. Era eso lo que lo
había ayudado a llegar tan lejos. Las opiniones en contra de Owen y sus
aliados eran tan agudas, tan corrosivas y tan condenadoras, que tal vez, en
ésta oportunidad, quebraron en pedazos su resistencia de hierro. Una vez
que los aliados de Owen en el grupo de magistrados escribieron que Gonzales, junto con los magistrados que lo seguían, "se negaba a escuchar razones" y que la opinión de la mayoría era un insulto "para el cargo que
desempeñaban."

El Magistrado Nathan Hecht concluyó que "la única explicación plau-
sible" era que Gonzales y los demás habían "decidido limitar" los propósitos originales tras la Ley de Notificación Paterna—"que consistían en

reducir la tasa de abortos entre las adolescentes." Owen agregó que la decisión de Gonzales y de los demás "dejaba confusas interrogantes" y que el grupo mayoritario había "actuado en forma irresponsable en este caso" y "había desatendido la ley."

Gonzales no recibió los insultos a la ligera ni con una actitud pasiva. Devolvió directamente el golpe con su opinión concurrente en donde declaraba abiertamente que podía haber activistas judiciales "inescrupulosos" trabajando en el estrado de los magistrados: "interpretar la Ley de Notificación Paterna de manera tan estrecha que se eliminen las posibilidades de obviarla, o que se creen obstáculos que simplemente no se encuentran en la redacción del estatuto, equivaldría a un acto inescrupuloso de activismo judicial. Como magistrado, defiendo los derechos de los padres de velar por la educación, la seguridad, la salud y el desarrollo de sus hijos como uno de los derechos más importantes de nuestra sociedad. Pero no puedo volver a redactar el estatuto para hacer absolutos los derechos de los padres."

No se detuvo allí y dijo: "Como magistrado, tengo la obligación de aplicar imparcialmente las leyes de este estado sin imponer mi punto de vista moral en las decisiones de la legislatura. El Magistrado Hecht sostiene que nuestra decisión demuestra la determinación de la corte de interpretar la Ley de Notificación Paterna como la corte cree que debería interpretarse y no como lo previó la legislatura. Con todo respeto, disiento de esa opinión. Ésta decisión demuestra que la ideología personal está subordinada a la voluntad pública…"

En último término, Gonzales se había levantado contra los "activistas judiciales" entre los magistrados de la corte. Y al final, tuvo uno de esos momentos que él siempre había temido, uno de esos momentos en donde el destino y las circunstancias conspiraron para obligarlo a expresar públicamente algunos conceptos sobre un tema en el que sus sentimientos personales eran muy intensos. Era la parte que detestaba, tener que mostrarse en público, tener que revelar el más mínimo aspecto de su alma. Por eso se abstenía de escribir muchos memorandos internos, no escribía muchas cartas personales, se negaba a enviar correos electrónicos. Lo habían entrenado para considerar que sus clientes—el ejército, Enron, los grandes propietarios, George W. Bush—le pagaban por su discreción. Ahora se estaba mostrando en público, tal vez de una forma que después lamentaría. Reveló algo más en su contraopinión dirigida a Owen y a Hecht:"Los resultados de la decisión de la corte en este aspecto pueden ser personalmente preocupantes para mí como padre (pero), como magistrado, es mi obligación aplicar imparcialmente las leyes del estado."

Los partidarios del derecho a decidir se aferraron de esa frase como una señal de que Gonzales estaba a favor de la vida—estaba diciendo con toda claridad que se oponía al aborto y que podría ser, en último término, alguien de quien habría que preocuparse en el futuro. Aunque se había puesto del lado de la adolescente que quería abortar sin que sus padres lo supieran, las palabras "personalmente preocupante" podían interpretarse como que no sólo se preocuparía de que su hija pudiera abortar en secreto, sino que, personalmente, se oponía al concepto del aborto, en primer lugar.

Gonzales, tan cuidadoso durante toda su vida, había dejado caer dos bombas al dar su opinión sobre el ya infame caso de aborto de Texas. Por una parte, tildó a sus colegas que parecían estar en contra del aborto de "inescrupulosos"—y, por otra parte, dijo que "le preocupaba" personalmente, un caso sobre derecho de aborto. ¿Qué quería decir? "No insinuaba nada," dijo varios meses después. "Mis conceptos morales sobre estos asuntos no importan." [19] Y agregó que: "Aunque tal vez parezca neutral, tengo convicciones muy firmes sobre los distintos aspectos. Pero, como juez, creo que sería inadecuado aplicarlos." [20]

Su comportamiento en el caso del aborto llevó a alguien a decir que sus dos años en la Corte Suprema demostraban que "había servido como un conservador pro-empresa, pero no como un conservador social alocado." [21] Ocasionalmente había defendido al más pequeño—en un caso sostuvo que la agencia de transporte estatal no podía esconderse tras la inmunidad en un accidente de tránsito y podía ser demandada. Pero, sin lugar a dudas, el caso de aborto fue el momento decisivo durante su cargo como magistrado de la Corte Suprema de Texas—las percepciones conflictivas derivadas de ese caso lo acompañarían durante años.

Bush se lo había dicho. Bush tenía la costumbre de advertir a todos los novatos, a todos los recién ingresados a la política dentro de su órbita, que vivirían y morirían por las percepciones. Además, Bush tenía otra frase favorita que su padre le había enseñado. Decía que en la política, las personas que ocupaban cargos importantes eran como "corchos en un río caudaloso"—y el río era en realidad un caudaloso conjunto de percepciones que lo podía arrastrar a uno hacia delante o lo podía hundir. Cuando tanto Owen como Gonzales salieron de la Corte Suprema de Texas, su batalla por la adolescente de Texas sería algo a lo que ser haría referencia y se analizaría una y otra vez.

En marzo de 2001, meses después de haber trabajado en el caso de aborto en Texas, Gonzales agregó lo siguiente:"Mis sentimientos personales sobre el aborto no tienen importancia… Lo que importa es lo que dice la ley, cuál es el precedente, qué es obligatorio al momento de pronunciar la decisión. A veces, al interpretar un estatuto, es posible que haya que respaldar un determinado estatuto que, desde el punto de vista personal, puede parecer ofensivo. Pero como magistrado, esa es la responsibilidad que se tiene."[22]

En un fin de semana de primavera, Gonzales hizo una excursión en balsa con otras veinte personas, en su mayoría funcionarios estatales, por la espectacular área de Big Bend en el lejano oeste de Texas. Gonzales se hizo cargo de montar el campamento, y conducir, por turno, la balsa. El representante demócrata por el estado de Texas, Pete Gallego, había tenido ciertas desavenencias con Gonzales, sobre todo, acerca de si el estado y el gobierno federal debían compartir la jurisdicción sobre al área de Big Bend. Gallego pensaba que Gonzales era una persona demasiado fastidiosa, demasiado renuente a avanzar con rapidez. Se enfrentaban con frecuencia, pero, llegaron a conocerse mejor y a contar mutuamente el uno con el otro, como buenos amigos. Gallego observaba a Gonzales mientras instalaba el campamento, mientras remaba en camiseta y shorts, mientras los funcionarios oficiales avanzaban aguas abajo por el Río Grande."Al no es una persona fácil de conocer para quienes son efusivos y extrovertidos. Cuando lo conocí pensé que era tímido, pero lo que pasa es que es muy reservado, y no permite ver cómo es en realidad. Por lo que, durante algún tiempo, fue algo simplemente incómodo, hasta que llegamos a conocernos. Al es una persona difícil de llegar a conocer, en realidad lo es. Se limita a decir apenas lo necesario, al conocerlo, uno se pregunta si podrá sonreír."[23]

Algunos observadores sostenían que Alberto Gonzales simplemente enviaba, de costumbre, mensajes en los cuales era imposible determinar sus convicciones. Había crecido como católico en una familia numerosa y la apuesta que hacían sus amigos era que, probablemente, Gonzales era tan vehementemente anti-aborto como Hecht y Owen—pero que su preferencia personal por la discreción lo había llevado a sellar firmemente sus creencias en cuanto al aborto y a enviar esa serie de señales mezcladas, desde su cargo de magistrado.

El resultado final fue que los cristianos evangélicos que respaldaban a George W. Bush—y cualquier otra persona que exigiera una pureza ideológica a cada miembro del equipo de Bush—habían comenzado a pensar que, de hecho, Gonzales era difícil de descifrar. Sin lugar a dudas, no enarbolaba la bandera en contra del aborto con la claridad que algunos deseaban. Pero otros decían que lo estaban acusando de ser independiente, se esperaba injustamente que marchara al paso de los conservadores, los hispanos, los republicanos, los moderados, los que fueran. El abogado David Keltner pensaba que Gonzales tenía el mismo estilo de mando que el magistrado de la Corte Suprema de Justicia de los Estados Unidos, Byron White. "Era dueño de sí mismo y contaba con el profundo respeto de todos en la corte. Así es Al Gonzales; es, sin duda, dueño de sí mismo. Nunca lo vi ceder ante las presiones." [24] En una oportunidad, Gonzales llamó a Keltner y le dijo: "Lo que he descubierto es que no hay futuro cuando uno cede ante la presión. He visto que otros lo hacen y una vez que uno cede, tiene que seguir cediendo." [25]

Una cosa era evidente: el tema del aborto marcó una pauta en la Corte Suprema de Texas que pocos, incluyendo Gonzales, habían visto en los últimos tiempos. Fue algo que persistió aún cuando Gonzales tomó otro camino que nunca había explorado—recaudar fondos para la campaña de las elecciones de otoño para la Corte Suprema. Los magistrados reanudaron su trabajo a regañadientes, enterraron las acusaciones y se dispusieron a escuchar más casos y a conseguir dinero para las diferentes campañas de la reelección. Eran todos republicanos y estarían ayudándose unos a otros en las habituales reuniones sociales, eventos para recaudación de fondos y juegos de golf en todo el estado.

En ese entonces, el Magistrado Hecht salía socialmente con Harriet Miers en Dallas—y Miers insistía aún en que a pesar del cisma sobre el tema del aborto, Gonzales era leal y seguía siendo amigo de George W.

Bush. La guerra del aborto entre los magistrados de la Corte Suprema era de esperarse que fuera sólo una equivocación, una aberración, producida por una ley realmente imprecisa. Miers decía a cuantos quisieran escucharla que Gonzales era en realidad un verdadero conservador social y que compartía los mismos principios y creencias de Bush.

Sin embargo, meses más tarde, parecía como si Gonzales estuviera revisando su decisión y preguntándose qué significaba para su carrera—y tal vez habría alguna posibilidad de que pudiera llegar a la cima, a la Corte Suprema de los Estados Unidos. Diría a un reportero del *Washington Post* que nunca habló de sus conceptos sobre el aborto con Bush—y agregaría que también creía en el *stare decisis,* el principio legal de adherirse estrictamente a los precedentes legales establecidos, cuando se trata de la famosa decisión *Roe vs. Wade* que legalizó el aborto. Gonzales le dijo al *Post* que *Roe vs. Wade* era la ley que debería aplicarse: "Hay que tener cuidado de no menospreciar un precedente. Hacerlo implica un riesgo," dijo Gonzales.[26]

Al menos un magistrado de Texas no necesitaba que le recordaran que Gonzales, aún después del conflicto en el caso del aborto, seguía plantado firmemente en la esquina de George W. Bush. "Era leal y sentía un verdadero aprecio hacia el Presidente Bush," dijo Enoch, que votó con Gonzales en el caso del aborto.[27] Entre tanto, el Magistrado Hecht, su contrincante en el caso del aborto, se encontró, de buenas a primeras, acompañando a Gonzales en una gira por Texas—y se desarrollaron fuertes lazos de amistad entre ellos, como una experiencia de sanación cuando iniciaron la campaña para mantener sus cargos: "Es muy profundo, deliberado y no se deja influenciar fácilmente. Mientras recorrimos juntos el estado haciendo campaña, fue siempre muy cordial," comentó Hecht en el otoño de 2005.[28]

Los críticos de Texas han insistido que los cargos para magistrados de la Corte Suprema deben ser elegidos libremente y que los jueces manchan el proceso con la recaudación de fondos y el desarrollo de campañas. Para Gonzales esto era algo más que odioso, era como mascar vidrio y constituía un nuevo giro en la continua educación de Alberto Gonzales. Detestaba la idea de tener que hacer campaña, de tener que saludar a tantas personas, de agitar los árboles de dinero en Texas. Sus compañeros magistrados se preguntaban cómo le iría en campaña a alguien tan cuidadoso como Gonzales, enfrente de la gente que supuestamente debería alegrarse de ver a su alrededor. Los magistrados que habían estado en la Corte Suprema por algunos años sabían lo que era hacer campaña, sabían que era un poco similar a descender de la torre de marfil y verse en el pavimento, untarse las manos con el aceite y la grasa de la maquinaria política. Por su parte, la esposa de Gonzales sabía que él detestaba la sola idea de hacer campaña: "Él no quería saber quién le daba dinero. Su personal de campaña se le acercaba durante una recepción y le decía, 'Muéstrese amable con fulano, donó un cheque,' y él respondería, 'Seré amable con todos.' Detesta la parte del dinero; detestaba la idea de que los jueces se vieran obligados a recaudar fondos. Es algo que lo enferma."[29]

Por repugnante que haya sido, por lo general recaudaba grandes sumas de dinero. El grupo de críticos de la Justicia Pública de Texas dice que desde enero de 1999 hasta diciembre de 2000, el tiempo que Gonzales estuvo en la Corte Suprema de Texas, recibió $843,680 en contribuciones—una suma muy alta para una campaña en la que no tenía oposición demócrata. Gran parte de esa cifra—$400,527—provenía de abogados y de miembros de los grupos de presión. La segunda suma más alta, $102,738, provenía de contribuyentes afiliados con el sector de "energía y recursos naturales." Enron le dio a Gonzales $6,500, Vinson & Elkins le dieron $28,950, la multimillonaria familia Bass de Fort Worth le dio $27,500 y el grupo Texans for Lawsuit Reform (Los Texanos por la Reforma de los Juicios Legales)—que formaba parte de la fuerza impulsada por los republicanos para acabar con las grandes concesiones a los demandantes y las grandes sumas de dinero pagadas por reclamaciones de lesiones personales—le dieron $25,000.

Las demás poderosas firmas de abogados de Texas también contribuyeron—Baker & Botts, Hughes & Luce, Fulbright & Jaworski, Haynes & Boone. Bracewell & Patterson, donde trabajaba su amigo Patrick Oxford y varios grupos industriales como la Asociación de Concesionarios de Automóviles de Texas, Perry Homes y la Texas Medical Association le dieron dinero. Mientras avanzaba hacia las primarias republicanas y la elección, iba acumulando un gran cofre de guerra. Estaba bajo estrecho escrutinio y ante el eventual ataque de los grupos de Texas y de todo el país que creían que estaba aceptando dinero en forma indebida, tanto de personas como de empresas como Halliburton, que estaban involucradas en problemas ante la Corte Suprema—al igual que, de organizaciones industriales y grupos de presión que tenían intereses creados en eliminar cualquier demanda por lesiones personales y quejas de los consumidores. En el mejor de los casos, en la opinión de esos grupos, Gonzales debía haber rechazado las contribuciones para evitar que surgiera un conflicto de intereses.

Un caso tenía que ver con una queja de que había recibido $2,000 de la empresa de seguros Texas Farm Bureau Mutual Insurance después de que la Corte Suprema de Texas había oído argumentos en los que un hombre lesionado en un accidente de tráfico exigía indemnización más alta de la que la aseguradora estaba dispuesta a pagar. En otro caso, Gonzales aceptó $2,500, ante argumentos orales de una firma de abogados que representaba una aseguradora envuelta en otro caso en el que un demandante buscaba una compensación. Un artículo escrito por Miles Moffeit y Dianna Hunt en el *Fort Worth Star-Telegram* señalaba cómo Gonzales, Hecht y Owen recibieron contribuciones para su campaña del gigante de energía Halliburton.[30]

En el 2000, Gonzales le dijo a un reportero que el dinero no influía la forma como él decidiera desde el estrado: "En todo el andamiaje, $2,000 no me influirán de una forma u otra."[31] Años más tarde, Gonzales escribiría al Comité Judicial del Senado que no había hecho nada malo en términos de aceptar contribuciones para su campaña en Texas: "Quienes contribuyeron a mi campaña, así como a las de todos los demás magistrados están en los registros públicos. Estoy seguro de que durante mi desempeño como magistrado de la Corte Suprema de Texas, cumplí con todos los requisitos legales y éticos relacionados con la aceptación de contribuciones para mi campaña."[32]

Una noche, durante una fiesta de campaña en Austin, Gonzales se reunió con importantes abogados, miembros de grupos de presión y magistrados que habían sido invitados para expresar su apoyo y tal vez donar algún dinero. El abogado tejano Douglas Alexander había presentado el argumento del caso de los denunciantes de actos corruptos ante la Corte Suprema de Texas, el que Gonzales había revertido esencialmente. Ahora se encontraba al lado de Gonzales, en una fiesta en su honor, y lo escuchaba decir que Bush había insistido en que él tenía que "salir y hacer conocer su nombre."

Gonzales agregó que Bush había dejado claro que si no "lo hacía" se quedaría "corto."

Alguien más en esa fiesta, un juez demócrata de Texas que había sido destituido de su cargo por la poderosa fuerza de los seguidores de Bush, miró fijamente a Gonzales y se limitó a decir: "El sistema no funciona."

Gonzales, con expresión de desconcierto en su rostro, intentó cambiar de tema. "Fue interesante para mí ver la reacción de Gonzales," dijo Alexander. "Lo que saqué en limpio es que Gonzales es verdaderamente fiel a Bush."[33]

Lejos de la campaña, Gonzales visitaría a unos pocos amigos hispanos, entre los que se encontraban el abogado Roland García y el ex magistrado de la Corte Suprema Raúl Gonzalez. Sus familias eran amigas desde hacía años. En Houston todos asistieron a un club de comedia una noche. Gonzales y Gonzalez fueron a ver el Round Rock Express, el equipo de béisbol de las ligas menores propiedad de la familia de Nolan Ryan—uno de los héroes de George W. Bush.

Sus amigos lo felicitaron cuando Gonzales fue nombrado el Abogado Latino del Año en 1999 por la Asociación Nacional de Abogados Hispanos. Pero el ex magistrado de la Corte Suprema de Justicia Raúl Gonzalez, a quien había conocido a mediados de los años ochenta, pensó que su amigo aún era "muy difícil de descifrar porque es muy reservado"—y cuando Gonzalez consultó con sus antiguas fuentes en la Corte Suprema, se enteró de que Alberto Gonzales no había dicho mucho en las conferencias de la Corte Suprema, no había sido uno de los oradores que hubiera hecho profundas y continuas observaciones. Gonzalez decidió que estaba seguro de una sola cosa: "La buena suerte de Al fue haber conocido al presidente (George W. Bush) desde muy temprano, antes de que fuera presidente y antes de que él fuera gobernador. Aparentemente se hicieron buenos amigos y hay una buena relación entre ellos."[34]

Alexander, que había presentado su argumento ante Gonzales en la Corte Suprema, y había estado cerca de él en las reuniones sociales, sencillamente sabía que Gonzales estaba atado para siempre a Bush. "Su asenso ha sido… meteórico, aunque ésta no es la palabra más adecuada," dijo Alexander, analizando en retrospectiva la trayectoria de la carrera de Gonzales. "Fue explotado por Bush. Él mismo está sorprendido de la rapidez de su asenso. Sabe que se lo debe a Bush."

———

A medida que se aproximaban las elecciones presidenciales de noviembre, los medios nacionales comenzaron a escribir acerca de quiénes serían exactamente las personas que Bush nombraría para llenar cualquier vacante en la Corte Suprema, en el caso de ser elegido. Los artículos que aparecieron en publicaciones como *USA Today,* comenzaron a mencionar que probablemente, Bush elegiría un hispano, y que tal vez estaría tentado a echar los dados por un magistrado relativamente inexperto como Alberto Gonzales de la Corte Suprema de Texas. También los líderes hispanos de todo el país comenzaron la especulación pre-presidencial y algunos sencillamente dijeron que su apoyo a Bush se debía a la firme comprensión de que, si era elegido, nombraría al primer latino en ocupar un cargo en la Corte Suprema de los Estados Unidos.

En la Convención del GOP del año 2000 en Philadelphia, Gonzales y su esposa fueron ubicados en los puestos que estaban justo atrás del ex presidente Bush y la ex primera dama Barbara Bush. Gonzales, ocupado en manejar su campaña en Texas bajo la mirada atenta de Karl Rove y su asistente Libby Camp, realmente no había tenido tiempo de hacer campaña para Bush.

Naturalmente, más tarde ese año Gonzales venció a su oponente republicano en las primarias. Los críticos todavía lo atacaban, diciendo que, hasta el último minuto, estaba aceptando dinero de grupos como los Texans for Lawsuit Reform, aunque tenía apenas una mínima oposición política. Algunos dijeron que todo tenía que ver con su innata inseguridad y su temor de que los electores de Texas pudieran no estar inclinados a enviar a alguien con un nombre latino a un alto cargo de nivel estatal. Aún con el respaldo de Bush—e inclusive con el tiempo que había servido como magistrado y como secretario de estado, como miembro de la Asociación de Abogados de Texas y como socio de Vinson & Elkins—era probable que Gonzales siguiera enfrentando la realidad de los pertinaces sesgos ocultos.

"Acumuló una cifra cercana a $850,000 en contribuciones para su campaña y no tenía oponente demócrata. En esos días, eso significaba una suma inconmensurable para obtenerla en una primaria, en una contienda republicana. La historia que obtuve fue que alguien con un nombre hispano tendría problemas para triunfar en una primaria republicana. Por lo tanto, tuvo que recaudar mucho dinero… una suma abrumadora proveníente de empresas comerciales y firmas de abogados. Era un enorme cofre de guerra," dijo Tony Champagne, un experto en la Corte Suprema de Texas, en la Universidad de Texas en Dallas.

Intrigado por la suma de dinero que Gonzales había logrado reunir, Champagne preguntó a uno de los principales donantes de Gonzales por qué le había girado a Gonzales un cheque: "Un hispano no podría ganar sin un importante respaldo," fue la respuesta.

"Fue interesante," dice Champagne. "En esos días, él era 'Al' Gonzales y no 'Alberto' Gonzales." [35] Gonzales había mantenido en silencio su herencia hispana hasta cierto punto y trabajaba horas extras para obtener dinero a fin de combatir las opiniones sesgadas contra los hispanos. Un amigo de Gonzales estaba en una oportunidad de pie ante la puerta de la Corte Suprema de Texas en un día frío de diciembre y dijo que esa era la razón por la cual ya Gonzales no hablaba español.

Había otro interrogante que recorría a Texas—otra inquietud relacionada con la razón por la cual se empeñaba tanto en su campaña, en recaudar tanto dinero, en hacer cosas que detestaba hacer: ¿Por qué se empeñaba Gonzales en competir con tanto ahínco cuando adonde quiera que se dirigiera George W. Bush, Gonzales iría también? Mientras el país se sacudía en el aparentemente interminable trauma de la incógnita de las elecciones presidenciales de 2000—unas elecciones que se caracterizaron por la revelación nacional, a último minuto, de que George W. Bush había sido objeto de arresto por conducir en estado de embriaguez según lo indicaba su historial penal—los apostadores políticos de Austin hacían apuestas sobre quién iría a Washington con Bush en caso de que llegara a la Casa Blanca.

El nombre de Alberto Gonzales estaba en la corta lista de todos. Él y Bush habían sido inseparables durante los últimos cinco años. Bush le había confiado a Gonzales delicados secretos de familia. Bush lo había sacado del anonimato corporativo y lo había convertido en asesor general, secretario de estado y magistrado de la Corte Suprema. Se había invertido demasiado tiempo en Alberto Gonzales como para dejarlo atrás en Texas—y, en este momento, Gonzales le debía demasiado a George W. Bush como para irse de su lado y evadir el *Sturm und Drang* dentro del cinturón del Distrito Capital.

Después de las elecciones, cuando Bush había sido elegido para ocupar la Casa Blanca por decisión de la Corte Suprema de los Estados Unidos, el abogado tejano David Keltner se encontró con Gonzales y le dijo que había visto el futuro: "Al, aquí, tengo tu carrera programada," le dijo Keltner, mientras le esquematizaba un plan en el que Gonzales era nombrado magistrado federal por el recién posesionado presidente Bush y, luego, después de un cierto período de maduración, era nombrado miembro de la Corte Suprema de los Estados Unidos.

Gonzales miró a su amigo. "Sabes, no sucederá así. Tienes que llegar a conocer mejor a George Bush. Así no son las cosas," dijo Gonzales, que acababa de ser elegido a la Corte Suprema de Texas. "Permaneceré en este cargo."

No mucho tiempo después, en diciembre, durante una fiesta de cumpleaños para Karl Christian Rove, en Austin, los amigos de Gonzales lo vieron conversando con todos los más íntimos de la maquinaria política de Bush. Finalmente, Bush había sido declarado el vencedor en las elecciones y la mayoría de los asistentes a la fiesta aún irradiaban la intensa y combativa energía acumulada durante los inciertos días y las largas noches del limbo político. Ahora, la mayoría movía palancas, determinando ángulos y preguntándose quién se iría al norte, quién formaría parte del poderoso círculo interno de Bush en Washington. Bush tenía un aire de suficiencia y desafío mientras pasaba de un salón a otro dentro de la casa, de un amigo a otro. De pronto vio a Gonzales, lo tomó y lo condujo afuera, al frente de la casa.

Los personajes más influyentes que se encontraban presentes levantaron la vista y miraron por las ventanas mientras Bush y Gonzales caminaban en el frío de esa noche invernal. Uno de los testigos recuerda haber pensado que Alberto Gonzales, más que con cualquier otro, sería con quien Bush querría hablar. Más que con Karl Rove, con Karen Hughes o con cualquier otro que estuviera en la fiesta esa noche. En el último mes, los medios habían arrastrado a Bush por entre las espinas por haber mantenido oculto su arresto por conducir en estado de embriaguez—y los artículos publicados sugerían que su leal amigo Alberto Gonzales había realizado allí un intenso trabajo cerebral. Su secreto estaba al descubierto. La profundidad de la relación abogado–cliente había quedado revelada. Bush, para quien la lealtad valía más que cualquier otra cualidad, veía que su *abogado* no había cedido ante la presión… como lo había dicho en una oportunidad Gonzales de sí mismo, no se había doblado.

En una oportunidad, años atrás, Bush y sus hermanos menores habían creado una prueba de fuego estilo militar para poner a prueba ese tipo de lealtad. *"¿Estás dispuesto a lanzarte sobre la granada por la familia Bush?"* Así lo expresaba George W. Bush.

Gonzales dijo que sólo tenía tres preguntas para Bush antes de darle la mano y aceptar acompañarlo a Washington: *"¿Tendremos la misma relación? ¿Podré entrar a aconsejarte? ¿Tendré que pasar por alguien más?"*

Bush le dijo a Gonzales lo mismo que le había dicho cuando quiso que Gonzales fuera secretario de estado en Texas: Él era un buen hombre, era parte del círculo interno. Quería que Gonzales fuera el asesor del presidente.

IZQUIERDA: Alberto Gonzales jugaba en el equipo de baseball de MacArthur Senior High al norte de Houston. Sus compañeros de equipo lo consideraban intenso y competitivo. *(MacArtair, anuario de MacArthur High School)*

ABAJO: Gonzales tuvo algo de éxito cuando jugaba como defensa en su equipo de fútbol americano. Fue seleccionado como uno de los mejores jugadores de su distrito. *(MacArtair, anuario de MacArthur High School)*

IZQUIERDA: Sus amigos de high school nunca supieron mucho de su familia, y la gran mayoría nunca fue a su casa cuando se graduó de la academia militar. *(MacArtair, anuario de MacArthur High School)*

While at Rice I have had much to be thankful for. My parents have stood behind me all the way and for this I am very grateful. I thank Diane whose love and understanding were so helpful in getting me through these four years. God has been too good to me and for this I praise him.

Al Gonzales
(1979 Poli)

I SALUTE USAFA CLASS OF '79

Cuando se graduó de Rice, Gonzales escribió esta carta que luego fue publicada en el anuario de la universidad. *(Campanile, anuario de Rice University)*

Su padre, alcohólico, murió en un accidente de trabajo. Fue enterrado junto a su hermano René, quien murió en circunstancias extrañas alrededor de 1980. *(Wendy Grossman)*

Gonzales, fotografiado aquí con otros miembros de la Corte Suprema de Texas, estuvo involucrado en un juicio sobre el aborto, que cambiaría su vida para siempre. *(Copyright © Anne Butler)*

Algunos observadores de la Corte Suprema de Texas se preguntaron si la asignación de Gonzales a la corte no era simplemente una movida política para George W. Bush. *(Courtesy of Texas Supreme Court)*

El padre de Gonzales estudió hasta segundo elemental, y su madre hasta quinto elemental. Él fue el primero de su familia en ir a la universidad, y años más tarde, fue reconocido por su alma mater, Rice University. *(Tommy LaVergne/Rice University)*

La nominación de Alberto Gonzales para convertirse en el primer Fiscal General latino en la historia de los Estados Unidos, fue recibida con gran oposición por parte de quienes lo veían como un agente de tortura. *(Copyright © KRT)*

Después de que Gonzales fue acusado de decir que la convención de Ginebra era "pintoresca," él y quienes lo apoyaban, incluyendo al Senador John Coryn de Texas, se vieron obligados a explicarse. *(Copyright © KRT)*

Gonzales—con su esposa Becky (detrás de él a la derecha)—se prepara para atestiguar ante el comité judicial del senado. *(Copyright © KRT)*

Su vida y la de su esposa han estado profundamente ancladas en cada fase de la carrera política de George W. Bush. *(Copyright © KRT)*

La esencia de su relación—el asesor siguiendo al cliente. *(Copyright © KRT)*

Gonzales había llegado a una encrucijada en su vida, y finalmente decidió dejar el anonimato del que había disfrutado durante tantos los años. *(Copyright © KRT)*

Gonzales, hijo de trabajadores inmigrantes, escucha mientras Sandra Day O'Connor toma su juramento para convertirse en Fiscal General de la Nación. *(Copyright © KRT)*

Algunos psicólogos dicen que Bush es el hermano mayor que Gonzales nunca tuvo. Sin duda alguna, su madre y Bush han sido las dos personas más cruciales de su vida. *(Copyright © KRT)*

Con Mucho Cuidado

Bush, con el esbozo de una sonrisa en su rostro, miró por un segundo a su abogado y luego anunció que Alberto Gonzales sería el nuevo asesor de la Casa Blanca. Era el 17 de diciembre de 2000, en la mansión del gobernador en Austin. La antigua mansión con su estilo de hacienda de plantación sureña, estaba decorada con guirnaldas y moños de cinta y olía a cedro y a cera de vela derretida. Su personal de ayuda iba de un lado al otro de la mansión de pisos de madera desgastada. Ese mismo día, anunció que Condoleezza Rice sería la asesora de seguridad nacional y Karen Hughes sería la consejera del presidente. Bush se mecía sobre sus talones, constantemente, denotando intranquilidad, mientras hacia un gesto afirmativo con la cabeza, miró a Gonzales:

"Es un honor para mí anunciar que Al Gonzales, magistrado de la Corte Suprema de Texas, ha aceptado ser mi asesor en la Casa Blanca. Entiendo lo importante que es contar con una persona en quién puedo confiar y cuyo criterio respeto para que ocupe ese cargo. Sé, de antemano, que puedo confiar en los criterios de Al, porque fue mi primer asesor cuando fui gobernador," dijo Bush. *"Al es un distinguido abogado. Un hombre que tiene sólo una norma en mente cuando se trata de ética, y esa es la más alta de todas las normas. Por lo tanto, me siento honrado de que haya vuelto a estar conmigo. Será un placer que trabajemos juntos."*

Gonzales dio un paso al frente y dijo en voz baja y suave:

"Sr. Presidente electo, es la cuarta vez en seis años que he tenido la oportunidad de decirle gracias—gracias por darme otra oportunidad de servir. Tengo actualmente el gran privilegio de servir en la Corte Suprema de Texas, y ha sido un enorme honor servir a los ciudadanos de Texas y trabajar con este grupo específico de magistrados. Pero trabajar con el presidente electo por tres años, como su asesor general, me permitió llegar a saber qué tipo de persona es; cómo toma sus decisiones, que clase de información considera importante para tomarlas. Y vi en él un hombre de integridad y juicio sin par y, francamente, Sr. Presidente electo, no podría dejar pasar la oportunidad de volver a trabajar con usted, se lo agradezco mucho."

Un reportero le hizo a Bush la siguiente pregunta: *"Sr. Presidente electo, en los últimos dos días ha nombrado dos mujeres, dos afroamericanas, un hispanoamericano. Dando por descontado el hecho de que son personas increíblemente competentes y calificadas ¿está enviando usted un mensaje a los Estados Unidos con el hecho de elegirlas?"*

Bush respondió: *"Efectivamente. Quienes trabajan duro y toman las decisiones correctas en la vida pueden lograr lo que quieran en este país. Y pienso en mi amigo, Al Gonzales, un excelente abogado, a pesar de que su pasado es una historia conmovedora. Y quiero empezar por decir que no estaría aquí si yo supiera que no es capaz de cumplir con su trabajo. Pero es una excelente persona, que creció en una casa de dos habitaciones; como bien saben, sus padres trabajaron muy duro, al máximo de su capacidad, para educar a—¿seis hermanos y hermanas?"*

Gonzales intervino: *"Tengo siete hermanos."*

Bush continuó: *"Siete hermanos. Ocho en la familia. Y ahora estará a la derecha del presidente de los Estados Unidos. Para mí, estos nombramientos—y cada una—cada persona tiene su propia historia personal exclusiva, historias que en realidad demuestran lo que este país puede y debería ser. Por lo tanto, les doy la bienvenida. No podría decirle lo excelentes que son, no sólo en términos de los cargos que ocuparan, sino en términos de la calidad de su carácter."*[1]

Gonzales le había dado cuatro veces las gracias a Bush—primero, por contratarlo como asesor general del gobernador de Texas; después, por su asignación como secretario de estado; luego por su nombramiento como miembro de la Corte Suprema de Texas y, en cuatro lugar, por su nuevo cargo como asesor de la Casa Blanca. Era evidente que este nuevo cargo para Bush iba a ser de carácter mucho más político que los anteriores. Sus amigos en Texas se preguntaban qué era lo que permitía que Alberto Gonzales avanzara con tanto ímpetu. "Pensé que se sentía bien como magistrado en Texas. Nunca hemos visto a Al involucrado directamente en política… creo que se desempeña mejor cuando sus responsabilidades no son políticas. Creo que se siente más a gusto," dijo el abogado David Keltner. Recordaba una oportunidad, después de que Gonzales había terminado de hablar durante un panel sobre educación en derecho en Texas. Se trataba de una reunión importante, a la que asistían muy buenos abogados y los más prestigiosos jueces. Todos hacían fila para saludar a Gonzales. Algunos de los más importantes expertos en leyes felicitaron a Gonzales por varios de los conceptos que había emitido mientras fue magistrado de la Corte Suprema de Texas. Gonzales, les daba la mano y respondía: "Se lo agradezco mucho. Pensé que era lo correcto."

Keltner escuchó cómo otros jueces que estaban en las proximidades recibían los mismos elogios de los abogados y cómo hacían alarde de la forma como habían llegado a tomar sus decisiones, los precedentes legales en los que se habían basado, cómo habían estudiado exhaustivamente sus casos. Y comparaba sus respuestas con lo que Gonzales decía. Llegó a la conclusión de que Gonzales era una persona que no se dejaba presionar fácilmente, tampoco dedicaba mucho tiempo a pensar en lo que ya había pasado. "Creo que Al duerme bien en las noches," pensó Keltner.[2]

En una oportunidad, Gonzales se había descrito a sí mismo esencialmente en la misma forma. Había desarrollado un estilo en el que no cabía melancolía en el lugar de trabajo—y, tal vez, durante el largo recorrido desde su casa al trabajo y del trabajo a su casa. De igual forma, rara vez recordaba su niñez ni su juventud, sus amigos decían que rara vez lamentaba o repensaba cualesquiera decisiones políticas en las que hubiera tenido alguna injerencia.

"Creo que uno tiene que tener fe en uno mismo, y darse cuenta que ha hecho las cosas lo mejor posible, en último término, uno sigue adelante, tranquilamente convencido de que ha dado lo mejor de sí," dijo Gonzales, refiriéndose a sí mismo.[3] Para cuando estaba preparándose para mudarse y reubicar su familia, dejando las colinas de West Austin, para instalarse en el área próxima a Vienna, Virginia, había aprendido a seguir adelante. Era otra cosa que tenía en común con Bush. Quienes estaban cerca de los dos hombres decían que no se entretenían en recriminaciones, que ninguno le veía ventaja alguna a la ambigüedad. A diferencia de Bush, Gonzales contaba con la ventaja de grandes yuxtaposiciones a lo largo de toda su vida—

creció en la pobreza para luego hacer fortuna, vivió en el húmedo pueblo de Humble y luego sirvió a su país cerca del Círculo Ártico, desempeñó trabajo legal para importantes clientes empresariales y luego pasó muchas horas deliberando desde su cargo de magistrado, se casó y se divorció, creció amando a un padre que murió muy joven. Gonzales habría podido tener muchas razones para creer que la vida no se definía en blanco y negro sino que se caracterizaba por enormes zonas grises. Gonzales podría haber tenido más razones que Bush para pensar que la vida podía ser rutinariamente ambigua, no fácilmente calificable en respuestas y soluciones definitivas.

Además, en Texas, varios de los amigos de Gonzales se preguntaban qué tan bien dormiría en Washington. Se había sacrificado en varias oportunidades aceptando trabajar para la familia Bush. Había cambiado el curso de su vida profesional—y algunos de sus críticos sostenían que había corrompido a propósito su inocente amor por el derecho a cambio de una ambiciosa y ciega lealtad hacia una familia que lo estaba promoviendo en la vida.

Un día, mientras se encontraba aún en la Corte Suprema de Texas, se encontró con un amigo y hablaron de su nuevo cargo en Washington. Su amigo le dijo que estaba preocupado al ver que Bush mostraba una tendencia ideológica cada vez más conservadora—distinta, tal vez, de lo que Bush había prometido durante su campaña como "conservador compasivo." El amigo de Gonzales temía que Bush estuviera retribuyendo demasiados favores a la extrema derecha. Gonzales le dijo que no se preocupara: "Soy un moderado, y pienso que el gobernador es un moderado."[4]

Evidentemente, Bush estaba ubicando a Gonzales en lo que podría considerarse una especie de posición resguardada, en contraste ético con la Casa Blanca de Clinton. Al presentar a Gonzales y decir de él que "sólo tenía una norma cuando se trataba de ética" le estaba propinando un golpe a la administración Clinton y también se estaba vacunando de antemano contra cualquiera en Washington que se estuviera preparando para buscar más a fondo en el papel de Gonzales en la redacción de esos cincuenta y siete memorandos concernientes a los convictos condenados a muerte en Texas, al recaudar cerca de un millón de dólares para que pudiera ser elegido juez y su trabajo con la firma de abogados que era la quintaesencia de los grandes emporios petroleros de Texas.

Evidentemente, Bush sabía a lo que se enfrentaría Gonzales—pero también había dicho a sus amigos que creía que Gonzales podría manejar mejor la vida dentro de la pecera que cualquier otra persona de Texas que pudiera traer a trabajar con él. Después de ver cómo manejaba Gonzales aspectos de mayor y menor importancia—como determinar la forma legal en la que las hijas de Bush podrían ir a nadar a un club campestre, o determinar por qué Bush debía ser eximido de prestar servicio de jurado en un caso de conducción de vehículo en estado de embriaguez, o determinar lo que debía escribir en un memorando sobre una determinada sentencia de pena de muerte—Bush sabía que Gonzales haría exactamente lo que todos sus más cercanos amigos sabían que haría: no tenía más ambición que la de proteger y servir a su gente.

De hecho, no se había olvidado de sus antiguos clientes, los de la época en que estaba recién graduado de la Facultad de Derecho de Harvard y había venido a trabajar en la segura y poderosa oficina de Vinson & Elkins. La víspera de la toma de posesión de Bush como presidente, Vinson & Elkins ofreció una comida en honor a Gonzales en el Distrito Capital—su hombre trabajaría en la Casa Blanca. V&E contribuyó con algo más de $200,000 a la campaña de Bush y la firma de abogados estaba casi estática ante el hecho de que uno de sus antiguos miembros fuera el asesor general de la Casa Blanca—el primer hispano en ocupar ese cargo.

El día de la toma de posesión, V&E invitó a mil cuatrocientas personas a su "fiesta para observar el desfile desde su elegante suite ejecutiva del Hotel Willard en Pennsylvania Avenue, a sólo dos cuadras de la Casa Blanca" y disfrutar "la salsa BBQ inaugural de Vinson & Elkins, embotellada especialmente para la ocasión."[5] Un vocero de Vinson & Elkins dijo que la firma tenía razones de sobra para celebrar. "No veo nada malo en celebrar el cambio de mando," dijo Joe Householder de V&E. "Tenemos mucha gente involucrada en trabajos con el gobierno, y es una forma de festejar lo que hacemos en este país. Eso es lo que estamos haciendo."[6]

A comienzos de enero, Gonzales estaba ya instalado en las oficinas de transición Bush-Cheney, en una oficina prácticamente vacía en el

segundo piso. Recibiría $140,000 al año. Bush había nombrado a tres pro-
minentes hispanos cuya aprobación estaba pendiente—Linda Chávez
como secretaria del trabajo, Mel Martínez como secretario de Vivienda y
Desarrollo Urbano, Gonzales como asesor de la Casa Blanca. Gonzales
pensaba en la forma de poder tener un mejor control si sabía cómo funcionaban las cosas en el Distrito Capital. "Considerando la situación podía
ser muy útil. Probablemente podría evitar algunos de los errores que tal
vez pudiera cometer. Aunque no es necesario si uno sabe rodearse de personas inteligentes." [7]

Gonzales ya estaba embarcado en una serie de reuniones y llamadas
telefónicas para hacer contacto con asesores de Reagan, Nixon y Bush—
para solicitar su consejo y, más importante aún, para pedirles nombres de
posibles personas que le ayudaran en su cargo de asesor, de entre los más
experimentados abogados del GOP que habían trabajado con las anteriores administraciones. Entre sus contactos más importantes, estaba C. Boyden Gray, que había sido asesor de George Herbert Walker Bush desde
1981 hasta 1993, un período excepcionalmente prolongado para mantener ese difícil cargo durante los años de la vicepresidencia y la presidencia
de Bush.

Gonzales también se reunió con otras eminencias del GOP, en especial
con Fred Fielding, que trabajó como asesor asociado de Nixon, y que
sirvió también a John Dean (el asesor de Nixon que adquirió infame notoriedad por su papel en el escándalo de Watergate) que luego se convertiría en el asesor de Reagan durante cinco años a mediados de los años
ochenta. Fielding estaba tan profundamente involucrado en el laberinto
político, que las apuestas lo colocaban en la posición de la fuente "Deep
Throat" de las historias del *Washington Post* que desenredaron el escándalo
de Watergate (años más tarde se supo que el ex funcionario del FBI,
W. Mark Felt, era el verdadero "Deep Throat"). Gonzales habló también
por algún tiempo con A.B. Culvahouse, que fuera asesor de Reagan y que
ayudó a Reagan a superar el escándalo "Irangate" Iran-Contra, y las acusaciones de que los Estados Unidos vendían armas a Irán para luego utilizar
el dinero para financiar una guerra secreta en Nicaragua.

Mientras se encontraba en su oficina transitoria, aún esperando la confirmación de donde se asentaría en la Casa Blanca, Gonzales estudió las
recomendaciones para determinar quién sería miembro de su equipo

como asesor general. Ya le había pedido a Stuart Bowen, el asesor diputado de Texas que había ayudado a elaborar varios de esos memorandos de clemencia para los sentenciados a pena de muerte, que se uniera a su personal en Washington y le ayudara a elegir la mesa redonda de asistentes del asesor de Casa Blanca. Gonzales había llamado a Bowen y le había ofrecido el cargo el mismo día que Bush le ofreció a él el cargo de asesor de la Casa Blanca.

Gonzales habría podido traer a más personas de Texas, pero, en último término, sólo eligió a Bowen. El equipo de Bush había enviado a Bowen a ayudar al equipo Bush/Cheney encargado de hacer el nuevo recuento de votos en Florida durante los problemas postelectorales—y Bowen se había relacionado y había asesorado a otros abogados de primera línea que el GOP había enviado a la Florida a luchar por Bush. Bowen había elaborado una lista de nombres para Gonzales. Entre tanto, Gonzales también había dicho a varias personas, en tono misterioso, que "alguien que conoce a alguien que conoce a alguien" le había recomendado otros nombres.[8]

En último término, Gonzales buscaba conformar un equipo que perteneciera abiertamente al mundo neoconservador de verdaderos seguidores, hombres y mujeres que se hubieran alegrado y entusiasmado al máximo tanto con la victoria de Bush como por el hecho de que Bill Clinton y su equipo salieran de Washington. En la rama legal—especialmente dentro de la Sociedad Federalista, la organización fundada a principios de los años ochenta para promover una filosofía legal conservadora y monitorear lo que consideraba como tendencias debilitantes para interpretar activamente la constitución, en contraposición a aplicarla simplemente—hubo un entusiasmo general cuando se supo públicamente el nombre de las personas que Gonzales estaba llamando para hacerles entrevista.

Antonin Scalia, Robert Bork, Clarence Thomas y Gray, eran todos miembros de la influyente Sociedad Federalista, un paraíso para el candente poder intelectual conservador, y Gonzales, sin saberlo, estaría comenzado a explotar el potencial de varios jóvenes y enérgicos abogados que también tenían vínculos con la sociedad. Algunos informes periodísticos los llamarían eventualmente el "Equipo de Ensueño" de las jóvenes y apasionadas mentes conservadoras—otros dirían que era como un "Camelot Republicano" y que Gonzales había logrado reunir "uno de los mejores bufetes de abogados de Washington."

Los críticos se preguntaban si Gonzales habría conformado su personal con fanáticos, ideólogos, con soldados rasos de la extrema derecha—con abogados de poco más de treinta años de edad que iban a avanzar con enorme rapidez para darle a Bush la licencia legal de reorganizar total y conservadoramente el sistema judicial de la nación, y darle así a Bush la libertad legal de hacer cualquier cosa que quisiera para promover una agenda doméstica realmente conservadora. A fines de enero, apareció un artículo premonitorio redactado por Dana Milbank en el *Washington Post* que preconizaba el colmo del poder de influencia del ambicioso equipo élite que Gonzales había conformado a su alrededor—el artículo parecía sugerir que quienes trabajaban para Gonzales estaban tan comprometidos y motivados que desempeñarían un importante papel en dar forma a cualquier opinión legal que saliera del escritorio de Gonzales. Ese artículo dejó la sensación de que estos ayudantes contratados eran como caballeros fanáticos unidos entre sí por una especie de causa común: Se tenía un concepto claro de que todos habían trabajado para hombres que lucharon contra la administración Clinton y la derrocaron o que trabajaron para los jueces que habían llevado a Bush a la presidencia—y ahora habían sido investidos de poder y habían encontrado la oportunidad de promover su causa.[9]

Algunos de los que entraron a formar parte del equipo de Gonzales en primer lugar fueron: Brett Kavanaugh, un miembro de la Sociedad Federalista, un primer diputado de Kenneth Starr y co-autor del famoso *Informe Starr* que analizó las acusaciones contra Clinton; Bradford Berenson, un miembro de la Sociedad Federalista que fue secretario del magistrado de la Corte Suprema de Justicia Anthony Kennedy y consultor del Concejo Independiente en la investigación del escándalo extramarital del ex miembro del gabinete de Clinton, Henry Cisneros; Christopher Bartolomucci, que fuera asesor especial asociado del Comité Whitewater del Senado; Courtney Elwood, que fuera secretario del magistrado de la Corte Suprema de Justicia William Rehnquist y del Juez J. Michael Luttig del Tribunal de Apelaciones del Cuarto Circuito de los Estados Unidos; Noel Francisco, miembro de la Sociedad Federalista, que fuera secretario de Antonin Scalia y que estuvo también en Florida ayudando en el recuento de votos; Helgi Walker, secretaria del magistrado Clarence Thomas, que fuera parte del equipo de Bush en Florida y quien trabajó también para el senador Strom Thurmond; Rachel Brand, que trabajó para una firma de abogados, Cooper, Carvin & Rosenthal, descrita en un artículo periodístico como de "reconocida ideología conservadora."[10]

Por recomendación de algunos miembros del anterior gobierno Bush de la Casa Blanca, Gonzales se decidió por Timothy Flanigan, como su asesor encargado. Flanigan, mormón y padre de catorce hijos, había sido secretario del Magistrado en Jefe Warren Burger (un informe publicado en el *Chicago Tribune* sostenía que había recibido $800,000 de la Sociedad Federalista para actuar como consultor y escribir una biografía de Burger). Su fidelidad a la familia Bush estaba reforzada por el hecho de que había servido a George Bush padre como director de la Oficina de Asesoría Legal del Departamento de Justicia—y por el hecho de que, supuestamente, estuviera sosteniendo conversaciones con C. Boyden Gray acerca de si era apropiado o no sacar a la luz los registros clasificados del pasaporte de Bill Clinton durante la campaña presidencial de 1992. Flanigan había sido elegido también como miembro clave del GOP y del equipo legal de Bush que fue enviado a Florida a detener el recuento de votos y a luchar por los votos electorales del estado en el accidentada conclusión de la contienda electoral para la presidencia del año 2000. En Florida, había conocido al consejero asistente de Gonzales, y, una vez que se calmaron los ánimos después del enredo legal, Bowen llamó a Flanigan y le preguntó si quería ser entrevistado para un nuevo cargo como diputado de Gonzales en el Distrito Capital.

Flanigan, al igual que los otros, conoció por primera vez a Gonzales en las oficinas de transición. Ante el desconcierto de todos, Gonzales dejó puesto el noticiero de televisión durante la entrevista. Flanigan pensó que Gonzales era muy, muy cauteloso. Un poco vacilante. Tal vez estaba algo preocupado por su nuevo cargo. Sin embargo, Flanigan le dijo a su esposa que Gonzales era alguien que él podía respetar, alguien para quien él podía trabajar. Más tarde esa noche, Flanigan recibió una llamada de Gonzales para ofrecerle el cargo de asesor diputado del presidente de los Estados Unidos.

Flanigan sabía que Gonzales quería personas experimentadas, familiarizadas con el funcionamiento interno del Distrito Capital y sabía que la poderosa comunidad de abogados del Distrito Capital consideraba a Gonzales como un extraño. "Creo que algunos, como los republicanos de las esferas legales, los que han ocupado cargos anteriormente en las administraciones republicanas en aspectos relacionados con la ley, lo consideran como un extraño proveniente de Texas."[11]

Los observadores de Washington, sobre todo los más fervientes conservadores, se preguntaban si Gonzales aceptaría el cargo de asesor de la Casa Blanca—y si los jóvenes cerebros, con innovadoras ideas, que conformaban su equipo, lo aceptarían. Ya se habían filtrado noticias desde Texas con relación al hecho de que Gonzales podía ser un moderado y que su decisión en el caso del aborto en Texas había enfurecido a la comunidad que estaba en contra del aborto. Además, también se tenían noticias de que el Fiscal General John Ashcroft estaba dispuesto a declararle la guerra a Gonzales acerca de quién pilotearía el barco cuando se tratara de llenar la docena de vacantes en los distintos tribunales del país. Algo que algunos en Washington se abstenían de mencionar era el temor de que probablemente Gonzales se hubiera beneficiado de una acción afirmativa y pudiera estar dispuesto a mirar con ojos favorables el establecimiento de cuotas para las minorías. Era, sencillamente, un número incierto—y se esforzaba por calmar cualesquiera temores asegurándose un equipo conformado por abogados por cuyas venas corriera sangre realmente conservadora, que hubieran demostrado su fuerza en algunas de las más intensas investigaciones sobre las vidas de Bill Clinton, Hillary Clinton, Henry Cisneros y la maquinaria política Clinton/Gore en Florida.

Gonzales, quien naciera en San Antonio, el pueblo natal de Kenneth Starr, se había rodeado de una impenetrable muralla conservadora. Por la forma como estaba conformando su personal, los de adentro sostenían que era sólo cuestión de tiempo para que el equipo de Gonzales dejara ver realmente sus características, como un feroz y agresivo ejército neoconservador, que adoptaría un abordaje activista en el diseño de los nombramientos legales, las normas éticas, los discursos y la legislación de Bush—un ejército que sencillamente iría más adelante que el del Fiscal General John Ashcroft y el del consejero legal de la Oficina del Departamento de Justicia, la otra entidad pública que se encarga de asesorar al Presidente en asuntos legales. Gonzales anunció cuidadosamente y sin demora que no pensaba manejar un feudo de poder desde su oficina y que trabajaría estrechamente con el recién posesionado Ashcroft y con la Oficina de Asesoría

Legal, que hasta cierto punto, había pasado a ocupar una posición de segundo plano durante los últimos días de la administración Clinton.

Sin embargo, quienes elaboraban los pronósticos políticos en Washington tenían la sospecha de que el presuntuoso Ashcroft ya estaba planeando el control del campo de juego, programando medidas para que su programa de poder se convirtiera en el potente centro legal de la administración Bush—en especial en lo que se refería al estrechamente vigilado trabajo de elegir candidatos para jueces en todo el país. Ese trabajo, el proceso de selección de jueces, se consideraba como un premio gordo para los líderes conservadores; una forma de abrir realmente terreno a todo lo largo y ancho de los Estados Unidos, de encender un verdadero fuego bajo la revolución conservadora al contar con auténticos conservadores en los tribunales de costa a costa.

Por su parte, Gonzales ya hablaba de haber ensamblado una fuerte base, una maquinaria dispuesta a salir a pelear por Bush. Sabía que las personas que le habían sido recomendadas por Gray y por otros ya eran veteranos avezados que habían presionado la campaña de Al Gore, que habían luchado al máximo contra la Casa Blanca de Bill Clinton y habían contribuido con su fuerza a las investigaciones de Kenneth Starr. A Gonzales le gustaban sus guerreros y hablaba de ellos como si fueran miembros de un batallón: "Si entramos a pelear, necesito contar con gente capaz de entrar en la batalla conmigo y proteger a este presidente y proteger a la Casa Blanca. Ese es mi trabajo." [12]

Los consejeros de la Casa Blanca que trabajaban para Clinton decían que el hecho de que Gonzales hubiera elegido a tantos abogados de la Sociedad Federalista que en una oportunidad habían trabajado para Scalia, Thomas, Starr y el equipo que había luchado para aplastar la elección de Al Gore, se parecía más a la constitución de un equipo de partidarios de la mafia: "Parece algo muy partidista," comentó Abner Mikva, uno de los asesores de Clinton. "Se supone que el asesor de la Casa Blanca no debe ser un *consigliere* para algún tipo de 'don' en camino a la guerra." [13]

Gonzales respondió prácticamente riendo: "Creo, en términos generales, que este grupo tiene convicciones muy consistentes con las del presidente." [14]

Sin embargo, también en forma muy sutil, Gonzales se cercioró de que todos en Washington entendieran que, aunque no contaba con años de experiencia en el Distrito Capital ni tampoco contaba con una persona que pudiera compararse a un John Ashcroft, tenía algo aún más valioso. Contaba con la atención y la confianza de George W. Bush: "En la mayoría de los casos, cuando lo asesoro legalmente, sigue mi consejo," indicó Gonzales en lo que para él fue un momento sorprendentemente presumido. "Yo seré esa persona en la Casa Blanca cada día. Estaré a su lado. El fiscal general está en otro edificio, manejando otra entidad." [15]

Gonzales agregó algo más: "Lo que me pide que le dé es asesoría legal. Tiene muchos asesores que pueden presentarle el paisaje político… Mi objetivo está en ser el abogado del presidente. Mi trabajo consiste en cerciorarme de que no cometamos los mismos errores de las administraciones anteriores." [16]

Culvahouse, uno de los veteranos de los círculos internos de Washington, indicó que todos entendían las nuevas reglas. Todos sabían que Gonzales formaba parte del círculo interno de Bush y que no debía ser contrariado ni su poder debía ser socavado: "Tiene con el presidente el tipo de relación que hace que todos sepan que tendrán que moverse a su alrededor con mucho cuidado." [17]

Era esa relación, más que la experiencia, lo que realmente importaba. De hecho, no importaba en realidad la experiencia siempre que Gonzales se rodeara de las personas correctas, a través de C. Boyden Gray. Gonzales podría aprender a volar y sería asesorado por expertos con amplia experiencia provenientes de los días de Nixon, Reagan y Bush padre. Este último le había dicho a su hijo que Dick Cheney debería ser su elección para vicepresidente, y exactamente por la misma razón—para que Bush hijo contara en su entorno con otro veterano de Washington.

Gray pensaba que a Gonzales le iría muy bien. Eso se debía a que era evidente para cualquiera que observara lo que ocurría en Washington—todos esos políticos, profundamente arraigados, que no salían con tanta frecuencia del Distrito Capital—que el joven Bush y Gonzales tenían un estrecho vínculo personal. El joven Bush tenía la reputación de ser muy duro con cualquiera que no fuera abiertamente leal. Su círculo de personas íntimas era más estrecho que el de su padre. El hijo parecía menos confiado y probablemente más propenso a no perdonar. Bush no otorgaría el cargo de asesor de la Casa Blanca—un cargo que estuvo permanente-

mente bajo ataque durante la administración de Clinton—a nadie a quien
él no confiara su carrera, su vida política.

"Es un cargo que requiere una confianza total y completa," indicó
Gray. ¿Y la experiencia? "La experiencia puede obstenerse de otras fuentes," respondió Gray.[18]

En Texas, algunos de sus amigos hispanos se maravillaban de su asenso.
Gonzales era el asesor del presidente y esto hacía que sus conocidos
que habían quedado atrás en Texas lo tuvieran en mayor estima. Algunos,
extasiados, lo comparaban con otros legendarios líderes hispanos:"Es uno
de los íconos de la comunidad hispana," dijo Massey Villareal, el ex presidente de la Asociación Tejana de Cámaras de Comercio de México y Estados Unidos y el ex presidente de la Asamblea Nacional de Hispanos
Republicanos.[19] Los líderes nacionales hispanos se mostraban más caute-
losos. Para muchos de ellos, Gonzales seguía siendo un artículo de con-
sumo desconocido, aunque representara un importante avance en términos
de la presencia latina en la Casa Blanca. "Parece una persona pensante, alguien con quien se puede trabajar," dijo un cauteloso vocero del Concejo
Nacional de la Raza.[20]

En Washington, Gonzales asistía a seminarios "educativos" con la Conferencia Judicial y procuraba aún acostumbrarse al ritmo de su nuevo
papel entre los egos de alto poder y las fuertes personalidades que rodeaban a Bush. En una oportunidad, iba en su automóvil hacia la Casa Blanca
y se estaba preparando para entrar por la enorme reja de seguridad de
hierro que bloquea la entrada. Venía detrás de otro automóvil, y, con la
mente ocupada en algo más, no estaba prestando mucha atención a lo que
ocurría, fue así como cuando una de las rejas comenzó a cerrarse sobre
su auto, Gonzales dio marcha atrás mientras veía como la parte delan-
tera de su BMW era aplastada por la pesada reja de seguridad que avanzaba
sin remedio. Como los ojos de un personaje de caricatura que saltan de su
cara cuando es apretado, las farolas de su automóvil salieron de su sitio.
Cuando el guardia de seguridad vio lo que ocurría y al fin pudo detener
la reja, ya era demasiado tarde. Durante los días siguientes, Gonzales
condujo su auto hasta la Casa Blanca y de vuelta a su casa con los faros
delanteros pegados con cinta adhesiva al frente de su automóvil. Gonzales

le comentó a sus amigos en Texas que la reja de la Casa Blanca era inflexible e inmisericorde—a diferencia de la estúpida reja de seguridad de la Corte Suprema de esa ciudad por la que todos, incluido Gonzales, entraban siempre mientras se iba cerrando—pero la reja era débil, siempre se devolvía al hacer contacto con el vehículo, sin dejar siquiera un rasguño.

Algo más había cambiado en Washington. Por recomendación de sus amigos republicanos, Gonzales decidió asistir a la Iglesia Episcopal de Falls, en Falls Church, Virginia. Descrita, a veces, como una congregación episcopal evangélica, la iglesia era reconocida por los observadores políticos como un lugar al que normalmente asistían ahora—y asistirían en el futuro—los poderosos republicanos y conservadores: Fred Barnes del *Weekly Standard;* el escritor y comentador de TV Tucker Carlson; el director de la CIA y ex congresista Porter Goss, Michael Gerson; escritor de los discursos de Bush (un estudiante de teología convertido al cristianismo evangélico que en una oportunidad trabajara para los Prison Fellowship Ministries, cuyo director fue uno de los culpables de Watergate, Charles Colson); el congresista de Georgia, Jack Kingston; el congresista de Alabama, Robert Aderholt y el encuestador del GOP, Ed Goeas. La parroquia data de comienzos del siglo XVIII y George Washington, Robert E. Lee y Francis Scott Key se contaron entre sus feligreses—desde luego, Washington hasta fue celador de la iglesia. Surgieron leyendas que sostenían que la Declaración de Independencia se leyó a los colonos rebeldes desde los escalones de esa iglesia. En la actualidad, es un lugar de culto de tendencia conservadora, claramente alineado con el ala de la religión episcopal que se opone al matrimonio entre homosexuales y a la ordenación de clérigos gay—temas que podrían dividir profundamente a los líderes episcopales.

El Rector John Yates, que ha dirigido la iglesia desde 1979, es padre de cinco hijos, famoso por su fuerte postura de oposición, dentro de la Convención General Episcopal, a la ordenación de un arzobispo gay. Envió una carta abierta a su congregación en la que decía: "Constituye un endorso al estilo de vida de este hombre que se divorció de su esposa y ha estado viviendo con otro hombre en una abierta relación sexual. Queremos que sepan que rechazamos y repudiamos ésta acción de la manera más enérgica. Cuando la escritura habla, yo intento hablar." Yates también ha tendido a desdibujar la línea entre la política y la religión al sugerir que los legisladores deben votar contra la licitación que consideren que podría dar lugar a un "pecado." Los servicios que la iglesia ofrece a los tres mil quinientos fieles que asisten a ella también desdibuja la línea entre la forma antigua y nueva del culto—los fieles pueden asistir a una especie de servicio *pop-rock* con música estridente, aplausos y agitar de brazos, o a una misa de estilo antiguo en donde predominan los himnos tradicionales y una atmósfera más severa. A los servicios de oración de las 6 a.m. suelen asistir los elegantes miembros del GOP e inclusive algunos políticos demócratas que procuran incluir algo de religión en sus vidas antes de dirigirse a las trincheras del Distrito Capital.[21]

La iglesia establece claramente sus doctrinas sobre el aborto, el matrimonio y otros aspectos en su página web: "Toda vida humana es un don sagrado de Dios y debe ser protegida y defendida desde la concepción hasta la muerte natural. Defenderemos la santidad de la vida y atraeremos la gracia y la compasión de Cristo sobre aquellos que enfrentan las realidades de un aborto previo, de un embarazo indeseado y de una enfermedad terminal." Y la iglesia parece sugerir que la religión debe desempeñar un papel importante en la política pública: "Estamos comprometidos con la búsqueda de formas para expresar estos mandamientos y principios en todos los campos de la actividad humana, incluyendo la vida pública de la nación." El Rector Yates ha dicho que naturalmente, acogerá a George W. Bush en su congregación; Bush asistió a los servicios de la iglesia episcopal cuando niño, mientras estuvo en Midland, Texas, asistió a las iglesias presbiterianas y luego en 1977, después de su matrimonio con Laura Welch, comenzó a asistir a los servicios metodistas.

Bush, que en una oportunidad anunciara que no sabía cuáles eran las diferencias doctrinales específicas entre las iglesias episcopal y metodista, había adoptado una especie de cristianismo conservador adaptativo y tuvo contacto con una amplia variedad de líderes y asesores religiosos a través de los años—incluyendo a Billy Graham, ministro de las Asambleas de Dios y vendedor de alto rango de Amway, Doug Wead, metodista de Houston, Reverendo Kirbyjohn Caldwell y, en cierto grado, Marvin Olasky, un ex comunista que se convirtió en miembro del consejo de su iglesia cristiana y en editor de una revista de tendencia cristiana—que terminó también como profesor de periodismo en la Universidad de Texas en Austin, mientras escribía controversiales artículos que decían "muchos periodistas liberales tienen huecos en sus almas," que algunos de esos periodistas "no desean arrepentirse," que "es triste que los más importantes periodistas actúen como prosélitos en la religión de Zeus"[22] y que "cualquier mujer debe poder competir por cualquier cargo y debe recibir igual remuneración por su trabajo, pero que, en la práctica, los cargos que requieren mayor agresividad y presentan objetivos inflexibles serán ocupados siempre, en forma desproporcionada, por hombres."[23]

A través de sus encuentros con la religión y con sus asesores religiosos, Bush ha declarado consistente y claramente que cualquiera de su círculo interno puede acompañarlo a asistir al culto religioso. Según sus amigos íntimos, Bush es también devoto de la "Biblia de Un Minuto"—una colección de los principales conceptos teológicos, presentados en forma fácil de digerir, supuestamente escritos para quienes no tienen ni el tiempo ni la inclinación personal de dedicarle un largo período a la lectura de la Biblia. En último término, Gonzales y Bush estarían en la misma página religiosa—hombres que crecieron en una cultura empresarial y política en Texas, donde no sólo se promovía sino que prácticamente se exigía un estilo de cristianismo conservador ágil en algunos círculos de Houston y Dallas. Las iglesias a donde terminaron asistiendo Bush y Gonzales atraerían una congregación por lo general adinerada e influyente—y en los servicios, los fieles oirían una especie de cristianismo estilo *noblesse oblige,* en el sentido de que cuando los cristianos con poder trabajan para la comunidad no sólo se espera que estén dispuestos a prestar su ayuda a quienes se encuentran atrás de ellos sino que deben hacerlo de conformidad con algunos rígidos principios normativos cristianos.

Mezclado frecuentemente con los sermones, seminarios y servicios de oración estaba con frecuencia el concepto de que Dios había "recompensado" a los asistentes con sus evidentes éxitos políticos y financieros—y que, prácticamente como retribución y agradecimiento por el hecho de que Dios los hubiera escogido, Dios esperaba ahora que esos beneficiarios difundieran la sagrada palabra a los demás.

Gonzales y otros funcionarios de la Casa Blanca tomaron posesión de sus cargos oficialmente el 22 de enero prestando juramento ante el vicepresidente Dick Cheney en la Ala Oriental de la Casa Blanca. Después de la ceremonia, Bush pronunció un breve discurso y, de nuevo, Gonzales fue la única persona a la que se refirió por su nombre completo: "Espero que todos los miembros de ésta administración se mantengan firmes dentro de los límites que definen la conducta legal y ética. Esto significa hasta evitar algo que pueda ocasionar problemas. Esto significa verificar, y si fuere necesario, volver a verificar que se hayan obedecido las reglas. Esto significa no comprometer nunca esas reglas. Nadie en la Casa Blanca debe tener miedo de confrontar a las personas para quienes trabajan, en relación con aspectos éticos, y nadie debe dudar en confrontarme a mí también. Todos somos responsables ante todos y, sobre todo, todos somos responsables ante la ley y ante el pueblo norteamericano. Mi asesor de la Casa Blanca, Al Gonzales, es la persona clave para estos aspectos. Si tienen aún la menor sombra de una duda ética, los animo a que hablen con Al."[24]

Gonzales ocupó una oficina del segundo piso en la Ala Occidental de la Casa Blanca, no lejos de Karl Rove, Karen Hughes, Clay Johnson (el compañero de habitación de Bush en Phillips Exeter y Yale, y su asesor de nombramientos en Texas y también en la Casa Blanca), Nicholas Callo (director legislativo), Margaret Tutwiler (directora de comunicaciones), Lawrence Lindsey (asesor de política económica) y Margaret La Montage (asesora de política interna). Estaba en la misma oficina que ocuparan los hombres que sirvieron a Clinton durante las diversas y tumultuosas investigaciones que consumieron al ex presidente.

Gonzales decidió decorar sus nuevos dominios con fotografías de su familia, fotografías de él en la Fuerza Aérea y algunos de sus premios de Texas. Además, colgó una fotografía grande tomada en el interior de la Oficina Oval en la que aparecían George Bush padre al lado de George Bush hijo, que estaba sentado ante el "Escritorio del *Resolute*"—hecho con trozos de madera tomados del abandonado buque británico H. M. S. *Resolute*. Quienes visitaban a Gonzales en su oficina recordarían ésta fotografía, tomada el día de la toma de posesión, colgada en un lugar más prominente que cualquiera de los otros recuerdos y trofeos. "Me encanta esa fotografía," les diría Gonzales.[25]

La oficina de Flanigan, más pequeña y menos majestuosa, quedaba contigua a la de Gonzalez. Su personal secretarial, de oficinistas y asistentes ejecutivos, estaba instalado afuera en un área de recepción más amplia. La oficina de Rove era la siguiente por el corredor, y era muy frecuente que Gonzales y cualquiera de los miembros de su personal se encontraran a diario con Rove. A los pocos días de instalarse en su oficina, sus asistentes comenzaron a dejarle artículos sobre el escritorio, marcados con círculos en los lugares donde aparecía su nombre—artículos que sugerían que Alberto Gonzales estaba en la extremadamente corta lista de candidatos para la Corte Suprema de los Estados Unidos.

Durante los siguientes cinco años, repetiría variaciones del mismo refrán—que no estaba buscando volver a ocupar un cargo de magistrado, que estaba dedicado a hacer lo que siempre había hecho mejor… servir a las necesidades de sus clientes. "Ese era el elefante en el salón. Rara vez se discutía. A veces podía haber alguna referencia jocosa. Pero todos sabían que los rumores acerca de él como potencial magistrado de la Corte Suprema se habían iniciado de inmediato." [26]

El *Washington Post* publicó un artículo a fines de enero describiendo su personal como un "torrente de talento" y una "nueva generación de intelectuales conservadores" y una "banda élite," y mencionó, casi accidentalmente, que "muchos de ellos eran miembros de la Sociedad Federalista, un paraíso para los conservadores del movimiento intelectual." [27] Gonzales leyó el artículo y ese martes por la mañana, mientras se encontraba sentado en su silla, se quedó observando al grupo de asesores asociados y asistentes que lo rodeaba.

"¿Son ustedes miembros de la Sociedad Federalista?" les preguntó Gonzales.

El hecho de que no lo supiera—y el que, evidentemente, no supiera mucho acerca de la Sociedad Federalista—era considerado por algunos como una muestra de lo extraño que era en realidad Gonzales.

Todos sus abogados allí presentes levantaron la mano. Según alguien que estaba allí presente, se mostró "muy sorprendido" de ver cuántos miembros de su personal eran miembros incondicionales de la Sociedad Federalista. "Creo que quedó algo atónito al ver que estos hombres eran todos miembros de dicha sociedad—miembros de pleno derecho de algunas organizaciones que él no entendía."

Empezaba ya el mes de febrero y Rebecca y los niños habían llegado a su nuevo hogar. Se levantaba antes del amanecer, a la misma hora que lo hacía en Texas, y llegaba a la oficina para reunirse con Flanigan entre 6:15 y 6:30. Revisaban el *New York Times,* el *Washington Post* y el *Wall Street Journal,* y Gonzales se preparaba para las reuniones con los asesores asociados y con los altos funcionarios de la Casa Blanca. Bush tenía razón, en parte—Gonzales podía ir a verlo a cualquier hora que quisiera, pero aún tenía que tramitar sus memorandos y solicitudes a través de otra antigua amiga de Texas. Harriet Miers se había mudado también, silenciosamente, a Washington, y, perdida entre toda la atención prestada a Colin Powell, Rice, Rove, Hughes e inclusive Gonzales, su nombramiento al cargo de secretaria de personal pasó prácticamente inadvertido. Era la mujer que había señalado hace años a Gonzales, mientras era presidente de la Asociación de Abogados del Estado, la mujer que había recomendado que Bush eligiera a Gonzales como su asesor general en Texas, la mujer que constantemente se había cruzado en el camino de Gonzales durante las distintas campañas políticas de la familia Bush. Era la mujer que debía varios de los últimos años de su carrera a George W. Bush, en formas muy similares a las de Alberto Gonzales—y era una presencia amigable y familiar para Gonzales.

Mientras esperaba que Rebecca y los niños llegaran por fin de Texas, una vez terminado el año escolar, vivía transitoriamente con Stuart Bowen y luego encontró un apartamento. Trabajaba hasta las 7 ó 7:30 p.m. y luego se asomaba a la oficina de Flanigan y le decía sencillamente: "Vámonos a la casa, Timmy." Durante las primeras semanas, se dedicó a revisar los nombramientos legales alrededor del país—había noventa y cuatro vacantes que debían ser llenadas en los tribunales de distrito y de circuito y el equipo de Gonzales tendría que participar directamente en lo que algunos expertos legales consideraban como un enorme impacto sustancial en el sistema legal de la nación. La mayoría de quienes pertenecían a los círculos internos esperaban sangrientas batallas en torno a los nombramientos, con los sospechosos demócratas ya sopesando la posibilidad de que el consejero conservador de Bush, proveniente de Texas, junto con cualquier insumo que pudiera venir de Ashcroft, intentaría reunir docenas de candidatos archiconservadores. "No puedo controlar el aspecto político del proceso," sostuvo Gonzales.[28]

No podía controlar el aspecto político, pero estaba consciente que en el mismo momento en que tomó posesión de su cargo en la Casa Blanca, la política influenciaría casi todas sus decisiones y los consejos que le diera a Bush. Al trabajar tan estrechamente con alguien que, por naturaleza, era una criatura política—que, tanto oficial como extraoficialmente había estado compitiendo por la presidencia durante los últimos ocho años— Gonzalez estaba evidentemente concentrado en detectar el componente político en cada rincón. Sabía que, al venir a Washington, estaría en el filo de la navaja mientras hubiera grandes intereses políticos en juego casi permanentemente sobre la mesa: "Hay un componente ético en lo que debo hacer. Habrá algunos casos en los que haya algo muy importante para la agenda del presidente y mi trabajo consiste en encontrar la forma de hacerlo de modo que sea legal."[29]

Gonzales tomó el control del proceso como jefe del equipo administrativo de quince miembros encargados de manejar las opiniones, las entrevistas y la selección de los jueces federales. (En la Casa Blanca, en las funciones de la Sociedad Federalista, algunos funcionarios y miembros comenzaban a llamarlo "Juez Gonzales" como reconocimiento a sus veintitrés meses en la Corte Suprema de Texas.) Para comienzos de marzo, ya trabajaba hasta tarde en la noche para ayudar a entrevistar a más de cincuenta posibles candidatos. Algunos analistas legales sostenían que el proceso de selección de jueces era como un cáliz sagrado para el equipo de Gonzales—que los jóvenes y ambiciosos abogados de su equipo veían allí la posibilidad de elegir un número tan grande de jueces como la oportunidad de su vida para transferir el enfoque puramente constitucional de la Sociedad Federalista a los estrados de los magistrados a todo lo largo y ancho de los Estados Unidos.

Gonzales envió un temprano mensaje de advertencia en marzo cuando se filtró el rumor de que no se basaría ya en la tradición de cincuenta años de que fuera la Asociación de Abogados de los Estados Unidos la que hiciera las primeras evaluaciones de los candidatos a ocupar los cargos de magistrados federales. Los detractores de la ABA (por sus siglas en inglés) decían que la asociación había inclinado los tribunales de la nación hacia la opinión conservadora durante los años de Clinton y que un tibio análisis de Robert Bork realizado por la ABA había saboteado el intento de Reagan de colocar a Bork en la Corte Suprema. La ABA pronto anunció que sus recomendaciones nunca estuvieron sesgadas por aspectos o ideologías partidistas—y algunos expertos en asuntos legales sostuvieron que toda la maniobra había sido una "toma de poder por parte de los políticos de derecha"[30] y un osado intento por reestructurar totalmente los tribunales del país en una rápida jugada conservadora. La Casa Blanca emitió un comunicado público dirigido por Gonzales a la Presidente de la ABA (Martha Barnett era la presidente de la ABA en ese momento—y alguien a quien le había sido ofrecido un puesto en el equipo legal de Al Gore en Florida durante la debacle de las elecciones) en marzo, en donde decía que "la Administración no notificará a la ABA" acerca de los candidatos para jueces antes de que sus nombres fueran presentados el Senado o revelados al público. Como medida de precaución, Gonzales envió una carta a los principales demócratas informándoles lo mismo. La respuesta de la senadora de California Barbara Boxer a la decisión de Gonzales fue muy simple: "Esto es guerra."[31]

En una singular y profunda entrevista con Gregory Rodríguez en las páginas del *Los Angeles Times,* Gonzales reveló su visión sobre los nombramientos judiciales—y su filosofía de lo que significaba realmente ser juez: "Con frecuencia, tuve que interpretar estatutos en Texas que consideré que eran una política pública terrible, pero eso es inmaterial. Si quiero cambiar esa política, tengo que colgar mi toga y postularme para la legislatura de Texas," sostuvo Gonzales. Dijo que, ahora, en Washington, temía que las personas se acercaran al tribunal en la misma forma. Había normas que debía cumplir en su selección: "La primera es el carácter. La segunda es si la persona está preparada para el puesto. En términos de carácter: ¿Es ésta una persona íntegra? Básicamente ¿es ésta una buena persona? Me doy cuenta que se trata de algo muy sujetivo, pero eso es lo que busco… En términos de preparación: Lo que busco es intelecto. ¿Tiene ésta persona el intelecto para realizar un buen trabajo?"[32]

La osada y controvertida estrategia para sacar del juego a la ABA y como esperaba dejar fuera del juego a los demócratas, ayudó a establecer el tono de cómo percibiría la gente a Alberto Gonzales en el Distrito Capital. Su firma aparecía en la agresiva declaración de guerra de la administración Bush contra los cincuenta años de tradición—y los comentaristas conservadores se centraron en lo equivocados que estaban quienes dudaban de Gonzales, dado que ésta era sin duda la señal de que estaba tan comprometido ideológicamente como cualquier otro que se encontrara en el más alto nivel de la administración.

Entre tanto, en el interior de la Casa Blanca, se le confió a Gonzales otra tarea tras bambalinas directamente relacionada con el legado de la Casa Blanca de Clinton. Se le encargó que estuviera pendiente de las acusaciones que sostenían que el personal saliente del gobierno de Clinton había actuado como una manada de ratas ebrias al abandonar la Casa Blanca y habían escrito desagradables mensajes en las paredes, arrancado los teléfonos de las conexiones y quitado la letra "w" de los teclados de las computadoras. Cierto o no, llegaría a ser una historia deliciosa para que los medios se solazaran y se encargó a Gonzales de que comenzara a reunir una guía de 160 páginas con lujo de detalles y múltiples apéndices sobre la Oficina del Contador General, describiendo lo que Gonzales llamaría "vandalismo, daños y bromas pesadas." Los políticos sostuvieron que ésta jugada tenía que provenir de Karl Rove—sólo él era lo suficientemente astuto como para intentar utilizar al asesor de la Casa Blanca para su propósito de seguir hundiendo a Clinton y a Gore, a fin de erosionar cualquier sentimiento residual de que "Gore era un buen tipo" a quién habían robado la presidencia.

El informe que Gonzales publicaría al fin debería ser lectura obligada por su hilaridad bipartidista—es difícil saber quién queda peor parado, si Gonzales o el personal de Clinton. Durante la presentación de su informe, Gonzales aclara constantemente su garganta como para reafirmar su carácter serio y la pía corrección que los críticos vieron en Kenneth Starr; los miembros del equipo de Clinton se ven como tontos llorones, cuyo nivel de humor no supera el de los *Tres Chiflados, Animal House* y la revista *MAD*. Página tras página, Gonzales presenta un indignado inventario de supuestos misiles Scud políticos dejados por los seguidores de Clinton para que los viera la nueva administración:"Una camiseta con una imagen de una lengua colgante, puesta sobre una silla,""un retrato de la ex Primera Dama pegado en el interior de un gabinete,""un letrero que dice 'unidad cardiaca del VP'," "un letrero que compara al Presidente Bush con un chimpancé encontrado en varias impresoras,""un letrero pegado sobre un escritorio con una imitación de un aviso de MasterCard que incluye una

fotografía del Presidente Bush y dice 'NUEVO BONG: $50, ADICIÓN DE CO-
CAÍNA: $300, DESCUBRIR QUE LA RED DEL BUEN MUCHACHO TODAVÍA PUEDE
ARREGLAR UNAS ELECCIONES EN EL EXTREMO SUR: NO TIENE PRECIO. Para
todos nosotros, queda la honestidad.' " [33]

Gonzales escribió un memorando en papel membreteado de la Casa
Blanca insistiendo que cualquier informe final de la Oficina del Contador
General sobre el caso debía incluir algunas palabras que dijeron los miembros del equipo de Bush cuando vieron los letreros escritos en las paredes.
Gonzales quería ser preciso, en particular en cuanto al lenguaje utilizado
en una imitación de la carátula de la revista *Time* que tenía el siguiente titular "Nos jodieron." Gonzales le dijo al director de la Oficina del Contador General que quería que esa expresión saliera en el informe final,
aunque algunos la consideraran ofensiva.

"Si bien aceptamos que la frase misma no es 'adecuada,' sobre todo si
se adhiere a elementos de propiedad del gobierno, y aunque, como es
lógico, no deseamos propagar este tipo de declaraciones, esas considera-
raciones quedan superadas, en este caso, por la importancia del contenido
de las frases para el propósito de la investigación de la Oficina del Contador General... el contexto de un mensaje puede—y suele—señalar quién
lo escribió e indicar cuándo fue escrito. Creemos, por ejemplo, que un
lector pueda pensar que el mensaje es obra de miembros de la nueva administración." [34]

Noel Francisco recuerda un período ordenado aunque un poco incierto a lo largo de las primeras semanas o los primeros meses.

"Lo que es evidente para mí es que cuando llegamos allí—y así es
como ocurre con cada nueva administración—los cajones de los archivos
estaban vacíos, la anterior administración tuvo la amabilidad de dejar un
libro de transición en el que se nos explicaba gran parte de los aspectos
básicos. Y estuvo dispuesta a respondernos cuando tuvimos algún interrogante. Pero llegamos a un entorno prácticamente nuevo que tuvimos que
empezar a descifrar. Empezamos a movernos sin rumbo, tratando de adivi-
nar cómo funcionaba todo, nos vimos obligados a comenzar básicamente
de cero. La única norma que nos dieron fue que nuestra principal misión
era manejar la Casa Blanca dentro del mayor nivel de ética para no pisar

por ningún motivo los límites. Pero fuera de eso, ninguno había estado allí antes y nos íbamos abriendo camino a tientas, mientras él nos guiaba," recuerda Francisco.[35]

En Washington, Gonzales aún evitaba hablar de su niñez con las personas que lo rodeaban. Lo más que sabían de él era que solía ser el primero en llegar a la oficina y el último en irse. Por temprano que llegaran, su BMW, todavía con las placas del gobierno de Texas, estaba estacionado en Executive Avenue, cerca de la Casa Blanca.

"No hablaba mucho al respecto. Ocasionalmente se refería a sus padres. Recuerdo una vez que habló de su padre y lo describió como un hombre muy callado, humilde. Pero creo que algunos en su posición habrían querido decir: 'Mire de dónde salí y mire hasta dónde he llegado,' pero él estaba muy lejos de querer hacer alarde de sus propios méritos, y creo que así se habría sentido si hubiera hablado más de su pasado. Recuerdo una ocasión en la que su madre y su hermana vinieron a verlo. Era fácil ver el orgullo en sus ojos—valía la pena verlas. Recuerdo que vinieron y recuerdo que el presidente habló con ellas por un par de horas. Les dio todo el recorrido de la Casa Blanca, les mostró todo, las llevó a la Oficina Oval—fue simplemente sorprendente."[36]

Francisco observaba a Gonzales mientras dirigía las reuniones de su equipo a las 7:10 a.m. en su oficina, junto con Flanigan, los asesores asistentes y, a veces, visitantes como David Addington, el asesor del Vicepresidente Cheney. La asistente ejecutiva de Gonzales, Libby Camp, venía en algunas ocasiones; según los amigos de la familia de Gonzales, Camp había trabajado con Karl Rove en Texas y había coordinado también la campaña de Gonzales para la Corte Suprema de Texas. También ella, al igual que varios asesores de la Casa Blanca, había sido enviada a Florida como uno de los "observadores republicanos."

A veces, Gonzales, al igual que Bush, con botas de vaquero negras y vestido con ropas oscuras, se sentaba en su silla al frente de la habitación enchapada en madera y recibía informes de docenas de abogados que venían a presentárselos. La oficina tenía un aspecto casi náutico, como la cabina del capitán de un barco, con su enchapado, su apariencia oscura y un escritorio incrustado en la pared. Había colocado uno de sus recuerdos, un martillo de juez de tamaño descomunal en la pared—podía tener cuatro pies de largo. Su premio de la Asociación Nacional de Abogados Hispanos. Fotografías de Rebecca. De la pared colgaba un dibujo hecho por uno de sus hijos, con un letrero que decía "Papi, ¿cuándo vas a venir a casa?" Su familia se encontraba aún en Texas y no vendría a Washington sino hasta junio o julio. Sólo los veía cada tres o cuatro fines de semana.

Los abogados de Gonzales revisaban diariamente una larga lista de verificación de problemas legales que enfrentaban—el descontento de la ABA por haber sido excluida del proceso de aprobación de los jueces federales, el ritmo al que se desarrollaban las entrevistas de los posibles candidatos a los cargos de jueces, lo que debían hacer los encargados de asignar dichos cargos en la Casa Blanca, para asegurarse de evitar cualquier posible conflicto de intereses con las empresas que podrían representar o en las cuales poseían acciones—y las investigaciones a nivel del congreso, los delitos de corrupción, los aspectos legales de la rama ejecutiva, los engranajes internos de los distintos cuerpos judiciales, comités u organizaciones de la ciudad y, en realidad, de toda la nación.

En las esferas más altas se hablaba mucho del impulso por restaurar el poder y la autoridad a lo que algunos del círculo interno de Gonzales consideraban que era una Oficina de la Presidencia venida a menos. Ya fuera como resultado de su odio colectivo por Clinton, o por una evaluación realmente sincera de la influencia erosiva de Clinton en la presidencia, varios de los miembros del círculo interno de Gonzales se comprometieron a darle a Bush la fuerza presidencial autónoma y el privilegio ejecutivo que consideraban que Clinton había despilfarrado. Se tenía inclusive un muy alto concepto de la forma como Gonzales y su equipo podían llevar a la nueva presidencia de Bush a lo que había sido la presidencia hacía ya varias décadas, cuando la rama ejecutiva tenía más poder, algunos dirían una entidad más imperiosa—alejándose con una confianza no comprometida de los citatorios del Congreso y tal vez de la Corte Suprema.

También había aspectos mundanos—cuáles eran los límites legales y financieros cuando se trataba de pagar el maquillaje y el salón de belleza de Laura Bush para todos los eventos sociales a los que tendría que asistir. Francisco se encontró enviando cartas para pedir que las personas se abstuvieran de utilizar la imagen de la Casa Blanca o el nombre de Bush en anuncios publicitarios. A veces Gonzales abría el pequeño refrigerador de su oficina y tomaba una Coca-Cola dietética mientras definían quiénes usaban los logotipos, sellos y símbolos de la Casa Blanca a nivel público.

Había un sentido tácito de que todos en la habitación tenían una aura de visibilidad en la Casa Blanca por cortesía de las relaciones íntimas de Gonzales con Bush. Muchos de los abogados en esa oficina eran más jóvenes que Gonzales, pero con más experiencia en la forma como fluye y se desvanece el poder en Washington. Después de las horas de oficina, ya fuera del alcance de oídos indiscretos, otras personas de la Casa Blanca hablaban de una batalla de voluntades entre Ashcroft y Gonzales en cuanto a quién sería el *quarterback* encargado de elegir a los candidatos para jueces—y convenían en que Gonzales había ganado porque Bush ya había pasado antes por el proceso de selección de jueces con Gonzales y, bien, porque a Bush le gustaba más Gonzales.

Un alto funcionario de la Casa Blanca dijo que "el centro de gravedad" se establecía en la Casa Blanca—y que Ashcroft fue obligado a dar, literalmente, precedencia a Gonzales, al verse obligado a asistir a reuniones dirigidas por Gonzales en la Casa Blanca. Para quienes presenciaron en Washington la dinámica entre los dos hombres, fue fácil interpretar el lenguaje corporal de Ashcroft—estaba extremadamente disgustado de tener que ceder el poder de la selección de jueces a Gonzales. Además, era evidente, a simple vista, que cualquier cosa que sus co-asesores trasmitieran a Gonzales—si era lo suficientemente importante—llegaba directamente a oídos de Bush.

"Esto le daba a la oficina, y por lo tanto a los abogados, un cierto nivel de visibilidad dentro de la Casa Blanca, porque sabían que si estaban dando su asesoría en un determinado aspecto, lo estaban haciendo en nombre del Juez Gonzales y el Juez Gonzales era alguien a quien el presidente le iba a prestar mucha atención en cuanto a los aspectos legales. Creo que dentro de la Casa Blanca y dentro del gobierno general, todos entendían que no se podía simplemente ignorar lo que la Oficina del Asesor de la Casa Blanca estaba haciendo." [37]

Uno de los otros abogados en la oficina, Bradford Berenson, miró a su alrededor y supo que la mayoría de estos jóvenes conservadores estaban aún muy poco familiarizados con Gonzales. Había una alta probabilidad de que Gonzales también estuviera siendo juzgado a cada paso del proceso—juzgado por sus conocimientos legales, tal vez, inclusive, por su pureza ideológica. "Creo que tomó algunas decisiones extremadamente difíciles y complejas al rodearse de un grupo de personas a quienes no conocía personalmente, justo cuando estaba iniciando una misión muy difícil, de muy alto perfil."[38]

Además, se trató de decisiones aceleradas, pero no alocadas: "Es decir, desde el comienzo hubo algo que fue muy claro—su relación con el presidente era muy estrecha, muy confidencial y muy valiosa para la oficina. Yo tenía la impresión de que, además de las reuniones formalmente programadas en la Oficina Oval, él tenía una comunicación muy frecuente con el presidente a nivel informal, por teléfono, o en otros entornos donde podía informar confidencialmente al presidente sobre algún aspecto, obtener indicaciones informales y prepararse para tomar decisiones y avanzar por un proceso de programar una reunión y preparar memorandos informativos y cosas similares. Ese tipo de intercambio informal entre el presidente y su asesor fue muy útil para la Oficina de la Asesoría y para que los abogados que trabajaron allí cumplieran sus funciones. Ya sabe, cuando quienes están en la Casa Blanca y el resto del gobierno tiene la sensación de que el asesor está muy cerca del presidente, todo lo que el asesor y las personas que trabajan con él hagan se toma más en serio y tienen un mayor impacto. Esto ayuda también a evitar errores.

"Quiero decir que uno sabe que, de hecho, está hablando a nombre del presidente. Si uno sabe que, en efecto, está cumpliendo sus deseos, es mucho más fácil evitar malentendidos o errores. Por lo tanto, una cosa fue evidente desde el principio, ya sabe, uno está ahí sentado en la oficina hablando acerca de algo con él y suena el teléfono y es el presidente, y uno sabe, la mayoría de las veces, que, de alguna forma, él le pedirá a uno que salga de la oficina porque va a hablar directamente con el presidente. Pero este tipo de acceso y ese tipo de relación con el presidente fue algo verdaderamente importante.

"Nos hizo saber que el presidente tenía dos prioridades iniciales para nuestra oficina: una era los nombramientos de jueces; el presidente quería que esto se hiciera muy, muy rápido y que se llenara el número sin precedente de vacantes en la rama judicial federal con personas de la más alta calidad, que contaran con el favor del presidente; mientras que la otra prioridad extrema era la de procurar fortalecer las prerrogativas institucionales de la presidencia, intentar reforzar la oficina y recuperar parte del terreno que se había perdido durante los años de la administración Clinton. Por consiguiente, los aspectos del poder ejecutivo eran de suma importancia y los nombramientos de jueces eran primordiales desde el comienzo. Esas fueron las directrices que nos presentó el Juez Gonzales, ya sabe, comunicándonos los deseos del presidente." [39]

Naturalmente, los asesores asociados, no tomaban parte de las conversaciones privadas entre Bush y Gonzales. La mayoría de ellos había trabajado para gente muy distinta a Bush o a Gonzales, desde el punto de vista de su personalidad. Las bromas pesadas de Bush, que desarmaban a cualquiera, eran algo muy diferente de cualquier cosa que Ken Starr, Scalia o Thomas pudieran expresar. Berenson oyó a Bush llamar "Fredo" a Gonzales y se preguntó *de dónde* había salido eso. Había una confianza instantánea entre Bush y Gonzales, algo casi familiar que impregnaba su relación de trabajo. Nadie se entretenía en chismes en el trasfondo, al ver la sencilla camaradería, y la forma como Gonzales soportaba, de buena gana, los abusos de Bush cuando se refería a él con comentarios pesados ante un salón lleno de abogados de Harvard y Yale. A Bush no le importaba y a Gonzales *parecía* no importarle.

"Fredo" era el sobrenombre. En las interacciones que pude presenciar entre los dos, había un sentimiento casi fraternal. El presidente es como una especie de hermano mayor seguro de sí mismo que toma un poco del pelo al hermano menor, quien considera que parte de su trabajo consiste en esbozar lo que podría llamarse una sonrisa y aceptarlo y disfrutarlo sin decir nada." [40]

ONCE

Sólo un Miembro del Personal

Muy adentro de la jerarquía de la Casa Blanca surgía una imagen de Gonzales—era una presencia reservada en las reuniones de personal, con frecuencia, uno de los últimos en intervenir, sin ninguna ideología evidente, y ciertamente sin ninguna tendencia a estar en desacuerdo con nadie en ningún debate ni pronunciar elocuentes discursos. Había iniciado un proceso de delegar cada vez más trabajo a sus asesores asociados; muchos comenzaron a tener un sentido intuitivo de cuando podían interrumpirlo. Algunos miembros del personal pensaban que Gonzales irradiaba una especie de calma lúgubre, una placidez inicialmente desconcertante para ellos, pero que podía ser útil cuando se trataba de mantener la paz entre tendencias dispares entre los acalorados, y realmente convencidos, co-consejeros. No tenía ese don de gravedad, ni esa postura de sabio en derecho salido de Texas—tenía en cambio una forma de ser gentil, una ausencia de pretensión y su estilo parecía nutrir los egos de la oficina mientras que evitaba que se descontrolaran.

La mayoría de quienes trabajaban para él llegaron a apreciarlo, tal como había sido casi un placer inmediato para Stuart Bowen trabajar para Gonzales en Texas. Con Gonzales había siempre un leve ambiente de broma, aunque con muy bajo nivel de volatilidad. En una oportunidad, cuando los abogados que trabajaban para él trataron de explorar un poco, se abrió por un segundo y les contó que había sido enviado a un lugar llamado Fort Yukon, en Alaska.

"Estuve protegiendo a Alaska de los comunistas," bromeó.

En la opinión de Flanigan y otros, su comportamiento era muy similar a como sospechaban que un juez de Texas podría comportarse—alguien que quería ser informado de algún asunto, recibir algún tipo de análisis, tener algunas opiniones. Durante las primeras semanas en su oficina, era evidente que su actitud no era proactiva, no estaba definiendo una "agenda de Gonzales"—estaba recibiendo información, y reaccionando ante ella. Para algunos de sus asesores asociados, siempre sería una persona difícil de descifrar. Pero a medida que pasaba el tiempo, eso parecía no tener importancia. Todo parecía indicar que Gonzales estaba a gusto donde se encontraba, no parecía estar buscando nada más en la administración, ni en Washington. Trabajaba estrechamente con Flanigan, con el intimidante y decidido asesor de Cheney, David Addington, y con el asesor general del Departamento de Defensa, William Haynes III, si ha algunos en la Casa Blanca les parecía inescrutable, no parecía deberse a que tuviera alguna agenda personal secreta.

Claro está que para los políticos, oportunistas y ajedrecistas de la ciudad, Gonzales seguía teniendo una dimensión universalmente desconocida. Era, en realidad, un empresario republicano, no un ideólogo impetuoso—había llegado a la mayoría de edad en los círculos empresariales republicanos en una zona casi incestuosa de actores de poder con igualdad de criterios en Houston. En Texas no tuvo que usar una armadura conservadora ni medirse en batallas ideológicas. No estaba empeñado en el cambio, no era un soldado raso en el movimiento, no era un activista apasionado decidido a cambiar el mundo. En cierto sentido, Gonzales era la *personificación* del cambio. Era el nuevo rostro del partido republicano y, sus objetivos ideológicos, si los hubiere, eran servir de ejemplo para otros latinos y reclutar aún más latinos para el GOP.

En Washington, al igual que Karen Hughes, Gonzales detestaba este tipo de contacto de camaradería extraoficial con los medios—y la mayoría de los reporteros que intentaban establecer algún tipo de relación continua con él comprendieron que Gonzales no concedía entrevistas informativas sobre sus filosofías personales, o que sencillamente se limitaba a hablar en términos muy generales, con respuestas cortas y sencillas. Poco tiempo después de haber llegado al Distrito Capital, dijo que lo único que lo había sorprendido realmente era que "no se podía guardar un secreto. Se dicen cosas y uno cree que son confidenciales cuando de pronto las ve publicadas en el periódico."[1]

Algunas de esas historias que habían barajado su nombre como posible candidato a la Corte Suprema, comentaban que era un candidato "misterioso" porque tenían muy poca información en relación con su vida personal y no había desestabilizado a nadie mientras estuvo en Texas. Las historias especulaban con frialdad que el hecho de que no hubiera dejado rastros de ADN público, ningún bagaje político, podría ser precisamente la razón que lo llevara a la Corte Suprema. Los observadores de la Casa Blanca decían que no podían aproximarse a Gonzales y que cuando lo hacía, era muy difícil descifrarlo.

"Sólo lo he visto unas pocas veces y en esas oportunidades se comportó simplemente como una persona cualquiera. En realidad, no me dejó ninguna impresión en una u otra forma. Tal vez fuera él, o tal vez fuera yo, pero, por lo general, quienes están en la política tienen personalidades fuertes," dijo Norm Orenstein, del Grupo Generador de Ideas de la American Enterprise Institute for Public Policy Research.[2]

La educación política de Gonzales y la educación de la gente en Washington acerca de Gonzales, había avanzado mucho al cabo de sus primeros siete meses en el cargo. Los senadores demócratas le habían enviado una agresiva carta exigiéndole más participación en la elección de los jueces federales. Gonzales se reunió con los senadores Paul Sarbanes y Barbara Mikulski para examinar sus quejas. Gonzales intentaba determinar quiénes eran los personajes influyentes, a quiénes debía responder y cómo debía responderles. Flanigan, por su parte, sabía cuál era su papel en relación con Gonzales: "Es muy hábil para analizar problemas, ya sean políticos o legales. Era el asesor del presidente. Yo le ayudaba, en grado muy limitado, a encontrar las palabras y a analizar los problemas y las personalidades en Washington."[3]

Para la primavera, ya era casi una rutina—cualquier artículo donde se mencionara su nombre sugería que probablemente iría para la Corte Suprema. Era un hispano, era leal a Bush, provenía de Texas y siempre estaría dispuesto a luchar por los derechos estatales—no tenía ningún antecedente específico de activismo judicial; no perturbaba a nadie; lo más pro-

bable era que resultara ser un voto conservador confiable en el más alto
tribunal. ¿Y esa impresión que daba de ser un poco débil de rodillas en
cuanto al problema del aborto? Eso, también, probablemente era una aberración—el resultado de verse obligado a interpretar, apresuradamente,
una nueva y confusa ley en Texas.

Los observadores de la Corte mencionaban siempre, sin mucho ruido,
lo mismo: Sería extremadamente riesgoso desde el punto de vista político,
para los demócratas, mostrar una fuerte oposición a Alberto Gonzales.
Había crecido como un muchacho pobre y luego llegaría a ser el primer
latino nominado para ocupar el cargo más alto en el tribunal superior del
país—esos hechos lo convertían en alguien a prueba de balas. Había rumores tras bambalinas acerca de cómo Antonin Scalia se había convertido
en el primer italo-americano de la corte, que realmente nadie votaría en su
contra, que el senado votó 98 a 0 para que fuera elegido. Gonzales, a menos que cometiera una gran equivocación durante su cargo como asesor
de la Casa Blanca—algún desastre de culpabilidad por asociación en la
Casa Blanca de Bush, o que hubiera algún esqueleto en el closet de Gonzales—sería un candidato muy útil para la Corte Suprema. Para algunos, la
posibilidad parecía muy fuerte—de no ser por el hecho de que no parecía
haber mucha información sobre su trayectoria; alguna evidencia escrita de
sus verdaderas credenciales como conservador. Lo poco que había, la poca
información que los periódicos seguían reprocesando, era su decisión en el
caso del aborto—y eso no ayudaba a acallar cualquier temor de que fuera
un David Souter latino.

Para algunos conservadores, Souter simplemente llegó a ser conocido
como el peor de los errores de Bush padre. Había pocos indicios de que
Souter pudiera llegar a tomar decisiones que, eventualmente, enloquecie-
ran a los conservadores. En Washington, mientras los apostadores políticos
hacían sus apuestas, todos se preguntaban si el verdadero Alberto Gonzales,
tal vez un Alberto Gonzales liberal, podía aparecer de repente, tan pronto
como se pusiera la toga de la Corte Suprema.

En mayo, Bush presentó once nominados judiciales que Gonzales y su
equipo habían recomendado para llenar las vacantes en los tribunales
de apelación de los circuitos. Para los observadores de Gonzales, había tres

importantes alternativas: Miguel Estrada, un hondureño, asesor legal general de la administración de Clinton, que también había presentado quince argumentos ante la Corte Suprema; John Roberts, el ex asesor legal general encargado bajo Kenneth Starr y un veterano del Departamento de Justicia y de la Oficina del Asesor de la Casa Blanca; Priscilla Owen, colega de Gonzales en la Corte Suprema de Texas, que vehemente y controversialmente trató de bloquear a Gonzales y a otros para impedirles que una adolescente de Texas se sometiera a un aborto sin decírselo a sus padres.

Estrada, al igual que Gonzales, podría ser considerada como la candidata correcta para Bush; Roberts se consideraba como la mente legal más aguda y alguien que sin duda satisfaría la rama académica-intelectual de la Sociedad Federalista; Owen sería probablemente muy aceptable para los cristianos evangélicos que se oponían rotundamente al aborto. Los tres candidatos le darían una muy buena imagen a Gonzales ante los conservadores de línea dura—tal vez las alternativas podrían servir inclusive para "rehabilitar" su imagen entre quienes pensaban que carecía de pureza ideológica. Era claro que la elección de Owen podría inclusive indicar que Gonzales sabía que tenía la razón en lo que se refería al aborto—podría indicar que, la próxima vez, si hubiera una próxima vez para Gonzales, él decidiría en contra del aborto.

En junio, Gonzales continuó sus negociaciones con los demócratas, quienes veían sus selecciones judiciales y la forma como estaba realizando la búsqueda, como una acción de fanatismo desenfrenado orientado a crear algún tipo de derechos de los estados, una segunda revolución Reagan en los tribunales de la nación. Como un hecho irónico, él también insistía en su intento de bloquear la liberación de sesenta y ocho mil páginas de memorandos confidenciales de la Casa Blanca Reagan, que estaban programados para ser entregados a los historiadores y al público en 2001. Los críticos sostenían que Gonzales estaba ocultando algo que podría ser vergonzoso para George Bush padre, Colin Powell, el Jefe de Funcionarios de la Casa Blanca Andrew Card, o cualquier otro en la nueva administración Bush que hubiera trabajado en la Casa Blanca de Reagan; el vocero de la Casa Blanca sostuvo que era sólo cuestión de responsabilidad y de revisar lo que se iba a revelar y la forma como iba a revelarse. En ese mismo mes, Gonzales se unió a Ashcroft para entrevistar candidatos que sucedieran al Director del FBI Louis Freeh. Para mediados de junio, fue obligado a participar en una situación donde estaban en juego grandes intereses políticos, en lo que podría considerarse como un juego de póquer político, cuando tuvo que manejar las acusaciones de los demócratas en el sentido de que el primer asesor Rove no había actuado con la debida rapidez en cuanto a los $2 millones de dólares en acciones de Enron, Intel, Pfizer, Johnson & Johnson y otras mega empresas que podían estar bajo la influencia de la política de la Casa Blanca.

Los ataques se centraron en los informes que sostenían que Rove, quien era propietario de más de $100,000 en Intel, se había reunido con los altos ejecutivos de Intel para discutir la aprobación de una fusión—y si Rove había tenido varias conversaciones sobre la política de energía federal con los funcionarios de Enron cuando tenía también más de $100,000 en acciones en el gigante energético de Houston representado por la firma de abogados Vinson & Elkins, donde antes trabajara Gonzales. Los demócratas, dirigidos por Henry Waxman de California, forzaron a Gonzales a considerar si Rove estaba o no "involucrado en el diseño de la política de la administración sobre una declaración de derechos de los pacientes" en un momento en que era propietario de más de $200,000 dólares en Pfizer, si Rove había hecho algo mal al hablar acerca de la política federal de energía nuclear cuando era proprietario de acciones en General Electric, que tenía una división de energía nuclear. En una carta dirigida a Gonzales, Waxman decidió propinar un duro golpe precisamente a lo que Bush había prometido que Gonzales traería a la Casa Blanca: "Esas afirmaciones parecen contradecir las declaraciones del Presidente Bush acerca de la importancia de mantener altas normas de ética en la Casa Blanca."[4]

Si Gonzales había gozado de una luna de miel inicial, de algún tipo de pase gratis, por ser considerado como una persona de ideas nuevas, a la vanguardia de una nueva minoría en la Casa Blanca de Bush, la luna de miel había terminado.

Para fines de mes, Rove había vendido todas las acciones. "Debido al enorme volumen de trabajo de canje y otras dificultades relacionadas con el comienzo de la nueva administración, junto con un período de transición abreviado, este proceso tomó más tiempo que el que el Sr. Rove o yo habríamos deseado, o del que hubiera requerido en otro momento, durante un período presidencial," respondió Gonzales a Waxman. Agregó que Rove y otros funcionarios de la Casa Blanca habían asistido a cursos de ética organizados por Gonzales. Su carta de tres páginas, cuidadosamente redactada, cita varias normas del Código de Reglamentaciones Federales y dice: "En relación con su pregunta sobre las inversiones del Sr. Rove en Enron, el Sr. Rove no era miembro del Grupo de Desarrollo de Política Energética Nacional, y no asistió a ninguna de sus reuniones. Sí participó en varias otras reuniones en donde se analizaron las características generales de la política energética de la administración... En resumen, en relación con los temas de su carta al Sr. Rove, el Sr. Rove tuvo contactos sin consecuencia o transitorios, o participó en amplios análisis de las políticas, y nada de esto representa un problema ético según las reglamentaciones aplicables."[5] Más tarde aparecerían informes de que el director de Enron, Ken Lay se había reunido con Rove a comienzos de la administración Bush y que Lay había ofrecido los nombres de varias personas que consideraba que podían ser nombradas en la Comisión Federal Reguladora de Energía.[6]

Waxman no se daría por vencido. Continuó atacando y envió una carta de nueve páginas a Gonzales en donde pedía una investigación de Rove por parte del Departamento de Justicia. Su candente comunicación estaba repleta de afirmaciones de que Ken Lay, el Director Ejecutivo de Enron, había desarrollado un papel activo en las políticas de energía de la Administración Bush—y que, además de ser uno de los principales recaudadores de fondos para Bush, Lay era amigo de varios miembros del gabinete y regularmente hablaba con el accionista de Enron, Rove. Waxman acusaba a Gonzales de "una lectura errónea de la ley" y sostenía que "el efecto acumulativo de su reinterpretación de las leyes éticas sería una burla a la promesa del Presidente" de mantener la integridad en la Casa Blanca.

Si Waxman sabía que el asesor de la Casa Blanca, a quien le estaba enviando una carta, había trabajado en una oportunidad para Enron, había trabajado en una oportunidad para Ken Lay, nunca lo mencionó. El mismo día en que Gonzales recibió su agresiva comunicación que denunciaba sus destrezas legales y exigía la investigación federal de las finanzas de Karl Rove, las noticias decían que los abogados de la Casa Blanca se estaban esforzando por mantener en privado los detalles de la propiedad accionaria de Rove.

Para el verano, en las semanas que precedieron a la pesadilla del 11 de septiembre, Gonzales se había mudado con su familia a su confortable casa, no lejos del centro de artes dramáticas de Wolf Trap en Vienna, Virginia. En julio, la víspera de la fiesta de la independencia y tres días antes de que Bush cumpliera cincuenta y cinco años, Gonzales, Bush y el director de personal presidencial, Clay Johnson fueron a jugar golf a la Base Andrews de la Fuerza Aérea. Era la primera vez que Bush y Gonzales jugaban golf desde que se mudaron a Washington. A Bush le gustaba jugar golf con quienes *realmente* le agradaban—y con quienes podían soportar sus comentarios pesados, su gusto por el "golf aeróbico" y su desagrado por perder.

Gonzales había sido escogido para jugar golf con el presidente de los Estados Unidos, había sido escogido para acompañarlo en uno de los pocos placeres recreativos que Bush disfrutaba. Quienes sabían que Bush había honrado a Gonzales al llevarlo con él quedaron desconcertados unos días más tarde cuando una columna de Robert Novak incluyó algunos rumores de muy adentro de la Casa Blanca de Bush.

Novak, que, según muchos periodistas y políticos tenía una mutua y benéfica relación con Karl Rove, comenzó su columna de sindicación nacional en la siguiente forma: "Los asesores del Presidente George W. Bush les dicen a los preocupados conservadores que el moderado asesor de la Casa Blanca, Alberto Gonzales, no será la primera ni la segunda elección del Presidente Bush para la Corte Suprema, aunque es posible que llegue allí de tercero, después de que se hayan posesionado dos nuevos magistrados."

Según Novak: "en privado, Gonzales no da ningún indicio de qué posición ocupa en los asuntos contenciosos. Tal vez esto ayude a su confirmación, pero despierta temores entre los conservadores llevándolos a pensar que Gonzales será 'otro Souter.'"[7]

Ahí estaba. Novak había descrito en unas pocas y brutales frases por qué algunos pensaban que Gonzales nunca llegaría a la Corte Suprema. Era como si Novak hubiera lanzado a algunos de los íntimos de Gonzales al agua y estuviera esperando a que los verdaderos seguidores se pusieran a la altura de las circunstancias—y, en los círculos internos de todo el Distrito Capital, crecía la especulación acerca de lo que realmente sucedía en la Casa Blanca. Muchos suponían que Novak tenía una confiable fuente de información desde hacía años en Rove. ¿Era Rove quien estaba atacando a Gonzales? ¿Era alguien más, tal vez el mismo Ashcroft, que ya resentía la influencia y el poder que Gonzales había ejercido en el proceso de selección de jueces? Todos sabían que Rove había trabajado en la campaña política para Ashcroft para llegar al Senado en 1994—¿Había alguna alianza misteriosa entre los dos? ¿Era una forma de Rove de alcahuetear a la rígida base de la derecha? ¿Estaba Bush de acuerdo, o sabía, siquiera, lo que Rove estaba haciendo?

Empezaban a surgir informes de que Gonzales estaba visitando a distintas personas de la Casa Blanca, o hablando más que de costumbre en las reuniones matinales de los altos funcionarios y contándole al círculo interno que la Casa Blanca de Bush estaba bajo escrutinio como no lo había estado jamás. Podía verlo en las cartas que recibía de Waxman y en las visitas que recibía de senadores encolerizados. Los funcionarios de la Casa Blanca suponían que Gonzales debía ya haber hablado con Rove y debía haberle dicho lo que siempre repetía Bush: *"La percepción lo es todo en la política."* Gonzales podría incluso haber decidido enviarle a Rove una nota en términos muy legales sobre "modificación de comportamiento"— como una muestra de corrección entre amigos para indicarle a Rove que los aspectos sobre su posesión de acciones estaban despertando serios interrogantes éticos que tenían en efervescencia a los medios y se estaban convirtiendo en un molesto problema para Bush. Esa teoría se vio respaldada cuando Gonzales contó que había adoptado la costumbre de "recordarles a todos" que "todo lo que hagan aquí, en la Casa Blanca, deben hacerlo con mucha atención, porque las apariencias pueden producir problemas."[8]

Los teóricos de la conspiración y quienes sabían que Rove no permitiría que le llamaran la atención o lo recriminaran, especulaban que Rove resentía las advertencias de Gonzales. Es posible que le haya dicho a Novak que Gonzales no era el primero en la lista para la Corte Suprema. En ese caso, tal vez se trataba de algo más que una jugada para calmar a los conservadores convencidos de que Gonzales era el segundo Souter.

Para julio, Rebecca y los niños ya estaban instalados—pero aún no estaban muy seguros del orden de los formalismos sociales en el Distrito Capital. Todo era mucho más fácil, controlado y predecible en Texas. Gonzales conocía las caras, los actores de la esfera de poder y en un momento determinado, las mismas caras aparecían año tras año en las mismas reuniones. Confiaría, como siempre lo había hecho, en que Rebecca podía hacer amigos, invitar a su casa a las personas correctas, decidir a qué eventos sociales debían asistir juntos. Rebecca se disgustó al enterarse de que su esposo había recibido varias invitaciones para asistir a la Cena de Corresponsales de la Casa Blanca, pero que en ninguna de esas invitaciones la habían incluido. Esto nunca hubiera ocurrido en Texas. Gonzales se excusó de asistir a los tres eventos.

En el frente doméstico, estaba muy contento de tener con él a su esposa y a sus hijos. En una de esas excepcionales admisiones en privado, había dicho a Flanigan que se había sentido realmente solo, que echaba de menos a Texas, a su esposa y a sus hijos. Todos en la Casa Blanca podían detectar algo diferente en él, ahora que su familia se había mudado al este.

Rebecca conseguiría un puesto como directora con la National En-dowment for the Arts. Comenzaron a preparar a sus hijos para sus nuevos colegios y se alegraron de ver que estaban en la misma "pirámide escolar" que los hijos de Flanigan—irían juntos a las mismas escuelas, a medida que fueran creciendo. Quienes no los habían visto juntos en Washington, se sorprendieron por lo diferentes que se veían y actuaban. Para sus nuevos amigos en el Distrito Capital, Gonzales y Rebecca avanzaban por distintas rutas cuando se trataba de sus correspondientes personalidades: "Desde el punto de vista de personalidad, ella puede ser detestable o puede ser una bocanada de aire fresco, según el punto de vista desde donde se la mire. Es una mujer maravillosa. Es un placer ir a su casa. El ambiente en la casa de los Gonzales es amigable e informal; hay entre los dos una especie de competencia jocosa. Ya sabe, hay algunas parejas que uno se da cuenta de inmediato que se llevan bien y otras en las que uno sabe que no se llevan bien—ellos corresponden definitivamente a la primera categoría."[9]

Rebecca se había hecho amiga de Laura Bush durante los años de

Texas y, cuando la campaña de Bush decidió promover el voto hispano, a veces, las dos aparecían juntas en distintas partes del estado. Algunos sostenían que Rebecca dejaba a todo el mundo desarmado. En una oportunidad, estaba hablando por teléfono con una amiga que los Gonzales y los Bush tenían en común—Kenna Ramirez, esposa del alcalde de El Paso, Carlos Ramírez, el hombre que ayudó a atraer a muchos de los antiguos demócratas hispanos al territorio de Bush. Mientras Rebecca hablaba con Ramirez, oyó que entraba otra llamada. Dejó a Ramírez en espera y retomó la llamada unos segundos después: "Hola, era el presidente. Estaba buscando a Al."

Las dos reanudaron la conversación, comentando que la lotería de Texas tenía un premio multimillonario—y hablaban de cruceros y cosas en las que gastarían el dinero si alguna de las dos la ganara. Rebecca interrumpió de nuevo la conversación:

"Ahí hay otra llamada," dijo, "debo responderla."

A los pocos segundos, volvió a hablar con Ramírez: "Era otra vez el presidente."

Ramírez le respondió: "Dile al presidente que viva su vida."

Rebecca le respondió: "Está buscando a Al. Pero al se fue con los niños al cine y desconectó el teléfono."

Las dos rieron. Ramírez sabía que había gran confianza entre Rebecca Gonzales y George y Laura Bush, un sentimiento de unión por el hecho de ser de Texas. La exhuberancia de Rebecca tenía un buen efecto en el presidente, y su desinterés en aparecer bajo los reflectores y robarle el espacio a su esposo también la convertiría en una amiga agradable para la primera dama.

En una oportunidad, Rebecca—sus amigos íntimos la llaman Becky— le hizo una confidencia a Kenna Ramírez: "Nadie sabe mejor que Al quién es el Presidente Bush—nadie puede hablar con más seguridad de su agenda ni de lo que hace… porque está tan unido a él."

Era el tipo de comentario directo que algunos asociaban con la esposa de Gonzales. "Tiene una personalidad muy fuerte. No se parece en nada e él. Es mucho más extrovertida. Siempre está lista a decir lo que piensa," dice Stuart Bowen. "No es alguien que uno pueda hacer a un lado."[10] Algunos de sus amigos sorprendían a los demás al decir que habían ha-

blado con "el jefe de Al" y todos suponían que se referían al Presidente
Bush. De hecho, esos amigos se referían a Rebecca.

Cuando la familia Ramírez visitaba a sus amigos en Washington, llevaban tamales hechos en Texas y las dos esposas de los políticos preparaban enchiladas mientras que sus maridos veían televisión con los niños.
En una oportunidad la familia de Rebecca estaba de visita en Virginia y
Gonzales sugirió que todos salieran a comer a Union Station. Llegaron
por separado, y estaban haciendo fila para comprar sus perros calientes,
Carlos Ramírez quería saber por qué Gonzales no tenía escoltas. Gonzales
se quedó mirando a su amigo de Texas: *Vamos, Carlos. Soy sólo un miembro
del personal.*[11]

Kenna Ramírez creía que Gonzales y su esposa no se dejarían atrapar
por el poder. Otros decían lo mismo—las personas como Gonzales, Harriet Miers e inclusive Karen Hughes habían llegado simplemente a algún
nivel de fidelidad sin obstrucciones, y con frecuencia sin cuestionamientos
para con Bush. Hughes prácticamente se enfrentaba a los reporteros como
una defensa de fútbol cuando éstos le daban mala prensa a su jefe. Miers
no acababa de alabar en público la mente brillante de Bush. Gonzales
nunca rechazaba una misión asignada por Bush—y estaba dispuesto a re-
inventarse para adaptarse a cada nueva misión que Bush le daba. Quienes
los conocían, quienes los habían visto en Texas, decían que sin lugar a dudas, no se movían de acuerdo con lo que pudiera llamarse una agenda
personal—y que, tal vez, su devoción a Bush era fomentada por el hecho
de que cada uno de ellos disfrutara de la proximidad con el poder, de la
forma como los Bush mantenían a sus amigos muy cerca de ellos.

Al final, tampoco sorprendía que, en la efervescencia del prolongado
juego político, todos se acercaran más a la religión—Gonzales, Miers y
Rove comenzaron a hablar más abiertamente de Dios entre más tiempo
trabajaban para Bush. El fervoroso cristiano Marvin Olasky, que había in-
fluido en Bush y Rove en las épocas de Texas, había rondado, extraña-
mente alguna vez, por la religión de "Zeus"—y ahora, era evidente que los
colaboradores incondicionales de la administración Bush, como Gonzales,
Miers y Hughes, profesaban abiertamente su entusiasta cristianismo hasta
un grado que jamás lo hubieran hecho antes. Kenna Ramírez sin duda lo
observaba en Gonzales y en su esposa Rebecca. La religión definía en
muchas formas a la familia Gonzales hasta el punto de que algunos de

sus amigos tal vez no los entendían como debía ser. Basta arañar la super-
ficie, pensaba Ramírez, y se encontrarán unos cristianos muy devotos:
"Se encontrará su fe. Su fe en Dios. Son personas muy orientadas hacia
Dios."[12]

Unos días después de que apareciera la columna que directamente denunciaba sus posibilidades de ser uno de los primeros candidatos a la
Corte Suprema de los Estados Unidos, Gonzales no contribuyó a su aceptación en los círculos conservadores por algunos comentarios que hizo
durante un almuerzo de la Asociación de Abogados del Distrito Capital. El
salón estaba lleno, rebozaba de abogados ansiosos que procuraban encontrar el mejor ángulo para ver y oír al nuevo asesor del presidente—y evaluar al vaquero tejano que acababa de ingresar a la Asociación de Abogados
de los Estados Unidos al eliminar la antigua y tradicional función de la
ABA de elegir a los jueces federales. Todos querían verlo. Tal vez él procuraba acercarse a las personas en el auditorio que tenían cierta predisposición a no aceptarlo por el hecho de que había irrespetado a la ABA, pero,
cualquiera que fuera la razón, Gonzales dejó más de unas cuantas bocas
abiertas, cuando anunció: "Buscamos personas que crean en la restricción
judicial. Si utilizan el proceso correcto, no nos importa si el resultado es
liberal."[13]

Dejó a los asistentes con más interrogantes que respuestas cuando
abandonó el salón. De vuelta en la Casa Blanca, la guerra con Waxman
estaba avanzando lentamente hacia los candentes días de verano. Bush se
iría a su rancho de Crawford por un mes, al menos hasta el 3 de septiembre. Con Bush en Texas, Gonzales envió una nota de la Casa Blanca a Waxman diciendo que estaba "decepcionado" con Waxman y que su última
carta a Gonzales "contiene una serie de imprecisiones tanto en los hechos
como legales." Gonzales decía que no iba a suministrar una lista de las reuniones ni de las llamadas que hubiera podido tener Rove. Gonzales terminaba su nota diciendo "El Sr. Rove realmente sufrió considerables
pérdidas financieras debido a su incapacidad de vender sus acciones al
comienzo de la administración, como era su deseo. Comprendemos la
función que usted desempeña como miembro del Congreso y esperamos que cualquier desarrollo futuro relacionado con este aspecto esté

únicamente motivado por una verdadera preocupación por la conducta del Sr. Rove." [14]

Aún si los sombríos oráculos tuvieran razón al ver las huellas digitales de Karl Rove en la evaluación condenatoria de Alberto Gonzales que apareció en la columna de Novak, al asesor de la Casa Blanca parecía no importarle. Cuando casi todos se apresuraban por salir de Washington, Gonzales estaba enderezando el rumbo tanto para Bush como para Rove. Puesto que Rove y su asociado, Libby Camp, habían orquestado su apuesta ganadora para la Corte Suprema de Texas, Gonzales sin duda le debía a Rove algo más que un poco de lealtad. En realidad sólo estaba actuando con cautela. Bowen sabía que ese era el santo y seña de Gonzales, que esa era la palabra que por sí sola describía su estilo legal: "Cauteloso. Por naturaleza, es muy cauteloso en cuanto a lo que dice y, sin lugar a dudas, no es nunca el primero en hablar, por lo general es el último en decir algo en algún salón donde se esté discutiendo algún asunto. Primero quiere oír acerca de todos los demás aspectos y luego, si tiene una opinión que dar, la expresará—a veces no lo hará. Es muy circunspecto en cuanto a expresar sus propias opiniones." [15]

También, para fines de mes, Gonzales seguía evitando cualquier revelación pública de los memorandos del Presidente Reagan—y varios eruditos conservadores y liberales se estaban uniendo para sugerir que la historia exigía la liberación de esos documentos del Archivo Nacional. Los críticos decían que una cosa era que Gonzales protegiera a Rove, para castigar a la ABA, pero que otra era impedir que se revelaran los documentos que inclusive algunos acendrados partidarios de Reagan deseaban ver. ¿Por qué se negaba Gonzales con tanto empeño? ¿Por qué estaba arriesgando su reputación como asesor de la Casa Blanca que se oponía a cualquier evaluación histórica del legado Reagan? Los observadores de Bush decían que en realidad tenía mucha relación con un precedente—algo de lo que Gonzales estaba muy consciente, cuando redactaba sus decisiones en la Corte Suprema de Texas. Gonzales, siempre discreto, no quería revelar los memorandos del Presidente Reagan porque eso significaría... que algún día los memorandos de la familia presidencial Bush también tendrían que ser liberados.

Gonzales, como cualquier buen abogado, había estudiado las consecuencias a largo plazo. Si liberaba los papeles de Reagan, establecería un precedente y los memorandos confidenciales de cualquiera de las dos administraciones Bush tendrían que quedar un día expuestos al público. Gonzales estaba protegiendo el legado del padre de su mejor amigo—y, en realidad, en último término, el legado de su mejor amigo. Había enmascarado el archivo criminal de Bush; bloqueando la entrega de los memorandos de Bush y algunos memorandos guardados dentro de la Casa Blanca quizás fueran aún más importantes.

Justicia Ágil

En su rancho, Bush había recibido un memorando de inteligencia fechado el 6 de agosto que informaba: *"Bin Laden Determinado a Atacar a Estados Unidos."* El memorando de dos páginas concluía diciendo: *"La información obtenida por el FBI desde ese entonces indica patrones de actividad sospechosa en este país consistente en la preparación de secuestros de aviones y otros tipos de ataques, incluyendo la vigilancia de edificios federales en Nueva York."* Exactamente un mes después, Bush estaba de vuelta en Washington y se estaba vistiendo de smoking para una cena de estado por la que había esperado desde hacía mucho tiempo. Bush había invitado al Presidente Vicente Fox de México a la Casa Blanca para una velada que comenzaría con unas palabras de bienvenida y unos tragos en la Ala Oriental. Allí estaba Gonzales con Rebecca y con sus viejos amigos de Texas, Kenna y Carlos Ramírez. Había también varias celebridades—el Secretario de Comercio Don Evans, Clint Eastwood, la estrella de fútbol Anthony Muñoz, Jeb Bush, Alan Greenspan, Colin Powell, William Rehnquist, Placido Domingo, el Secretario de Vivienda y Desarrollo Urbano Mel Martínez, John McCain, Tom Daschle, Joe Biden, Dick Gephardt, y Trent Lott.

Bush, luciendo sus botas de vaquero negras hechas a mano, brindaba con sus huéspedes, les daba la bienvenida a la "Casa Blanca" mientras decía que ésta era como una "reunión familiar." Su esposa lucía un vestido rojo y rosado fuerte diseñado por Arnold Scaasi, con un collar de diamantes que había tomado prestado del diseñador y condujo a los 136 invitados al Comedor de Estado, donde se sentó entre Eastwood y el presidente de México. Los meseros trajeron menús decorados en dorado y luego cangrejo de Maryland y entremeses de chorizo pozole. Luego, un plato favorito de Bush—visón de Colorado recubierto de semillas de calabaza, algo que Bush había elegido personalmente para servir en ésta ocasión. Para terminar la comida, había helado de mango sobre una base de turrón circundada de hileras de fresas y duraznos frescos—decorada con colibríes de azúcar y flores de hibisco como adornos comestibles, y una salsa de pimentón rojo y un sabajón de tequila. Después de la comida, hubo baile y cantos en la Ala Oriental y, por último, los huéspedes fueron invitados a salir al balcón del Salón Azul para disfrutar de un elaborado espectáculo de fuegos artificiales que duró veinte minutos.[1]

Kenna Ramírez pensó que era una de las noches más mágicas de su vida. Laura Bush había golpeado con el codo al Presidente Bush mientras señalaba hacia donde estaba Ramírez sentada cerca de Alberto Gonzales y Rebecca Gonzales. El Presidente Bush sonrió. Le envió a Kenna un beso, la tomó de la mano y la llevó a saludar al presidente de México. Laura Bush decidió besar al marido de Kenna en la mejilla. Gonzales y su esposa se estaban abrazando. Todos estaban de pie en el balcón de la Casa Blanca y observaban cómo se iluminaba una y otra vez el cielo con las explosiones de estrellas pirotécnicas. De pronto, Kenna gritó a sus amigos: "Oigan muchachos ¡esto sí es vida!"[2]

Cinco días después, en la mañana del 11 de septiembre, Gonzales acababa de terminar su desayuno en el Hotel Waterside Marriott en Norfolk, Virginia. Estaba en una sala de espera, preparándose para pronunciar un discurso en la Conferencia Anual de Ética Gubernamental ofrecida por la Oficina Federal de Ética Gubernamental. Gonzales había venido a Norfolk con Robert "Moose" Cobb, su asesor de ética permanente. Después del desayuno de ese martes en la mañana, habría dos días de discursos, seminarios, conferencias y presentaciones sobre las normas y reglamentos para los empleados gubernamentales en lo referente a aceptar regalos, realizar viajes, escribir libros, usar Internet, evitar conflictos de intereses y presentar revelaciones de estados financieros. Después de varios meses de defender a Karl Rove de las acusaciones relacionadas con el comportamiento ético, se consideró que Gonzales era la persona perfecta para la conferencia.

Gonzales había dejado a Flanigan a cargo durante su ausencia. En la oficina del asesor de la Casa Blanca, Flanigan había apenas terminado la reunión de personal de la mañana. Mientras todos salían, Flanigan miró hacia la pantalla de televisión en la antesala. Se estaban trasmitiendo los informes de última hora sobre el primer avión que se estrelló contra las torres del World Trade Center. Flanigan permaneció con los ojos fijos en la pantalla del televisor. Había programado una reunión con Clay Johnson, el antiguo compañero de colegio y compañero de habitación de Bush, que ahora supervisaba los asuntos del personal presidencial, y Johnson estaba ya esperando en la oficina de Flanigan. En lugar de dirigirse hacia allí, Flanigan se apresuró a llamar a Gonzales.

En el Marriott, justo antes de pronunciar su discurso, Gonzales respondió su teléfono celular. Flanigan le informó que el World Trade Center había sido atacado.

"Bien, mantenme informado. Llámame si ocurre algo más," respondió Gonzales.

Flanigan y los demás en la Casa Blanca volvieron a fijar la atención en la pantalla del televisor. Cuando el segundo avión se estrelló contra WTC, Flanigan marcó apresuradamente el número de Gonzales una vez más. Gonzales ya había subido al podio en el salón de conferencias y empezaba a pronunciar las primeras frases de su discurso. Gonzales se detuvo, buscó su teléfono celular y vio que se trataba de un número no identificado, lo que significaba que la llamada venía de la Casa Blanca. Con todos los ojos del auditorio clavados en él, respondió y escuchó la voz de Flanigan que le contaba en tono de urgencia como un segundo avión se había estrellado contra el WTC.

"Debo regresar ¿no es cierto?" preguntó Gonzales.

"Sí, así es," respondió Flanigan.

Flanigan apagó el teléfono y buscó a la asistente ejecutiva de Gonzales, Libby Camp, a quien le ordenó que se asegurara de que Gonzales obtuviera transporte de inmediato para regresar de Norfolk al Distrito Capital.

Entre tanto, Gonzales se excusó de la conferencia de ética y esperó mientras Camp hacía los contactos telefónicos necesarios para cómo traer a Gonzales de vuelta a Washington. Por último, se hicieron los arreglos para que Gonzales se dirigiera a la Estación Naval de Norfolk. Las bases militares del país estaban entrando en máxima alerta y no fue fácil para Gonzales incluso llegar a la base. Por último, se le permitió entrar y se hicieron arreglos especiales para preparar a la mayor brevedad un helicóptero de la armada. La confusión era epidémica y nadie estaba seguro de adónde se dirigiría Gonzales—y se le preguntaría si deseaba aterrizar en el jardín sur de la Casa Blanca. Gonzales dijo que no. Por último, se decidió que el helicóptero militar lo llevaría a la Base de la Fuerza Aérea Andrews y luego una patrulla de seguridad lo conduciría al centro de la ciudad.

Cuando Gonzales abordó el helicóptero y tomó asiento sintió un penetrante olor a combustible o diesel, era un olor intenso, fuerte y desagradable. Venía justo de donde él estaba sentado; lo rodeaba por todas partes y provenía, aparentemente, del helicóptero. Gonzalez se sentía mareado, el olor era nauseabundo y fue un viaje agitado y ruidoso que duró sesenta minutos. Gonzales miró hacia abajo y pensó en lo que tendría que hacer. Cuando el helicóptero aterrizó, fue sacado de allí rápidamente por un escuadrón de seguridad. Gonzales se reuniría con Dick Cheney; el vicepresidente había sido prácticamente levantado de su asiento y sacado de la Casa Blanca para ponerlo a salvo en el *bunker* conocido como el Centro Presidencial de Operaciones de Emergencia.

En los minutos y horas que siguieron a los ataques, el asesor del Concejo de Seguridad Nacional, Richard Clarke, había organizado de manera frenética conferencias de video con los funcionarios calves de la administración. Flanigan fue al Salón de Situación de la Casa Blanca para representar a la oficina del asesor. Cuando Flanigan vio una de las imágenes de esas videoconferencias, pudo ver por fin que Gonzales se encontraba de pie detrás de Cheney—fue ahí cuando Flanigan supo que, de alguna forma, el asesor de la Casa Blanca había regresado de Norfolk al Distrito Capital.

Más tarde durante se día, Gonzales y Flanigan se encontraron en la oficina del primero. El resto del personal de asesoría había sido evacuado e instalado en un cuartel de operaciones improvisado en unas oficinas cercanas, propiedad de la empresa automovilística Daimler Chrysler; uno de los miembros del personal estaba casado con alguien que trabajaba para la compañía y se hicieron los arreglos para ceder las oficinas a los asesores asociados desplazados. Nadie sabía realmente qué hacer. Ocasionalmente, entraban llamadas de Flanigan, diciendo a todos que permanecieran en alerta. Por último, hacia las primeras horas de la tarde, se trasmitió un mensaje que indicaba que todos debían regresar a sus lugares habituales el miércoles en la mañana.

De vuelta en la Casa Blanca, Gonzales y Flanigan se dedicaron a pensar en las prioridades. La conversación era eléctrica, abarcaba múltiples temas: ¿Cuáles eran los aspectos de autoridad de emergencia de Bush? ¿Se declararía un área de desastre federal? ¿Quién redactaría las proclamaciones de emergencia? ¿Había algún—*cualquiera que fuera*—precedente legal que pudiera aplicarse a lo que acababa de suceder esa mañana? Claro está que Bush no iba a contraatacar. ¿Qué poderes bélicos teníamos? Bradford Berenson y Brett Kavanaugh, dos de los asesores asociados, irían esa noche a la biblioteca de la Facultad de Derecho de la American University para investigar sobre facultades de emergencia y facultades de guerra.

Flanigan observaba a Gonzales. Parecía tranquilo en medio del caos. Habían decidido constituir una fuerza de trabajo legal inter-agencia de emergencia—con la colaboración del abogado de Cheney, David Addington, y algunos abogados especialmente seleccionados del Departamento de Defensa y de la Oficina del Consejero Legal.

"Todo sucedía rapidamente, a máxima velocidad. El volumen y la velocidad de los asuntos se incrementó de forma tremenda," recuerda Flanigan.[3]

Gonzales no decía nada específico sobre sus más profundos sentimientos con respecto a los eventos del 11 de septiembre. Eran pocos los signos externos que pudieran indicarle a Flanigan o a cualesquiera otras personas a su alrededor, cómo estaba reaccionando: "Sólo en la forma más sutil, cuando estábamos hablando del desastre, generalmente, sacudía la cabeza, bajaba la mirada... su lenguaje corporal expresaba la profunda tragedia que esto representaba y lo importante que era.[4]

Gonzales y los miembros de su equipo estaban ocupados con todos los aspectos legales de alto nivel que surgieron después del 11 de septiembre. La oficina del asesor estaba representada temporalmente por el "grupo de consecuencias domésticas," presidido por el jefe de personal encargado de la Casa Blanca, Josh Bolten. Gonzales asistía a las reuniones comunes de información de seguridad nacional. Pasaba su tiempo con Bush y con otros asesores principales en las reuniones de Camp David. En las horas anteriores a la virtualmente unánime autorización del congreso de septiembre 14 para que Bush respondiera con poderío militar a los ataques, era cada vez más claro que el trabajo de Gonzales durante los próximos meses, tal vez en los próximos años, siempre volvería a incidir de nuevo sobre los acontecimientos de ese 11 de septiembre.

Durante las primeras horas y los frenéticos días posteriores al 11 de septiembre, Gonzales, Flanigan y los otros abogados de la oficina de asesoramiento de la Casa Blanca y del Departamento de Justicia de Asesoramiento Legal entraron en una carrera para terminar la precipitada resolución del 14 de septiembre, que autorizaría al presidente a pelear en contra de los terroristas. También, se pusieron a trabajar apresuradamente en ampliar la autoridad presidencial. Esa expansión en la autoridad del presidente fue considerada no solo una necesidad política. Desde el primer día de la administración Bush era algo que se estaba manejando y que ahora era simplemente la manera de otorgarle a Bush el poder para declarar la guerra bajo cualquier circunstancia. En principio, obviamente no era un concepto novedoso; las administraciones anteriores habían luchado para lograr maneras de otorgarle más autoridad a la Oficina Oval, para moverse más allá de lo que los consultores internos sentían que era una política partidista incómoda y lenta que podría bloquear una acción rápida y decisiva. En realidad, Gonzales y los otros consultores se estaban embarcando en un sendero clandestino y extraordinariamente controversial.

En esos primeros días despues de los ataques terroristas y con una masiva incertidumbre aún en el aire, recoger información se convirtió en un mantra repetitivo entre los consultores de la Casa Blanca—enmarañando cualquier tipo de inteligencia o información que pudiera hacer justicia o provocar sopechas sobre la seguridad nacional. Si los Estados Unidos estaban ahora peleando una guerra contra los terroristas del siglo XXI que contaban con Internet y teléfonos celulares para mantenerse comunicados, entonces Gonzales acudía al argumento de que el presidente necesitaba la autoridad para moverse rápidamente en su persecución y extraer toda la información concebible de ellos y sobre ellos. Y además, la sensación en la Casa Blanca era que los abogados necesitaban ser diligentes probando hasta dónde daban los límites, reinterpretando y suministrando una manera de no sólo emprender la posible guerra contra el terrorismo pero también recoger cada fragmento de inteligencia.

Mientras se redactaba y se ponía en acción esa tempestuosa resolución del 14 de septiembre, Gonzales y los demás abogados daban vueltas en círculos y volvían a The Foreign Surveillance Act de 1978. Después del evento de Watergate, el Congreso creó FISA, que fue una manera de controlar las autorizaciones para interceptar información. Ese acto y las variadas limitaciones en vigilancia doméstica, establecidas para parar cualquier tendencia huidiza que hubieran podido tener las entidades de leyes locales y nacionales hasta ese entonces, fueron rastreadas por Gonzales, así como también lo fueron las otras estipulaciones y regulaciones del Fourth Amendment relacionadas a "indagaciones irrazonables y detenciones." Gonzales llegó a la conclusión de que las preguntas claves se centraban en que si Bush, como comandante en jefe, podía autorizar a través del acta de emergencia anti-terrorista del 14 de septiembre el uso de técnicas de vigilancia doméstica encubiertas.

Si una resolución anti-terrorista podía redactarse con una gran amplitud idiomática—y si el Congreso la aprobaba—entonces la Casa Blanca podría comenzar a escuchar llamados telefónicos entre la gente del extranjero y la de los Estados Unidos y embarcarse así en el programa de espionaje sin sanciones, supervisión o permiso del Congreso. El mayor escollo era FISA. Esa ley se diseñó para detener y supervisar el uso de intervenciones domésticas pero también para proveer una corte secreta que pudiera rápidamente auscultar y quizás también aprobar autorizaciones en las cuales se otorgaran permisos para escuchar a escondidas. Gonzales y los demás abogados de la Casa Blanca finalmente sintieron que habían encontrado la clave en una sección de la resolución del 14 de septiembre. Ésta le otorgaba a Bush la autoridad de usar toda la fuerza que considerara apropiada y necesaria en contra de aquellas naciones, organizaciones o personas que él determinara como cómplices en planear, autorizar, cometer o ayudar a los ataques terroristas ocurridos el 11 de septiembre del 2001, o que cobijaran dichas organizaciones o personas, y así prevenir futuros actos de terrorismo internacional en contra de los Estados Unidos.

Esa frase, ese lenguaje sobre "la fuerza apropiada y necesaria" era la solución, el fundamento que los guiaría. Sería a lo que Gonzales y otros volverían si, o cuando la Casa Blanca de Bush fuera atacada por crear un programa de espionaje doméstico. La redacción, por supuesto, nunca deletreó en detalle lo de escuchar a escondidas, lo del espionaje doméstico o intervención, pero Gonzales argumentaba que esas herramientas, esas armas podían se acogidas bajo el marco de la resolución del 14 de septiembre. Cuando el Congreso y Bush finalmente aprobaron esa resolución se tuvo la clara sensación de que repentinamente los medios legales estaban listos para comenzar la ejecución del programa doméstico de espionaje. Gonzales podría simplemente sostener que el Congreso le había concedido al presidente amplio poder para pelear al nuevo enemigo, que literalmente el Congreso había firmado la expansión de poder de la presidencia, y efectivamente le había otorgado al presidente la licencia para pelear la guerra contra el terrorismo de cualquier manera posible, incluyendo el escuchar llamadas telefónicas y leer correos electrónicos.

Gonzales y los demás pensaron que no había razón para argumentar que el presidente necesitaba permiso para poder moverse mas allá de las llamadas restricciones de autoridad, para poder escuchar a escondidas, para trabajar dentro del marco de FISA, para no tener que ir al Congreso y sufrir las discusiones largas, frustrantes y peligrosamente abiertas sobre quién sería espiado y cómo funcionaría dicho espionaje. Dentro de la oficina del consejo de la Casa Blanca se vivió una farfulla, hubo una reacción muy frustrante que algunos abogados denominaron como una ilógica anemia, como ciertas antiguas limitaciones codificadas, no sólo en la regulación de FISA de 1978, pero también en otras varias estipulaciones nacionales e internacionales: Ya que muchos de los verdaderos creyentes del equipo de Gonzales, partes de las internacionalmente reconocidas Convenciones de Ginebra sobre el tratamiento a los capturados en combate eran rídiculamente obsoletas o no aplicables. En lo concerniente a Al Qaeda ésta era una nueva guerra, un nuevo enemigo, y Gonzales y los abogados que trabajaban debajo de él le filtraban opiniones de la oficina del asesoramiento legal del Departamento de Justicia, empujaban vigorosos, casi frenéticamente, para que las leyes existentes pudiesen interpretarse de manera apta en ese momento. Meses después, por supuesto, luego de que se revelaran memorandos de acusaciones de torturas y espionaje doméstico, Gonzales sugeriría que él simplemente estaba haciendo lo que haría cualquier abogado honesto por su cliente—había identificado el resultado y trabajado incesantemente para lograrlo.

Él había sido vilmente leal a Bush y poca gente en Washington apreciaba verdaderamente el hecho de que Gonzales y Bush literalmente habían crecido juntos, políticamente hablando, en un momento en Texas en que Bush se salía con la suya en cualquier tema o debate en que se involucraba. Bush no tenía influencia constitucional en Texas, pero siempre se salía con la suya en casi todos las cuestiones legislativas y políticas que emergían. Gonzales había crecido en un ambiente político en el cuál estaba acostumbrado a ver a su cliente dotado de una libertad política casi ilimitada—como consecuencia del miedo que Bush instigaba en los demócratas de Texas, la fina fuerza de su red y la aprobación absurda de la cual gozaba en las estadísticas.

Ese pasado, junto a la predisposición de Gonzales de siempre proteger, promover y servir a su cliente, alimentó un proceso de decisión confiable y sin complicaciones que aseguró la expansión de los poderes presidenciales, así implicase meterse en las áreas usualmente inviolables y casi sagradas de las libertades civiles de los Estados Unidos. Y ahora, con las urgencias del ambiente post 11 de septiembre que sugerían que la acción decisiva de Bush era el único curso posible, Gonzales se inclinó aún más a hacer lo que siempre había hecho por su cliente, encontrar el camino, hallar los matices dentro de las leyes existentes que liberarían a Bush lo más posible. Realmente, no era tan diferente de cuando Gonzales estaba preparando los condensados memorandos de clemencia para Bush. Dicen sus enemigos que él los escribió para liberar a Bush y permitirle actuar. Esta vez estaban en juego cuestiones relacionadas a la seguridad nacional, al espionaje doméstico, a interrogaciones a enemigos combatientes y terroristas. Y quizás ahora que había identificado el resultado, miraba hacia atrás para así encontrar los medios a través de los cuales lograr este resultado.

Los pilares gemelos de la estrategia para iniciar la guerra en contra del terrorismo después del 11 de septiembre que emergían de la oficina de Gonzales—como detener y procesar a prisioneros, espiar a la gente— venían avanzando inexorablemente. Y aún procedían secretamente, como si los consejeros afianzados, los que normalmente pasaban parte de su tiempo en cuestiones mucho más mundanas (como el decidir quién podría usar el logo de la Casa Blanca para publicidad), se hubieran embarcado en su propia guerra clandestina de terror. Si es que existía una sensación de que las nuevas reglas estaban siendo esbozadas dentro de un ambiente legal singular, todo era selectivamente ignorado o eclipsado por cada noticia sobre los terroristas y sus complots. Si tenía algún sentido llevar a cabo esta misión legal y constitucional evasiva, como algunos en el Congreso declararían apasionadamente después de un tiempo, estas dudas fueron definitivamente puestas a un lado en nombre de una misión más importante. Si tenía algún sentido que no se debatiera la creación de un programa de espionaje doméstico clandestino que le permitiera a la National Security Agency espiar a la gente sin autorización, guía o aprobación del Congreso, el mantra casi obsesivo de recoger información lo más velozmente posible lo anulaba. Expandir los poderes presidenciales era esencial para esta tarea.

Aparte de eso, Bush deseaba ser visto como un presidente que actuaba rapidamente. Como persona no le gustaba esperar; como creatura política se dejaba llevar por su filosofía de Ronald Reagan, la cual manifestaba que en la política la percepción lo es todo. Durante años le había manifestado a Gonzales que él quería ser visto como un líder inequívoco y valiente. Esta nueva movida utilizada para expandir los poderes presidenciales de Bush y los intentos específicos de otorgarle poder para la guerra, dominio sobre los tribunales militares, para pasarle por encima a FISA y el Congreso, fue de alguna manera aseverada sirviendo a la personalidad política de Bush y su estilo presidencial en un momento en que las urgencias habían escalado quizás al nível mas intenso de la historia moderna. Finalmente, fue fácil para Gonzales planear el complot de rumbos controversiales que había diseñado dentro de la oficina del asesor de la Casa Blanca. Al fin y al cabo era lo único que podía hacer para atender las necesidades del único cliente que había servido durante toda su vida pública.

La gente de la oficina del asesor de la Casa Blanca, hombres como Flanigan y Berenson que se hallaban trabajando doce y catorce horas al día con Gonzales, se preguntaban que era lo que realmente habitaba dentro del alma y el corazón de Gonzales durante los días posteriores al 11 de septiembre. Había permanecido perfectamente enigmático, como una máquina de trabajar incesante. Esa precisión casi emocionalmente insulsa, era algo inquietante y a la vez sosegado. Durante las reuniones con el personal él adoptaba la actitud de un juez haciendo anotaciones, espiando por encima de sus lentes mientras tomaba una Diet Coke más. Él dejaba que los abogados más apasionados discutieran sobre hasta donde podía estirarse la ley. Y si a la larga le preocupaba que todo esto—las discusiones sobre las Convenciones de Ginebra, las torturas, el programa secreto de espionaje doméstico sin autorización o aprobación del Congreso—pudiera causarle problemas en la administración Bush, nunca expresó estas preocupaciones en términos enérgicos.

La dinámica de los principios que prevalecieron en esas históricas reuniones de la Casa Blanca, de acuerdo a los que estuvieron presentes, se definiría de la misma manera: Alberto Gonzales era el consejero legal más confiable de Bush, y Gonzales haría todo lo necesario para darle más poder a su cliente más importante. Gonzales y todos los que estaban presentes sabían que él haría todo lo que pudiese para ayudar a Bush políticamente. Sin palabras, pero perfectamente asumido, estaba el hecho de que si alguna vez se viera en algún aprieto o existiera alguna acusación candente sobre el programa de espionaje doméstico, esta recaería sobre Gonzales. Él pondría la cara públicamente para relatar, disculparse, dar una explicación, y llegado el momento, sería el responsable de hacer la declaración jurada. Él tendría que ocuparse de la parte de abogacía, defensa, explicar que la resolución del 14 de septiembre podía leerse como que el programa de espionaje doméstico no era solamente legal, pero vital—aún cuando las palabras "escuchar a escondidas" e intervención de teléfonos no se hallaran ahí.

No mucha gente sabía con seguridad si por último Gonzales tendría el estómago para esto, si es que realmente alguna vez se veía en una encrucijada política notoria y si había hecho un pacto con el diablo para proteger a su cliente para siempre a expensas de su propio legado personal. Nadie sabía certeramente, pero varias pesonas cercanas a Gonzales tenían la sensación de que no daría marcha atrás, de que encontraría los medios necesarios para que Bush expandiera sus poderes presidenciales, y que haría exactamente lo mismo que siempre: proteger a Bush hasta el final.

Después de todo, era lo que había hecho en Texas una y otra vez.

Dos semanas después de los ataques, John Yoo, que ayudaba a manejar la Oficina de Asesoría Legal del Departamento de Justicia envió un memorando secreto a Gonzales y Flanigan. De muchas formas, Yoo era otro de los abogados confidentes, conservadores de la Sociedad Federalista que formaban parte de la administración de Bush—quienes lo conocían sostenían que tenía mucha fuerza intelectual y que tenía la voluntad de respaldar cualquier cosa por la que luchara. A Gonzales le gustaba Yoo, había querido tenerlo en su grupo de colaboradores, y aprobó con agrado la decisión de darle a Yoo la responsabilidad del manejo de la Oficina Legal del Departamento de Justicia.[5] En el período inmediatamente posterior al 11 de septiembre, el estado de ánimo de algunos de los consejeros de la Casa Blanca y de sus contrapartes de la Oficina del Asesor Legal había cambiado rápidamente por uno de ira absoluta e inclusive un sentimiento de revancha abierta contra los terroristas—además, se produjo una intensa discusión en relación con los límites legales de declarar la guerra a enemigos desconocidos, sombríos y ocultos y a las naciones que simpatizaban con ellos, sospechosas de respaldarlos. El memorando de quince páginas de Yoo tenía por título "La Autoridad Constitucional del Presidente para Desarrollar Operaciones Militares Contra los Terroristas y las Naciones que los Respaldan," y cuando Gonzales lo examinó, se encontró con la siguiente frase: "El presidente puede desplegar la fuerza militar preventiva contra las organizaciones terroristas o contra los estados que las acojan y respalden, ya sea que estén relacionadas o no con los incidentes terroristas específicos del 11 de septiembre."[6]

Mientras Gonzales se reunía con el presidente, Cheney y Ashcroft, se iba armando cada vez mejor con los denominados "memorandos con tendencia derechista" e informes de sus propios consejeros, del enérgico abogado de Cheney, David Addington, y de los insistentes abogados que operaban dentro de la oficina de consejos legales, como Yoo. En especial, los memorandos que se prepararon en los días siguientes al 11 de septiembre se relacionaban también con lo que debía hacerse con cualesquiera terroristas que fueran tomados prisioneros—cómo debían ser detenidos y procesados, qué derechos tenían según la ley norteamericana y la ley internacional, y, cada vez con más énfasis, cuál sería la mejor forma de hacer uso de los prisioneros para el éxito de la guerra contra el terrorismo. En otras palabras, ¿cuál sería la mejor forma de obtener información de los terroristas capturados? Inmediatamente después del 11 de septiembre abundaban las discusiones en el interior de la Casa Blanca, en el Pentágono, en la CIA y en el FBI sobre si se habían colapsado los organismos de recopilación de inteligencia de los Estados Unidos—si nuestra fuerza de inteligencia no se había esforzado lo suficiente, si no había sido lo suficientemente proactiva, si no tenía las destrezas necesarias para obtener información sobre la estructura y las operaciones de Al Qaeda. Las palabras del momento eran *información y reconocimiento,* y cómo llenar los vacíos en relación con la cadena de comando, la infraestructura, la financiación y el alcance internacional de Al Qaeda.[7]

Se daba por hecho que Bush quería actuar rápidamente, en forma decisiva, y que necesitaba un marco legal expansivo, necesitaba que sus abogados pensaran en formas que le permitieran liberarse para responder de inmediato—y para recopilar información en la "mejor forma" posible. En la Casa Blanca, se había difundido rápidamente la noticia de que Bush había dicho, literalmente, que "vamos a descubrir quién hizo esto y les vamos a dar una patada en el trasero." Había cierto sentido de que estaba esperando, con impaciencia, a que sus abogados determinaran los límites legales incontestables para desencadenar un contraataque, capturar a los terroristas y extraer valiosos datos de reconocimiento e información.

En último término, se trataba de un toque de clarín que convocaba a un corto número de entusiastas abogados de distintas ramas de la administración, que se encontraban en un urgente proceso de coalescencia para constituir un grupo que se limitaba a decir que era hora de aprovechar el momento, hora de reaccionar con rapidez y con fuerza, con interpretaciones controversiales de la Constitución de los Estados Unidos… era la hora de darle a Bush las opciones legales que deseaba, que necesitaba, para declarar la guerra analizando a fondo la justicia y las respuestas de los terroristas que habían atacado a los Estados Unidos. En la Oficina del Asesor de la Casa Blanca había un palpable sentido de que el equipo de Gonzales deseba desesperadamente convertir su ira, su frustración por los ataques del 11 de septiembre y darle un propósito. Quería encontrar los medios de declarar su propia guerra a los terroristas. De que los abogados de la Casa Blanca querían convertir su reacción personal de rechazo en una búsqueda de cualquier interpretación legal que pudiera facultar a Bush para hacer daño a los terroristas. Era, en cierto sentido, una forma de activismo judicial—y, a nivel personal, era la forma de convertir el rechazo en retribución.

Lógicamente, esto llevaría a enormes debates y pleitos sobre cuán lejos iría el gobierno norteamericano para espiar a la gente, intervenir, escuchar llamadas telefónicas y leer correos electrónicos a escondidas. Años después, cuando emergió el alcance de sus memorandos e iniciativas, Gonzales finalmente se vería acusado de abusar con arrogancia de las libertades civiles norteamericanas y esencialmente de mentir y confundir al Congreso y a la nación sobre la existencia y alcance de los programas que armaban los abogados de la Casa Blanca. Años despues, su trabajo legal secreto como consejero de la Casa Blanca se transformaría en el foco de atención más ardientemente discutido de la segunda administración de Bush. Los civiles liberales dirían que Gonzales había pisoteado los inalterables derechos humanos y principios norteamericanos con botas militares, y luego había engañado al Congreso cuando fue cuestionado sobre cuán lejos iría el gobierno para obtener información. Ellos apuntaban a que algún día Gonzales apareciese ante el Senate Judiciary Committee, y fuese cuestionado sobre posibles intervenciones, y adónde, bajo juramento, describiese esa forma de espionaje doméstico como "hipotético" cuando de hecho estaba ocurriendo en ese mismo momento en los Estados Unidos.

Gonzales, que había estado en Washington durante apenas ocho meses, y que hacía apenas pocos años había dejado de manejar negocios de bienes raíces para una firma de abogados de Texas y casos de reclamaciones de seguro en los tribunales estatales, no era un experto cuando se trataba de poderes de emergencia para declarar la guerra, comisiones militares, crímenes de guerra, la Convención de Ginebra y los tribunales. Sin embargo, Flanigan hasta cierto punto conocía estos escenarios, ya que había vivido después de la Tormenta del Desierto, cuando trabajaba para la anterior administración Bush. Y Flanigan, más que Gonzales, haría el trabajo legal pesado para las controvertidas recomendaciones legales de los días siguientes al 11 de septiembre, con el patrocinio secreto que le llegaba a través de la Oficina del Asesor de la Casa Blanca.

Flanigan, Addington y otros abogados ocultos y anónimos, como Yoo en la Oficina del Asesor Legal, habían forjado una alianza a través de las fronteras de las distintas agencias y se estaban concentrando en el mismo plan para la nueva guerra y para determinar el tratamiento de cualesquiera prisioneros y detenidos. Estas recomendaciones se caracterizaban por dos hechos—tenían el pleno apoyo tanto de Dick Cheney como de Alberto

Gonzales. Quienes adelantaban este trabajo simplemente aceleraron el proceso pasando por alto los abogados que normalmente podían haberse llamado para dar forma a la política legal en el nuevo estado de guerra contra el terrorismo—incluyendo los fiscales federales que ya habían pasado años trayendo a algunos terroristas ante los tribunales para ser juzgados por abogados militares que se especializaban en interpretar los poderes de emergencia para declarar la guerra, la historia militar, los juicios militares, los derechos de los prisioneros de guerra, los derechos de los detenidos y cualesquiera tratados internacionales relacionados con los códigos de conducta de los tiempos de guerra. Además, empezaron a pasar por alto y a competir con Ashcroft en un intento por convertirse en el poderoso motor tras importantes decisiones de Bush. "Y luego, con frecuencia, Al y David y yo discutíamos los problemas a medida que se presentaban. Se trataba de una relación estrechamente coordinada entre el asesor del vicepresidente y nuestras oficinas," dijo Flanigan.[8]

A medida que el año 2001 llegaba a su fin, algunos de esos abogados federales y militares se fueron dando cuenta de que se estaba formando una alianza inflexible dentro de la administración Bush y que se comenzaba a imponer su urgente análisis para la Casa Blanca. Algunos de esos fiscales y abogados militares se sintieron excluidos; otros sintieron que los estaban dejando atrás, que estaban siendo derrotados por las ágiles maniobras de un grupo de abogados que tenía algo de lo que ellos ni siquiera podían soñar en las semanas que siguieron al 11 de septiembre— acceso, a través de Al Gonzales y Dick Cheney, a la Oficina Oval. Hubo una oposición esporádica de unos pocos de esos abogados excluidos que expresaron su inconformismo con esa improvisación, que algunos calificaban de alianza legal forzada—pero manifestarlo en público, constituir una alianza que contrarrestara dicha tendencia, habría sido una locura política.

Nadie quería ser calificado de anémico ni flojo. Algunos de los abogados excluidos—los que podían haber argüido que los nuevos proyectos, opiniones y memorandos le concedían a Bush, y a cualquier presidente, demasiado margen de acción—se reservaban sus opiniones. Los ánimos en los días siguientes al 11 de septiembre en la Casa Blanca, alcanzaron demasiada intensidad, eran demasiado combativos para optar por denunciar y decir que la administración debía respirar hondo antes de tomar la determinación de apresurarse a atacar a los terroristas, a facultar al presidente para que declarara la guerra en donde quisiera, a administrar justicia a supuestos terroristas en formas ajenas a la norma vigente para los ciudadanos norteamericanos.

"Los fiscales… deseaban adoptar lo que algunos llamaban un enfoque de 'policías y ladrones' ante el terrorismo, es decir, se llevaba a cabo una investigación penal, se armaba un caso, se traía a los terroristas ante un gran jurado o se reunía un gran jurado, se investigaba, se enviaba una acusación y luego se les juzgaba y se les enviaba a prisión—ese es el enfoque de 'policías y ladrones.' En contraposición a eso, había una especie de 'modelo de poderes de guerra' en el que éste ya no es un simple incidente penal sino un acto de guerra; por lo tanto, el presidente tenía ciertas facultades que le permitían hacer cosas que no podía hacer en un escenario penal norma," dijo alguien muy cercano a todo el proceso que se desarrollaba en la Casa Blanca. "Por ejemplo, tiene el poder de retener a la gente por el decreto de habeas corpus. Tiene el poder de autorizar a los comandantes militares a adoptar ciertas medidas, que, de ser adoptadas por el FBI, serían allanamientos y confiscaciones ilegales—me refiero aquí a medidas adoptadas fuera de los Estados Unidos. Gonzales no era de los que diría, 'Bien, el poder de Jefe de Estado del Presidente lo autoriza a hacer absolutamente cualquier cosa.' Pero sí decía, 'Bien, aquí, la función del presidente como líder en tiempos de guerra tiene que ser respetada en este proceso…'"

Y si eso significaba que si Bush no quería seguir el lento proceso de "policías y ladrones," ese era entonces su derecho. Ignorando cualquier leve queja, Gonzales presentó varios proyectos de leyes de emergencia durante las semanas y meses que siguieron al 11 de septiembre, y podría decirse que cada uno parecía ser más osado, más amplio que el anterior, cuando se trataba de lo que recomendaba al presidente. Y, como siempre, ese aspecto—el persuadir al presidente—quedaría casi exclusivamente en manos de Gonzales. Él sería quien llevaría el tren a la estación; presentaría el nuevo paquete legal en los días posteriores al 11 de septiembre, con las recomendaciones sobre la guerra contra el terrorismo presentadas a Bush, Cheney y Rumsfeld. Flanigan, Addington y, prácticamente todos los que trabajaban en la Oficina del Asesor Legal sabían que probablemente no había nadie en la Casa Blanca en quien Bush confiara más. Cuando Gonzales entraba a las reuniones urgentes de después del 11 de septiembre con los asesores más cercanos del presidente, era un hecho que Bush estaba casi siempre predispuesto a seguir cualquier cosa que Gonzales recomendara. En último término, llevó a una decisión mutuamente acordada en cuanto a que la alianza de Gonzales-Flanigan-Addington debía avanzar rápida y limpiamente alejada de cualquiera que pudiera impedir que las instrucciones se cumplieran con la rapidez indicada—incluyendo a Rice y sus altos funcionarios, los abogados militares de niveles inferiores, Powell, Ashcroft y el asistente del fiscal general, Michael Chertoff.

El fuerte vínculo entre Bush y Gonzales era la clave para cualquier cosa que saliera de la oficina del asesor de la Casa Blanca, sostenían varios de los miembros del personal. Era lo que siempre le daba un margen de ventaja. La unión entre Bush y Gonzales había llegado a ser algo evidente en los últimos ocho meses, algo que cualquiera podía ver. Gonzales era leal y Bush tenía una confianza inherente en cada elemento de la asesoría legal de Gonzales, por pequeño que fuera. Flanigan y otros abogados agresivos, dispuestos a correr riesgos, que se empeñaban en estudiar y explorar los elementos más dramáticos en la reacción de este país a los acontecimientos del 11 de septiembre, sabían sin duda que Gonzales podía hablar con Bush en cualquier momento que lo deseara. Además, sabían que Bush prestaría atención a cualquier cosa que Gonzales recomendara.

La historia ha demostrado que los aspectos claves del comportamiento de los Estados Unidos después del 11 de septiembre—desde cómo y por qué condujo y declaró sus guerras contra el terrorismo, los talibanes e Irak, hasta el tratamiento que decidió dar a los prisioneros de esas guerras, o cómo decidióa obtener esa valiosa información de inteligencia—fue forjado, en un grado no despreciable, por un grupo de asesores gubernamentales diputados que la mayoría de los norteamericanos no sabría identificar por sus nombres. Sus insistenes y, en último término, controvertidas recomendaciones fueron procesadas por un conducto furtivo hasta el asesor de la Casa Blanca, Alberto Gonzales—y fue él el mensajero tranquilo, confiable, que entraba a la Oficina Oval y entregaba directamente al presidente de los Estados Unidos algunas de las decisiones más importantes y controvertidas de la nación en tiempo de guerra. "Desearía poder dormir un poco más con el trabajo que tengo, pero, ya sabe, entrar a la Oficina Oval e informar a la persona más poderosa del mundo sobre una vacante en la Corte Suprema, o estar en el Salón de la Situación cuando el presidente ordena a nuestros hombres y mujeres ir a la guerra, o entrar en la residencia y entregarle al presidente un papel que uno ha redactado para que él firme—un papel que sabemos que será analizado y revisado por los historiadores durante años en el futuro—eso es algo muy bueno, y no tengo de qué quejarme." [9]

En mi mente, todos los que participaron en este proceso utilizaban un casco blanco," decía Flanigan, al hablar del trabajo que salía de la oficina de Gonzales después del 11 de septiembre. "No estaban allí para actuar como vaqueros ni para crear un nuevo régimen legal radical. Lo que querían era utilizar los modelos legales existentes para colaborar en el proceso de salvar vidas, para obtener información. Y la guerra contra el terrorismo se trata justamente de eso, de información." [10]

El radio de acción se expandía: Gonzales, Addington, Flanigan y los demás estudiaban, procesaban y creaban memorandos que sugerían que el presidente podía declararle la guerra a Irak, como a cualquier nación, si sospechaba que apoyaba a los terroristas. Y ahora, actuando con base en la suposición de que los Estados Unidos y sus aliados se dedicarían a detectar terroristas en el mundo entero, se redactaban memos sobre qué hacer exactamente con esos prisioneros—y cómo obtener de ellos algo útil. El término "información" seguía siendo el lema candente—cómo obtenerla, cómo utilizarla para beneficio de los Estados Unidos. Tal vez no era "un nuevo régimen legal radical," o tal vez sí. Una cosa era clara, todos pesaban que había llegado el momento de un nuevo paradigma: "Legalmente, el santo y seña fue 'aprender en la marcha' por lo cual todos querían decir: 'Queremos ser agresivos. Queremos correr riesgos,'" comentó Bradford Berenson. [11]

Gonzales impulso otras iniciativas. Él y sus abogados ayudaron a elaborar las órdenes iniciales de "congelación de activos" del 24 de septiembre dirigida a veintisiete personas y organizaciones sospechosas de tener vínculos con el terrorismo. Ese mismo día, cuando se estaban aprobando los memorandos sobre congelación de activos, Ashcroft estaba en el Comité Judicial Interno luchando por obtener la aprobación para temas controversiales que dominarían los titulares y las páginas de opinión: el mantener detenidos indefinidamente a los sospechosos y la expansión del uso de

intervención de líneas telefónicas con monitoría del uso de Internet.
Ashcroft, en los días siguientes al 11 de septiembre, se convirtió en una
persona a la vez querida y odiada—era una figura polarizante que, según
el punto de vista, era la persona clave para desencadenar algunas nuevas
reglas en la búsqueda de terroristas, o era un aterrador Hermano Mayor
absolutamente decidido a pisotear las libertades civiles básicas. Gonzales
permaneció oculto, fuera del radar—al menos por un tiempo.

Él o sus asesores asistentes sostenían conferencias con otros funcionarios de la administración en el Salón de la Situación o en las llamadas Sen-
sitive Compartmented Intelligence Facilities (Instalaciones de Inteligencia
Sensible Compartimentada) (SCIFs), salones de alta seguridad donde normalmente se almacena la información de alta confidencialidad, clasificada.
Hay varios SCIFs por todo el Congreso y la Casa Blanca y, en la mayoría,
es imposible utilizar un teléfono, mientras que está prohibido sacar cualquier documento. Durante una de las reuniones de emergencia inter-
agenciales, dirigidas por Gonzales varios días después del 11 de septiembre,
éste congregó un grupo de trabajo conformado por abogados y fiscales
penales del Departamento de Justicia, el Departamento de Estado y la Oficina del Asesor Legal, las fuerzas armadas y personal de su propia oficina.
La misión de este grupo de trabajo era determinar una recomendación clara acerca de cómo procesar exactamente a cualesquiera terroristas
capturados.

Los fiscales del Departamento de Justicia respaldaban los procesos penales como los que resultaron en la condena perpetua del clérigo musul-
mán acusado de conspirar para hacer detonar bombas en varios lugares
históricos de la ciudad de Nueva York en 1993. Gonzales y su equipo se
opusieron rotundamente—argumentaban que pensar en un juicio penal
era algo demasiado tedioso, demasiado peligroso y, sin duda, no contribui-
ría al propósito más importante de obtener, sin demora, información confiable que permitiera mantener la seguridad del país y ahuyentar a los
terroristas.

Para octubre, había una evidente sensación de impaciencia con la
forma como avanzaba el grupo de trabajo. Éste se disolvió y la oficina del
asesor de la Casa Blanca—con la ayuda de funcionarios de la línea dura de
la Oficina del Concejo Legal—se hicieron cargo de cualquier elaboración
de planes para procesar a los prisioneros extranjeros capturados durante la

nueva guerra contra el terrorismo. Para fines de octubre y comienzos de noviembre, el equipo de Gonzales había formulado una propuesta que sentaría las bases para la creación de los tribunales militares más agresivos desde la Segunda Guerra Mundial—tribunales que suspenderían todo tipo de derechos normalmente ofrecidos a los norteamericanos en el sistema judicial de los Estados Unidos. Estas formulaciones fueron más que notables por el hecho de que fueron elaboradas y diseñadas en sorprendente aislamiento—en secreto, y sin que se enteraran Condoleezza Rice y otros miembros influyentes del Departamento de Estado. Según dirían algunos más tarde, se trataba de formulaciones emblemáticas de una cultura sistémica que surgía en algunas alas de la administración Bush—una cultura que basaba sus teorías en rescribir las reglas del compromiso, de las libertades civiles, las reglas de procesamiento legal, detención e interrogación. Los más duros críticos dirían que eran emblemáticas de una lamentable separación de los mismos principios humanitarios y morales que diferenciaron a los Estados Unidos de los sanguinarios e irreconciliables enemigos. Quienes las apoyaban dirían que eran simplemente normas que abrían todas las vías hipotéticas imaginables—sin dejar una sola piedra sin voltear.

El primero de noviembre, y a nombre de la seguridad nacional, Bush firmó una orden ejecutiva preparada por Gonzales que daba a los presidentes de los Estados Unidos grandes poderes para mantener sus documentos de la Casa Blanca sellados, al abandonar sus cargos. Perdida entre el furor de los acontecimientos que siguieron al 11 de septiembre, esa ley llevaría a una demanda federal que reclamaba que se estaba ocultando valiosa información sobre la historia de Norteamérica. Según los críticos, era una medida descarada de ampliar el privilegio ejecutivo de la presidencia—era el intento de Gonzales por conferirle a Bush un poder de autoridad más amplio. El 13 de noviembre, Bush firmó otra directiva—una orden de tres páginas que autorizaba juicios "completos y justos" mediante el uso de los tribunales militares, para procesar a las personas no ciudadanas de los Estados Unidos acusadas de terrorismo. La orden creaba un singular sistema legal de emergencia—uno en el cual las reglas normales del debido proceso en los Estados Unidos, quedaba suspendido.

La orden, preparada en parte por Gonzales, permitió la detención de personas por un tiempo indefinido. Le dio al presidente el derecho de crear un tribunal en cualquier lugar donde fueran capturados o detenidos los terroristas—y designar las personas que quería que fueran llevadas a juicio ante esos tribunales. Los juicios se harían ante un juzgado militar cuyos miembros serían elegidos por el secretario de defensa. El proceso se haría en secreto—siempre atentos a detectar cualquier inteligencia antiterrorista que surgiera de los tribunales en cuestión, tendiente a evitar que cualquier posible terrorista pudiera detectar información confidencial. Las reglas normales de "comprobación más allá de la duda razonable" quedarían suspendidas. El derecho a permanecer callado no sería aplicable. No habría apelaciones. No habría suposición de inocencia. Y, si se dictaba una sentencia de muerte, bastarían dos terceras partes del tribunal militar para aceptarla—no se requería un veredicto unánime. El presidente podría decidir, a discreción, quién sería juzgado ante un tribunal militar.

El marco conceptual para la orden que Gonzales deseaba que Bush firmara provenía de un caso de 1942, cuando ocho saboteadores nazis llegaron secretamente a los Estados Unidos en lanchas U, con el propósito de bombardear blancos específicos de Nueva York, Chicago y Detroit. El complot se desarmó con la ayuda de los guardacostas y del FBI. El Presidente Franklin Delano Roosevelt, firmó su propia orden que creaba tribunales militares de emergencia; los abogados de los alemanes capturados dijeron que los hombres tenían derecho a ser juzgados como cualquier otro norteamericano, en un tribunal ordinario, abierto. La Corte Suprema emitió unánimemente una decisión en contra de los nazis y dijo simplemente que no merecían los mismos derechos legales de los norteamericanos por ser "beligerantes" extranjeros.

Siete semanas después de un juicio militar secreto, seis hombres fueron ejecutados. El ex fiscal general William Barr, fue uno de los que trajo la idea a la oficina de Gonzales—años antes, había pasado a pie frente a un monumento histórico, fuera de su oficina, que hacía referencia a los tribunales militares de 1942 y no dejaba de pensar que era una opción que rara vez se utilizaba y que podría servir en situaciones de emergencia en tiempos de guerra. Después del 11 de septiembre, Barr llamó a Flanigan y le contó sus teorías. Flanigan quedó intrigado y se lo comentó a Gonzales. Los asesores comenzaron a trabajar, buscando detalles del caso de 1942 hasta encontrar lo que necesitaban para redactar la orden del tribunal militar que colocaron sobre el escritorio de Bush.[12]

El momento en el Bush firmó el controversial decreto fue un momento de victoria para Gonzales, un momento de euforia y reconocimiento del propio poder que tanto él como sus subalternos disfrutaron—y algo que habían hecho sin ningún insumo de la Asesora de Seguridad Nacional Condoleezza Rice o del Secretario de Estado Colin Powell, las dos personas cuya reputación internacional podría verse directamente afectada por cualesquiera consecuencias que tuviera dicho decreto.

Si Gonzales había aprendido algo durante el ejercicio de su profesión de abogado, esto era a no adelantarse a sus actos. Había tenido una intensa participación personal en el proceso de revisar las desesperadas solicitudes de último minuto de casi sesenta hombres y mujeres de Texas destinados a ser ejecutados. Fue la última persona en estudiar sus peticiones, antes de que fueran a cumplir su sentencia de muerte—había cumplido con su trabajo con confianza, sin remordimientos. Desde el comienzo de su trabajo para Bush, sabía lo que podría significar ese "aprendizaje sobre la marcha"—esforzarse al máximo por encontrar las leyes, las bases legales que le dieran a Bush la libertad que necesitaba. Y quienes conocían tanto a Bush como a Gonzales habían llegado a creer que los dos hombres eran más similares de lo que cualquiera se hubiera dado cuenta—sabían que la actitud imperturbable de Gonzales, la forma como parecía haber encerrado sus emociones en un cofre, su manera de ser afable y tranquila, era lo único que lo diferenciaba de Bush. Cuando se trataba de sus políticas y de sus creencias políticas, era totalmente idéntico a Bush—y, como Bush solía repetir refiriéndose a las personas como Gonzales y su otra abogada Harriet Miers, sabía lo que había en sus corazones. Para mayor seguridad, ese mes decidió que vestiría sus mejores galas y así iría a la celebración del veinte aniversario de la Sociedad Federalista; lo invitarían a volver como orador invitado.

Exactamente en sesenta días Gonzales le había presentado al presidente de los Estados Unidos los medios legales para declarar la guerra al terrorismo, a los talibanes y, tal vez, inclusive a Irak—y también le había presentado los medios para traer a los ciudadanos extranjeros capturados ante la justicia por, como decían algunos observadores, "cualesquiera medios necesarios."

"Forzamos el paquete, pero, en mi concepto, no más allá de lo que permite la Constitución," dijo Gonzales.[13]

Cuando salió a la luz el trabajo de Gonzales, cuando se difundió la noticia sobre los tribunales militares, hubo una lenta pero insistente oposición. Inicialmente, el Congreso se negó a atacar abiertamente a Bush—hacerlo habría sido un suicidio político, apenas dos meses después del 11 de septiembre. Sin embargo, algunos académicos, abogados militares, historiadores y expertos constitucionales comenzaron a expresar algunas objeciones en cuanto al alcance de las directivas que salieron de la oficina de Gonzales después del 11 de septiembre—y acerca del alcance de la Ley Patriota antiterrorista—estas objeciones se hicieron cada vez más claras, había cada vez más voces disidentes.

Por último, en la audiencia del Comité Jurídico del Senado, hubo contundentes quejas acerca de que los encargados de redactar las leyes estaban siendo excluidos del proceso de forjar la guerra contra el terrorismo, no se les estaba permitiendo participar en las interpretaciones constitucionales de la forma para procesar tanto la guerra como los prisioneros capturados en ella—y sostenían que simplemente no habían sido informados del hecho de que el presidente fuera a supervisar tribunales militares secretos. El Senador Patrick Leahy, odiado por Cheney y otros de la administración, había dicho en pocas palabras que nadie había hecho referencia siquiera remotamente a la idea de tribunales militares a los miembros del Congreso. Los expertos constitucionales daban entrevistas en las que sugerían que la orden redactada por Gonzales le daba a Bush poder ilimitado para traer a cualquiera ante los tribunales secretos—y que era algo que se podría ver en una monarquía, no en una democracia. Varios funcionarios encargados de hacer cumplir las leyes y líderes comunitarios de todo el país también expresaban objeciones a la red de la Ley Patriota que se estaba lanzando para encontrar terroristas en territorio norteamericano—se quejaban de que los grupos étnicos, los musulmanes y los emigrantes estaban siendo injustamente perseguidos, detenidos y cuestionados y que las libertades civiles estaban más amenazadas que nunca. Un profesor de la Facultad de Derecho de Harvard donde estudió Gonzales, habló durante una de las audiencias del senado refiriéndose al temor de que los Estados

Unidos pudieran estar "sucumbiendo inadvertidamente a su propio reino de terror… la tiranía y el terror de un gobierno opresor, no menos que la tiranía del terrorismo."[14]

Ashcroft y el fiscal general asistente Michael Chertoff, salieron a defender en público la Ley Patriota así como la orden de los tribunales militares—y sugirieron que los líderes del Departamento de Justicia habían decidido que los juicios penales públicos no sólo destruirían la oportunidad de lograr alguna información antiterrorista valiosa sino que, en realidad, podrían representar un peligro para los tribunales, las comunidades y las ciudades. Entre tanto, Gonzales fue enviado también en una acelerada serie de misiones con los medios, orientada, en parte, a defender el trabajo que había hecho con la Ley Patriota y otras políticas posteriores al 11 de septiembre. Rompió con su protocolo personal invitando a los reporteros a venir a su oficina para hablar de la política de la administración, se dispuso escribir un artículo de opinión para el *New York Times,* habló con la Asociación de Abogados de los Estados Unidos y programó rápidamente algunas excepcionales presentaciones en televisión. Realizó una entrevista con uno de los favoritos de la familia Bush, Brit Hume, de Fox, a fines de noviembre. Hume, a quien le gustaba llamarlo "Juez Gonzales," le preguntó por qué ésta orden había sido dispuesta con tanta prisa, y si los demócratas estaban presentando quejas únicamente por razones políticas:

"Bien, claro está, que nos encontramos en tiempos extraordinarios, Brit. Los Estados Unidos nunca han visto un enemigo semejante a éste. Y el presidente consideró que era importante tener todas las herramientas disponibles a la mano para desanimar y desarticular, y en cualquier forma, responder a los ataques terroristas, a futuros ataques terroristas a nuestro país. La orden no fue algo improvisado. Fue una decisión que requirió algún tiempo. Muchos abogados de la administración trabajaron en este aspecto y estudiaron el problema. Por último, cuando ya estaba lista, el presidente consideró que debía firmarla… Creo que el Congreso tiene una función de supervisión adecuada, y viendo lo que el presidente de los Estados Unidos ha hecho aquí… y por lo tanto, diría que no quiero atribuir ningunas razones políticas a lo que está sucediendo."

Después de apenas unos pocos años de sus airados comentarios en el *Dallas Morning News* sobre cuánto tenían en común Texas y México, Gonzales escribió un artículo de opinión a fines de noviembre para el *New York Times,* en el que sostenía que "en circunstancia apropiadas, estas comisiones ofrecen ventajas importantes sobre los juicios civiles. Les ahorran a los jurados, jueces y tribunales de los Estados Unidos los graves riesgos asociados con los juicios a los terroristas. Permiten que el gobierno utilice la información clasificada como evidencia sin comprometer los esfuerzos de inteligencia ni de los militares. Es una forma de dispensar justicia ágil y rápidamente, cerca de donde se encuentren nuestras fuerzas militares luchando, sin necesidad de años de procesos o apelaciones posteriores a los juicios." Agregó que la orden que le había entregado a Bush para que firmara no socavaba "el valor constitucional de las libertades civiles." [15]

Él y Bush ya habían recorrido este camino juntos anteriormente— cuando Bush colocó una marca de aprobación en una casilla marcada "Negada" en la petición de clemencia en Texas, con frecuencia decía a los reporteros que los hombres y mujeres que estaban a punto de ser ejecutados habían tenido juicios plenos y justos." Durante meses, Gonzales repetiría el mismo refrán una y otra vez: "Lo que se ha hecho aquí no es inusual en tiempos de guerra… Las decisiones que se han tomado aquí no han estado basadas en cómo nos vamos a ver en la historia. Mi trabajo como abogado es ofrecer asesoría legal al presidente de los Estados Unidos, decirle si se trata de una opción legal o si, de hecho, es inconstitucional. Por lo tanto, la posición que el presidente ocupe en la historia no sería mi primera prioridad." [16]

Gonzales había estado en Washington apenas diez meses y había luchado por mantener un perfil personal intencionalmente bajo. Algunos senadores y congresistas se habían batido a duelo con él, habían venido a verlo y hablarle sobre aspectos tales como la tenencia de acciones de Karl Rove y la selección de jueces para los tribunales federales. Pero muy pocas personas fuera de los círculos más internos de la Casa Blanca entendían realmente la relación entre Bush y Gonzales—o comprendían, a ciencia cierta, cuál era el rango de Gonzales dentro de la administración. Para fines de 2001, era cada vez más evidente que Gonzales estaba tan íntimamente ligado a la administración y era tan influyente como personas de la talla de C. Boyden Gray y otros poderosos asesores que habían servido a la familia Bush en el pasado.

Dado el hecho de que cada vez era más obvio que Gonzales estaba íntimamente involucrado en las más intensas decisiones que surgían en uno de los momentos más intensos de la historia norteamericana, algunos comenzaron a pensar que Gonzales era aún más influyente que sus predecesores. Todos sabían que a Bush le gustaba delegar, pero que sólo tenía una confianza profunda e infinita en un corto número de asesores. La amistad de Gonzales con Bush, sus lazos de unión, y el hecho de que era, evidentemente la persona puntual en las extraordinarias piezas del plan de batalla contra el terrorismo, hizo su estatus cada vez más obvio. Un funcionario al servicio de un senador demócrata dijo simplemente que Gonzales era "los ojos, los oídos y las manos de la Casa Blanca en el desarrollo de las iniciativas de la administración."[17] Algunos insistían en que ese era precisamente el problema. Que Gonzales tenía ahora un poder inaudito en las dramáticas decisiones posteriores al 11 de septiembre que afectarían a todos los norteamericanos, incluyendo las posibilidades de que el presidente pudiera elegir a cualquier ciudadano extranjero que quisiera someterlo a juicio ante un tribunal oculto, que personas inocentes quedarían atrapadas en lo que podría llamarse la plaga de los preconceptos de perfil racial y étnico, que las normas aceptadas para proteger los privilegios de los abogados y sus clientes serían eliminados sin miramientos. Gonzales carecía de años de experiencia en justicia penal, justicia militar, libertades civiles y derecho internacional como para ser la persona que contribuyera sin límites a establecer el mapa de los Estados Unidos para la guerra contra el terrorismo—era evidente que no tenía el portafolio diplomático para medir adecuadamente lo que la creación de un tribunal que lo abarcara todo, orientado a ciudadanos de otros países podría representar para las relaciones entre los Estados Unidos y sus aliados. El había sido un abogado de bienes raíces en Texas, y había pasado a ocupar un cargo "de vitrina" como secretario de estado y luego había entrado a decidir en catorce casos civiles en Texas, la mayoría de los cuales se relacionaban con seguros y negocios comerciales sin embargo, ¿ahora Gonzales era quien definía las directrices nacionales e internacionales?

Un experto en derecho en Washington dijo, airado, que "el cargo le queda grande a Gonzales... se trata de alguien que pasó de ser juez de la Corte Estatal en Texas para venir a encargarse de esto."[18] En Washington, otros simplemente decían que estaba siendo utilizado—que Addington, Flanigan, Berenson y otros abogados agresivos con bajos perfiles eran los que estaban haciendo el trabajo de fondo y realmente controversial de redactar los memorandos que Gonzales le entregaba a Bush. Prevalecía la teoría de que el nombre de Gonzales aparecía en los memorandos, pero que la potencia legal venía de otra parte. Su nombre estaba en los memorandos, él los firmaba, pero realmente no los escribía.

Algunos rumores en Washington sostenían que la función de Gonzales en las controvertidas órdenes posteriores al 11 de septiembre le estallarían a él personalmente en la cara. Si había algún movimiento de protesta en los Estados Unidos y en el exterior, alguna situación de boomerang por el hecho de que la nación se estuviera comportando en forma barbárica y no democrática—que Gonzales le acabara de dar a Bush rienda suelta para hacer que los militares detuvieran y trajeran ante un tribunal secreto a cualquier ciudadano extranjero sospechoso de colaborar o instigar al terrorismo—algunos entendidos decían que Gonzales sería quien pagaría las consecuencias. Este juego degollador dejaría a Gonzales expuesto y mortalmente herido—tendría que aceptar la culpa de promulgar una mala política. Bush le había dicho que la percepción lo era todo en la política, y si se producía el embarazoso fracaso de unas relaciones públicas negativas en relación con el caso de los tribunales, esto podría llegar a afectar directamente al asesor.

Para diciembre, Rove tenía la sensación de que Gonzales había manejado muy bien a los medios de comunicación y que cualquier reacción podría estar realmente limitada a un estrecho grupo. Wolf Blitzer, de la CNN, en especial, había colocado al "Juez Gonzales" sobre la parrilla, pero Gonzales parecía mantenerse tranquilo. La misma pequeña sonrisa aparecía en su rostro cuando Blitzer lo presionaba cuestionándolo sobre la legalidad de los tribunales y Gonzales parecía inherentemente inalterado, prácticamente como la voz de la razón. Quienes observaban a Gonzales a finales de 2001, decían que de alguna forma había sobrevivido a los alegatos, acusaciones y rayos y centellas—y que, realmente, sólo unos pocos expertos en política, reporteros y políticos llegaban a entender toda la importancia de los memorandos de Gonzales a Bush. La percepción lo es todo en la política y algunos pensaban que Gonzales se veía como un burócrata inofensivo, bien informado, en la televisión nacional.

El último día de 2001, los expertos se reunieron en ABC para hablar de sus predicciones políticas para 2002. George Stephanopoulos ofreció su pronóstico: "Y la Corte Suprema recibirá a un hispano. Alberto Gonzales, que es ahora el asesor del Presidente Bush, será la próxima elección para la Corte Suprema, cuando alguno de los magistrados renuncie."

Para quienes se habían enfurecido ante la inexperiencia de Gonzales en aspectos de derecho penal, militar e internacional, la sugerencia de que estuviera en el primer lugar de la lista, para ir a ocupar un lugar en la Corte Suprema de los Estados Unidos, era casi más de lo que podían soportar. Sus amigos, sus seguidores, habían ido a un lugar muy diferente—habían entronizado a Gonzales en el panteón de los prominentes líderes norteamericanos: "La comunidad hispana habla de César Chávez. Fue un gran líder para los hispanos. Al es una versión profesional de César Chávez. Sus dos nombres se pueden mencionar en una misma frase como ejemplos de personas que han ascendido en sus comunidades para alcanzar una vida mejor," dijo Massey Villareal, que ocupaba el cargo de presidente nacional de la Asamblea Nacional Republicana de Hispanos.[19]

TRECE

Tortura

Trascurridas tres semanas del nuevo año, Gonzales firmó otro memorando clasificado para el presidente de los Estados Unidos; no tenía idea de que se convertiría en plutonio político. Acababa de hacer un vuelo expreso para examinar la Bahía de Guantánamo y el primer grupo de prisioneros que habían llegado allí. De regreso a Washington, Gonzales pensaba en el hecho de que el Secretario de Estado Colin Powell, no había respaldado a Bush, y había dicho que odiaba la idea de que los Estados Unidos retara a los aliados al parecer violar los tratados y protocolos internacionales—a Powell le preocupaba lo que podría decir el mundo de la forma como Norteamérica estaba encarcelando e interrogando a los detenidos. Bush le había pedido a Gonzales una interpretación de los temores de Powell. Por lo general, Gonzales dedicaba algún tiempo a elaborar los distintos borradores de sus memorandos para Bush. Los rescribía, los revisaba una y otra vez. Su estilo llano y conciso para redactar los memorandos hacía que estos fueran la destilación de sus años de entrenamiento trabajando para su cliente George W. Bush. Su asistente, Stuart Bowen, pensaba que Gonzales era un escritor persuasivo cuando tenía que serlo. "Es un muy buen escritor, escribe *muy* bien," dijo Bowen en una oportunidad, enfatizando la palabra "muy." [1]

El memorando firmado por Gonzales sería elaborado justo después de una serie de victorias secretas rápidas y sorprendentes manejadas por Gonzales y su equipo en la Casa Blanca. Habían establecido los parámetros para la guerra y la forma de tratar a cualesquiera terroristas sospechosos, también lo habían hecho sin consultar al Congreso ni a ninguna de las lentas entidades de Washington. Habían hecho su trabajo con Cheney—y habían excluido virtualmente a Rice y a Powell. Como lo expresara un miembro del equipo, no había tiempo para técnicas artísticas de gobierno—al menos en la forma tradicional de resultados lentos. Era algo que estaba más allá de las deliberaciones dispendiosas.

Era, en realidad, un punto decisivo y esencial para Gonzales. Rara vez había trabajado con tanta rapidez, sobre todo en aspectos legales que estaban fuera de su esfera habitual, tan empapados de dobles posibilidades de precedente y de enorme controversia. La educación de Alberto Gonzales—azotado por la vida, por las cambiantes actitudes hacia el tratamiento de las minorías, forzado a ascender con rapidez por su proximidad a la familia Bush y por ser "aprovechado" por los Bush—entró en una nueva fase en 2001. Nadie se había enfrentado nunca con algo semejante al 11 de septiembre, pero para un abogado cuyas raíces provenían de una hacinada vivienda de Humble, Texas, era algo especial, como ser enviado a la velocidad de un cohete hacia una órbita distante. En seis veloces años había pasado de las audiencias del comité zonal de Houston a decidir sobre derechos de aborto—y ahora estaba elaborando en secreto, para luego venderlos al público, los planes para declarar la guerra contra el terrorismo.

Cuando puso sus pensamientos por escrito, en el caso del debate del aborto en Texas, ese documento flotó hacia un archivo metafórico, al alcance de cualquiera que quisiera calibrar su corazón y su mente. El memorando que firmó para el Presidente Bush el 25 de enero de 2002 iría a reunirse, con igual rapidez e irreversibilidad, a ese memorando sobre el aborto—y algunos dirían que era una ventana aún más clara hacia lo que realmente había en el alma de Alberto Gonzales. O, al menos, como sostenían otros, era una ventana hacia la evolución de la forma como ahora estaba funcionando su corazón, su mente y su alma, cuando se encontraba en Washington, trabajando al servicio de su presidente. Habría quienes dirían que simplemente nunca escribió este documento—que probablemente fue redactado por Addington o por uno de los otros abogados inflexibles escondidos dentro de la Casa Blanca. Era, como dirían algunos, como si actuara tal como lo hizo George Bush cuando recibió los memorandos sobre la pena de muerte en Texas—era como si Gonzales estuviera firmando memorandos ágilmente escritos relacionados con los más profundos aspectos de vida y muerte que el hombre haya conocido.

Memorando para el Presidente
De: Alberto R. Gonzales
Asunto: Decisión de Reaplicación de la Convención de Ginebra en los Prisioneros de Guerra al Conflicto con Al Qaeda y los Talibanes

Propósito
El 18 de enero, le informé que el Departamento de Justicia había emitido una opinión legal formal en la que concluía que la Convención de Ginebra III sobre el Tratamiento de los Prisioneros de Guerra (GPW) no se aplica al conflicto con Al Qaeda. También le informé que la opinión de DOJ concluye que hay bases razonables para que usted determine que la GPW no se aplica con relación al conflicto con los talibanes. Entiendo que decidió que la GPW no se aplica y, por consiguiente, ni los detenidos de Al Qaeda ni los talibanes son prisioneros de guerra de conformidad con la GPW.
El Secretario de Estado ha solicitado que reconsidere esa decisión. Ha solicitado específicamente que determine que la GPW no se aplica a Al Qaeda ni a los talibanes...[2]

Gonzales sigue diciendo que el presidente tiene la autoridad constitucional de declarar que la Convención de Ginebra—el acuerdo, firmado por la mayoría de los países del mundo, que delineó los códigos internacionales para el tratamiento de los prisioneros de guerra, y que entre algunas de sus declaraciones, la Convención de Ginebra señala que: los prisioneros de guerra deben tratarse humanitariamente y quedan prohibidas la tortura y la crueldad; mientras se encuentren detenidos, los prisioneros de guerra recibirán su salario corriente; si son destinados a trabajar como prisioneros, deberán recibir un porcentaje de pago justo; los prisioneros de guerra no deben someterse a violencia, intimidación, insultos ni a la curiosidad pública; los prisioneros de guerra tienen derecho al mismo tratamiento que se les otorga a las propias fuerzas militares del país, incluyendo el ser alojados en habitaciones que tengan la misma cantidad de espacio, iluminación y calefacción; a los prisioneros de guerra se les deben servir el mismo tipo de alimentos que comerían normalmente; los prisioneros de guerra deben recibir el debido proceso y juicios justos; todo prisionero de guerra, al ser interrogado sobre el tema, está obligado únicamente a dar su apellido, su nombre y su rango, su fecha de nacimiento, y su ejército, regimiento, o número de serie personal, o en su defecto, información equivalente; no debe infligirse tortura física ni mental, ni ninguna otra forma de coerción a los prisioneros de guerra a fin de obtener de ellos información de cualquier índole; los prisioneros de guerra que se nieguen a responder no podrán ser amenazados, insultados ni expuestos a tratamientos desagradables o desventajosos de ninguna clase. Hay otros aspectos en las convenciones— los prisioneros de guerra tienen derecho a equipo deportivo, utensilios de cocina, instrumentos musicales e incluso equipo científico.[3]

Gonzales y los miembros de su equipo se burlaron de algunos de los detalles de la Convención de Ginebra. "La idea de pagar nueve francos suizos por día al guardaespaldas de Osama bin Laden e invitarlo a visitar la Cantina de Guantánamo para comprar diversos artículos es una idea graciosa y un poco tonta," sostuvo Bradford Berenson. "Ya sabe, también la Convención de Ginebra exige que se provea a los prisioneros utensilios para preparar su propia comida. Entonces, vamos a poner cuchillos en manos de los miembros de Al Qaeda en el campo de prisioneros. Ya sabe, esas cosas fueron diseñadas para un tipo diferente de soldado y un tipo diferente de guerra... Ya sabe, cuando uno habla de personas como estas que son capaces de estrellar aviones en los edificios del World Trade Center, fascistas de inspiración religiosa, sanguinarios increíbles y fanáticos inimaginables, que no tienen respeto por ninguna de las leyes habituales, el tipo de tratamiento que exige la Convención de Ginebra, simplemente no es posible dárselo."[4]

Y el memo de Gonzales de enero de 2002 para Bush continúa así:

> *Como usted lo ha dicho, la guerra contra el terrorismo es un nuevo estilo de guerra. No es el enfrentamiento tradicional entre naciones que respetan las leyes de la guerra que constituyeron el telón de fondo para la GPW. La*

naturaleza de la nueva guerra coloca un alto valor en otros factores, como la
capacidad de obtener información de los terroristas capturados y a sus patroci-
nadores, tan pronto como sea posible, a fin de evitar atrocidades adicionales
contra los civiles norteamericanos, y la necesidad de juzgar a los terrositas por
crímenes de guerra como la injustificada matanza de civiles. En mi concepto,
este nuevo paradigma hace que resulten obsoletas las estrictas limitaciones de
la Convención de Ginebra sobre los interrogatorios a los prisioneros enemigos
y hace que algunas de sus disposiciones que exigen que el enemigo capturado
reciba cosas tales como privilegios de comisaría, emisión de pagos en efectivo
(es decir, avances sobre su sueldo mensual), uniformes deportivos e instrumen-
tos científicos." [5]

El memorando de Gonzales urgía a Bush a mantenerse firme y a insis-
tir en que no se aplicara la Convención de Ginebra a los miembros de Al
Qaeda y a los Talibanes. Decía que Bush debía estar preparado para cierta
oposición de parte de los aliados—e inclusive del ejército de los Estados
Unidos:

Desde que concluyó la Convención de Ginebra en 1949, los Estados Unidos
nunca han negado su aplicabilidad ya sea a los Estados Unidos o a fuerzas
contrarias, involucradas en un conflicto armado, a pesar de haber tenido varias
oportunidades de hacerlo. Durante la última administración Bush, los Estados
Unidos indicaron que "tienen la política de aplicar la Convención de Ginebra
de 1949 siempre que se produzcan hostilidades armadas con fuerzas milita-
res extranjeras regulares, aún si pudiera argumentarse que las normas para la
aplicabilidad de la convención… no están dadas." Nuestra posición probable-
mente ocasionaría una condena generalizada entre nuestros aliados y en algu-
nos sectores de nuestro país, aún si dejamos muy claro que cumpliremos con el
núcleo de los principios humanitarios del tratado como cuestión de política. Al
concluir que la Convención de Ginebra no se aplica podemos animar a otros
países a buscar "evasiones técnicas" en futuros conflictos para concluir que no
están obligados tampoco por la Convención de Ginebra sobre los Prisioneros
de Guerra (GPW, por su sigla en inglés). Otros países pueden estar menos
dispuestos a entregar a los terroristas o a ofrecernos asistencia legal sino reco-

nocemos la obligación legal de cumplir con la GPW. El determinar que la
GPW no se aplica a los miembros de Al Qaeda ni a los talibanes podría
socavar las bases de la cultura militar de los Estados Unidos que enfatiza el
mantenimiento de las más altas normas de conducta en combate y podría
introducir un elemento de incertidumbre en el estatus de los adversarios...
Lo que se ha dicho en relación con que otras naciones criticarían a los Estados
Unidos por haber determinado la no-aplicabilidad de la GPW es innegable-
mente cierto. Es posible inclusive, que algunas naciones señalen esa determi-
nación como base para negarse a cooperar con nosotros en aspectos específicos
de la guerra contra el terrorismo.[6]

Gonzales dejó al descubierto, de inmediato, un cisma entre los asesores
de Bush: Colin Powell digirió el memorando de Gonzales y fue de inmediato a hablar con Bush para exigir la aplicación de la Convención de Ginebra en la nueva guerra—las relaciones internacionales podrían entrar en
un caos imposible. Los abogados militares del Pentágono también consideraron detestable el memorando. La forma como los abogados militares
lo veían sería que quedarían en una posición insostenible de tener que
adelantar juicios en tribunales militares que no estaban dentro de su poder
establecer o que simplemente podrían no desear—y estarían procesando
detenidos, tal vez en ultramar, sin que esos prisioneros recibieran los derechos internacionales de la Convención de Ginebra.

Los abogados militares no tuvieron nada que ver con los memorandos
de Gonzales, pero serían quienes tendrían que ver con el trabajo controversial y peligroso que estos memorandos podían desencadenar. Por instrucciones de Gonzales, los funcionarios en Guantánamo recibieron la
orden de llenar formularios de una página en los que certificaban que el
presidente, en efecto, tenía "razones para creer" que los detenidos tenían
vínculos con el terrorismo—para acelerar su juzgamiento ante los tribunales secretos. Pero cuando los funcionarios informaron que varios de los
detenidos parecían ser actores periféricos en el mundo sombrío del terrorismo, y que en realidad había muy poca evidencia contra ellos, se tomó
simplemente la decisión de mantenerlos detenidos indefinidamente, ubi-
carlos en un mundo legal de nunca jamás, sin fronteras, sin abogados y sin
ningún sentido real de lo que se haría con ellos.[7]

Gonzales avanzaba hundiéndose en un sangriento campo minado político con Powell sobrevolando en las proximidades. Estaba estampando su firma en memorandos incendiarios que eventualmente se convertirían en munición pesada para los editoriales de los periódicos, los grupos de derechos humanos, los oficiales militares de carrera, los estudiosos de la constitución, los académicos y un interminable número de demócratas. Algo que nunca pudo haber previsto cuando trabajaba en Vinson & Elkins estaba ocurriendo ahora a una velocidad enceguecedora. Gonzales emergía de su apreciado anonimato: por voluntad propia, desarrolló una intensa campaña de relaciones públicas, a fines del 2001, por razones de una comunidad curiosa tanto nacional como internacional.

Su experiencia en asuntos internacionales antes de llegar a Washington, se limitaba a una leve interacción con México. Ahora, Bush leía las recomendaciones de Gonzales de dejar a un lado algunas disposiciones de la Convención de Ginebra, de retener indefinidamente a los ciudadanos extranjeros y de hacer los preparativos para establecer tribunales militares secretos—todo esto al tiempo con la tendencia de la administración Bush a separarse de otros famosos tratados internacionales, desde los Protocolos de Kyoto sobre el medio ambiente hasta el Tratado de los Misiles Antibalísticos, llegando hasta el Tratado de Roma que creó una corte penal internacional. Mientras el mundo observaba cómo Bush alejaba a los Estados Unidos de varias vías de consenso internacional, la atención se desplazó hacia un hombre sin pretensiones que le ofrecía su asesoría legal.

El abogado de Humble, Texas, aparecía en el radar internacional y permanecería allí mientras los Estados Unidos iniciaba su tortuosa pero insistente marcha hacia la guerra en Irak. Los críticos de Gonzales iban surgiendo en todo el país, y alrededor del mundo, y comenzaban a atar algunos cabos, comenzando con sus acciones legales en Texas como asesor general del Gobernador George W. Bush. En ese entonces, había sugerido en voz baja, en una oportunidad, que la Convención de Viena no era aplicable en Texas—que los prisioneros extranjeros en Texas no gozaban de los derechos legales internacionales descritos en esa convención. Los hilos se acumularían y durante los siguientes tres años, sus críticos se esforzarían más y más por entretejerlos—desde su cuestionamiento de la Convención de Viena, hasta sus rapidos memorandos que preparaban el camino para las ejecuciones en Texas, hasta crear tribunales secretos para desechar las disposiciones de la Convención de Ginebra.

Quienes trabajaban en la oficina del asesor, estaban muy conscientes de su emergente imagen pública y se decían que estaba siendo juzgado cada vez más por personas que en realidad no lo conocían. Sostenían que era un verdadero patriota—porque creía firmemente que era la personificación del sueño americano, porque estaba plenamente consciente de que había llegado a trabajar como asesor del presidente después de haber crecido en una casa sin agua caliente corriente y sin teléfono:"Ya sabe, sospecho que es una persona extremadamente patriota. Nunca hablamos de ello en esos términos, pero supongo que, al igual que muchas historias de éxito en Norteamérica, probablemente lo impulsa un muy profundo amor por su país—y esto va aunado a su gratitud por algunas de las sorprendentes oportunidades que ha tenido… imagino que su compromiso proviene de un profundo patriotismo."[8]

Algunos que habían trabajado estrechamente con él decían que Gonzales estaba auténticamente interesado en el sueño americano—en la medida en que significaba acumular riqueza personal. En una oportunidad, dijo a un colega cercano que cuando trabajaba como abogado de corporaciones, había hecho que sus clientes ganaron dinero:"Mi trabajo era enriquecer más a los ricos," le comentó a alguien con quien trabajaba. No lo dijo en forma peyorativa, ni por alardear. Su colega creía que Gonzales estaba siempre interesado en ganar dinero, en utilizar los distintos puntos a donde su carrera pública lo había llevado como una preparación para su futuro financiero. Su colega consideraba que Gonzales—a quien le gustaban los trajes elegantes, quien disfrutaba del golf y de los *resorts* privados— probablemente estaba parcialmente a favor del premio gordo, que sin duda llegaría una vez que hubiera dejado sus cargos importantes en el gobierno. Estaba en el servicio público por una mezcla de factores, comenta un observador—por un sentido de servicio público, de competencia, de lealtad a Bush. Esa última parte era, para Gonzales, como el último peldaño de una escalera que salía de Humble. Quienes conocían a la familia Bush habían visto este fenómeno antes—en personas como Karen Hughes y otros. La proximidad al poder, la forma como los Bush atraían sin esfuerzo a las personas hacia su círculo más íntimo como si las estuvieran invitando a asociarse a un brillante club exclusivo, a algún tipo de fraternidad cuya existencia se conocía, pero en la que era difícil penetrar.

No era tanto que Gonzales estuviera siendo seducido por los Bush, se decía, sino que era más cuestión de que los Bush eran una meta para Gonzales. Siempre fue intensamente competitivo, había lanzado los dados cuando se marchó a Fort Yukon, aprovechó las oportunidades de ingresar a la Academia de la Fuerza Aérea, a Rice y a Harvard. Quienes lo conocieron bien en Texas y en Washington sabían que era un error interpretar su estilo callado como una forma de humildad; quienes trabajaban directamente con él decían que su estilo callado era simplemente la capa externa de alguien que seguía siendo extremadamente competitivo y calculador.

En una oportunidad, Gonzales habló con un amigo acerca de algo que rara vez compartía con otros. Le dijo que le costaba trabajo conciliar el sueño a menos que escuchara el ruido de un pequeño y desvencijado ventilador de plástico que lo refrescaba; era un vínculo, un recordatorio de la época en la que era extremadamente pobre, cuando no había aire acondicionado en el pueblo de Humble, Texas, donde la temperatura llegaba a los 100°. Quienes trabajaban con él quedaron sorprendidos de oír a Gonzales hablar de este tema, un hombre maduro, con un salario de seis cifras, con amigos y cargos importantes, que no podía dormir en las noches a menos que tuviera algo que le recordara lo lejos que había logrado llegar en la vida. Algunos de sus amigos compartían la sensación de que Gonzales pensaba que ninguno—absolutamente ninguno—de aquellos con quienes había trabajado podían imaginar, ni relacionarse aún remotamente con la vida que llevó mientras crecía. Todos habían nacido en familias adineradas, como los Bush, o habían tenido trayectorias más fáciles, acceso a buenos colegios, buenas profesiones. Él tuvo que luchar, esforzarse para avanzar, apostar. Se tenía la sensación de que Gonzales se sentía incomprendido.

En Washington, Gonzales contó en privado a sus mejores amigos en la oficina de la asesoría que odiaba la forma como los medios malinterpretaban su función de asesor del presidente, cómo no examinaban realmente los aspectos específicos ni el contenido de la asesoría que le daba a Bush. Se sentía frustrado por la política—había estado en Washington apenas un año y ya estaba encasillado en una partida interminable de ajedrez con Ashcroft y ahora, los reporteros, sobre todo Michael Isikoff de *Newsweek,* que comenzaban a indagar más a fondo sobre su función en la Casa Blanca. Durante los primeros cuatro años de Bush como presidente, hubo dos nombres que las personas aprendieron a no mencionar en términos de admiración cerca de Gonzales—Ashcroft e Isikoff. A medida que Gonzales era triturado por los editoriales, los artículos centrales de las revistas y las noticias por cable y por la red, decía a los demás que ahora sabía lo que Bush había querido decir cuando le advirtió que ingresar a la política era como ser un corcho en un río revuelto—y que los medios eran el río. La reacción a su borrador del memorando sobre la Convención de Ginebra, diría más tarde, era típica de los reporteros, que elegían y escogían de entre sus decisiones legales, hasta que encontraban exactamente esa palabra o esas dos palabras que querían sacar de contexto.

Así se sintió en especial dos años después, cuando el borrador de ese memorando salió finalmente a la luz pública (quienes observaban la agitada competencia entre Gonzales y Ashcroft se preguntaban si el fiscal general sabía quién había revelado el explosivo memorando). De inmediato, surgieron dos palabras que aparecían en el memorando—"obsoleto" y "curioso"—que se convirtieron en armas en manos de sus críticos y los críticos de Bush: *Considero que este nuevo paradigma hace que las estrictas limitaciones de la Convención de Ginebra sobre aspectos relacionados con los prisioneros enemigos se tornen obsoletas y hace que algunas de las exposiciones resulten curiosas."*

Esos dos términos, "curioso" y "obsoleto," entrarían al expediente de Gonzales que llevaban los reporteros y los enemigos de la administración. Se convertirían en los términos definitorios que aparecerían entre paréntesis después del nombre de Gonzales. Su memorando de enero, y otro posterior de ese año, que firmó aunque no lo escribió, llegarían a conocerse colectivamente como los Memorandos de Gonzales sobre la Tortura. Por último, el uso de los términos "curioso" y "obsoleto" para referirse a las disposiciones de la Convención de Ginebra fue considerado como prueba de que Gonzales había perdido su alma y se había entregado al mismo desinterés fanático por la humanidad que mostraban a veces los enemigos de los Estados Unidos. Al calificar la norma más alabada e internacionalmente reconocida para los códigos morales de conducta de "curiosa" y "obsoleta," Gonzales sería acusado de limitarse a hacer con la

pluma lo que algunos hacían con la espada… o con un revólver, o con una
bomba suicida… o con un avión secuestrado y destinado a poner fin a
vidas inocentes.

Todo el escrutinio lo afectaría y lo enfurecería. Estaba siguiendo indicaciones de Bush, las instrucciones de Karen Hughes, y nunca hablaba
extraoficialmente con los reporteros—nunca les confiaba, realmente, ningún detalle de información adicional que pusiera las cosas de nuevo en
contexto o que le permitiera tener control de la percepción pública. Era el
precio, tal vez la desventaja, de una vida basada en la discreción. Si al final
era maldecido por los medios como un arquitecto de tortura, como un
anticristo de las libertades civiles, podría tener algo que ver con el hecho
de que había sido deliberadamente un enigma—para quienes trabajaban
con él, a su lado, dieciséis horas al día, y para casi todo los miembros de los
medios de comunicación que tenían que cubrir sus actuaciones. Seis años
ininterrumpidos de evitar el contacto con los medios de comunicación—
y después de años de oír a los seguidores de Bush reírse de lo que ellos
consideraban pases libres otorgados por el *Dallas Morning News*—habían
instilado en Gonzales un sentido de desconfianza y falta de respeto por los
medios. De cualquier forma que lo considerara, los medios nunca harían el
trabajo de cubrir debidamente el trabajo de la administración de Bush. Ser
un enigma era aún mejor de lo que otras personas de la Casa Blanca comenzaban a hacer. Dejar que otros de la Casa Blanca intentaran atraer y
dirigir a los medios—permitir que Rove, Lewis Libby y otros de la administración Bush que alimentaban los medios plantando en ellos historias,
comenzaran a preparar el terreno para la invasión a Irak.

Más tarde, Gonzales pensaría que había sido contratado, ante todo, por
su discreción—siempre había mejores mentes legales a su alrededor, inclusive él lo sabía, pero no había nadie más discreto. Nadie en quien Bush
confiara más. Ser discreto era lo que él mejor hacía. Y ahora estaba firmando algunos de los memorandos más secretos relacionados con una
agenda intencionalmente oculta para combatir el terrorismo—una guerra
que él y otros consideraban que debía ser realizada sin darle la menor indicación al enemigo. Como por un designio por definición, por las nuevas
normas posteriores al 11 de septiembre y por inclinación personal, estaba
envuelto en capas superpuestas de secreto y discreción. El diría que los
medios—y en realidad, muy pocas personas—lo entenderían: "He apren-

dido que, con frecuencia, los medios publican cosas incorrectas porque no tienen toda la información, entonces, uno se acostumbra a vivir con eso. Es decir, así son las cosas. Hay cierta información que no puede compartirse, no debe compartirse, por lo que no se comparte."[9]

A fin de mes, Gonzales recibió una orden del Departamento de Justicia en donde se indicaba a todos los de la Casa Blanca que conservaran cualesquiera correos electrónicos, anotaciones en la computadora u otras notas que estuvieran relacionadas con conversaciones o algún tipo de contacto con los ejecutivos de Enron acerca de los lamentables asuntos financieros de esa corporación. Gonzales, muy consciente de la investigación que comenzaba en el interior de su antiguo cliente empresarial, ordenó una "alerta administrativa" en un memorando ínter oficina—indicando al personal de la Casa Blanca que cumpliera la orden del Departamento de Justicia, incluyendo el ordenar a las distintas entidades que guardaran cualesquiera registros relacionados con el equipo de trabajo de Cheney en materia de energía. No se sabe a ciencia cierta cuándo dejó de enviar correos electrónicos Alberto Gonzales, pero más tarde anunciaría, que, sencillamente, ya no había vuelto a enviar correos electrónicos.

Tenía que sopesar cuál sería su papel en cualquier investigación interna de la Casa Blanca en relación con Enron—y decidió que hacía años había quedado liberado por la Comisión Ética de Texas en relación con sus contribuciones a Enron, que había trabajado para ellos como socio de Vinson & Elkins en 1994. Dijo a todos en la Casa Blanca que no tenía ninguna responsabilidad legal. Las cosas para Cheney eran diferentes—la Oficina de Contaduría General estaba presentando una demanda contra Cheney para obligarlo a revelar los nombres de cualesquiera ejecutivos petroleros que pudieran haber ayudado a la Casa Blanca de Bush a diseñar su política energética.

Gonzales, como lo hiciera siempre en la demanda de conducción en estado de embriaguez contra Bush en Texas, invocó alguna defensa estatutaria—sugiriendo que la Oficina General de Contaduría no tenía autoridad para iniciar su investigación. La investigación sobre la relación de la administración Bush con Enron ocuparía a Gonzales por varios meses más—con Waxman emitiendo un informe en el que citaba 112 contactos entre Enron y la Casa Blanca u otros funcionarios de la administración (incluyendo el Secretario del Tesoro Paul O'Neill y el Secretario de Comercio Don Evans) en el curso de 2001, y el Senador Joseph Lieberman diciéndole a Gonzales que estaba "profundamente decepcionado" con la respuesta "inadecuada" de Gonzales a la investigación.

Entre tanto, Powell seguía evidentemente descontento por el memorando de Gonzales sobre la Convención de Ginebra. Funcionarios del Pentágono le dijeron que el dejar de cumplir las disposiciones de la Convención de Ginebra pondría a cualquier soldado norteamericano capturado en gran riesgo. Había ciudadanos de veinticinco países distintos detenidos en Guantánamo y los funcionarios del Departamento de Estado estaban recibiendo quejas de los dignatarios extranjeros que ya estaban molestos por el hecho de que se les estuviera negando lo que consideraban como sus derechos internacionales. Entre tanto, se estaban filtrando noticias de que el memorando de Gonzales había sacado a la luz las crecientes divisiones dentro del gabinete. Bush intentó mantenerse en un punto medio entre la posición de Gonzales y la de Powell y el 7 de febrero anunció que los Estados Unidos siempre había estado dispuesto a cumplir con el "espíritu" de las disposiciones de la Convención de Ginebra, que todos sus altos funcionarios pensaban igual y que ahora había decidido que las disposiciones de la convención se aplicarían a los soldados talibanes capturados, pero no a los detenidos de Al Qaeda—sin embargo, la mayoría en la Casa Blanca decía que Gonzales realmente había ganado, que Powell quería que Bush tomara una posición definida y eliminara cualquier indicio de intención de apartarse de los acuerdos de Ginebra.

Los últimos meses habían sido agitados y de carácter muy secreto— Addington, Flanigan y varios otros se estaban reuniendo en la oficina de Gonzales en el Ala Este y entrando cada vez más hondo en aspectos que Gonzales jamás había soñado cuando se encontraba en los confines de la tranquila corporación de Houston. Durante las reuniones se tenía la sensación de que todo el mundo debió pensar muy por fuera de los márgenes, esforzarse más, tener iniciativas más inteligentes y más agresivas que antes para imaginar medios de ganar la guerra. Cuando Addington,

Flanigan y Berenson, junto con otros más, entraban a la oficina de Gonzales enchapada en madera "como el cuartel general de un capitán" y se
sentaban debajo de las fotografías de Gonzales luciendo su uniforme de la
Fuerza Aérea, era como si hubieran formado su propio escuadrón de vanguardia.

A comienzos de marzo y durante el verano de 2002, Gonzales, Flanigan,
Addington y otros abogados y asesores que tenían vínculos con la
CIA, o con el Departamento de Defensa, intercambiaron memorandos o
asistieron a reuniones en la oficina de Gonzales para determinar dónde
terminaban los interrogatorios y dónde comenzaba la tortura—qué significaba realmente torturar a otro ser humano.

Las conversaciones que se llevaron a cabo a solicitud de algunos funcionarios de la CIA, giraron en torno a los detalles gráficos de la capacitación y las técnicas de interrogación de la CIA: bofetadas con la mano
abierta propinadas en la cara y el estómago; detenidos esposados obligado
a permanecer de pie durante casi dos días completos sin dormir; verter
agua fría sobre los detenidos desnudos, obligarlos a permanecer en celdas a
temperaturas de 10° y 20° por encima del la temperatura de congelación;
cambiar la temperatura de la celda de los prisioneros de un extremo a otro;
tomar súbitamente por la fuerza a los prisioneros y sacudirlos. Las conversaciones pasaron al tema de los resultados generales que se obtenían con
cada uno de los distintos métodos, cuáles de ellos habían demostrado a
través del tiempo que producían la información más exacta—no información histérica, producto de prisioneros doblegados, degradados y reduci-
dos a las lágrimas, que por lo general estaban dispuestos a decir cualquier
cosa que imaginaran que sus captores querían oír.

Se habló de técnicas con siglos de antigüedad conocidas como "el castigo del tablón en el agua," que tiene muchas variaciones. En una de sus
formas, al prisionero se le cubren los ojos, se le amordaza y se le ata a una
tabla con los pies elevados—mientras se le deja caer agua encima hasta que
piensa que se está ahogando y entra en un frenético ataque de pánico. En
otras formas de tortura, que datan de la inquisición, se podía sumergir a un
prisionero en un tanque de agua pútrida por períodos de tiempo cada vez

más prolongados. En otras modalidades, se podía envolver la cabeza del prisionero en plástico transparente y someterlo a la misma sensación de ahogo.[10]

El carácter surrealista de las conversaciones que se llevaron a cabo durante toda la primavera y el verano de ese año en el Ala Este de la Casa Blanca se caracterizaba por el hecho de ser supervisadas por un antiguo abogado de bienes raíces de Texas—y porque los abogados presentes en la habitación, eran los que habían estado encargados de escoger los jueces federales y de estudiar las finanzas de Karl Rove y ahora participaban en debates muy específicos y literales sobre los instrumentos de tortura y cómo utilizarlos.

La guerra contra el terrorismo había revelado varios líderes sospechosos de Al Qaeda. Bush, Rumsfeld, Cheney y otros querían información de inteligencia de inmediato—antes de que los Estados Unidos fueran atacados de nuevo, antes de que se perdieran más vidas inocentes de norteamericanos. Querían saber cuáles eran los aspectos legales de ese aprendizaje hacia el futuro—y querían tener noticias de las evaluaciones de activos y pasivos de cómo se verían los Estados Unidos ante sus aliados en caso de que llegaran a utilizarse duras "técnicas de interrogación."

En la oficina de Gonzales se estaba desarrollando un evidente consenso a medida que él y otros sopesaban las técnicas de interrogación—los métodos que provenían de otras épocas y cómo la CIA entrenaba a sus interrogadores, cómo se había utilizado el método de la tortura de agua en América Central y América del Sur durante los años setenta y ochenta, cómo preferían los israelíes interrogar a los prisioneros islámicos, cómo intentaban los captores extraer información enterrando vivas a las personas. Tal como lo indicaba el anterior memorando de Gonzales en el que sostenía que un "nuevo paradigma" hacía que partes de las disposiciones de la Convención de Ginebra fueran curiosas y obsoletas, era necesario volver a analizar y reconsiderar los códigos internacionales para interrogación. Lo que se buscaba en último término, se decían unos a otros, era una causa justa, todo se basaba en la obtención de inteligencia que por último salvaría vidas norteamericanas.

Las reuniones y conversaciones se realizaban sin el insumo directo de los altos funcionarios de estado en asuntos internacionales—Rice y Powell, y eran intensas. Al final, el subproducto de esas conversaciones se relacionaría con las más duras acusaciones que se hayan hecho a la administración Bush—sosteniendo que apoyaba la tortura, que, en su afán por obtener información de sus prisioneros, se había empeñado tanto en el "aprendizaje hacia el futuro" que había dado paso a una cultura de permisividad en el interior del Ala Este… y había llegado directamente a Abu Ghraib, directamente al corazón de las prisiones secretas manejadas por la CIA, directamente a una corrupción de la posición tradicional de los Estados Unidos como bastión de la conducta humana y las libertades civiles.

Gonzales tenía que saber que las políticas ascendían en espiral hacia un nivel incontrolable. La ronda de reuniones secretas se yuxtaponía a la cantidad de artículos escritos por aquellos que se oponían a su nombramiento a la Corte Suprema. Cada nuevo artículo que llegaba a su escritorio, enumeraba, en forma de lista, los puntos que hacían que fuera el candidato fácil, perfecto y más adecuado para la Corte Suprema de Justicia, pero esas historias también estaban llenas de puntos específicos que sostenían que tenía graves antecedentes. Éstos se repetían una y otra vez, en la prensa hablada y escrita: sus decisiones sobre el aborto en Texas, su trabajo con Enron, su lucha por mantener los archivos presidenciales ocultos, la lenta liberación de cualquier documento de la Casa Blanca que demostrata relaciones con Enron, su campaña por llenar las vacantes de los tribunales federales con conservadores fieles… y, con el tiempo, los informes mencionaron sus memorandos sobre los tribunales secretos y la Convención de Ginebra.

En mayo, Gonzales aceptó hablar con un reportero de San Antonio, su ciudad natal. Su conversación tuvo un carácter casi ingenuo, Gonzales habló acerca de algo que nunca había dicho a ningún otro reportero o a ninguna otra persona con la que hubiera trabajado—dijo que había trabajado en las polvorientas y sofocantes plantaciones de algodón, al igual que sus padres, cuando era apenas un niño. Se refirió al hecho de que sus dos hijos eran aún muy pequeños—uno de diez años y uno de siete—y que realmente no se impresionaban mucho por el hecho de que él trabajara para la Casa Blanca. Por un segundo, se había referido a algo que sólo muy ocasionalmente había comentado con su esposa, sus amigos y colegas más íntimos. Añoraba a Texas. Allí las cosas parecían más fáciles que en Washington.

"Allí la atmósfera es diferente. Allí parecía más fácil definir lo correcto y lograrlo."[11]

En Texas, Gonzales no estaba bajo el escrutinio de los medios. Además, en Texas, su jefe tenía a los demócratas comiendo de su mano—o demasiado asustados para hablar en su contra. Bush, aún antes de ser gobernador, había dedicado gran parte de su tiempo—al igual que sus padres—a ganarse el apoyo y el respaldo del poderoso vicegobernador demócrata. El alcohólico Bob Bullock estaba llegando literalmente al final de su vida y encontró en el joven Bush un segundo hijo—y, la verdad sea dicha, para cuando su vida en la política llegó a su fin, había virado hacia una posición inflexible y pragmática desde la que le era muy fácil ignorar cualesquiera peticiones de los insistentes demócratas. Estaba más predispuesto que nunca a ser uno de los últimos demócratas nominales que no sólo había renunciado para ingresar al GOP. La conversión de Bullock que fue el resultado de una convergencia en momentos personales muy agudos y pura política pragmática, fue algo extremadamente fácil—y cuando ocurrió, Bush tenía muy pocas políticas partidistas que enfrentar con este hecho en Texas. Gonzales y todos los que trabajaban con él se habían acostumbrado a las victorias fáciles.

No mucho después de su nostálgica entrevista con un reportero de su ciudad natal, los hechos le recordaron a Gonzales cómo parecía haber quedado atrapado dentro de un juego político sin fin. Seguramente por instrucciones de Karl Rove, aceptó una invitación para hablar en una reunión del Concejo para la Política Nacional, una organización ultraconservadora que no permite la presencia de la prensa y que ha incluido entre sus miembros a varios influyentes líderes cristianos de derecha como el Reverendo Jerry Falwell, Phyllis Schlafly de Eagle Forum, el Reverendo Tim LaHaye y Paul Weyrich. El Concejo, que se reúne sin mucha publicidad tres veces al año, se ha convertido en el destino favorito de los republicanos que buscan atraer o reforzar la base cristiana conservadora. Si Gonzales se estaba preparando para su candidatura a la Corte Suprema, tenía que tener el apoyo de los conservadores de línea dura—y tenía que ser enviado allí a disipar sus temores.

La conferencia, que tuvo lugar en el Ritz-Carlton de Virginia, contó con la asistencia de conservadores curiosos que querían saber si Gonzales tenía la ideología inflexible que buscaban—o si Robert Novak tenía razón al publicar una columna en la que sostenía que Gonzales tenía asustados a los conservadores de sangre roja. Gonzales, cuyo estilo de oratoria es estudiado y sencillo, no puso al auditorio a gritar su nombre. Dio la impresión de ser una persona moderada, prudente y difícil de descifrar. Fue como el dilema ante el que se encontró cuando trabajó en la Corte Suprema de Texas—no sería un activista judicial pero algunos insistentes conservadores exigían saber de dónde venía en realidad.

Su trabajo en el caso del aborto era un ejemplo clásico para los conservadores cristianos que lo analizaban bajo un microscopio—cuando estaba en Texas, prácticamente parecía sugerir que estaba en contra del aborto, que como padre, le parecía algo horrible pero, a la vez, no hizo nada al respecto. Tuvo la oportunidad de atacar el caso de *Roe vs. Wade* a través de su propio caso del aborto, pero decidió no unirse con quien entonces fuera su colega, la Juez Priscilla Owen. Gonzales se desentendió, o simplemente no aceptó que el aborto fuera lo suficientemente malo como para ser declarado ilegal—y, cualquiera que fuera el caso, aún no había convencido a los verdaderos conservadores de que era uno de ellos. Quienes asistieron a la conferencia en Virginia salieron con más interrogantes que respuestas en cuanto a las credenciales conservadores de Gonzales—se debió en parte a algo vago, incierto y políticamente incorrecto que nunca nadie se atrevió realmente a mencionar.

Era como el invisible gorila de 800 libras en la habitación: Gonzales se había referido en varias oportunidades a cómo tal vez había recibido algo de ayuda durante su vida profesional debido a que era hispano—y también Bush había dicho que el origen étnico de alguien le importaba en el momento de tomar decisiones de personal. Nadie se atrevería a sostenerlo oficialmente, ni siquiera se atrevería a decir abiertamente que Alberto Gonzales había sido beneficiario de cuotas, de acción afirmativa, de ayuda especial—y, claro está, ninguno de sus críticos anunciaría públicamente que había vendido su alma hispana y que realmente se había convertido en un "coco," moreno por fuera, pero blanco por dentro. Su origen étnico siempre había sido un tema delicado, algo así como una papa caliente— imposible de manejar y algo que nadie quería tocar.

Los amigos de Gonzales dijeron, literalmente, en una oportunidad que había sido "designado" por Bush—lo que a algunos de los observadores de Bush les pareció una forma deliciosamente irónica de expresarlo: era un hecho famoso que Bush había sido "señalado" en la universidad para entrar a la ultraselecta y secreta sociedad conocida como Skull & Bones. Era parte de su legado, de su herencia y Bush estaría ingresando a una red social y empresarial a la que habían pertenecido su padre, su abuelo y docenas de otros miembros de su familia y amigos—cuando cualquiera ingresaba a la red, se decía que había sido "señalado" para ingresar al exclusivo club. Años más tarde, Bush "señaló" a Gonzales para que fuera admitido en su organización política.

La lealtad era una calle de doble vía y Gonzales tuvo una obligación para con Bush por el resto de su vida pública. Fue así, cuando Bush decidió—por razones políticas o por otras más altruistas—promover algunas minorías, Gonzales fue una de las elecciones más prominente e importantes. Ahora, nadie en los círculos conservadores—o, de hecho, en ningún círculo—quería sugerir abiertamente que había cientos de personas más calificadas que Gonzales. Nadie quería entrar a discutir las razones por las cuales sus críticos decían que el cargo le quedaba grande en múltiples aspectos—por la necesidad de negociar con los poderosos demócratas, por la necesidad de tratar con los medios de comunicación, de escribir los memorandos sobre la forma como se desarrollaría la guerra subsiguiente al 11 de septiembre—era porque había sido un candidato de la minoría nombrado como "ejemplo" de voluntad política.

Si Gonzales lo sabía o no, nunca lo mencionó a muchos de sus amigos, pero había rumores por todo Washington acerca de que sí existía una estrategia legal cohesiva y ardientemente conservadora que estuviera surgiendo de la Oficina del Asesor de la Casa Blanca, provenía de esos otros abogados conservadores rebosantes de adrenalina que habían aprovechado la oportunidad de imponer sus inclinaciones de la Sociedad Federalista, sus inclinaciones neoconservadoras, sus inclinaciones Reagan-Scalia-Thomas-Starr en formas que jamás habían podido soñar. Según algunas personas que trabajaban en la Casa Blanca, los que manejaban la función eran Flanigan y Addington, eran los abogados que habían realizado algunos cambios en la enorme maquinaria para cambiar el curso de la política de los Estados Unidos en tiempos de guerra y determinar formas de obtener valiosa información de inteligencia de los prisioneros terroristas de Al Qaeda. Si alguno de los aliados de Gonzales consideraban, con afecto, que era una persona realmente agresiva, de una sola pieza, que era en realidad un asesino silencioso—alguien capaz de detectar los problemas y destruirlos—se equivocaba. El modo de ser calmado y reservado de Gonzales ocultaba una placidez interna. Es posible que fuera de Texas, pero no era ningún pistolero quisquilloso.

Si escuchaba a esas personas que dudaban de él, no se lo comentó a muchos. Y si lo hizo, es posible que también lo haya atribuido a algo que Bush solía llamar "la suave intolerancia de las bajas expectativas." Si pensaban que quienes manejaban la escena eran los subalternos de Gonzales, podía deberse a que, de forma secreta y automática, habían aceptado el estereotipo de que Alberto Gonzales era una figura sub-calificada de las minorías, que simplemente había sido lanzada al piso de arriba. Eran culpables de un racismo abyecto. *Suponían* que lo habían puesto a cargo por el color moreno de su piel. Sus amigos en el trabajo, tanto en Texas como en Washington, simplemente se negaban a hablar de su origen étnico y de si era ese uno de los factores que le había abierto puertas.

Muchos llegaron a darse cuenta de que la personalidad callada de Gonzales ocultaba una agudeza metódica—lo medía y analizaba a uno constantemente sin que se notara. Era una de esas personas que, según sus compañeros de trabajo, permitía que se produjeran incómodos y largos silencios en medio de una conversación ya avanzada—y si se le daba la oportunidad, lo cogía a uno desprevenido. Como indicio de este rasgo, comentó un abogado que trabajó para él, basta ver la forma como, dispendiosa y detalladamente, analiza cada coma, cada aspecto de la gramática, cada documento en el que esté trabajando. Cuando sus abogados reciben de vuelta los borradores que le han enviado, parece que los hubiera puesto bajo un microscopio—cada sutileza, detalle y minucia había sido cuidadosamente analizado. Se cuidaba de asegurarse de que el memorando fuera lo que el cliente necesitaba y deseaba y tenía mucho cuidado de constatar que no quedara nada que lo pudiera preocupar después.

Unos días después de su intervención poco menos que inspiradora en la conferencia conservadora de Virginia, Gonzales decidió salir de Washington y tomar un avión para Texas. Se dirigía con agrado a lo que para él se había convertido en su fiesta anual de regreso a casa. Cuando llegó a Houston, parecía encontrarse a sus anchas e hizo bromas y conversó con viejos amigos en la fiesta local del Día del Presidente de la Asociación de Abogados Hispanos. También había venido a ésta celebración el año anterior y ahora era casi como si fuera un miembro de la realeza que hubiera llegado de visita, todos hacían fila para darle la mano, las mujeres lo besaban en la mejillas y las personas con quienes había hecho negocios le pedían que les permitiera tomarle una fotografía. A medida que recorría el animado recinto de la reunión—lejos de las molestas preguntas que se estaban haciendo acerca de él en Washington, lejos de los poderosos incrédulos que pensaban que sólo parecía ser conservador porque estaba rodeado de conservadores—sus amigos en Houston estaban animados y entusiasmados preguntándole si realmente se convertiría en el primer hispano en llegar a la Corte Suprema de los Estados Unidos.

"Tengo el mejor trabajo del mundo porque tengo el mejor cliente del mundo," dijo a sus admiradores.[12]

La mayoría de quienes estaban en la reunión *suponían* que en realidad creía tener el mejor trabajo del mundo.

Nadie allí sabía—¿cómo habrían de saberlo?—que su viejo amigo de Humble, Texas, Alberto Gonzales, tan impecablemente vestido, había dedicado mucho tiempo a un extremo proceso de "aprendizaje hacia el futuro" en discusiones relacionadas con enterrar vivas a las personas y varias formas de someterlas a interrogatorio y si esas formas de interrogatorio constituían realmente una modalidad de tortura—y si eran legales y necesarias en la nueva guerra contra el terrorismo.

Cuando al fin regresó al Distrito Capital, se estaban expidiendo citaciones para la Casa Blanca de Bush exigiendo papeles, documentos, pruebas de que había existido contacto entre el personal de Bush y Enron.

En el término de unas horas de haber recibido la citación, Gonzales emitió una lista de contactos que tenía preparada—y dijo que no había evidencia de que nadie del personal de Bush o Cheney hubiera recibido de Enron una solicitud de ayuda para sacarlos de su descomunal pérdida de miles de millones de dólares. Para junio, había supervisado la emisión de dos mil cien páginas de los documentos solicitados en las citaciones para la investigación de Lieberman—y se había tomado unos días libres para ir a Massachussets a pronunciar el discurso de graduación de la Facultad de Derecho de Harvard. Algunos de los jóvenes estudiantes de leyes se mostraron más que satisfechos con la visita de Gonzales; hubo debates sobre si Gonzales estaba manipulando la ley, encontrando los medios legales de aplicar una agenda política en medio de una guerra.

Gonzales paseó la mirada por el grupo de estudiantes de derecho que terminaban su tercer año y que llenaban el Langdell Hall y dijo: "Ya hemos descubierto que ese tipo de conflicto no siempre concuerda bien con las teorías tradicionales de las libertades civiles."

Era difícil saber si Gonzales estaba siendo cauteloso o si estaba aún más callado que de costumbre.

"Les puedo asegurar," dijo Gonzales, "que el servicio público los convertirá en mejores personas."

Durante la mayor parte del verano, Gonzales tuvo que preguntarse si también el servicio público significaba una interminable serie de compromisos tortuosos y esquivos procesos de venta. Bush, frustrado por la demora de la aprobación de sus candidatos judiciales conservadores, ordenó a Gonzales y a importantes republicanos que presentaran un frente unido para que Priscilla Owen—la antigua colega de Gonzales en la Corte Suprema, y su opositora en el difícil debate del aborto en Texas—fuera aprobada para el 5° Tribunal de Apelaciones del Circuito.

Gonzales observó cómo uno tras otro de sus viejos y poderosos amigos de Texas viajaban a Washington a rendir testimonio de la brillante inteligencia de Owen. Y, durante todo el verano, mientras el Senado realizaba audiencias sobre Owen, tuvo que escuchar cómo se mencionaba su nombre una y otra vez como alguien que había acusado a Owen del temido "activismo judicia." En muchos aspectos, las audiencias de Owen se convirtieron en una subaudiencia de Gonzales—y cuado el Senador Ted Kennedy comenzó a repetir una vez más a Owen las palabras de Gonzales, fue como recibir ácido en la herida. Ted Kennedy citaba a Gonzales en un ataque contra la candidata poseedora de innegablemente sólidas credenciales conservadoras.

A comienzos de agosto, cuando Bush se preparaba para instalarse en su rancho en Texas, Gonzales le entregó la respuesta que Bush estaba buscando. Los tambores de guerra sonaban cada vez más fuerte y el ritmo de la intrincada y maquiavélica danza hacia la invasión de Irak se aceleraba. Las confusas, contradictorias y elusivas partículas de "evidencia" de que Irak tenía armas de destrucción masiva o tenía programas para desarrollarlas—y otros elementos dispersos de intriga, coerción, posesiones políticas, ordenes internacionales, rivalidades entre los miembros del gabinete, escapes de información no confirmada, contra escapes y conversaciones en los cuartos de atrás con un puñado de ávidos miembros de los medios—avanzaban en conjunto, como una especie de amorfa ameba gigante. En la Casa Blanca, en la oficina de Alberto Gonzales, una cosa era evidente. Él lo sabía y lo sabían también los ansiosos miembros de su equipo de abogados, George W. Bush odiaba a Sadaam Hussein.

En agosto, con Bush de camino hacia Crawford, Texas, Gonzales le dijo que el presidente no tenía que tener una aprobación del Congreso para invadir a Irak. Flanigan había llegado a esa conclusión y le había dicho a Gonzales que la Constitución era muy clara en cuanto a que el comandante en jefe tenía la autoridad y los poderes de guerra para ordenar que las tropas atacaran. Como medida de seguridad y telón de fondo, Bush podía confiar en las resoluciones del Golfo Pérsico provenientes de la Tormenta del Desierto en 1991—el presidente podría sostener simplemente que Irak aún no había cumplido las resoluciones internacionales de diez años atrás y que todavía se negaba a permitir que los inspectores de armas examinaran lo que fuera que hubiera en el arsenal de Irak.[13] Se decidió que Gonzales redactara una carta para Bush y la diera a conocer públicamente. Naturalmente, la carta lanzó a Gonzales a los titulares y a las páginas editoriales como el "arquitecto" del imperioso intento de Bush por interpretar la Constitución para adaptarla a sus propios planes y ambiciones.

Lo que muy pocos sabían era que había otros dos documentos bajo custodia que estaban pasando de mano en mano entre los abogados de la

Casa Blanca en el mes de agosto—documentos creados en respuesta a las insistentes preguntas de la CIA acerca de hasta dónde podía su gente examinar la información sobre cualquier persona que estuviera detenida en Guantánamo o en prisiones secretas de cualquier parte del mundo. Gonzales esperó mientras los abogados armaban algunas respuestas. En la primera semana de agosto, recibió una carta personal de seis páginas de Yoo, el abogado de la Oficina del Asesor Legal, quien había redactado ese premonitor memorando en el que decía que Bush podía declarar la guerra a cualquier nación sospechosa de tener vínculos con el terrorismo. Ese mismo día, Gonzales recibió también un memorando de cincuenta páginas de Jay Bybee, un colega de la misma escuela de pensamiento de Yoo en la Oficina del Asesor Legal—compañero de universidad de Tim Flanigan. Leídos en conjunto, los documentos sugerían otro nuevo paradigma en las políticas estadounidenses posteriores al 11 de septiembre. Esos nuevos documentos eran el producto final de esas sensibles reuniones para analizar todos los métodos que conocía la CIA para extraer información—sobre la tortura con agua, sobre las técnicas para golpear a los prisioneros, sobre el simulacro de intento de ahogamiento de los prisioneros, sobre las amenazas de enterrarlos vivos.

La carta de Yoo comenzaba diciendo: "Apreciado Juez Gonzales: Usted ha solicitado los conceptos de nuestra oficina acerca de la legalidad, según el derecho internacional, de los métodos de interrogación que deben utilizarse durante la actual guerra contra el terrorismo." La carta seguía diciendo que los terroristas de Al Qaeda eran combatientes ilegales "sin derecho a la protección de ninguna de las disposiciones de la Convención de Ginebra" y que "por lo tanto, el método utilizado para interrogar a los miembros de Al Qaeda no puede constituir un crimen de guerra." Yoo agregaba que los Estados Unidos no tenían nada que temer de parte de los tribunales internacionales en caso de que algún "rudo fiscal" intentara presentar cargos contra los Estados Unidos por sus técnicas de interrogación.[14]

El memorando de Bybee es una disección del "título 18 del Código de los Estados Unidos, sección 2340-2340A"—sobre los códigos de conducta relacionados con la tortura. El memorando sostiene que sólo los al-

tos, intensos y "extremos" constituyen tortura: "el dolor físico equivalente
a tortura debe ser de igual intensidad al que acompaña una grave lesión
física, como por ejemplo una falla orgánica, una limitación de una función
corporal, o inclusive la muerte." [15] El memorando sugiere que la Corte
Europea de Derechos Humanos decidió que una combinación de técnicas
de interrogación aplicada durante horas a la vez era "inhumana y degradante," pero no equivalía a tortura: el obligar a los prisioneros a usar un
capuchón negro durante el interrogatorio; el obligarlos a estar encerrados
en una habitación con ruidos continuos y estrepitosos de sonidos agudos;
el privar a los prisioneros de sueño, alimento y líquidos; el obligar a los
prisioneros a permanecer de pie con los brazos extendidos contra una pared con los dedos de las manos muy arriba por encima de sus cabezas y los
pies hacia atrás de manera que queden apoyados sobre los dedos de los pies
y forzando todo el peso en sus dedos de las manos. El memorando añade
que "hay un rango significativo de actos que aunque pueden ser un tratamiento o un castigo cruel, inhumano o degradante, no alcanzan el nivel
de tortura." [16]

El memorando que le había sido entregado por Bybee a Gonzales suponía también que Bush tenía autoridad absoluta sobre la forma como
fueran tratados e interrogados los prisioneros en poder de los Estados Unidos: "Como comandante en jefe el Presidente tiene la autoridad institu-
cional de ordenar los interrogatorios de combatientes enemigos para
obtener información de inteligencia sobre los planes militares del enemigo. Las exigencias del comandante en jefe se presentan especialmente
en el desarrollo de una guerra en el que la nación ya haya sufrido un ataque directo. En ese caso, la información obtenida de los interrogatorios
puede evitar ataques futuros de parte de los enemigos extranjeros... el
Congreso no podrá reglamentar la capacidad del Presidente para detener e
interrogar a combatientes enemigos como tampoco puede determinar su
capacidad para dirigir los movimientos de las tropas en el campo de batalla. [17] Por último, si hubiere problemas, si se presentaran acusaciones en
contra de los interrogadores estadounidenses—o si alguien sufriera algún
daño a manos de un interrogador estadounidense—había argumentos
estándar que pudieran utilizarse como defensa. Estos eran, según el memorando, las mismas estrategias que esgrimiría un abogado defensor de un
caso penal: si el prisionero hubiere sido lesionado durante un interrogato-

rio, esto podría justificarse como un acto de "autodefensa" o "necesidad," y "podría justificar técnicas de interrogación necesarias para obtener información."[18]

Esos dos nuevos documentos, recibidos y remitidos por Gonzales, fueron las últimas pistolas humeantes que los opositores de Gonzales agregarían a su archivo de evidencias—constituirían el otro trancalibros para lo que sus enemigos aún llaman los Memorandos de Tortura de Gonzales. Junto con su trabajo relacionado con el no reconocimiento de las disposiciones de la Convención de Ginebra, estos dos nuevos documentos fijarían una imagen de la que nunca se podría librar—una que sugería que Alberto Gonzales endosaba actos muy específicos de inexpresable tortura y que había establecido un trabajo de base envenenado para los eventos que rodearon el escándalo de la prisión Abu Ghraib. Diría a sus amigos que ya antes había sido malinterpretado, pero nunca en ésta forma. Y, en Humble, Texas, donde se madre había alcanzado ya los setenta años de edad, sabía que María Gonzales eventualmente leería estas historias.

María se cansaría de todo esto, de la forma como los periodistas golpeaban a su puerta, la llamaban o la esperaban en la calle. En una oportunidad, una periodista la llamó desde Dallas y le habló en español. María la escuchó, con paciencia y en silencio, mientras la periodista le decía que le gustaría visitarla y hablar con ella sobre su hijo. Le dijo que lo que se estaba publicando sobre su hijo no era correcto. Como le diría un día a su párroco: *"Es un buen muchacho… Detesto verlo pasar por eso."*

En el otoño de 2002, Gonzales, incómodo por tanta atención de los medios, recibió un golpe cuando el Comité Judicial del Senado—con Ted Kennedy utilizando las mismas palabras de Gonzales como evidencia—rechazó el nombramiento de Priscilla Owen de la Corte Suprema de Texas, como juez de un tribunal federal. Fue una enorme derrota para Bush y sus asesores políticos que trabajaban en sincronía con Karl Rove, que seguramente se preguntó qué significaría todo esto para el futuro de Gonzales. Bush lo había "señalado," Bush lo había ascendido, y todos lo sabían. ¿Estaba Bush enceguecido por la lealtad—y era Gonzales más un pasivo que un activo? ¿Continuaría Bush arriesgando partes importantes de su legado por su abogado de Texas?

Bush le dijo a Gonzales que prácticamente no importaba. Que mantendría el nombre de Owen en el tapete y que lo más probable era que fuera nombrada. Había cosas más importantes, problemas mayores, incluyendo el ver que la oficina de Gonzales redactara la resolución que prepararía el camino para la invasión a Irak. Le dijo a Gonzales que se reuniera con el líder del Congreso para zanjar las diferencias en relación con la resolución, y a principios de octubre, Gonzales fue a ver al senador republicano Richard Lugar, y lo convenció de que la resolución de guerra de Bush era la opción correcta.

Desde el otoño hasta el final de ese año, Gonzales pensó que la guerra era inevitable. Era cuestión de cuándo, no de si se iba a producir la invasión a Irak. Estaba divorciado de las intrigas de la CIA y del Departamento de Estado sobre la búsqueda de armas de destrucción masiva y estaba dedicado a revisar, ampliar y proteger los poderes de Bush para declararle la guerra a Irak.

"Es ya un hecho," dijo Gonzales cuando alguien en Texas le preguntó si pensaba que Bush necesitaba el apoyo del Congreso para invadir a Irak. "Ya decidió que lo va a obtener. Va a ir al Congreso y va a obtener la autorización. Pensamos que hay argumentos legales para decir que no es necesario hacerlo y que puede basarse en los poderes que le otorga la Constitución. Sin embargo, de nuevo, pienso que el enfoque debe estar en el hecho de que ha decidido ir al Congreso y solicitar la autorización." [19]

Gonzales dijo que le preocupaba el legado de Bush, pero podía haberse estado refiriendo a él mismo: "Me preocupa, al igual que a muchos otros de sus asesores, su legado. Y el hecho de que algo pueda ser legal no significa que deba hacerse. ¿Cómo se le juzgará dentro de cincuenta años? Pienso en eso. Me preocupa." [20]

Tim Flanigan, el padre de catorce hijos que había sido su co-arquitecto en la oficina de asesoría, había decidido aceptar un cargo bien remunerado como uno de los principales asesores internos de Tyco International. Flanigan recomendó a David Leitch para que fuera la nueva mano derecha de Gonzales. Leitch había trabajado para Flanigan en la primera administración Bush y tenía el mismo tipo de credenciales conservadoras impecables. Leitch había trabajado con el fiscal general William Barr, había estado durante un año como jefe de abogados de la Administración Federal de Aviación y había ayudado en las sesiones de estrategia para organizar el Departamento de Seguridad Nacional (Department of Homeland Security).

Entró a ocupar su cargo justo cuando Gonzales estaba enfrentando la primera batalla de fuego que le tocaría enfrentar: la Corte Suprema se estaba preparando para oír los argumentos en un caso de acción afirmativa en el que la Universidad de Michigan se resistía a aceptar los cargos de los estudiantes blancos con relación a su política de basarse en la raza para determinar la admisión a la universidad y a la facultad de Leyes. Los que se oponían así como quienes apoyaban la acción afirmativa, observaban con atención para ver cuál sería la reacción de Bush—y de Gonzales—prevalecía la suposición de que Gonzales se inclinaba a apoyar a la Universidad de Michigan—no tanto porque podría haberse beneficiado de cualesquiera políticas oficiales o no oficiales similares, sino porque cualquier oposición a la administración Bush afectaría las probabilidades de reclutar más electores negros e hispanos. Gonzales había dicho anteriormente, en una oportunidad, que sabía que había recibido ayuda por ser hispano y que eso no le molestaba.

Todos reflexionaron sobre esas palabras una vez más para buscar indicios sobre cual era su posición respecto a la acción afirmativa: "Sé que me han ayudado debido a mi origen étnico. Pero el resultado final... es que los hispanos no deben esperar nada más que una igualdad de oportunidades. Sostener ahora que se nos debería dar una oportunidad por razón de nuestro origen étnico, sin tener en cuenta nuestra inteligencia, sería como discriminar contra alguien que, por casualidad, no es hispano, y eso es, exactamente, lo mismo que hemos venido reclamando desde hace décadas... Personalmente, no me ofende que la raza sea un factor. Pero nunca debería ser el factor predominante ni el más importante."[21]

En Washington, todos se preguntaban si Gonzales se había vuelto tan extremadamente político que ya no le preocupaba contrariar a los electores de las minorías quienes podrían apoyar la acción afirmativa—le preocupaba disgustar a alguien, incluyendo a los demócratas, que pudieran votar sobre si debía ir a la Corte Suprema o no. Si algo había aprendido Gonzales de todos los años que había pasado al lado de Bush y Rove, fue a moverse y a pensar de forma estratégica, a pensar a largo plazo. Y ese año terminó tal como el anterior—con expectativas descomunales y con apuestas en relación con el lugar al que se dirigía Gonzales. El 30 de diciembre, *Newsweek*—como lo había hecho George Stephanopoulos el año anterior en ese mismo mes—dijo que Gonzales estaba en su muy corta lista de personas que había que tener en la mira para el 2003: "Está Alberto Gonzales, el asesor de la Casa Blanca, a quien el Presidente Bush puede nombrar para que se convierta en el primer magistrado hispano de la Corte Suprema." [22]

A Donde Me Llevaba

La creciente y coordinada lucha interna para enviar a Gonzales a la Corte Suprema, o detenerlo en su camino hacia allí, llegó a su punto máximo a comienzos de 2003. Cualquiera de los tres magistrados se retiraría probablemente en un futuro cercano—William Rehnquist, Sandra Day O'Connor o John Paul Stevens. Bush estaba evitando que Gonzales tuviera que hacer cualquier comentario sobre las noticias de la Casa Blanca en relación con la acción afirmativa, para lo que llamó a una reunión de emergencia en la sala de conferencias Roosevelt en la que, con mucho tacto, y mucho cuidado, anunció que se oponía al principio del "sistema de cuotas" de la Universidad de Michigan, pero que había que hacer algo más para proteger la diversidad.

La decisión de Bush no comunicó el fuerte repudio de las políticas de Michigan que algunos de sus colaboradores, incluyendo el procurador general Ted Olson y John Ashcroft, deseaban—estaban buscando rienda suelta para atacar con fuerza y rapidez a Michigan en la Corte Suprema. Por último, los debates internos de la Casa Blanca salieron a la luz—y los rechazados de la línea dura dijeron que todo se debía a Gonzales, que debía haber convencido a Bush de que adoptara una posición más débil, más blanda. Había rumores en la Casa Blanca de que, en un determinado momento, Olson había llamado a Gonzales y le había gritado—sugiriendo que si Gonzales quería el puesto de Olson, lo podía tomar.

Gonzales, una de las principales figuras de las minorías en la administración, fue enviado a realizar una serie de entrevistas. Ashcroft, que había luchado contra Gonzales en distintas oportunidades desde cuando se constituyó el equipo de la administración, aún no estaba satisfecho con el resultado de la acción afirmativa—y no le podía satisfacer ver a Gonzales en público, actuando como un apologista para algo contra lo que él y Olson habían luchado con intensidad.

"Lo que el presidente quiere es que las universidades empleen medios neutros, que no tengan que ver con la raza... tenemos que trabajar con las universidades para analizar otros criterios de admisión," dijo Gonzales. "No está bien suponer que simplemente porque esta corte haya tomado una decisión que sostiene que inicialmente la raza no puede utilizarse como un factor para decidir la admisión, las minorías vayan a disminuir. No podemos dejar que eso ocurra."[1]

Un funcionario del Concejo Nacional de la Raza, la mayor asociación de derechos civiles de los latinos en el país, dijo que estaban "sorprendidos y decepcionados" de la forma como Bush y Gonzales estaban actuando. "No puedo imaginar mejor guerrero para la comunidad hispana que este presidente," respondió Gonzales.[2]

Si Gonzales estaba perdiendo parte del brillo que hubiera podido tener entre algunos líderes latinos, la erosión de los grupos pro-vida iba también en aumento. Un funcionario de la American Life League dijo que sería una "tragedia" si Gonzales era nombrado y un vocero del Family Research Council calificó a Gonzales de "persona que no merecía ser elegida." Todo culminó de nuevo en otro ataque de Robert Novak, el líder del rebaño conservador—cuya columna, de sindicación nacional describió a Gonzales, a finales de enero, como alguien que había "logrado debilitar" los intentos de revertir las preferencias raciales, como alguien que "le había hecho las cosas aún más difíciles a su amigo y jefe, George W. Bush," como alguien que "había llevado a la Corte de Texas a la izquierda," como alguien que "llevó a prominentes conservadores católicos y a otros opositores a informar a la Casa Blanca que Gonzales era inaceptable para el alto tribunal." Como un recordatorio, Novak retomó la Predicción de Souter—de que Alberto Gonzales era un David Souter que esperaba, tras bambalinas, el momento de entrar en escena. Se convertiría en la misma "grave equivocación política" para George W. Bush que David Souter para George Bush padre.[3]

Los rumores se habían convertido en un incesante y doloroso lamento. Parecía que había aumentado la animosidad entre Gonzales y Ashcroft—y que el duelo dejaría a uno de estos dos hombres exilado fuera de la administración. "En mis quince años de observar el proceso de nominación, jamás he visto que algo tan dramático sucediera tan pronto. Se trata de una campaña muy agresiva de los conservadores legales para reducir sus posibilidades de llegar a la Corte Suprema," dijo el abogado de Washington, Ronald Klain, que había ayudado a asesorar a Clinton sobre las selecciones para la Corte Suprema.[4]

Rondaba un chiste por el Distrito Capital: *¿Cómo se dice "Souter" en español? La respuesta era: "Gonzales."*

Había también una campaña rumorada en sentido contrario—una que, eventualmente, se iría haciendo cada vez más pública. Se trataba de aspectos tales como raza, acción afirmativa, origen étnico y si Alberto Gonzales estaba siendo victimizado por los extremistas que le echaban en cara sus aspiraciones—y si se le estaba exigiendo un nivel de normas diferente debido al hecho de ser hispano. Gonzales tuvo que enfrentarse con algunos conservadores que decían que era demasiado liberal y con unos liberales que decían que era demasiado conservador. También tuvo que vérselas con los republicanos quienes decían que su nombramiento era en realidad cuestión de si podía o no ayudar a conseguir los votos de la minoría para Bush y cualquiera otra persona del GOP.

La mayor parte del trabajo que había hecho y que podría alegrar a los conservadores estaba oculta o pasaba inadvertida—el difícil trabajo que había llevado a cabo para consolidar el poder en la oficina de la presidencia, la forma como se había esforzado por evitar las investigaciones relacionadas con las conexiones de Cheney y la empresa de energía eléctrica, la forma como había protegido a Karl Rove de los interrogantes sobre sus finanzas, el trabajo que había realizado para darle a Bush la libertad de procesar legalmente las guerras y los terroristas. Eran, en último término, cosas de "proceso"—activistas que "jugaban a ser abogados" para brindar tanto a Bush como a la Casa Blanca la protección y las respuestas que deseaban. Todo sumado, podría dejar a alguien con la impresión de que Gonzales era

un conservador de línea dura—pero esa línea dura necesitaba evidencia
ideológica más clara de que Gonzales fuera uno de ellos. Querían un rastro
de papel, un discurso atronador, alguna pasión claramente enunciada por
los valores conservadores. Algunos decidieron que o no tenía la madera
para llegar allí—o que era demasiado discreto, demasiado cauteloso, para
llegar a ocupar realmente ese cargo.

Después de todo, era su discreción lo que había llevado a Bush a contratarlo.

Durante los primeros meses de 2003, Gonzales se encontró en la incómoda situación de tener que hacer la ronda de Capitol Hill y de los
medios, promoviendo la aprobación de Miguel Estrada como candidato
para el tribunal federal de apelaciones por parte del senado—Estrada, de
nacionalidad hondureña, tenía poderosas credenciales conservadoras y el
tipo de historia del sueño americano que resultaba tan atractivo para Bush
y sus seguidores—además, su nombre aparecía también en la corta lista
para la Corte Suprema. En el senado, los demócratas estaban dedicados al
obstruccionismo y al cabildeo y se decidió que Gonzales hablara a favor de
Estrada—durante semanas, intercambió reuniones y cartas con los senadores y los principales voceros. En varias reuniones se preguntó abiertamente,
casi como si estuviera refiriéndose a su propia carrera, si Estrada se estaba
"midiendo contra una norma diferente."

C. Boyden Gray—*un buen hombre*—leal a Bush, decidió entrar en la
refriega cuando vio que Gonzales estaba siendo atacado. Gray había hablado con Bush padre y con su hijo y había endosado a Gonzales. Él y
otros "ancianos" de Washington, como Fred Fielding, estaban siempre allí
para ayudarle, inclusive para presentarlo a los miembros regulares de la
Sociedad Federalista. En el curso de unos pocos meses había pasado de ser
un supuesto candidato a la Corte Suprema para convertirse en el David
Souter liberal, oculto dentro del Ala Este de la Casa Blanca. El hecho de
que Gray lo defendiera públicamente—y la forma como Gray decidió
hacerlo—fue un barómetro sorprendente del grado de sospecha que Gonzales había despertado entre los guardavallas de la línea dura conservadora
de la extrema derecha: "No lo considero como un conservador no confia-

ble. Nunca se puede predecir cuan conservador es una persona, pero estoy seguro de que Gonzales no es un liberal."[5]

El 18 de marzo, Saddam Hussein rechazó el ultimátum de Bush para que huyera de Irak. Al día siguiente, Bush ordenó el lanzamiento de misiles crucero. Gonzales estaba en la habitación cuando Bush dio su orden. Bush miró alrededor y preguntó si todos estaban listos. Bush dio la orden y dijo: "Y que Dios bendiga a las tropas." En la silenciosa habitación, Gonzales permaneció con la mirada fija al frente hasta que le vino una idea a la mente. "Acababa de ser testigo de una parte de de la historia."[6]

Diez días más tarde, el Comité Judicial, controlado ahora por los republicanos, votó a favor de nombrar a Priscilla Owen para el tribunal federal de apelaciones. De forma que pocos realmente entendían, Gonzales—por obra de las circunstancias, del destino y de la convergencia de fuerzas extremadamente dispares—se encontraba totalmente involucrado en todos esos dramáticos y diferentes eventos del mes de marzo.

Sabía cosas, había presenciado negociaciones acordadas en el cuarto de atrás, regateos y memorandos altamente secretos. Había visto cómo se desarrollaban las estrategias y había llegado a darse cuenta de la necesidad de una extrema circunspección política. Cuando se formó la Comisión del 11 de septiembre para investigar los ataques contra los Estados Unidos, Gonzales supo que las investigaciones tendrían que llegar sigilosamente a su oficina—tendría que decidir qué memorandos y qué documentos presidenciales se ocultarían a la comisión, y tendría que determinar cuáles de los documentos que llevaban su propia firma se mantendrían también ocultos.

Su oficina ya había invocado rutinariamente el "privilegio ejecutivo" como curso de acción durante los últimos meses—y a medida que la comisión comenzó a pedir información proveniente de la Casa Blanca, habría pruebas de voluntades entre Gonzales y la comisión. Invocar el "privilegio ejecutivo" ante la comisión equivaldría a un juego de azar político—el clamor de una nación que pedía más información acerca de lo que llevó al 11 de septiembre, la situación podría resultar en un fiasco de percepción si Bush y la Casa Blanca daban la impresión de tener secretos que no querían revelar al pueblo norteamericano. Gonzales sabía que esto podía escapar muy pronto a su control: si obstaculizaba el trabajo de la comisión reclamando el "privilegio ejecutivo," todos se preguntarían qué ocultaba la Casa Blanca—¿Sabía la Casa Blanca que se producirían los ataques, puso la Casa Blanca a los norteamericanos inocentes en riesgo al no tomar la inteligencia terrorista en serio? El privilegio ejecutivo pareció funcionar cuando la Casa Blanca quiso mantener confidenciales los documentos relacionados con el equipo de trabajo de Cheney en la energía—pero éste era otro asunto político.

En mayo, Gonzales decidió hacer algo distinto—algo que Rove pensó que era una buena forma de hacer que la Casa Blanca diera la impresión de ser un bastión exclusivo, una buena forma de llegar a los electores jóvenes. Gonzales participó en un "foro interactivo" estrictamente seleccionado, donde el público podía hacer preguntas en línea a distintos funcionarios de la Casa Blanca:

Le dijo a Rebecca en Ohio, "El presidente es una persona sorprendente. Es difícil estar con él y no aprender, con el simple hecho de observarlo y escucharlo." Le dijo a Lori, de Texas "aunque nos encanta Washington, no veo la hora de poder volver a mi amado estado." Cuando Rich, de Nueva York, le preguntó a Gonzales si podía formar un equipo con Miguel Estrada y enfrentar a los senadores Charles Schumer y Ted Kennedy, respondió: "Oh, ¡debo irme!"

Uno días más tarde, él y Rebecca iban camino a su estado natal de Texas, una vez más, a una fiesta que su viejo amigo Roland García ofrecería en su casa en su honor. Había guacamole, fajitas de carne y fríjoles refritos—todas esas cosas buenas que echaban de menos en Washington. Se sentía una vez más a sus anchas, en terreno conocido y parecía inusualmente expresivo—hasta que sucedió una vez más, hasta que las personas empezaron a preguntarle acerca de la Corte Suprema. Era evidente que no quería tocar ese tema en absoluto.

El último viernes de mayo, tuvo el primero de dos encuentros en 2003 con J.C. Willke, el director del Life Issues Institute y ex presidente de la National Right to Life Foundation. Willke le preguntó a Gonzales durante una reunión de cristianos conservadores cómo se sentía acerca de *Roe vs. Wade* y si el *stare decisis* se aplicaba en el famoso caso—si los tribunales debían "respaldar las decisiones" emitidas por la Corte Suprema y abstenerse de negar o reconsiderar esas decisiones. Cuando Gonzales respondió afirmativamente, algunos de esos conservadores en el auditorio empezaron a chiflarlo. Varias semanas más tarde, Willke estaba en la Casa Blanca con varios otros directivos empresariales conservadores. Gonzales dejó en algunos la impresión de que creía que la Constitución es lo que la Corte Suprema diga.

A medida que avanzaba el verano de 2003, cuando Washington comenzó a quedar vacío, quedaron atrás interrogantes acerca de si Gonzales era apto para el proceso de nominación a la Corte Suprema. "Nos oponemos rotundamente a Alberto Gonzales. Es muy blando en los aspectos constitucionales que más nos interesan," dijo un funcionario de la organización cristiana conservadora Focus on Family.[7] "Hay una larga lista de candidatos calificados que defenderían las leyes que protegen la santidad de la vida humana. No está claro que Al Gonzales sea uno de ellos," agregó un funcionario del Family Research Council.[8]

Gonzales estaba a mitad de camino de un recorrido tortuoso con un destino incierto. Había hablado con Bush sobre la Corte Suprema, acerca de su futuro. La fricción con Ashcroft parecía aumentar, según quienes veían la forzada relación en la Casa Blanca. Algunos sospechaban que Gonzales pensaba que Ashcroft estaba adoptando una actitud demasiado grandilocuente, actuaba con demasiado bombo, no era lo suficientemente discreto. Algunos sospechaban que Ashcroft resentía la forma como John Yoo y algunas personas que trabajaban para el Departamento de Justicia se habían alineado en forma tan evidente con Gonzales y su equipo—y decían que Ashcroft había impedido que Yoo se hiciera cargo de la Oficina del Asesor Legal, aunque Gonzales quería que su aliado recibiera el ascenso.

Entre tanto, llovían las bofetadas políticas desde ambas direcciones. Al mencionar su nombre, los enemigos de Bush decían que Gonzales era un arquitecto de tortura, de una política militar inmisericorde ultraconservadora de derecha que encaminaba a los Estados Unidos a la guerra e ignoraba los códigos internacionales de conducta humanitaria. Los seguidores de Bush decían que Gonzales era el talón de Aquiles del presidente, el punto débil de la administración—que carecía de la fuerza necesaria para aprovechar la oportunidad de aplastar la acción afirmativa y los derechos al aborto. Los funcionarios de la oficina del asesor de la Casa Blanca decían que hablaba mucho de Texas, de la falta que le hacía, de cómo le gustaría volver a vivir allí. Pero no se iría de Washington mientras Bush permaneciera allí—había rumores acerca de quién se quedaría y quién se iría si Bush era reelegido en 2004. La lista crecía—y crecía especialmente la lista del círculo interno de asesores de los días de Texas. Joe Allbaugh de FEMA. Karen Hughes. El Secretario de Comercio Don Evans. La mayoría de los duros del círculo interno se iban o pensaban irse. Naturalmente Rove se quedaría. Pero, ¿qué ocurriría con Gonzales?

"En todos los años que han pasado desde que conozco al presidente, jamás he dudado de hacia dónde me llevaba," decía Gonzales a todos.[9]

En el verano de 2003, Gonzales estaba recibiendo llamadas cada vez más angustiosas de su amiga Kenna Ramírez en El Paso. Su esposo Carlos, el ex alcalde de El Paso y una estrella de la convención del GOP del 2000, estaba actuando de forma errática, no hablaba, no reconocía a nadie, y a veces se limitaba a repetir las mismas palabras una y otra vez. Había sido un partidario fuerte de Bush, un demócrata convertido al partido republicano que había luchado arduamente durante la campaña a favor de Bush y había contribuido a atraer los votos de los electores latinos. Cuando dejó la oficina del alcalde, Bush lo nombró Comisionado de la Comisión Internacional de Límites y Aguas (International Boundary and Water Commission). Gonzales puso a la familia Ramírez en contacto con una neuróloga que conocía en Austin; la doctora envió sus resultados al Instituto de Salud Nacional. Parecía ser que Ramírez tenía una enfermedad cerebral que avanza rápidamente y que se conoce como demencia frontotemporal—que puede llevar a la pérdida del habla, de la memoria y la motivación y producir problemas de alimentación.

Gonzales se encargó de la licencia de ausentismo de Ramírez y luego de los planes para anunciar su renuncia. Le dijo a Kenna Ramírez "entre menos cosas digas" a la prensa, mejor. Ella le advirtió que su marido no era consciente de su estado mental en deterioro y que no iba a querer renunciar. "No, no, no, yo sabré cómo manejarlo," le dijo Gonzales. "Sé cómo manejarlo." Varios minutos después, Gonzales la llamó de nuevo.

"Tuve que decirle 'El presidente ha dado una orden, Carlos.'"

Ramírez quedó confundido pero insistió que nada estaba mal.

"Carlos, no entiendes. Llamo a nombre del presidente de los Estados Unidos."

Cuando los Ramírez fueron al Hospital de Bethesda para un examen, la pareja aprovechó el viaje para asistir al Festival Nacional del Libro. El teléfono celular de Kenna timbró y era Gonzales que llamaba desde la Casa Blanca. "No estás sola," le dijo Gonzales. Él y Kenna hicieron los arreglos para reunirse con Gonzales en la oficina del Ala Occidental el siguiente lunes. Cuando llegaron, Gonzales le dijo a Carlos Ramírez que permaneciera en su oficina—Kenna le dio a su esposo goma de mascar porque sabía que algo tan sencillo como eso lo mantendría contento y ocupado. Gonzales salió con Kenna Ramírez y se dirigieron a la Oficina Oval. Cuando llegaron, ya estaban allí Bush y Laura Bush.

"Al," dijo Bush dirigiéndose a Gonzales, "cualquier cosa que ella necesite, asegúrate de que se la podamos facilitar."

Cuando trajeron a Carlos a la Oficina Oval y él no reconoció a Laura Bush. Fue un momento incómodo, agridulce, imposible de imaginar para quienes habían hecho campaña tan unidos. Mientras Gonzales observaba, Bush le dijo al ex alcalde de El Paso que debía reubicarse en Washington donde lo pudieran ayudar. Ramírez se limitó a contestar: "No, quiero ir a casa."

Más tarde, Gonzales dijo a Kenna Ramírez: "Acuérdate que dondequiera que esté, quienquiera que sea, siempre seré tu amigo. Nunca lo olvides." Ella comenzó a llorar, y recordó como ella y Alberto Gonzales y su esposa Rebecca, habían contemplado los juegos artificiales una noche desde el balcón de la Casa Blanca—y como, esa noche, casi exactamente dos años antes había sido una de las noches más maravillosas de su vida.

En septiembre, Miguel Estrada, la otra estrella legal latina y supuestamente rival de Gonzales para el cargo en la Corte Suprema, retiró su nombramiento al tribunal de apelaciones del circuito. Había ido a hablar con Gonzales acerca de renunciar a competir por ese cargo. Gonzales pensó que Estrada había quedado absorto en una especie de exilio en el limbo—Estrada había sido nombrado candidato veintiocho meses atrás y nunca había avanzado ni una pulgada contra la resistencia demócrata. Los republicanos tenían la rara oportunidad de sostener que uno de sus candidatos había sido víctima de una reacción tendenciosa, racista. Gonzales le dijo a Estrada que se mantuviera firme, pero Estrada insistió en que tenía que abandonar la competencia. Según sostenían algunos demócratas, tenía un ingreso de un millón de dólares en su firma de abogados, como red de seguridad.

El último día del mes, Gonzales habló con Bush justo cuando éste llegaba a la Oficina Oval a las 7 a.m. Le dijo a Bush que a las 8:30 p.m. de la noche anterior, unos funcionarios del Departamento de Justicia habían venido para decirle que iban a iniciar una investigación criminal a fondo para saber quién en la Casa Blanca podía haber dejado escapar el nombre de la agente de la CIA, Valerie Plame a los medios de comunicación, y que querían que el personal de la Casa Blanca guardara todos los materiales que pudieran tener relación con esa investigación, pero que Gonzales no debía advertir a nadie más por el momento—las cosas podían esperar hasta la mañana.

Una vez que le había contado esto a Bush a las 7 a.m., Gonzales hizo el mismo anuncio a los principales asesores durante su reunión de las 7:30 a.m. Dijo que Bush le había dicho que todos en la Casa Blanca debían prestar su plena cooperación en la investigación y Gonzales instruyó a sus principales asesores para que ordenaran que todos los miembros del personal de la Casa Blanca debían guardar sus documentos, correos electrónicos y notas. Gonzales escribió rápidamente un memorando y lo distribuyó por todas las dependencias de la Casa Blanca.

Horas más tarde, a bordo del avión del presidente rumbo a Chicago, el Secretario de Prensa de la Casa Blanca Scott McClellan, fue bombardeado a preguntas de por qué Gonzales no se lo había dicho de inmediato al presidente, por qué Gonzales no había enviado un memorando de inmediato, por qué pasaron horas antes de que nadie recibiera instrucciones del abogado de la Casa Blanca de no destruir ningún material importante. McClellan dijo que los funcionarios del Departamento de Justicia le habían dicho a Gonzales que podía esperar hasta la mañana.

Uno de los más profundos misterios políticos y de los medios de comunicación en el siglo XXI en Norteamérica estaba siendo revelado, ¿quién cometió el posible delito de revelar el nombre de Valerie Plame a los medios y si fue una jugada para atacar a su esposo, el Embajador Joseph Wilson, que había criticado las razones por las cuales la administración Bush le declaró la guerra a Irak? Naturalmente, la investigación se referiría al papel de los medios de comunicación, a la forma como aparecen las fugas de información de la Casa Blanca, a la forma como la Casa Blanca puede considerar los medios como un instrumento a su disposición—como algo que puede forjar, burlar y seducir.

Unos cuantos reporteros se habían adentrado demasiado en el peligroso territorio de canjear e intercambiar información. Vivían de fugas de información que recibían sobre una parsimoniosa administración que había construido una "pared de fuego" para bloquear a la prensa—algunos de ellos se apresuraban tanto a aprovechar las pequeñas informaciones segmentadas que tenían, con su supuesta proximidad al poder, que escribían artículos mal orientados que, intencionalmente o no, servían a las ambiciones militares de la Casa Blanca de Bush. Algunos cínicos en el Distrito Capital decían que debía publicarse una nueva versión del revolucionario libro que había ayudado a introducir una nueva era sobre la prensa de la Casa Blanca—la obra clásica de los escritores Bob Woodward y Carl Bernstein, *All the President's Men* (Los Hombres del Presidente). Ésta debería estar dedicada a cualesquiera periodistas que hubieran sobrepasado el límite y el libro debería llamarse *Las Estenógrafas del Presidente*.

Los miembros del personal de la Casa Blanca llegaron a trabajar el 30 de septiembre de 2003 y fueron recibidos con este primer memorando de Gonzales:

Anoche nos informó el Departamento de Justicia que ha abierto una investigación sobre posibles revelaciones no autorizadas de la identidad de un empleado secreto de la CIA. El Departamento de Justicia nos advirtió que hoy estará enviando una carta con instrucciones para que preservemos todo el material que pueda tener relevancia en esta investigación. Su carta dará instrucciones más específicas acerca de los materiales en los que está interesado el Departamento de Justicia y les comunicaremos directamente esas instrucciones. Entre tanto, pueden preservar todos los materiales que pudieran estar relacio-

nados en alguna forma con la investigación del Departamento. Cualquier pre-
gunta relacionada con esta solicitud debe dirigirse a los asesores asociados Ted
Ullyot o Raúl Yánez en la Oficina del Asesor del Presidente. El Presidente
ha ordenado plena cooperación con esta investigación.[10]

Envió un segundo memorando a última hora del martes, diciendo que necesitaba que el personal de la Casa Blanca conservara todos los registros de llamadas telefónicas, registros de computadoras, notas y apuntes en diarios y calendarios, memorandos, y cualquier tipo de correspondencia. Dos días más tarde envió un tercer memorando con instrucciones específicas y una fecha límite para su cumplimiento:

Para garantizar el cumplimiento de las fechas límite impuestas por el
Departamento de Justicia, se les indica que deben suministrar a la Oficina
del Asesor, a más tardar a las 5 p.m. del 7 de octubre de 2003, copias de
los siguientes documentos creados entre el 1 de febrero de 2002 y el 30 de
septiembre de 2003, inclusive:

1. *Todos los documentos que tengan alguna relación con el anterior Em-*
   bajador de los Estados Unidos Joseph C. Wilson, su viaje a Nigeria
   en febrero de 2202 o la supuesta relación de su esposa con la Agencia
   Central de Inteligencia; y
2. *Todos los documentos que en cualquier forma revelen algún contacto*
   con cualquier miembro o representante de los medios de comunicación
   sobre Joseph C. Wilson, su viaje a Nigeria en febrero de 2002,
   o la supuesta relación de su esposa con la Agencia Central de
   Inteligencia; y
3. *Todos los documentos que en cualquier forma revelen algún contacto*
   con cualquier a de las siguientes personas o con todas ellas: los reporte-
   ros Knut Royce, Timothy M. Phelps, o Robert D. Novak, o cuales-
   quiera personas que actúen directa o indirectamente a nombre suyo.

Para propósitos de este memorando, el término "documentos" incluye "sin
limitación todos los registros electrónicos, los registros telefónicos de cualquier

índole (incluyendo, sin limitación, cualesquiera documentos que lleven un re-
cuento de las llamadas telefónicas efectuadas), correspondencia, registros de
computadora, dispositivos de almacenamiento, notas, memorandos y anotacio-
nes en agendas y calendarios" en posesión de la Oficina Ejecutiva del Presi-
dente, de su personal o de sus empleados, en cualquier sitio en que se
encuentren, incluyendo cualesquiera documentos que puedan haber sido archi-
vados en la Oficina de Manejo de Registros. Sin embargo, por el momento, no
tienen que presentar a la Oficina del Asesor copias de lo siguiente, siempre
que no tengan marcas que en cualquier forma vayan acompañadas de notas o
comentarios: (a) recortes o artículos de periódico, ya sea impresos o en forma de
correo electrónico o texto electrónico, o (b) cualquiera de los dos memorandos
que envié el 30 de septiembre de 2003, relacionados con la conservación de
documentos.

También se les indica que deben llenar y devolver la certificación adjunta
a más tardar a las 5 p.m. del 7 de octubre de 2003. Deben tener en cuenta
que deben llenar la certificación ya sea que tengan o no documentos que co-
rrespondan a los aquí descritos. Todos los documentos y certificaciones deberán
entregarse en la Oficina EEOB 214. Esta Oficina 214 atenderá de 2 p.m. a
8 p.m. hoy; de 9 a.m. a 6 p.m. el sábado 4 de octubre y el domingo 5 de octu-
bre; de 8 a.m. a 11 p.m. el lunes 6 de octubre y de 8 a.m. a 5 p.m. el martes
7 de octubre. Se dispondrán procedimientos adecuados para manejar los docu-
mentos confidenciales. Si tiene cualquier inquietud, sírvanse llamar a los ase-
sores asociados Ted Ullyot o Raúl Yánez en la Oficina del Asesor.

Alberto R. Gonzales
Asesor del Presidente[11]

Bush sacó tiempo de un evento de recaudación de fondos para la campaña presidencial para decir, "si hay un escape de información de mi administración, quiero saber quién es. Y si esa persona ha violado la ley, nos ocuparemos de hacer lo que corresponde." En esta oportunidad había apuestas por todo el país, pero había un nombre en la lista de todos—Karl Rove. Había hablado con Novak en el pasado, siempre existió la sospecha de que Novak obtenía noticias de Rove. Los enemigos de Rove sostenían que tenía una beta de retribución política que lo convertía en posible sos-

pechoso de intentar hacer daño a Wilson y a su esposa—Wilson estaba
hablando en público con asociaciones de que la invasión a Irak estaba fundada en evidencia falsa. Pero Karl Rove, según sus amigos, era simplemente
demasiado inteligente para hacer algo tan estúpido y tan ilegal—y McClellan, hablando a nombre del presidente de los Estados Unidos, insistiría
específicamente en que Rove, el jefe de personal de Cheney, Lewis Libby
y Elliott Abrams, primer director del Concejo de Seguridad Nacional, no
estaban involucrados. McClellan diría que había hablado personal e indi-
vidualmente con ellos y que sencillamente "no estaban involucrados."

Lo que nadie parecía recordar era que, en una oportunidad, Alberto
Gonzales había estado en posesión del resumen penal de un cliente—un
resumen que él ayudó a mantener confidencial. Cuando Bush fue con-
frontado con el hecho de que tendría que prestar servicio de jurado en
Texas y que tendría que revelar su historial penal, Bush decidió por último
confiarle la verdad a Gonzales. Bush había decidido que Gonzales era
leal—lo suficientemente leal como para confiarle algo que Bush había
mantenido en secreto durante décadas, durante toda su campaña para el
Congreso, durante dos campañas para gobernador y por último durante la
campaña para presidente. Tal vez haya poca comparación entre un cliente
que tiene en su contra un cargo por conducir bajo los efectos del alcohol
y un funcionario de la Casa Blanca que hable de los agentes de la CIA a
los medios de comunicación—excepto por el hecho de que algunos expertos legales sostenían que tenía mucho que ver con complejos enigmas
abogado-cliente

Si Gonzales sabía—o *supo*—quién había dejado escapar la información
sobre Valerie Plame ¿Qué significaría esto para su función como asesor de
la Casa Blanca? ¿Dónde terminarían sus obligaciones para con sus clientes
en la Casa Blanca—y dónde comenzarían sus obligaciones para con la investigación penal? ¿Hasta qué punto podía invocar el "privilegio ejecutivo" en el que había confiado una y otra vez durante todo el tiempo que
había prestado sus servicios al presidente? Iba a tener en su poder información muy importante: antes de entregarle cualquier cosa al FBI, la oficina
de Gonzales revisaría cualquier posible evidencia presentada por casi dos
mil miembros del personal; Gonzales miraría primero toda la posible evidencia que pudiera resolver la totalidad de la investigación.

A mediados de esa misma semana en que afloró el incidente de Valerie

Plame y se difundió por todo Washington, Bush y Gonzales se abrieron camino a través de varios cientos de personas abarrotadas en la Sala Este para celebrar el Mes de la Herencia Hispana. Gonzales era siempre un invitado fijo en cualquier evento relacionado con latinos en la Casa Blanca. Bush escuchaba mientras alguien le cantaba la versión de "La Chica de Ipanema" y luego presentó a Gonzales al auditorio—dijo algo que muchos de los presentes en la fiesta consideró más que irónico, sobre todo, teniendo en cuenta que se sospechaba que alguien de la Casa Blanca había cometido un delito y podía ir a la cárcel por toda una década:

"Todos necesitamos tener un buen abogado… Tengo uno realmente bueno."[12]

A fines de octubre, Thomas Kean, jefe de la Comisión del 11 de septiembre y ex gobernador republicano de New Jersey, anunció, irritado, que estaba considerando la posibilidad de emitir una orden para obligar a Gonzales a liberar documentos de la Casa Blanca que revelarían lo que hizo o dejó de hacer la administración Bush con relación a cualesquiera posibles ataques a los Estados Unidos. Había estado llamando a Gonzales y negociando para obtener el resto de los documentos. La lucha por los documentos se prolongaría hasta el año nuevo, y Gonzales diría a su personal que estaban corriendo el riesgo de establecer un peligroso precedente. La liberación del documento "más santo de los santos"—las Anotaciones Diarias del Presidente o "PDBs" que representan sus instrucciones de inteligencia más secretas—dejarían muy deslustrados cualesquiera de los privilegios que Gonzales había luchado tanto por obtener.

Había comenzado en su cargo con Bush intentando bloquear la liberación de los documentos de Reagan—y los últimos tres años los había dedicado a sostener que la presidencia se vería perpetuamente socavada si fuera obligada a entregar sus memorandos secretos. El debate señaló directamente a algunos de los miembros de los medios de comunicación, cuando se sugirió que alguien le había permitido a Bob Woodward acceso a los PDBs para un libro que estaba escribiendo—y esto iba a ser parte de un interrogante más amplia acerca de por qué Gonzales podría no facilitarlos a la Comisión del 11 de septiembre mientras que de alguna forma, alguien permitía que un reportero los viera.

Como siempre, Gonzales estaba aproximándose cada vez más a un estatus objetivizado que nunca buscó ni disfrutó. Era, para decirlo en pocas palabras, el ejemplo patente para los enemigos de Bush, quienes veían una administración que obstaculizaba y promovía una agenda legal ilegítima. En el moderno panteón de los concejos de la Casa Blanca, sus críticos le asignaban su propio y específico legado de infamia—los constantes y punzantes comentarios de los "medios" lo describían como el arquitecto de la tortura, el consejero más opuesto a las libertades civiles que jamás haya servido a un presidente, una amenaza especial para los derechos humanos. Comenzado ya el 2004, el destino y las circunstancias habían conspirado para dejarlo atrapado en una casilla de relaciones públicas. Con tantos acontecimientos provocadores como se estaban manejando en la oficina de Gonzales—la Comisión del 11 de septiembre, el ataque a Irak, el incidente de Valerie Plame, la liberación de los documentos presidenciales, el tratamiento de los combatientes enemigos—él estaba cada vez más en la mira de la opinión pública.

A medida que avanzaba el 2004, esa situación no parecía ceder: Gonzales estaba atrapado bajo los reflectores y dentro de la política. Era algo muy distinto a lo que deseaba, algo que se salía de su control. Las organizaciones de libertades civiles se concentraron específicamente en Gonzales, cuando Bush decidió retener a dos ciudadanos norteamericanos como combatientes enemigos en la guerra contra el terrorismo—negándoles abogados y tribunales y las vías legales que todos los norteamericanos tienen a su disposición cuando son detenidos o arrestados. El más famoso de los dos detenidos, el miembro de una pandilla de Chicago y un converso al islamismo, de nombre José Padilla, había sido enviado a una cárcel naval en Charleston, Carolina del Sur—después de haber sido inicialmente arrestado en el 2002 en el aeropuerto O'Hare, bajo sospecha de ser un socio de Al Qaeda y participar en conversaciones para construir las llamadas bombas "sucias." Según las normas para tiempo de guerra que Gonzales había interpretado para el presidente, Padilla había estado detenido por cerca de veintiún meses antes de que le fuera permitido tener un abogado. "Los Estados Unidos deben utilizar todas las herramientas y armas a su alcance para ganar la guerra contra Al Qaeda. Creemos firmemente en el acceso a asesoría legal, pero no pondremos en riesgo las vidas de los norteamericanos reconociendo un derecho no existente para combatientes enemigos como es el de contar con un abogado," sostuvo Gonzales cuando pronunció una larga y dramática defensa de las política de detención durante un desayuno de trabajo de la Asociación de Abogados de los Estados Unidos.[13]

Fue el tipo de proposición osada que reforzó su imagen como la personificación de los excesos contra los derechos humanos en la administración de Bush. Cuando Ashcroft había estado promoviendo públicamente la Ley Patriota, parecía estar encendiendo la antorcha de los libertarios civiles y otros críticos que sostenían que la administración estaba avanzando por un camino plagado de desechos de libertades humanas. Gonzales había salido a la arena pública y había dicho que los "combatientes enemigos" tenían que aislarse—en Guantánamo o en cárceles militares—sin permitirles contacto con personas de fuera, todo por la seguridad nacional. Los defensores de los derechos humanos sostenían que todo esto era demasiado peligroso—que nadie sabría a ciencia cierta qué se estaba haciendo con las cientos y cientos de personas detenidas en lugares secretos.

A medida que los memorandos enviados a la oficina de Gonzales comenzaron a filtrarse a la luz pública, a medida que pronunciaba discursos como el que pronunció en la ABA, a medida que seiscientos cincuenta "combatientes enemigos" permanecían hasta por dos años en un limbo legal en Guantánamo, a medida que tomó el liderazgo en el intento por salvar a Condoleezza Rice de tener que rendir testimonio ante la Comisión del 11 de septiembre—era fácil sostener que Gonzales había reemplazado a Ashcroft como chivo expiatorio en la Casa Blanca. En el Ala Oeste, todos decían que era algo que Gonzales tomaba muy a pecho, que su estado de ánimo había cambiado de uno de confusión a uno de amargura, por ser considerado como torturador y como alguien que estaba obstruyendo la verdad. El caso Padilla, y todas sus implicaciones, lo seguiría por meses.

Jenny Martínez, una profesora de derecho de Stanford, a quien por fin se le permitió que se hiciera cargo del caso de Padilla, fue una de las abogadas que trabajó con las Naciones Unidas en el Tribunal de Crímenes de Guerra en La Haya. Sabía que Gonzales no había escrito los memorandos que los críticos decían que habían abierto la puerta al hecho de que los

Estados Unidos negaran los derechos legales básicos a los detenidos—y posiblemente a permitir que fueran torturados. Pero consideraba que "había un alto grado de ausencia de legalidad"—a tal punto en el que había "incumplido leyes aprobadas por el Congreso y tratados ratificados por el Senado." Lo comparaba con los casos de crímenes de guerra en ultramar.

"He trabajado con crímenes de guerra en La Haya. En Bosnia se podía ver la descomposición de las normas de derecho y las violaciones de los derechos humanos que resultan de esa situación. No estoy diciendo que vayamos por el mismo camino, pero han abierto la puerta para que eso suceda en nuestro país. Y es algo que justifica absolutamente que personas de otros países menos escrupulosos puedan decir, bueno, también yo puedo hacer lo mismo. Mientras que algunos pueden confiar en el gobierno de los Estados Unidos para que elija las personas correctas que va a detener e interrogar, no hay forma de confiar que otros países hagan lo mismo. Esto está quebrando la prohibición absoluta de torturar y se abre una puerta para que otros países sigan el mismo ejemplo. Es como cortarles las piernas a muchos activistas de los derechos humanos en el mundo entero." [14]

Mariano-Florentino Cuellar, otro profesor de derecho de Stanford y experto en asuntos internacionales de derechos humanos, estaba igualmente preocupado por el papel de Gonzales en la escena geopolítica. Mientras analizaba las decisiones que salían de la oficina del asesor de la Casa Blanca, decidió que en realidad nadie capacita al asesor de la Casa Blanca—es algo que por lo general se les impone—y que Gonzales, sin duda, se encontraba bajo una enorme presión en uno de los momentos más críticos en la historia de los Estados Unidos.

"Alberto Gonzales era quien dirigía el personal en la Casa Blanca y tomaba decisiones legales en un momento de riesgo y dificultad para este país. Por consiguiente, es fácil entender que fuera un momento difícil para elaborar políticas sobre contraterrorismo que implicaban cambios en el derecho penal y en el marco del derecho internacional. Y no se puede esperar que alguien pueda interpretar correctamente hasta el último aspecto técnico de la ley, pero sí se puede esperar que alguien sea lo suficientemente honesto desde el punto de vista intelectual en cuanto a la forma de presentar sus argumentos. Primero, estaba ordenando y distribuyendo un memorando que restaba importancia a la prohibición de torturar, presentando una definición de tortura como algo que 'causa falla orgánica o muerte.' Esa no es una posición consistente con la forma como hemos interpretado anteriormente la ley," sostiene Cuellar. "Básicamente asesoró al presidente—y esto fue lo que más me disgustó—diciéndole que las disposiciones de la Convención de Ginebra eran obsoletas. Esos principios son principios sólidos como las leyes norteamericanas, constituyen una doctrina. Por lo tanto, tengo serios interrogantes acerca de qué tan intelectualmente honesto pueda ser." [15]

Cuellar se preguntaba qué le había ocurrido a Gonzales en su trayectoria desde cuando trabajaba con los migrantes en las granjas de Texas hasta cuando llegó al Ala Oeste de la Casa Blanca. Cuellar había nacido en la ciudad mexicana de Matamoros, cerca de la frontera entre Texas y México, y creció en Brownsville, en el extremo sur de Texas, en un mundo poblado por trabajadores migrantes. Cuellar consideraba que conocía los obstáculos que encontraban los latinos en Texas, pensaba que sabía lo lejos que había llegado Gonzales. Se preguntaba si Gonzales había perdido una parte de sí mismo en ese recorrido:

"Creo que hay diferentes aspectos en la virtud de los abogados. Está la fidelidad al texto de la ley y la argumentación acerca del texto de la ley y del desarrollo de posiciones al respecto del mismo, y pienso que con relación a la fidelidad los memorandos y los conceptos no fueron muy bien elaborados. ¿Pienso que sería posible hacer un trabajo aún peor? Podría ser peor. No he analizado sus opiniones desde que trabajó en Texas como magistrado y no he revisado el trabajo que realizó en el sector privado, por lo que pienso en la posibilidad de que sea un abogado espectacular y de que haya habido una combinación de presiones que haya tenido que soportar como asesor de la Casa Blanca… que se haya encontrado con aspectos distintos y novedosos del derecho con los que antes no estaba familiarizado.

"Es una persona sobresaliente, y en realidad me impresiona y admiro su historia. También soy alguien que puede rastrear sus raíces al sur de Texas y al norte de México. Nací en Matamoros y viví en Brownsville. Él es un ejemplo brillante que hace que este país sea verdaderamente extraordinario. Pero otra cosa que hace que este país sea verdaderamente extraordinario es una versión del derecho expresado de forma justa. Veamos, si a uno no le gusta la Convención de Ginebra, puede salirse de ella. Eso traería un torrente de críticas del resto del mundo—una avalancha

como la que trajo el Huracán Katrina—pero al menos sería intelectualmente honesto."[16]

En Texas, el brillante escritor, historiador y analista cultural Rolando
Hinojosa-Smith también había medido la distancia que había recorrido
Gonzales. También Hinojosa-Smith había crecido en el sur de Texas. Sabía,
tal vez mejor que cualquiera de los que trabajaban las veinticuatro horas
con el asesor de la Casa Blanca de dónde provenían las raíces de Alberto
Gonzales. Pensaba que Gonzales actuaba solo—pero siempre lo hacía sabiendo que servía para satisfacer al hombre que lo había nombrado. ¿Por
qué habría de esperar alguien que Alberto Gonzales hiciera algo diferente
de lo que quería que hiciera la persona que lo nombró para el cargo? Su
vida, probablemente, estaba dedicada a encontrar las respuestas que Bush
deseaba.

"Es posible que el nombramiento de Alberto Gonzales satisfaga a
aquellos hispanos que no están auto-actualizados, que ven cualquier nombramiento como un triunfo. Los hispanos, como minoría, deben centrarse
en los hispanos que son elegidos para un cargo público. Los funcionarios
públicos electos, si quieren ser eficaces, están sometidos a más presiones
que los que son nombrados. Él es amigo del presidente. Eso era lo que era
en Austin y eso es lo que es en Washington. Seguirá fielmente la línea del
partido. Los republicanos han tomado una decisión muy sabia al nombrar
personas pertenecientes a las minorías; es lo que se conoce como preparar
el terreno para gozar de buena fama en el futuro, cuando lleguen las elecciones. Pero hablo como una minoría de uno. Es posible que lo que vean
mis copartidarios demócratas sea otra cosa. Lo que no ven es que, en su
mayoría, los hispanos no difieren de sus conciudadanos: son y siempre han
sido conservadores," dijo Hinojosa-Smith. "La influencia que él pueda
ejercer dependerá de lo que salga de la Casa Blanca—dado que no va a
contravenir las instrucciones que vienen de ese lugar. Esperar lo contrario—algún curso de acción progresiva, afirmativa, por ejemplo—es una
pérdida de tiempo y traiciona la inocencia de esos hispanos que esperan de
él independencia. Repito que es un cargo para el que ha sido nombrado y
que él es una persona que fue nombrada y que presta sus servicios para
agradar al presidente."[17]

Washington tenía la vista fija en las investigaciones y el desarrollo de la Comisión del 11 de septiembre y en saber si Rice y otros funcionarios del gobierno se presentarían y serían francos en cuanto a los ataques terroristas. La Casa Blanca la quería allí para refutar las acusaciones condenatorias del asesor antiterrorista Richard Clarke contra la administración Bush. Y, en medio de todo esto, varios familiares de las víctimas del 11 de septiembre estaban creando una pesadilla de relaciones públicas. Se estaban reuniendo en Washington, exigiendo la colaboración de la Casa Blanca, procurando cooperación con la Comisión. A fines de marzo, se le dijo a Gonzales que se reuniera con algunas de las familias. Antes de que las familias llegaran, dijo que esperaba poder "educar" a las familias en relación con el hecho de que estaba negociando con la Comisión para tener "acceso" a la información confidencial que tenía la Casa Blanca en su poder. Se le preguntó si a veces pensaba en las familias de las víctimas de la tragedia del 11 de septiembre como si fueran sus clientes: "Trabajo para el presidente, francamente... veo mi responsabilidad como la de representar al presidente y negociar con la Comisión." [18]

Unos días más tarde, el 20 de marzo, le escribió una carta a Thomas Kean, el presidente de la Comisión del 11 de septiembre: "Como lo hablamos anoche, siempre que se cumplan las condiciones que se indican más adelante, el Presidente está dispuesto a aceptar la solicitud del Comité Nacional sobre Ataques Terroristas en los Estados Unidos de dar un testimonio público, bajo juramento, presentado por la asistente del presidente para asuntos de seguridad nacional, la Dra. Condoleezza Rice... La Comisión debe aceptar por escrito que no pedirá ningún otro testimonio público de ningún funcionario de la Casa Blanca, incluyendo a la Dra. Rice... También quisiera aprovechar esta ocasión para proponer un acuerdo para otro aspecto en el que todavía no hemos llegado a un compromiso—el acceso de la Comisión al presidente y al vicepresidente. Estoy autorizado para comunicarle que el presidente y el vicepresidente han acordado aceptar una reunión privada conjunta con todos los diez comisionados, con un miembro del personal de la Comisión presente para tomar notas de la reunión."

Al día siguiente, Richard Clarke habló por la Radio Pública Nacional y dijo que habían sido las familias de las víctimas del 11 de septiembre quienes habían ejercido presión sobre Gonzales y la Casa Blanca—y que sentía lástima de Rice porque sabía que ella siempre había querido declarar ante la Comisión del 11 de septiembre, pero que Gonzales no dejaba de obstaculizarla. Pronto surgieron informes de que justo antes de que Clarke presentara sus propias bombas ante la Comisión, Gonzales había llamado a su antiguo amigo Fred Fielding—uno de los diez miembros de la Comisión.[19] Esto hizo que algunos se sorprendieran, sobre todo cuando más tarde, ese mismo día, Fielding puso en duda la credibilidad e integridad de Clarke durante el testimonio que presentó ante la Comisión.[20]

En abril, el escándalo de Abu Ghraib empujó a Gonzales a otro nadir de relaciones públicas. Mientras todos se preocupaban por encontrarles sentido a las insensatas acciones de la prisión iraquí, los informes y declaraciones, cada vez más detallados parecían algo imposible, oscuro pero insistente—los prisioneros iraquíes violados, untados con sus propias heces, torturados y asesinados. Las imágenes de los prisioneros desnudos, prisioneros con capuchones, prisioneros golpeados, prisioneros con alambres que les colgaban de los penes, imágenes aterradoras, que se estaban publicando por todo el mundo y, mientras se difundían, Gonzales era succionado a lo más profundo de la pesadilla. Con cada horripilante historia de degradación que llegaba de Abu Ghraib, los activistas de derechos humanos nacionales e internacionales sostenían que tenía que haber un hilo, un enlace directo con Alberto Gonzales.

Durante esa misma primavera, los detalles de su memorando preliminar sobre la Convención de Ginebra, salió a la luz en condenadores artículos periodísticos y llegó a las masas críticas—hubo argumentos sorprendentes que sugerían que los Estados Unidos a través de Alberto Gonzales había creado realmente una inflexible base legal secreta para lo que había ocurrido en Abu Ghraib: había puesto su nombre en un memorando que era parte de un mapa cultural para los crímenes de guerra.

El hecho de que hubiera descrito ciertas disposiciones de la Convención de Ginebra como "curiosas" y "obsoletas," había alimentado una cultura militar desenfrenada; su memorando a Bush sobre algunas secciones del código internacionalmente reconocido para el tratamiento de los prisioneros de guerra fue el punto de partida ideológico para un envenenamiento de los principios norteamericanos. La palpable mezcla de odio dirigida a Gonzales por parte de algunos de sus críticos, no debía subestimarse—lo acusaban sencillamente de darle licencia al presidente para invadir a Irak, de poner a los ciudadanos norteamericanos en prisiones secretas sin acceso a abogados, de abandonar la Convención de Ginebra, de endosar las formas más viles de degradación, humillación y tortura. Abu Ghraib fue una marca muy pública para los eventos en los que Gonzales participó activamente desde los primeros días después de que los aviones se estrellaran contra el World Trade Center.

Para algunos fue más fácil que nunca decir que él era un arquitecto de la tortura—y quienes hacían los pronósticos en Washington obviamente redujeron la marca en el tablero de puntaje para ocupar el cargo en la Corte Suprema. En la compleja y contraintuitiva forma en que parecía estarse desarrollando su carrera, Gonzales contaba con el respaldo de los demócratas que esperaban que llegara a la Corte Suprema y apoyara los derechos al aborto y la acción afirmativa. Los republicanos y los conservadores eran quienes dudaban cuando se trataba de Gonzales—lo consideraban ideológicamente impuro. Ahora, cualquier respaldo demócrata que pudiera haber tenido se había debilitado significativamente mientras todos querían identificar cuanto antes al hombre que podría haber colocado los ladrillos de esas bases legales que llevaron a los eventos de Abu Ghraib. Además, por todas estas circunstancias, se tenía la sensación de que tal vez… ahora… se produciría un efecto boomerang conservador, tal vez ahora los conservadores entenderían que Gonzales era tan intenso, belicoso y *dado al aprendizaje hacia el futuro* como ellos.

Gonzales, decían sus amigos, estaba más amargado y confuso que nunca antes—les dijo que era un abogado que se había concentrado en el desarrollo de teorías legales, había creado escenarios hipotéticos, había escrito memorandos exploratorios que nunca estuvieron destinados a convertirse en política sólida. Lo estaban culpando por ser un abogado, por considerar cientos de escenarios diferentes. Era un abogado serio y no algún celote inflado, cegado por las ideologías que supiera secretamente que el espíritu de su memorando preliminar se utilizaría un día como inspiración legal para que odiosos soldados norteamericanos brutalizaran a los prisioneros en alguna miserable prisión de Irak:

"Pensaba que era injusto. La cita se mencionaba una y otra vez como si las prohibiciones de la Convención de Ginebra contra la tortura fueran 'curiosas.' Pero eso no era, en absoluto, lo que él había dicho. Lo que dijo fue que algunas de las disposiciones de la Convención de Ginebra— disposiciones específicas que él mencionó—eran, como todo el mundo convendría, cosas que ya no se usaban. Por lo que pienso que esa reacción fue bastante injusta. Además, tendía a personalizarla," indicó Flanigan. "Considera que la prensa lo ha tratado de manera injusta, piensa que el tratamiento que le han dado no tiene en cuenta… tiende a ignorar los matices de su función como asesor o los aspectos específicos de la asesoría que él daba." [21]

El último jueves de abril, Gonzales acompañó a Bush y a Cheney una reunión en la Casa Blanca con los miembros de la Comisión del 11 de septiembre. Bush se había estado preparando con Gonzales durante los últimos días. La reunión en la Oficina Oval tuvo una duración de tres horas. Bush y Cheney se sentaron en sillas de espaldar alto forradas en tela de rayas azules, frente a la chimenea. Los comisionados se repartieron en dos sofás y en asientos de madera dispuestos en semicírculo. Tal como había insistido Gonzales, no había cámaras, ni estenógrafas ni grabadoras para registrar los comentarios de su cliente. Gonzales jamás le aconsejó a Bush que se abstuviera de responder preguntas.

Una semana después, Gonzales escribió al *Washington Post:* "En los últimos días, han salido a la luz abusos horrendos, pero no debe quedar la más mínima duda de que los Estados Unidos reconocen plenamente sus obligaciones bajo la Convención de Ginebra… Con respecto a la guerra contra el terrorismo, el presidente determinó en febrero de 2002—con la asesoría del fiscal general, el secretario de estado, el secretario de defensa y otros funcionarios—que las disposiciones de la Convención de Ginebra no se aplican a los miembros de Al Qaeda y que, según la Tercera Convención de Ginebra, los talibanes detenidos no tienen derecho a estatus de prisioneros de guerra. Al mismo tiempo, el presidente ordenó que las fuerzas armadas estadounidense trataran de forma humana a los detenidos…" [22]

El mismo día en que aparecieron sus comentarios en el *Post,* Gonzales había viajado a Houston y había vuelto a la universidad donde de niño vendiera Coca-Cola y palomitas de maíz—el lugar donde una vez soñó con llegar a vivir en los afluentes círculos dorados que siempre estuvieron fuera de su alcance. La Universidad de Rice había elaborado una lista de posibles oradores para pronunciar el discurso de graduación, entre los nombres que aparecían en esa lista estaban el de Gonzales y el del Dalai Lama— y Gonzales fue quien vino a Houston, a su antigua facultad. No hubo la más mínima mención de Irak ni de Abu Ghraib, de la Convención de Ginebra, ni del hecho de que se estuviera diciendo que Bush había acusado a Hussein de ser un "torturador"—y ahora todos estaban utilizando el mismo término para referirse a los norteamericanos y a la cultura legal de la oficina del asesor de la Casa Blanca, que no se pronunciaba en términos definitivos y claros en cuanto al hecho de que cualquier tipo de tortura estaba prohibida en cualquier circunstancia por las fuerzas de los Estados Unidos.

En el auditorio de su alma mater, un estudiante había puesto las palabras "NO A LA GUERRA," en una cinta adhesiva pegada a su birrete, otros graduados de Rice llevaban símbolos de paz en su ropa. Gonzales dijoten su discurso:

"¿De qué otra forma le gustaría vivir su vida, a partir de hoy, desde este mismo momento, si supiera que algún día podría traicionar a un presidente? Si sólo supiera que viene otro George W. Bush, me prepararía de todas las maneras posibles—mediante educación y capacitación—para aprovechar una oportunidad que se presenta únicamente una vez en la vida. Si sólo pudiera saberlo…

"El tiempo promedio de duración del cargo de asistente del presidente, como lo soy yo, es de dieciocho a veinticuatro meses. Se trata de un trabajo duro, difícil de manejar, en Washington—porque los opositores políticos critican constantemente todas nuestras decisiones, los medios nacionales están siempre presentes para criticar cualquier cosa que hagamos; y lo que puede estar en juego tiene enormes consecuencias tanto nacionales como internacionales…

"Con el tiempo, algunos se preocupan por intervenciones y descubrimientos y juicios y negocios. El asenso a formar parte de sociedades y a adquirir títulos y reconocimientos domina las ambiciones personales. Eso me ocurrió a mí. Por lo tanto, al avanzar, es importante encontrar un equilibrio adecuado entre las propias responsabilidades para con la familia y para con la profesión." [23]

Mientras pronunciaba su discurso en una universidad, su nombre estaba siendo rudamente debatido en otra a 70 millas de distancia, fuera de Washington. Los profesores y los estudiantes de Mount St. Mary's College, una escuela católica de Maryland, se habían unido para protestar por el hecho de que Gonzales hubiera sido invitado a aceptar un título honorario y a pronunciar el discurso de graduación. Sesenta y un profesores y estudiantes firmaron una petición diciendo que Gonzales no era bienvenido debido a su trabajo en los casos de pena de muerte de Texas— la petición indicaba que su "trayectoria pública es flagrantemente incompatible" con la misión de la facultad y de sus profesores. Entre tanto, surgían informes que indicaban que tal vez hasta treinta y siete detenidos en Afganistán e Irak habían muerto mientras se encontraban detenidos por los Estados Unidos, y que tal vez algunos de esos detenidos habrían sido brutalmente golpeados y sofocados. En Mount St. Mary's, el presidente de la escuela anunció que el título honorario estaba siendo retirado, pero que Gonzales aún podía venir a pronunciar su discurso.

Tenía otros premios en la oficina del Ala Oeste. Había varias placas que nunca tuvo tiempo de colgar. Estaban aquellas "membresías y títulos y premios" que eran testimonio de su propio asenso—la forma como ese asenso solía "dominar" sus propias "ambiciones."

Gonzales estaba exasperado. ¿Cómo le podían culpar por los eventos de Abu Ghraib?

"Si se les preguntara a los soldados si habían oído hablar alguna vez de mi memorando premilitar, su respuesta habría sido, '¿Qué?' "[24]

Para junio, Bush, Rove y Gonzales habían hablado de la necesidad política de confrontar la debacle de las torturas. Gonzales estaba siendo presionado para que fuera la persona que refutara el tema; hubo literalmente una discusión acerca del hecho de que Gonzales, imperturbable y con su rostro redondo y querúbico, sería el mejor apologista y defensor. Se desenvolvía con una solidez compacta y no iba a morder el anzuelo ni a responder con rudeza como Ashcroft, Rumsfeld o Cheney. De hecho, Gonzales hablaría en público y presentaría el caso de la acusación por sus políticas orientadas a derrotar al grupo de Al Qaeda, a los talibanes y a Irak—y a extraer de ellos cualquier información útil que fuera posible. El martes 22 de junio, Gonzales presidió lo que fuera una ocasión sin precedentes para una administración que—obedeciendo a las instrucciones legales de Gonzales—se había negado consistentemente a liberar documentos, memorandos y registros, incluyendo algunos que se remontaban a diez o más años.

A las 3:12 de la tarde, en el Edificio Ejecutivo Eisenhower, Gonzales anunció que entregaría cientos de página de memorandos previamente ocultos. Gonzales los llamó "un extraordinario conjunto de documentos"—incluyendo varios borradores y documentos preparados por Jay Bybee, John Yoo, Donald Rumsfeld y el Presidente Bush. Cada uno de ellos tenía que ver con la Convención de Ginebra, la tortura, los interrogatorios, la detención y los crímenes de guerra. Todos estos documentos estaban diseñados para acallar precisamente aquello que se había cernido sobre la cabeza de Gonzales durante varias semanas de intenso calor—la liberación de ese gran número de páginas significaba una demostración de qué tan deliberadas, cuidadosas, amplias y sopesadas habían sido las conversaciones de la Casa Blanca. No había ningún intento legalmente laxo de endosar las torturas como parte de la política de los Estados Unidos. La desaprobación del documento de cincuenta páginas de Bybee y la liberación de los demás documentos era un rechazo de la molesta teoría que había encontrado aceptación a nivel mundial—acerca de que las personas de la Casa Blanca habían redactado memorandos y diseñado políticas que tácita o directamente fomentaban una cultura de tortura entre los miembros del ejército norteamericano.

A Gonzales no le agradaba liberar documentos—y el liberar cientos de páginas de información sensible, incluyendo varios documentos que llevaban su nombre, era totalmente contrario al "privilegio ejecutivo" del que había venido haciendo uso una y otra vez para cubrir y otorgar poderes a la Casa Blanca. Esto era diferente. Esto era algo que había que hacer.

Quienes trabajaban con Gonzales decían que era algo que había llegado a ser verdaderamente personal. Hablaba con ellos de sus hijos, del hecho de que aún tenía dos hijos pequeños, del hecho de que echaba de menos a Texas más que nunca. Había traído a su oficina del Ala Oeste algunos garabatos y dibujos hechos por sus niños. No era un torturador; no era un peón desarmado que hablara de "ahogamiento con agua," de forma casual. Rove había dicho que la liberación de los documentos, la presentación de un frente unido, era más que necesaria para poner fin de una vez por todas a la continua pérdida de sangre. Se refería a la pérdida de sangre de la Casa Blanca. Algunos miembros del personal se preguntaban si Rove no querría decir realmente que el que estaba sangrando era Gonzales.

"Estos son problemas difíciles, y algunas de las conclusiones de los abogados pueden parecer controversiales… deseo reafirmar de nuevo que los Estados Unidos tienen altos valores. No practicamos la tortura. Estamos obligados por la Convención que la prohíbe, la Convención que ha sido ratificada por los Estados Unidos… Toda técnica de interrogación autorizada para ser utilizada contra los talibanes y contra Al Qaeda y en Irak ha sido cuidadosamente examinada y se ha determinado que no constituye tortura… Somos una nación de normas y valores. Es así de simple. Estamos combatiendo la guerra de conformidad con esas normas y valores… El Presidente ha dicho que no practicamos la tortura, no toleramos la tortura."[25]

El personal de la Casa Blanca sabía que Gonzales odiaba cada aspecto de lo que estaba haciendo: tener que entregar los documentos, tener que dejar al descubierto la forma como funcionaba el proceso legal en su oficina, tener que repudiar uno de los memorandos de Bybee, tener que salir y prácticamente presentar disculpas—por algo que él pensaba que era un increíble malentendido. Gonzales dijo que todo esto—los memorandos, las diluciones, los proyectos—era lo que los abogados tenían que hacer. No era en realidad nada distinto de lo que había hecho durante toda su vida profesional. Lo que estaba presentado ahora a la luz eran proyectos, posibilidades, teorías que estaban siendo ventiladas y estudiadas—no leyes. En realidad era lo que había hecho antes en Texas: asistir a reuniones, más reuniones, proyectos, memorandos en V&E, en la oficina del gobernador de Texas, en la Corte Suprema de Texas. Se había trasladado de una cultura enclaustrada a otra, esperando con plena confianza que los memorandos, las sesiones de tormentas de ideas, la burocracia y las discusiones no llegaran a ser de dominio público.

Ahora, tal vez, se daba cuenta por fin de que las cosas no funcionaban así en Washington. Y ahora, sus amigos decían, que se estaba culpando por no haber tenido la visión política, la capacidad de ver más allá, para darse cuenta de que todos los memorandos de después del 11 de septiembre que se produjeron en la oficina oeste y entraron y salieron de ella eran, en realidad, similares al plutonio. Todo se movía muy rápido, y había demasiadas voces insistentes que lo urgían—Bush, Yoo, Flanigan—tantas, que se preguntaba si podría haber hecho algo más para reducir la velocidad con la que se desarrolló todo el proceso. No haber estado tan ansioso de *adquirir ese aprendizaje hacia el futuro*—tal vez había exagerado ese proceso y se había convertido en una pesadilla política y personal tanto para él... como para Bush. En retrospectiva, algunos de los que pertenecían al personal deben haber sentido que era solo una cuestión de tiempo antes de que la atención se centrara sobre el programa secreto de espionaje doméstico. Por ahora, solo los llamados "memorandos de tortura" salían a la luz, eran debatidos o revelados. El programa de espionaje, empujado por las mismas urgencias y la misma "inclinación" para interpretar las leyes, estaba escondido, aunque ciertamente provenía de la misma fuente. Y al final, demostraría que haría el mismo e intenso daño político que cualquier otro asunto en el que Gonzales hubiera tenido participación.

En la Convención Nacional Republicana, a fines del verano, se había tomado la decisión de empezar con un video en el que se presentaba un saludo a los latinos de Norteamérica. El video incluía como punto principal un tributo a Gonzales y a otros latinos nombrados por Bush. Los cínicos que vieron el video dijeron que Gonzales era la personificación viviente del lema de la campaña de Bush sobre la educación orientada en gran medida hacia las minorías—para "no dejar ningún niño atrás." Se creó una broma que decía que Bush "nunca dejaría a Gonzales atrás." Lo había traído hasta aquí y lo seguiría llevando con él.

Había más de treinta y cinco millones de latinos en los Estados Unidos, el grupo minoritario más grande del país y los expertos políticos de Texas decían que Bush y Rove querían aprovechar a Gonzales al máximo—y había demás una lucha entre los dos acerca de si era necesario dirigir a Gonzales. Bush confiaba en él lo suficiente como para haber pensado en alguna ocasión en llevarlo a la Corte Suprema. Pero Rove le había dicho a Bush que había un gran riesgo, que la base de los conservadores de Bush se pondría furiosa. Sería mejor que Gonzales, que parecía estar cansado de

Washington, fuera a ocupar un cargo donde pudiera comenzar a rehabilitar su imagen ante los conservadores de línea dura—e inclusive empezar a
forjar una especie de imagen de estadista que suavizara los conceptos demócratas y liberales sobre él como arquitecto de la tortura. Gonzales, según decían algunos en la Casa Blanca y en Texas, tenía sus ojos puestos en
convertirse en el primer fiscal general latino.

Ya se había filtrado el rumor de que el hombre que podría ser el mejor
amigo de toda la vida de Bush, el Secretario de Comercio Don Evans, se
iría de Washington. Era uno de los texanos del círculo interno que—junto
con Gonzales, Hughes, Allbaugh y Clay Johnson—habían ascendido a
cargos altos en el Distrito Capital. Uno por uno, los otros habían decidido
abandonar la administración. Los amigos de Gonzales sostenían que éste
seguía estando muy consciente de que era todavía una ficha política valiosa—y de que permanecería en Washington y vería si le ofrecían el cargo
de fiscal general. Un amigo de Texas estaba bien seguro de que, según lo
que había hablado con Gonzales, ni siquiera tenía sus esperanzas puestas en
su nombramiento a la Corre Suprema. Claro está que, si Bush se lo pedía,
lo aceptaría. La tentación de coronar su carrera legal sería inmensa—pero
no era algo que lo obsesionara. El hecho es que básicamente, tendría que
hacer campaña para lograr ese cargo, tendría que abrir los libros acerca
de su vida, sus sentimientos personales, sus memorandos y las decisiones de
la corte, y esa idea era casi insoportable. Aceptaría un nombramiento a la
Corte Suprema si Bush así lo deseaba, pero detestaba pensar en el trabajo
de las medidas políticas que finalmente tendría que adoptar.

No tenía de qué preocuparse: Rove había decidido que Gonzales no
sería la elección de Bush para una vacante. En cambio, Gonzales sería
nombrado para reemplazar a Ashcroft. En los meses anteriores a las elecciones, fue evidente que Ashcroft estaba a punto de irse. Sus airados comentarios en la audiencia de la Comisión del 11 de septiembre, con la
convicción de que con demasiada frecuencia había actuado como un radical libre dentro de la administración, las luchas con el amigo personal de
Bush, Alberto Gonzales—se habían ido sumando hasta convertirse en el
concepto catalizador de que era uno de los miembros del gabinete que no
regresaría si Bush era reelegido. Se iría por voluntad propia o lo conduci-

rían hasta la puerta—y si era reemplazado por el aparentemente discreto, Gonzales, con aversión a los medios, sería como introducir una personalidad diametralmente opuesta. Los seguidores de Rudolph Giuliani pensaban que sería el candidato ideal para reemplazar a Ashcroft, pero se tenía siempre la sensación de que el ex fiscal y alcalde de Nueva York tenía los ojos puestos en cargos más elevados, tal vez, inclusive la presidencia en un determinado momento.

En Texas, un amigo de Gonzales supuso que se habría cansado de la forma como el cargo de asesor de la Casa Blanca, mientras él lo había ocupado, se había trasformado como por arte de magia en un cargo repetitivamente público. Si iba a continuar así, entonces, él también, al igual que Evans, querría irse—o querría encontrar un lugar como la oficina del fiscal general, donde pudiera tener más autonomía. El hecho de que estaría reemplazando a Ashcroft, la persona contra quien había luchado por el control de la jerarquía en la Casa Blanca, sería también muy satisfactorio. En el otoño, Gonzales realizó una modesta parte de la campaña para la reelección de Bush. Además, habló con Bush, con Rove y con su familia acerca de si debía aceptar el cargo de fiscal general.

Ashcroft le había facilitado el trabajo—Ashcroft había tenido éxito en alejar a los medios de comunicación y se había convertido precisamente en lo que Bush detestaba. Se había convertido en un problema de percepción. Y quien quiera que sucediera a Ashcroft no produciría el mismo tipo de oleaje, se habría ganado la mitad de la batalla. Bush y Rove sospechaban que si el asesor de la Casa Blanca se ubicaba en un cargo más público, con una oportunidad de mostrar su imperturbable actitud calmada, podría ayudar a rehabilitar la visible imagen de la oficina del fiscal general. Además, Gonzales podría aprovechar este cargo de alto perfil para hacer frente a los críticos que lo veían como el arquitecto de la tortura tras bambalinas; y cuando menos, al convertirse en una persona más pública, comenzaría a disipar la reputación de ser el asesor sombrío dentro de la Casa Blanca que redactaba oscuros y casi inmorales memorandos. Se trataba de un plan a largo plazo: nombrar a Gonzales como fiscal general por uno o dos años, y luego estaría en posición de hacer campaña—o por fin ser aprobado para llegar a la Corte Suprema.

Había, naturalmente, una gran ventaja política al nombrar el primer hispano para el cargo de fiscal general—un cargo que, para muchas minorías a través de los años, había llegado a simbolizar una cultura de exigencia del cumplimiento de la ley en los Estados Unidos que rutinaria e injustamente se enfocaba en las minorías. Bush ya había ganado, no necesitaba hacer mucho más para atraer el voto de los electores hispanos—sin embargo, a él y a Rove les encantaba pensar a largo plazo, programar sus siguientes jugadas ya fuera en Texas o a nivel nacional. Podía argüirse que Gonzales era el latino más influyente en la administración Bush—y ahora recibiría lo que era probablemente la posición más influyente del gabinete jamás ocupada por un latino. Rove quería que Gonzales estuviera posicionado para desempeñar otros cargos distintos a la primera vacante que se produjera en la Corte Suprema. Las opciones eran regresar a Texas o aceptar el nombramiento de fiscal general. Gonzales sabía que era un cargo que tenía que aceptar—era algo que debía hacer, aún si realmente lo que quería era volver a su estado natal de Texas.

QUINCE

Viejo Amigo

A finales de octubre Gonzales estaba en Philadelphia, hablando a un grupo de personas durante un almuerzo y diciéndoles que tanto John Kerry como George Bush habían creído que había armas de destrucción masiva en Irak. Habló también de cómo se había apresurado a volver a la Casa Blanca el 11 de septiembre. "Quiero que recuerden su desolación, su tristeza y su ira," les dijo Gonzales.[1] Para entonces, había decidido aceptar un cargo en el gabinete de Bush. Si todavía tenía alguna ambición de llegar a la Corte Suprema, el aceptar el cargo de fiscal general sólo le ayudaría a agregar algo más a su hoja de vida—y podría pasar el tiempo desterrando los temores restantes que pudieran tener los conservadores acerca de su pureza ideológica.

En Houston, su hermano Tony observaba a distancia. Su hermano mayor sería probablemente el principal policía de la nación; estaba en camino a ocupar el primer cargo del Departamento de Justicia. Si era confirmado, Gonzales no sólo sería el primer fiscal general hispano en la historia de los Estados Unidos—disiparía los temores de los líderes hispanos que se preguntaban si Bush agregaría algún hispano al gabinete como resultado de la renuncia del Secretario de Vivienda y Desarrollo Urbano, Mel Martínez.

La noche de la elección, Gonzales decidió ir a casa de Clay Johnson. Estar en compañía de este alto, flaco y tranquilo ex compañero de colegio y compañero de habitación en la universidad de George W. Bush, era casi como estar de vuelta en Texas. Las raíces de Johnson estaban profundamente arraigadas en Texas y a Gonzales le encantaba estar en su compañía. Era una fiesta centrada en Texas, con treinta invitados entre quienes se encontraba Margaret Spellings, quien había trabajado como primera asesora de Bush cuando era gobernador y quien llegara a ocupar un puesto en el gabinete como secretaria de educación; el senador de Texas John Cornyn; el secretario Alphonso Jackson, de Dallas; Dina Powell, que ahora se encargaba del manejo de personal en la Casa Blanca, cargo en el que había reemplazado a Johnson. Cuando los noticieros informaron que Bush había ganado, el rostro de Gonzales mostró una sonrisa de oreja y se dirigió a la Casa Blanca a ver a su jefe, a su cliente. Bush parecía haber ganado el 41 por ciento de los votos hispanos.

Tres días más tarde estaba en Houston visitando a su madre, a sus seis hermanos que aún vivían y a sus antiguos amigos. Había leído las noticias, la especulación acerca de hacia dónde se dirigía. Se negó a revelar cualquier indicio, no le dijo nada a nadie, aunque todos en la Casa Blanca ya sabían que Ashcroft había presentado su renuncia y que Gonzales sería el nuevo candidato para fiscal general. Como una atención, Gonzales llevó a su hermano menor Tony a jugar golf. Tony lo presionó para que le diera alguna noticia. Gonzales se mantuvo inflexible. "No cedió ni una pulgada," dijo su hermano. Al estar en Houston no podía menos que recordar todo el dinero al que había renunciado. La oficina de asesor general le pagaba $175,700 una quinta parte de lo que habría ganado en Vinson & Elkins para este momento.

Una semana después de las elecciones, Bush entró al Salón Roosevelt a las 3:40 un miércoles por la tarde. Gonzales estaba de pie a un lado. Rebecca y dos de sus tres hijos, Graham y Gabriel, observaban la escena:

EL PRESIDENTE: *"Buenas tardes. Me complace anunciar mi nombramiento del Juez Al Gonzales como fiscal general de los Estados Unidos. Es la quinta vez que le he pedido al Juez Gonzales que sirva a sus conciudadanos, y estoy muy agradecido de que siempre me responda "sí." Hace una década, cuando fui elegido gobernador de Texas, la pedí a Al que fuera mi asesor general. De ahí pasó a desempeñar con distinción el cargo de secretario de estado de Texas, luego el de magistrado de la Corte*

Suprema de ese mismo estado. Desde que llegué a Washington, hace cuatro años, he contado con sus servicios realizados con destreza e integridad en la Casa Blanca como asesor del presidente. He contado con Al Gonzales para que me ayude a elegir los mejores candidatos para los tribunales federales, una de las responsabilidades más importantes del presidente. Su agudo intelecto y su sólido juicio me han ayudado a forjar nuestras políticas en la guerra contra el terrorismo—las políticas diseñadas para proteger la seguridad de todos los norteamericanos, así como para proteger los derechos de todos nuestros conciudadanos. Como principal funcionario legal del personal de la Casa Blanca, ha liderado un insuperable equipo de abogados y ha mantenido en alto las normas éticas del gobierno. Mi confianza en Al era ya muy alta para empezar; y sólo se ha incrementado con el tiempo.

"Durante la última década, también he llegado a conocer el carácter de este hombre. Siempre me da su franca opinión. Una voz calmada y estable en momentos de crisis. Siempre fiel a un principio inamovible, el respeto por la ley, y él y Becky son amigos muy queridos de Laura y míos—y también soy muy bien amigo de Graham y Gabriel Gonzales. Mi más reciente miembro del Gabinete creció en una casa de dos habitaciones en Texas, con sus padres y siete hermanos. La madre y el padre de Al, Pablo y María, fueron trabajadores migrantes que nunca terminaron la primaria, pero trabajaron duro para educar a sus hijos y para inculcarles los valores de humildad, integridad y responsabilidad personal. Estas buenas personas vivieron para ver a su hijo, Al, estudiar en la Universidad de Rice y en la Facultad de Derecho de Harvard. María vive aún en Humble, Texas, en la casa que su esposo construyó, y sólo puedo imaginar lo orgullosa que se sentirá hoy de su hijo Al. Desempeñar el cargo de fiscal general es uno de los mayores retos de nuestro gobierno. Como el primer funcionario encargado de hacer cumplir las leyes de la nación, Al continuará con el gran progreso que ha alcanzado nuestra administración en la lucha contra el crimen, en el fortalecimiento del FBI, en el mejoramiento de nuestros esfuerzos nacionales en la guerra contra el terrorismo. Como uno de los directores de las leyes sobre derechos civiles, garantizará que todos los estadounidenses estén protegidos de la discriminación, para que cada uno tenga la oportunidad de vivir el sueño americano, como lo ha hecho el mismo Al.

"Con la aprobación del Senado, el Juez Gonzales será el sucesor de otro excelente servidor público, el Fiscal General John Ashcroft. El Fiscal General Ashcroft sirvió con excelencia durante momentos muy difíciles. En cuatro años, reorganizó el Departamento de Justicia para adaptarlo a la nueva amenaza del terrorismo. Aplicó justa y firmemente la Ley Patriota y ayudó a desmantelar las células terroristas en los Estados Unidos. Durante su desempeño de este cargo, el crimen violento ha descendido al nivel más bajo en treinta años, además, el número de juicios para juzgar los crímenes con arma de fuego han alcanzado una cifra sin precedentes. El uso de drogas entre nuestros estudiantes se ha reducido. Se ha recuperado la confianza en los mercados financieros gracias a que el fiscal general ha procesado agresivamente el fraude corporativo. Y gracias al liderazgo de John Ashcroft, los Estados Unidos han incrementado sus esfuerzos por procesar legalmente a los pornógrafos culpables de la cruel explotación de niños por Internet. La nación es hoy más segura y más justa gracias a que John Ashcroft ha prestado un servicio tan eficiente a nuestro país.

"Estoy comprometido a crear un fuerte liderazgo basado en principios en el Departamento de Justicia, y el Juez Al Gonzales será esa clase de líder, como el fiscal número ochenta de los Estados Unidos. Hago un llamado al Senado para que actúe con prontitud en este importante nombramiento. Espero estar dándole la bienvenida al gabinete a mi gran amigo. Felicitaciones."

JUEZ GONZALES: *"Gracias, Sr. Presidente. Me acompañan hoy, como lo ha dicho el Sr. Presidente, mi hermosa esposa Rebecca, y dos de nuestros tres hijos, Graham y Gabriel. A nombre de mi familia, incluyendo a mi madre, María, y a nuestro otro hijo, Jared, le agradezco, Sr. Presidente, esta extraordinaria oportunidad. Ha sido un día de emociones encontradas para mí—evidentemente, me siento honrado y me embarga una enorme gratitud, pero también una cierta nostalgia, de que, si se confirma, ya no conduciré mi auto al trabajo todos los días hasta la Casa Blanca, ni tendré una interacción tan estrecha con el maravilloso personal que trabaja aquí, incluyendo mi excelente equipo de colaboradores en la Oficina del Asesor, todos fielmente dirigidos por mi amigo y la persona que me inspira, el Jefe de Personal Andy Card. Sin embargo, sí espero con entusiasmo, si soy confirmado, continuar trabajado con mis amigos y colegas en la Casa Blanca en una capacidad diferente a nombre de nuestro presidente, a medida que avanzamos para hacer de los Estados Unidos un mejor país, más seguro y más fuerte. Como ex magistrado, sé muy bien que algunos cargos gubernamentales requieren un especial nivel de confianza e integridad. El pueblo norteamericano espera y merece un Departamento de Justicia guiado por la norma de la ley, y no debe existir duda en cuanto al compromiso del departamento con la justicia para todos y cada uno de los norteamericanos. Con base en este principio, no puede haber compromiso.*

"Tengo una deuda de gratitud para con el General Ashcroft, quien, como lo acaba de reconocer el presidente, ha prestado un excelente servicio durante un momento histórico para nuestro país. Soy consciente del coraje y de la amistad de John Ashcroft y me esforzaré por construir sobre sus logros. Por último, para nuestro presidente, cuando hablo con personas de todo el país, a veces les digo que dentro de la comunidad hispana hay una esperanza compartida de una oportunidad de lograr el éxito. "Sólo denme la oportunidad de comprobar lo que puedo hacer"—es una plegaria común para las personas de mi comunidad. Sr. Presidente, gracias por esta oportunidad. Con el consentimiento del Senado, con la ayuda de Dios y con el respaldo de mi familia, haré cuanto esté a mi alcance por satisfacer la fidelidad y la confianza que se reflejan en este nombramiento. Gracias, señor." [2]

Entre los camarógrafos ocupados en tomar fotos, los abrazos y los apretones de mano, se perdió el hecho de que Harriet Miers—la mujer que endosó a Gonzales para su primer cargo con Bush años atrás en Texas—estaba siendo transferida de su cargo prácticamente anónimo como jefe diputada de personal de la Casa Blanca al cargo de asesora de la Casa Blanca. Si había alguien más leal a Bush que quedara aún en la Casa Blanca, esa era Hughes, Gonzales y Clay Johnson se irían, era Miers. Ella y Gonzales habían estado casi psicopáticamente unidos a Bush durante años y en muchos aspectos exactamente de la misma forma. Él los había señalado a ambos y ambos habían intercambiado cargos en uno y otro sentido y habían seguido a Bush hasta Washington. Gonzales no tenía la menor idea de que probablemente Miers fuera la persona que afectaría en gran medida sus probabilidades de llegar a ocupar un puesto en la Corte Suprema.

Las ocho semanas que trascurrieron hasta las audiencias del Senado para su confirmación expusieron cada acontecimiento y cada giro de su vida—y cómo su nombramiento fue elegido por los demócratas como un lugar para establecer una posición, un lugar para hacer un llamado a alguien con brío después de la decepcionante derrota de Kerry. Gonzales lucho en uno y otro sentido cada día hasta sus audiencias de enero ante el Comité Judicial del Senado.

Fue alabado por la Directora Ejecutiva del Concejo Nacional de La Raza, Janet Murguia: "Nos complace mucho el nombramiento de Gonzales... es un servidor público cuidadoso, razonable, un hombre de su mundo, estamos seguros de que su nombramiento será bien aceptado por la comunidad latina."[3] "Queda por verse si Gonzales será o no lo mejor para nuestra comunidad, pero nos anima este resultado," dijo un funcionario del Fondo de Defensa Legal México-Americano. Algunos senadores demócratas se mostraban conciliadores, vagamente satisfechos. Patrick Leahy de Vermont, el principal demócrata en el Comité del Senado que se encargaría de realizar las audiencias sobre Gonzales, dijo que, personalmente, le agradaba Gonzales—y que probablemente sería aprobado con facilidad. Charles Schumer de Nueva York, expresó que, sin duda, Gonzales era "menos confrontativo" que Ashcroft y que "al menos intentaba llegar a la comunidad." Ted Kennedy dijo que le preocupaba saber si Gonzales estaba o no comprometido con la norma de la ley.[4] La Coalición Cristiana expresó "es un gran ejemplo de una historia de éxito norteamericana." Michael Ratner, del Centro para Derechos Constitucionales estaba desarrollando un movimiento de insistencia a su nombramiento, lo tildaba de "travesti" y decía que Gonzales era más "peligroso" que Ashcroft.

Ratner personificaba un creciente movimiento de activistas de derechos humanos, libertarios civiles, académicos y ex oficiales del ejército que se unirían en su oposición a Gonzales. La mayoría, al igual que Ratner, volverían a sacar a la luz los llamados Memorandos de Tortura de Gonzales.

"Estamos absolutamente enfurecidos. Estaba creando una tercera anti-ley para hacer lo que quería: No era una ley penal, no era una ley militar. Nos estaban engañando," sostenía Ratner.[5] Un observador latino dijo simplemente que Gonzales sin duda había perdido el camino: "Aunque era de origen humilde, había adoptado ahora la clase de quienes se encuentran en el poder, lo que no es infrecuente," indicó Nativo López de la Asociación Política México-Americana.[6]

Sin embargo, al mismo tiempo, algunos de sus amigos de Texas—los que pensaban que ya había llegado al mismo nivel de César Chávez en el panteón de los latinoamericanos—sostenían que Gonzales era un ejemplo para todos los jóvenes latinos del país. La Asociación Nacional de Abogados Hispanos anunció su complacencia con esta elección. Al otro extremo del espectro, el escándalo de Abu Ghraib no desaparecería: "Al nombrar uno de los defensores del caso de Abu Ghraib como fiscal general, Bush no sólo se coloca en una posición vergonzosa sino que avergüenza a los Estados Unidos," indicó Jesse Jackson.[7] La Cámara de Comercio Hispana de los Estados Unidos sostuvo que Gonzales era "un ejemplo inspirador" y "un servidor público ejemplar." La Liga de Ciudadanos Latinoamericanos Unidos dijo que estaba "encantada" de que Bush hubiera elegido "uno de nuestros mejores y más inteligentes representantes." Además, en California, algunos miembros disidentes de la LULAC dijeron que se oponían rotundamente al nombramiento de Gonzales por su alejamiento de los derechos civiles y humanos.

Las divisiones eran amplias, y el debate rampante. Inclusive antes de haber sido evaluado en las audiencias del Senado, Gonzales era una figura polarizante.

En el Banquete Anual de la Asociación de Abogados del Distrito Capital, el primer fin de semana de diciembre, Gonzales llegó temprano a la Embajada de Italia, a las 7 p.m., listo para saludar a Fred Fielding—el importante personaje que había trabajado para Nixon, Reagan y John Dean. Fielding había sido una de las personas que había guiado a Gonzales en Washington—hablando a su favor cuando los verdaderos creyentes de Beltway querían saber cómo era realmente el fiscal estatal de Texas. Fielding, C. Boyden Gray y algunos otros ayudaron a Gonzales de formas que probablemente ni siquiera él sabía. En la recepción de la Asociación de Abogados, Gonzales encontró a Fielding y lo saludó con un fuerte abrazo. "Este es el hombre. Él es la única razón que me sacó de mi casa esta noche," dijo Gonzales, agregando, misteriosamente, que él y Fielding se habían conocido "a través del club secreto." Todos en la recepción se preguntaron qué querría decir—tal vez Gonzales se estaba refiriendo a la Sociedad Federalista y a todas las cosas que le habían parecido tan extrañas cuando llegó por primera vez a Washington.[8]

La educación y la aceptación de Alberto Gonzales se habín desarrollado en el Distrito Capital. Su esposa Rebecca, quien se había sentido excluida de las recepciones iniciales en Washington, fue invitada a asistir a una fiesta campestre de mujeres "Power Chick" con cien de las mujeres más poderosas de la ciudad. Entre tanto, de forma silenciosa, el Senador John Cornyn de Texas—miembro del Comité Judicial del Senado que realizaría las audiencias sobre Gonzales—se reunía con él para analizar la estrategia para asegurar la adjudicación de la propuesta para atraer a los 100,000 empleados del Departamento de Justicia y convertirse en el principal funcionario de la ley y el orden del país. Varias cosas eran evidentes—parte de todo esto ya había sido pronosticado por los senadores demócratas en declaraciones y cartas dirigidas a Gonzales.

Sería interrogado en relación con la Convención de Ginebra, sería interrogado acerca de su revisión de las peticiones de clemencia en Texas, sería interrogado acerca de Abu Ghraib. También se le advirtió que, en las semanas anteriores a las audiencias de enero de 2005, todos investigarían y sacarían a la luz cualquier aspecto personal negativo del candidato a ejercer el cargo más alto en la exigencia del cumplimiento de la ley en los Estados Unidos: Si Gonzales requería más advertencias sobre el ambiente que le esperaba, éstas vinieron de los malintencionados comentarios periodísticos sobre su hijo adoptivo Jared, el hijo de Rebecca de su matrimonio anterior, acerca del trabajo que había desempeñado en una oportunidad como consultor de sitio Web y de difusión para Larry Flynt, el fundador de la revista *Hustler*. También se le advirtió que lo atacarían por no tener trayectoria en el campo del cumplimiento de la ley que lo facultara para ocupar el cargo más alto en el Departamento de Justicia. Cuando se supo que Bernard Kerik, el ex comisionado de policía de la ciudad de Nueva

York, que fuera elegido por Bush para dirigir el Departamento de Seguridad Nacional, tenía algún bagaje legal en su trayectoria, todos culparon a Gonzales por no investigarlo; como asesor de la Casa Blanca le correspondía hacerlo, y Gonzales no había examinado lo suficiente la trayectoria de Kerik como para detectar sus fallas.

Antes de la Navidad, también se le presentó todo el panorama en una carta enviada al Comité Judicial del Senado por nueve organizaciones de derechos humanos—Amnistía Internacional, Human Rights First, Human Rights Watch, Global Rights, Minnesota Advocates for Human Rights, Physicians for Human Rights, el RFK Memorial Center for Human Rights, la International League for Human Rights y el Carter Center: "Ya es bien sabido que el Juez Gonzales estuvo ampliamente involucrado, como asesor del presidente, en prestar asesoría sobre varios de los aspectos más importantes de las decisiones de la administración Bush en cuanto a derechos humanos y a leyes de guerra" y que la controvertida discusión sobre la no aplicación de algunas de las disposiciones de la Convención de Ginebra había fomentado el uso de "métodos ilegales y abusivos" contra los detenidos y los prisioneros.

De cierta forma, Gonzales esperaba todo eso. El que Amnistía Internacional se hiciera oír era algo que se daba prácticamente por hecho. Lo que sería mucho más problemático era que varios de los abogados militares, militares de carrera y hombres y mujeres de JAG (Judge Advocate General's Corp)—quienes habían dedicado sus carreras a considerar los concejos de guerra, la Convencion de Ginebra y los crímenes de guerra—se estaban reuniendo también—se habían revelado tantas cosas en los últimos tres años a cerca de cómo los Estados Unidos habían lanzado su contraofensiva contra el terrorismo y lo que pensaba hacer con los hombres que había capturado. Algunos de los abogados de carrera en las fuerzas militares buscaban indicios de haber sido excluidos en las políticas, los memorandos, las discusiones—dado que eran expertos—y más de uno estaba personalmente ofendido. Un abogado de bienes raíces de Texas estaba ahora en sus dominios—y, lo que era aún peor, representaba una amenaza para las décadas de cuidadosa interpretación y aplicación de las normas legales internacionalmente reconocidas.

Los abogados del Pentágono estaban acostumbrados a la intervención de los civiles. No les gustaba, pero así eran las cosas. Lo que realmente los aterraba era la sensación de quedar totalmente excluidos—tal vez a propósito. Muchos realmente creían parte de lo que Gonzales había dicho en una oportunidad en su memorando preliminar 2002—acerca de la necesidad de "un nuevo paradigma" después del 11 de septiembre. En realidad se necesitaba—pero muchos de los abogados militares simplemente pensaban que Gonzales buscaba ese nuevo paradigma sin tenerlos en cuenta, sin saber cuál era la forma correcta de hacerlo, sin la experiencia que proviene de la JAG. Muchos pensaban declarar en contra de Gonzales; muchos suponían que sería llamados a declarar:

"No se trata de un asunto insignificante. Hay cuestiones de fondo que afectarán la reputación de los Estados Unidos durante años," sostuvo el almirante en retiro John Hutson, ex juez y abofado general que era ahora presidente y decano del Franklin Pierce Law Center. "He sido abogado desde 1972 y he llegado a comprender, por primera vez, que la ley no es tan importante como yo pensaba y que el abogado es más importante de lo que yo creía. Alberto Gonzales es un abogado y si los abogados pueden manipular la ley para usarla en beneficio propio, con tanta facilidad, entonces, la ley no es tan importante como yo pensaba que era.

"He pensado mucho y muy a fondo acerca de si deseo declarar o no, porque a menos que surgiera algo más—como una amiga adicional, o algo que realmente constituyera un impedimento—él será confirmado. Llegué a la conclusión de que corría el riesgo de ser incluido en las listas y en las auditorías fiscales de los opositores por muchos años en el futuro por lo que, en último término, sería un esfuerzo inútil. Sabía, o sospechaba, que sería confirmado—pero decidí que había cosas que era necesario decir."[9]

Don Evans, el secretario de comercio de Bush durante su primer período presidencial, había llegado a pensar que todos estaban muy equivocados en relación con su amigo de Texas: "Durante los años que tuve que tratar con él, pude ver que es una persona de clase mundial, es extremadamente brillante, muy considerado, muy cuidadoso, se interesa mucho por lo que uno dice. Sabe escuchar. Da los mejores consejos, sin ambigüedades... el tipo de consejo que uno quiere oír. Tiene creencias muy firmes, valores muy sólidos, se preocupa profundamente por su país. Y su familia ha hecho grandes sacrificios, se desarraigaron de su ciudad y se mudaron a Washington," dice Evans.

Y, naturalmente, fue el abogado de George W. Bush durante varios de los años más cruciales de la vida de este último. Literalmente se presentó ante un tribunal penal por Bush, en Texas. Estuvo con Bush en los minutos anteriores al momento en que otro prisionero fue ejecutado en Texas. Puso su nombre y su esfuerzo en la presidencia de Bush—los contraataques contra los terroristas, la invasión a Irak, la Ley Patriota, la creación del Departamento de Seguridad Nacional, la investigación de Valerie Plame.

"Hay una gran cantidad de confianza mutua entre los dos, hay una gran cantidad de respeto mutuo también. El presidente, cuando lo seleccionó, lo vio como un abogado joven, emprendedor, con gran potencial para convertirse en un extraordinario servidor público—y quiso darle esa oportunidad. Sé y no puedo dejar de pensar que Al está extraordinariamente agradecido de que quien fuera en ese entonces gobernador hubiera puesto su confianza en él, se hubiera decidido a contar con él que carecía de trayectoria en el sector público. Es absolutamente leal al presidente."[10]

Una semana antes de las audiencias del Senado sobre Gonzales, el Departamento de Justicia del que esperaba hacerse cargo, emitió un memorando legal de diecisiete páginas. Era una corrección, una retractación de memorandos anteriores que sugerían que la autoridad constitucional del presidente le daba la libertad de decidir sobre el destino de los detenidos o prisioneros tratados de formas que iban más allá de las disposiciones de la Convención de Ginebra—y que había defensas legales que se podían argüir fácilmente, que protegerían a cualquier interrogador o soldado estadounidense si fuera acusado de tortura.

Mientras permanecía encerrado en su casa y en su oficina, preparándose para su testimonio ante el Comité del Senado, todos se preguntaban cuál Alberto Gonzales se presentaría: ¿El Gonzales, aparentemente moderado, que había contribuido a proteger una ruptura de las políticas de acción afirmativa en Michigan, el Gonzales moderado que se negaba a pronunciarse abiertamente en contra de los derechos al aborto en Texas, el magistrado de Texas que, en ocasiones, se ponía de parte del más pe-

queño—o el Gonzales de extrema derecha que sellaba los documentos de
la Casa Blanca, que defendía a Rove y Cheney de las investigaciones relacionadas con sus conexiones empresariales, que ayudó a crear la rígida Ley
Patriota, el que era tan dado al "aprendizaje hacia el futuro" para determinar la forma de llevar a cabo la guerra contra el terrorismo?

¿Quién se presentaría y cuál de esas personalidades se convertiría en el
fiscal general? ¿El Alberto Gonzales que, según algunos, era como una
"esposa Stepford," un robot perfecto, un defensa del fútbol americano
altamente entrenado—a quien se le decía cuál debía ser el resultado del
partido, cuál era el resultado legal que se esperaba... y él determinaría la
forma legal de lograrlo, por cualquier medio legal que fuera necesario? ¿El
Alberto Gonzales de inteligencia aguda, esclavizadamente adicto al texto
de la ley—nada más, ni nada menos, y nunca la persona capaz de imponer
su ideología o sus puntos de vista personales por encima de la Constitución y de los principios legales establecidos por los que se rige el país?

Gonzales sigue siendo, hasta el final, un enigma arrastrado por el destino, las expectativas, las circunstancias, la suerte, George W. Bush, el 11 de
septiembre y su educación en Humble, Texas. En realidad sólo había trabajado para tres o cuatro personas o tres o cuatro lugares en su vida—Bush,
la Fuerza Aérea, Vinson & Elkins y la Corte Suprema de Texas. Jamás había
trabajado realmente para el pueblo de los Estados Unidos en la Casa
Blanca—él mismo lo había dicho, trabajó para su cliente, para el presidente de los Estados Unidos. Y trabajó muy duro, con lealtad, para ese
único cliente.

Ya no hablaba español, según decían sus amigos. No parecía sentir
atracción por esa zona a la que parecen dirigirse muchas personas cuando
llegan a la edad madura—cuando dejan de intentar huir de sus raíces,
cuando dejan de intentar huir de su educación primera—y empiezan a
reconectarse, a un nivel extremadamente profundo, con la historia de su
familia. Si esto estaba ocurriendo, si estaba yendo en retrospectiva y tra-
zando líneas impulsado por la curiosidad, por varias generaciones de su
árbol genealógico, si se esforzaba por mantener vivo el fuego étnico en su
hogar, en su corazón, no era algo evidente para sus amigos. Aún tenía conexiones con sus amigos hispanos de Texas, tal vez ha algún nivel que nadie más podría entender. E incluso las personas de Texas que podrían

detestar las políticas de su cliente tenían que verlo a través del prisma de su raza. Les agradara o no, y les agradara o no su cliente, Alberto Gonzales había alcanzado un nivel de enorme poder en los Estados Unidos.

El día anterior a la fecha en la que Gonzales debía declarar ante el Comité Judicial del Senado, Henry Cisneros escribió una opinión editorial en el *Wall Street Journal* que sorprendió a los lideres latinos de todo el país. Cisneros—quienes algunos decían que tenía toda la madera, la inteligencia y el talento para convertirse en el primer presidente latino de los Estados Unidos—había sucumbido a algunas debilidades personales y como consecuencia, había sido perseguido durante años de manera incansable por una investigación endosada por los republicanos en su vida personal y sus finanzas. Abandonó a Washington como una figura pública destrozada—y, según algunos, como un símbolo de lo que puede ocurrir cuando los latinos alcanzan un éxito exagerado. Se estrellan y se queman—o son empujados al fuego. Cisneros, de nuevo en Texas, era una especie de Hamlet condenado en la pradera—en un exilio político agridulce, pero recordado aún por lo que habría podido ser. Según sus seguidores, si hubiera sido elegido habría sido una especie de Camelot latino. Ahora estaba apoyando a Alberto Gonzales para que llegara a ocupar un puesto en el gabinete, tal como Cisneros lo había hecho en una oportunidad. Cisneros dijo que sólo había votado por un republicano en su vida y que ese era Gonzales, cuando se postuló para la Corte Suprema en Texas. Cisneros dijo que tener a Alberto Gonzales en un cargo tan alto era bueno para los Estados Unidos.

El Senador Cornyn de Texas abrió la audiencia con una presentación:

CORNYN: *El Juez Gonzales es realmente una inspiración para todos aquellos que aún creen en el sueño americano… sólo en Washington podría este buen hombre ser puesto en la parrilla, sobre carbones ardientes por el simple hecho de cumplir con su deber… el Presidente Bush y el Juez Gonzales han rechazado ambos de forma clara, repetida e inequívoca el uso de la tortura… Imagino que hoy oiremos hablar mucho acerca de Abu Ghraib… Sin embargo, hay quienes realmente desean explotar*

esa tragedia para ganar puntos políticos… no hay la menor evidencia d
que el Juez Gonzales haya sido responsable en forma alguna de este
hecho, ¿por qué traemos esto a colación en la audiencia de confirmación
del Juez Gonzales?

Hubo una segunda introducción con un endoso por parte del Senador Ken Salazar de Colorado, un fuerte partidario de Gonzales. A continuación, Specter procedió a tomarle juramento a Gonzales, pidiéndole que se pusiera de pie y levantara su mano derecha. Le pidió a Gonzales que presentara a su familia y Gonzales pareció no haberlo escuchado. Specter lo interrumpió y le dijo que había una solicitud pendiente de que presentara a su familia. Gonzales comenzó a presentar a su esposa y a sus tres hijos, Jared, Gabriel y Graham, a su madre María y a su hermano Tony. Estaban sentados detrás de él, justo a su derecha, junto con su suegra, Lorinda Turner, en la primera fila. Specter insistió en que se pusieran de pie al ser presentados.

Por último, Gonzales tomó asiento en una gran silla de cuero negro, con brazos de madera. Se deslizó hacia delante, hasta el borde, y apoyó los codos sobre un escritorio cubierto con una tela color marrón. En la parte posterior del salón de la audiencia había un pequeño grupo de disidentes con camisas que decían "Investiguen a Gonzales." Afuera, los miembros de su familia el entrar tal vez habrían visto a otro pequeño grupo disidente con letreros hechos a mano: "Envíen a Gonzales a Gitmo" y "Bush y Gonzales son Responsables de la Muerte y la Tortura." Él se inclinó hacia delante y habló en el micrófono negro:

GONZALES: *Si soy confirmado como fiscal general, ya no representaré más a la Casa Blanca; representaré a los Estados Unidos de Norteamérica y representaré a su pueblo. Entiendo las diferencias entre estas dos funciones… Donde quiera que procuremos la justicia—desde la guerra contra el terrorismo hasta el fraude empresarial o hasta los derechos civiles— siempre debemos ser fieles a la norma de la ley… Estas obligaciones incluyen, naturalmente, honrar la Convención de Ginebra en cualquier caso en el que se aplique. Honrar nuestras obligaciones de Ginebra constituye una protección crítica para nuestros hombres y mujeres en las fuerzas armadas y para el desarrollo de normas avanzadas que la comunidad o las naciones puedan seguir en tiempos de conflicto. Contrario a lo que indican los informes, considero que las disposiciones de la Convención de Ginebra no son obsoletas ni curiosas. Después de los ataques del 11 de septiembre, nuestro gobierno tuvo que tomar decisiones fundamentales relacionadas con la forma de aplicar los tratados y las leyes de los Estados Unidos a un enemigo que no usa uniforme, que no tiene alianzas con ningún país, que no es signatario de ningún tratado y—lo que es más importante—que no lucha de acuerdo con las leyes de la guerra. Mientras debatíamos estas cuestiones, el presidente fue claro en expresar que está dispuesto a proteger y defender a los Estados Unidos y a sus ciudadanos y que lo hará en forma vigorosa, pero siempre de modo consistente con los valores y leyes aplicables de nuestro país, incluyendo nuestras obligaciones dentro de los tratados…*

Las fotografías de Abu Ghraib son repulsivas y me enfurecieron, dejan una mancha en la reputación de nuestra nación. El presidente ha dicho claramente que condena esta conducta y que estas actividades son inconsistentes con sus políticas. También ha dejado claro que Norteamérica se opone a la tortura y no la tolerará en ninguna circunstancia.

La Senadora Republicana Specter de Pennsylvania, presidente del comité, no perdió tiempo: *"¿Aprueba la tortura?"*

GONZALES: *Absolutamente no, Senadora.*

SENADORA SPECTER: *¿Condena a los interrogadores—ya respondió a esto en parte—en Abu Ghraib y en Guantánamo? Pero de nuevo, para que conste en acta ¿Condena a los interrogadores, las técnicas utilizadas en Abu Ghraib que se muestran en las fotografías ampliamente publicadas?*

GONZALES: *"Permítame decir, Senadora, que como ser humano, me repugnan y me enfurecen esas fotografías. Sin embargo, como alguien que pueda llegar a ser jefe del departamento, obviamente no quiero dar aquí ningún opinión legal en cuanto a si ese tipo de conducta podría ser considerada delictiva. Además, es evidente que quienquiera que estuviere implicado en una conducta sujeta a juicio, no me permitiría decir, en este momento, nada que pudiera representar un juicio a priori o que pudiera poner en riesgo dicho proceso. Sin embargo, es evidente que si dicha conducta corresponde a la jurisdicción del Departamento de Justicia, la combatiré agresivamente, y en ello empeño mi palabra.*

Aparentemente, la respuesta de Gonzales causó preocupación en Specter: *"Bien… dado que tengo alguna experiencia en el proceso de casos penales, no creo que la condena de esa conducta tenga un impacto en lo que pueda ocurrir más adelante."*

A continuación, el Senador Demócrata Patrick Leahy de Vermont, interrogó a Gonzales. Leyendo textualmente del memorando que Jay Bybee envió a Gonzales en agosto de 2002: " *'Para que una acción constituya una violación del estatuto de torturas,* debe ser equivalente en intensidad al dolor que acompaña una lesión física grave, como una falla orgánica, una limitación de una función corporal o inclusive la muerte.' En agosto de 2002 ¿estuvo usted de acuerdo con esta conclusión?"

GONZALES: *Senador, en relación con esa opinión, cumplí con mi deber como asesor del presidente de los Estados Unidos, haciendo esa pregunta.*

LEAHY: *No, no. Sólo quiero saber si estuvo usted de acuerdo—es decir, podríamos dedicarle una hora a esa respuesta. Pero yo—estoy tratando de mantener las cosas lo más simples posible. ¿Estuvo usted de acuerdo con esa interpretación del estatuto de tortura en el 2002?*

GONZALES: *Si me lo permite, señor, déjeme intentar—procuraré—le daré una respuesta muy rápida. Pero quisiera ponerla un poco en contexto… Hubo una discusión entre la Casa Blanca y el Departamento de Justicia, así como entre éstas y otras agencias, acerca de lo que significa este estatuto. Fue algo sumamente difícil. En este momento no recuerdo si estuve o no de acuerdo con todos los análisis. Pero no tengo ninguna divergencia en cuanto a las conclusiones a las que llegó el departamento.*

Más tarde, Leahy preguntó: *"Ahora bien, como fiscal general ¿diría usted que el presidente tiene la autoridad como comandante en jefe para permitir actos de tortura?"*

GONZALES: *En primer lugar, Senador, el presidente ha dicho que no vamos a practicar la tortura en ninguna circunstancia. Por lo tanto, lo que usted me pide es una respuesta hipotética, de algo que nunca ocurrirá.*

El presidente ha dicho que no vamos a practicar la tortura en ninguna circunstancia y, por lo tanto, esa parte de la opinión fue innecesaria y fue la razón por la cual pedimos que no se incluyera en actas.

LEAHY: *Pero intento pensar qué tipo de opiniones puede haber expresado usted como fiscal general. ¿Está de acuerdo con esa conclusión?*

GONZALES: *Señor, una vez más…*

LEAHY: *Usted es abogado, y ha ocupado cargos tales como el de magistrado de la Corte Suprema de Texas. Ha sido el asesor del presidente. Ha estudiado a profundidad este tema. ¿Está de acuerdo con esta conclusión?*

GONZALES: *Senador, sí creo que puede llegar un momento en el que el Congreso podría aprobar un estatuto que el presidente pudiera considerar como inconstitucional. Esa posición y ese concepto no corresponden únicamente al presidente actual, sino a muchos, muchos presidentes de ambos lados de la nave central. Es evidente que una decisión de si ignorar o no un estatuto aprobado por el Congreso es algo sumamente grave, y sería una decisión a la que le dedicaría mucho tiempo y estudio antes de llegar a concluir que, de hecho, un presidente tuviera la facultad, bajo la Constitución, de…*

LEAHY: *Sr. Gonzales, se diría que usted ha sido senador por el dominio que tiene de la técnica obstruccionista. Le hice una pregunta específica: ¿En su concepto, tiene el presidente autoridad para ejercer una acción que pasa por encima de las facultades de un comandante en jefe e inmuniza actos de tortura?*

GONZALES: *Con el debido respeto, Senador, el presidente dijo que no vamos a practicar la tortura. Su pregunta es hipotética e implicaría el análisis de un gran número de factores. Además, el presidente…*

LEAHY: *Qué tal si se la planteó de esta forma: ¿Cree usted que otros líderes mundiales estarían facultados para utilizar la tortura de ciudadanos estadounidenses si la consideraran necesaria para su seguridad nacional?*

GONZALES: *Senador, no sé qué otros líderes mundiales se verían obligados a hacerlo. Y pienso que sería—no estoy en posición de responder esa pregunta.*

LEAHY: *Bien, la única razón por la que pregunto esto es porque fue—este memorando fue política del Departamento de Justicia por un par de años. Y, ya sabe, quedó ahí, durante algún tiempo en 2002 y luego, unas pocas semanas antes de 2005, tarde, un jueves en la tarde, parece haber sido*

sobrescrito, hasta cierto punto. Claro está, que eso puede ser coincidencial,
porque su audiencia de confirmación estaba próxima. ¿Cree usted
que si el memorando de Bybee se hubiera filtrado a la prensa—puesto
que nunca había sido presentado al Congreso, aunque lo solicitamos—
cree usted que seguiría siendo la opinión legal que primara por
encima de todo?

GONZALES: *Eso no lo sé, señor. Sí sé que, cuando fue—cuando se filtró,*
nos preocupó el hecho de que la opinión pública pudiera pensar que el
presidente estaba ejerciendo, de alguna forma, esa autoridad de recurrir a
la tortura. Queríamos dejar en claro que el presidente no había autori-
zado ni condonaba la tortura, tampoco había ordenado ni excusado
ninguna acción, pasando por encima de la autoridad del comandante
en jefe, que pudiera desde otro punto de vista, constituir tortura.

El interrogatorio realizado por Leahy se prolongó durante otros minutos. Presionó a Gonzales para que dijera si había alguna conexión entre lo
que había ocurrido en Abu Ghraib y cualquiera de los memorandos o
políticas que salían del escritorio de Gonzales:

LEAHY: *Bien ¿cree que pueda haber alguna conexión entre las políticas*
que realmente ayudó a formular en cuanto a la forma de manejar el inte-
rrogatorio de los prisioneros, las políticas que se emitieron, en el Departa-
mento de Defensa y en otras partes, y los abusos generalizados que se
han presentado? ¿Reconoce alguna responsabilidad en estas cosas, alguna
conexión?

GONZALES: *Como ya dije en mis comentarios, Senador, condeno*
categóricamente la conducta que vemos reflejada en esas fotografías de
Abu Ghraib.

El uso de la palabra le correspondió a un aliado de Gonzales, el Senador
republicano de Utah, Orrin Hatch:

HATCH: *Les damos la bienvenida al comité a usted y a su familia, Juez*
Gonzales. Le damos la bienvenida a su familia, a su maravillosa esposa,
a su admirable madre, a su hermano, a su suegra. Realmente estamos con-

tentos de tenerlos a todos aquí. Y espero que esta audiencia no les resulte muy desagradable. Pienso que se ha comportado con la mayor honorabilidad como asesor de la Casa Blanca. Sé, porque he trabajado muy estrechamente con usted durante todos estos años. Tengo un gran respeto por usted, no sólo como ser humano, por su ética y sus altas normas de conducta, sino también como abogado y como alguien que estoy seguro ha procurado darle al presidente la mejor asesoría que usted y su equipo han podido darle. Como ya lo sabe, este es uno de los más elevados cargos del gabinete de los Estados Unidos—del gabinete del presidente. Requiere, efectivamente, una persona profundamente comprometida con el principio de justicia igualitaria de conformidad con la ley, y sé que usted tiene ese compromiso y que lo respetará. He trabajado tan estrechamente con usted que sé de primera mano que usted, Juez Gonzales, tiene la inteligencia para ejercer una justicia igualitaria para todos y cree firmemente en ella. También sé que tiene la capacidad para desempeñarse como un sobresaliente fiscal general de los Estados Unidos. Su vida ha sido una historia de éxito. Ya cuenta con una distinguida trayectoria como abogado, juez y servidor civil. Usted ha hecho posibles muchas de las oportunidades que se le han presentado gracias a su educación en Rice University y, claro está, en la Facultad de Derecho de Harvard.

Hatch preguntó en un determinado momento: *"¿Había entendido correctamente que, en ningún momento autorizó el presidente el uso de tortura contra los detenidos, sean cuales sean los memorandos legales producidos por las distintas entidades del gobierno de los Estados Unidos, incluyendo el memorando del Departamento de Justicia de agosto de 2002, conocido como el memorando Bybee?"*

GONZALES: *Senador, la posición del presidente en cuanto a la tortura es muy clara, y consta de forma igualmente clara en los registros. No cree en la tortura, ni condona la tortura; nunca ha ordenado la tortura. Y cualquiera que adopte una conducta que constituya tortura tendrá que responder.*

HATCH: *Entonces, eso nunca ha sido un problema en cuanto al presidente ni en cuanto a usted como su asesor.*

GONZALES: *En lo absoluto, Senador.*

───────

Hatch cedió la palabra al Senador Demócrata Ted Kennedy de Massachussets.

KENNEDY: *Bien, muchos de los aquí presentes tenemos la sensación de que la administración no ha dado muchas razones en cuanto a los problemas de la tortura, que no sólo se cometió en Abu Ghraib, sino que se está cometiendo hoy—hoy mismo. Ahora, los memorandos de tortura de Bybee, redactados por solicitud suya—y me interesaría conocer su reacción a esto—facilitaron el abuso en la interrogación, redujeron considerablemente la definición de tortura y reconocieron esta nueva defensa para los oficiales que la practican. Por dos años—por dos años—desde agosto de 2002 hasta junio de 2004, usted nunca la repudió. Eso es lo que dicen los registros. Fue un memorando que se escribió por solicitud de la CIA y puede aclararme si lo que digo es falso. Todos podemos suponer que la CIA lo recibió sin demora, como está escrito…*

Nunca repudió la aseveración del memorando de Bybee que sostiene que las facultades presidenciales están por encima de cualquier prohibición de la tortura, aplicada y rectificada. Las órdenes del presidente de actuar de forma humanitaria fueron huecas. Fueron vagas. Permitían excepciones militar en caso de necesidad y ni siquiera se aplicaban a la CIA—ni siquiera se aplican a la CIA. Todavía llegan informes de abusos. Además, usted recibió una advertencia del Secretario Powell y de otros altos líderes militares de que el ignorar nuestras tradiciones y normas de larga data llevaría al abuso y socavaría la cultura militar, y eso es lo que ha ocurrido. Ahora, voy a referirme a cómo se redactó inicialmente la enmienda Bybee. Según tengo entendido, hay un informe en el Washington Post *que indica que la CIA solicitó su opinión legal sobre qué tanto dolor y sufrimiento podía infligir un funcionario de inteligencia a un detenido sin contravenir el estatuto anti-tortura del año 1994 que debo decir que contó con el amplio apoyo de Ronald Reagan y Bush 1, y fue aprobado unánimemente por el Comité de Relaciones Internacionales.*

Los republicanos han estado preocupados por la tortura, al igual que los demócratas, y podríamos seguir—bien, podríamos entrar a analizar los distintos estatutos que se han aprobado en los últimos tiempos y que lo indican así. Ahora bien, el artículo del Post *señala que usted presidió varias reuniones en las que se analizaron las técnicas de interrogación.*

*Dichas técnicas inlucían la amenaza de enterrar al detenido vivo y la
tortura con agua, en la que el detenido se ata con correas a una tabla, y
es empujado con fuerza bajo el agua envuelto en una toalla mojada para
hacerle creer que se va a ahogar. El artículo indica que usted no se opuso.
Ahora, sin consultar con los expertos de las Fuerzas Militares y del
Departamento de Estado—nunca se les consultó. Nunca se les invitó
a reuniones importantes que podrían haber sido importantes para
algunos… Expertos en las disposiciones legales sobre la tortura en tiempo
de guerra demostraron que el memorando resultante daba a los interrogadores de la CIA el visto bueno que buscaban. Ahora bien ¿fue la CIA
la que se lo pidió?*

GONZALES: *No recuerdo específicamente, señor—leí el mismo artículo. No
sé si era la CIA o no. Lo que puedo decir, es que después de que comenzó
esta guerra contra este nuevo tipo de amenaza, este nuevo tipo de enemigo, nos dimos cuenta de que obtener información tenía un valor adicional. En muchos sentidos, esta guerra contra el terrorismo es una guerra
acerca de la información. Si tenemos información, podemos derrotar al
enemigo. Habíamos capturado algunos individuos realmente perversos, y
nos preocupaba que pudieran tener información que tal vez impidiera la
pérdida de más vidas de norteamericanos en el futuro. Era importante obtener esa información. En las distintas agencias todos querían asegurarse
de no hacer nada que pudiera ir en contra de nuestras obligaciones legales.
Por lo que hicieron lo correcto. Hicieron preguntas. ¿Cuál es la conducta
legal, ya que no queremos hacer nada que contravenga la ley?*

Más adelante, Kennedy preguntó: *"¿Habló alguna vez con algunos de los miembros de la Oficina del Asesor Legal (OLC, por su sigla
en inglés) mientras estaban redactando los memorandos? ¿Alguna vez le
sugirió que debían inclinarse hacia delante en relación con el aspecto de
soportar los usos extremos de la tortura? ¿Alguna vez lo sugirieron, como
lo diarios?"*

GONZALES: *"No, señor, no recuerdo haber usado nunca el término de
"inclinarse hacia adelante," por así decirlo, en términos de… la ley.*

KENNEDY: *¿Habló con la Oficina del Asesor Legal durante la redacción de
ese memorando?*

GONZALES: *Lo discutimos—no siempre hay discusiones—pero con frecuencia hay conversaciones entre el Departamento de Justicia y la Oficina*

del Asesor Legal en aspectos legales. Creo que eso está perfectamente bien. Hubo un aspecto que le interesaba mucho a la Casa Blanca, para asegurar que las agencias no estuvieran ocupadas en aspectos de conducta...

KENNEDY: *¿Qué les pedía que hicieran? ¿Qué les pedía? Según entiendo, están encargadas de interpretar la ley. Tenemos la serie de distintas leyes—seis o siete de las leyes relacionadas con las convenciones sobre tortura y todo eso. Tienen la responsabilidad de desarrollar el estatuto y decir qué es. Ahora bien ¿Cuál pensaba que era su papel al hablar con la Oficina del Asesor Legal y recomendar...?*

GONZALES: *Entender sus puntos de vista sobre la interpretación...*

KENNEDY: *¿No iba a obtener el documento? ¿No iba a obtener su documento? ¿Por qué tenía que hablar con ellos mientras lo estaban redactando? Eso me sugiere que les estaba pidiendo a que llegaran al máximo nivel posible. Eso fue lo que informaron los periódicos. Su testimonio es que usted habló con ellos, pero no puede recordar qué les dijo.*

GONZALES: *Estoy seguro, señor, que hubo una discusión sobre el análisis de un estatuto muy difícil, un estatuto nuevo, como ya lo he dicho varias veces, que nunca había sido interpretado por nuestros tribunales. Y deseábamos asegurarnos de entenderlo correctamente. Por lo tanto, nos dedicamos a interpretar un estatuto muy difícil. Además, creo que es absolutamente razonable y habitual que los abogados del Departamento de Justicia hablen con los abogados de la Casa Blanca. De nuevo, no me correspondía indicar que deberíamos utilizar determinados métodos de recibir información de los terroristas. Esa decisión debían tomarla las agencias de operaciones y dichas agencias dijeron: "Debemos intentar obtener esa información. ¿Qué está permitido por la ley?" Y recurrimos al Departamento de Justicia para que nos indicara, de hecho, cuáles serían los métodos permitidos por la ley.*

Otros senadores, incluyendo al Senador Demócrata Russ Feingold de Wisconsin, se turnaron para presionar a Gonzales sobre una cuestión que se transformaría en la causa de un fogoso debate luego de que Gonzales fuese nombrado fiscal general. Inadvertidamente, él trajo a colación el tópico del programa de espionaje doméstico clandestino que Gonzales y otros consejeros de la Casa Blanca y la Oficina de Consejo Legal habían revisado y endorsado. Lógicamente, esto comprometió a la administración

Bush un año después, en el momento en que la Casa Blanca pensaba que finalmente se había escapado al escrutinio sobre la "tortura" y la "Convención de Ginebra," a esas porciones de estrategias post 11 de septiembre sobre la guerra contra el terror. Casi exactamente un año después, luego de que Gonzales dejara de ser el asesor del presidente y avanzara hacia su nuevo puesto de Procurador General, sus respuestas a Feingold en la audiencia de con-firmación se transformarían en un armamento brutal para los críticos que decían que él estaba engañando, y quizás mintiéndole al comité del Senado, sobre la intervención de teléfonos, especialmente cuando usó la palabra "hipotético" para describir el programa de espionaje que era más que real. Feingold lo miró duramente y le dijo que él quería saber algo:

FEINGOLD: *La pregunta es: ¿Cuál es su visión sobre la autoridad constitucional del presidente con respecto a autorizar violaciones de la ley criminal y de estatutos debidamente decretados que han figurado en los libros durante años? La pregunta que he formulado no es sobre un estatuto hipotético del futuro que el presidente pueda percibir como inconstitucional, es sobre nuestras leyes y tratados internacionales obligatorios concernientes a la tortura. El memorando sobre la tortura responde a esta pregunta afirmativamente, y mis colegas y yo queremos saber su respuesta sobre este tema hoy. Y también quisiera que responda a lo siguiente: ¿Cuál es su opinión sobre la autoridad que debería tener el presidente como comandante en jefe para permitir la intervención de conversaciones telefónicas y allanamientos en las casas de los norteamericanos violando así los estatutos de vigilancia de este país referentes a la inteligencia criminal aquí y en el extranjero?*

GONZALES: *Senador, el memorándum del 30 de agosto ha sido retirado. Ha sido rechazado, incluyendo la sección que se refiere a la autoridad del comandante en jefe de ignorar los estatutos criminales. O sea, ha sido rechazado por la rama ejecutiva. Yo lo rechazo categóricamente. Y además quiero agregar, como lo he hecho repetidamente hoy, que esta administración no está ligada a la tortura y no la perdona. Por lo tanto, lo que usted, lo que nosotros estamos realmente debatiendo es una situación hipotética que...*

FEINGOLD INTERRUMPIÓ: *Juez Gonzales, permítame hacerle una pre-*

gunta más amplia. Le estoy preguntando si en general el presidente posee la autoridad constitucional. ¿En teoría posée la autoridad de permitir violaciones a la ley criminal bajo estatutos debidamente decretados simplemente porque es comandante en jefe? ¿Posée él ese poder?

GONZALES: A mi juicio, usted se expresa de una forma que se asemeja a una situación hipotética. Yo necesitaría saber cuál es el interés nacional que tendría que considerar el presidente. Lo que estoy diciendo es que, basada en la manera en que usted me presenta la pregunta me es imposible respondérsela. Le puedo decir que existe una presunción sobre la constitucionalidad con respecto a cualquier estatuto aprobado por el Congreso. Haré un juramento en defensa de los estatutos. Y al punto de que exista una decisión de ignorar algún estatuto, considero que es una decisión muy significativa y personalmente una en la que yo me vería involucrado, me comprometo a decirle que sería una decisión en la que actuaríamos con gran cuidado y seriedad.

FEINGOLD: Bien, pero esto me suena a que el presidente prevalece aún por encima de la ley.

GONZALES: No, señor.

FEINGOLD: Nuevamente, esto es algo que si usted lo mira de cerca, si usted presume que el presidente debería acatarse a la ley, eso para mi no es suficiente bajo nuestro sistema de gobierno.

GONZALES: Senador, si debo responderle a eso le digo que el presidente no está por encima de la ley. Obviamente no está por encima de la ley. Pero él también tiene una obligación. Él también presta juramento. Y si el Congreso pasa una ley que es inconstitucional, existen prácticas y tradiciones reconocidas por presidentes de ambos partidos en las cuales él puede elegir si esa ley se hace cumplir o no. Creo que debemos dejarlo ahí.

FEINGOLD: Reconozco eso, y estoy tratando de ver la diferencia entre elegir no hacer cumplir la ley a transmitirle a la gente afirmativamente que pueden hacer ciertas cosas desacatando la ley.

GONZALES: Senador, no está ni en la política ni en la agenda de este presidente el autorizar acciones que estén en contravención a nuestros estatutos criminales.

FEINGOLD: ¿Se compromete usted, finalmente, a notificar al Congreso si el presidente tomara este tipo de decisión y no a esperar durante dos años hasta que se filtre algún memorándum?

GONZALES: *Le avisaré al Congreso, razonablemente, lo antes posible, señor.*

FEINGOLD: *Bien, espero que ésto le lleve la menor cantidad de tiempo posible.*

Kennedy cedió la palabra al Senador Republicano Mike De Wine de Ohio, después del cual vino el Senador Demócrata Joseph Biden de Delaware:

BIDEN: *No conozco a nadie que haya dicho que se opone a que usted se convierta en el próximo fiscal general. Inclusive aquellos que tienen dudas respecto a usted, dicen que será confirmado. Por lo tanto, esto no tiene que ver con el presidente ni con su criterio. Podemos entender que el presidente no es un abogado. Está bien familiarizado con el tratado. Y entre otras cosas, tampoco lo estuvieron los presidentes anteriores. Tampoco lo estuvieron. Por eso tenemos asesores legales. Por eso contratamos excelentes egresados de la Facultad de Derecho de Harvard y ex magistrados para que los asesoren. Quiero ser muy enfático en esto. No se trata de ninguna broma. Por consiguiente, no juzgo al presidente sobre la base de si apoya o no la tortura. Puso su firma en un memorando que, de hecho, según el parecer de muchos, podría constituir tortura. Y dice que no la aprueba. Eso no importa en este momento. Además, Juez, esto no se trata de juzgar su inteligencia. La audiencia no tiene nada que ver con sus capacidades. No tiene que ver con su integridad. Tiene que ver con su criterio, con su franqueza. Porque, como fiscal general, va a tener que tomar algunas decisiones muy difíciles, al igual que cualquier otro fiscal general las ha tenido que tomar, decisiones sobre aspectos que no podemos entrar a analizar ahora…*

Por lo tanto, quiero saber cómo es su criterio. Lo que me interesa es su criterio. Y vamos a—usted será el fiscal general. Dejará de ser asesor legal. Dejará de ser el abogado del presidente. Se convertirá en el abogado del pueblo. Usted jura ante el pueblo de los Estados Unidos. Sé que lo sabe.

GONZALES: *Sí, señor.*

BIDEN: *Por lo tanto—esta no es una audiencia de la Corte Suprema, aun-*

que algunos sugieren que es una prefiguración de una de ellas. Como candidato a la Corte Suprema, podría sentarse allí y decir: "No deseo comentar esa ley ni interpretarla, porque es posible que tenga que emitir un juicio al respecto." Como fiscal general, su responsabilidad es decirnos cuál es su criterio en relación con el significado de la ley. Es su obligación ahora, para que podamos evaluar su criterio—su creterio legal. No está poniendo en riesgo—como lo sugirió a dos de los anteriores interrogadores, no está poniendo en riesgo ningún caso futuro. Eso no es más que hojarasca, pura hojarasca. Entonces, lo que nos interesa ahora es la franqueza, amigo. Lo que esperamos de usted es que, cuando le hagamos una pregunta, nos dé una respuesta, cosa que aún no ha hecho. Usted me agrada como persona, pero hasta el momento no ha sido muy franco. Por lo tanto, le ruego el favor de abandonar esa postura, "Bien, como futuro fiscal general, tal vez no pueda comentar acerca del significado de la ley." Está obligado a comentarlo. Su deber es tener un criterio antes de oír un caso. Es su criterio lo que estamos analizando…

Por lo tanto, cuando me llegue el turno de interrogarlo, espero que sea franco. Porque—no porque tenga ninguna importancia—usted me agrada. Usted me agrada. Es usted lo que realmente nos interesa.

Antes de que Biden tuviera la oportunidad de hacer cualquier pregunta, Specter lo interrumpió para decirle que su tiempo había terminado. Después vino el Senador Sessions seguido del Senador Kohl:

KOHL: *El Fiscal General Ashcroft dijo que realmente no cree en la tortura en el sentido de que no produce nada de valor. Eso lo ha dicho oficialmente. ¿Está usted de acuerdo con esa afirmación?*

GONZALES: *Señor, no tengo forma de llegar a una conclusión al respecto. Todo lo que sé es que el presidente ha dicho que en ninguna circunstancia recurriremos a la tortura.*

KOHL: *Bien, ¿cree usted que la política es correcta, que nunca hemos debido recurrir al uso de la tortura en Guantánamo ni en Abu Ghraib, entre otras razones porque, realmente, no produce nada de valor?*

GONZALES: *Señor, los Estados Unidos nunca han tenido una política de tortura.*

El Senador Republicano Lindsay Graham de Carolina del Sur, veterano del ejercito, lo interrogó a continuación.

GRAHAM: *Considero que hemos socavado en forma dramática el esfuerzo de la guerra al entrar en, en términos de querer acomodar la ley porque se ha vuelto contra nosotros para mordernos. Abu Ghraib nos ha afectado de muchas formas. He viajado por todo el mundo, como los demás miembros del Senado, y puedo decirle que se ha convertido en un mazo que nuestros enemigos utilizan en nuestra contra y tenemos que quitárselo de las manos. La Bahía de Guantánamo—en la forma como está siendo manejada, ha afectado el esfuerzo de la guerra. Por lo tanto, si hemos de ganar esta guerra, Juez Gonzales, necesitamos amigos y necesitamos volver a un alto nivel moral. Mis preguntas van por esa línea. Para aquellos que piensan que no se puede ganar una guerra sin—aplicando la Convención de Ginebra—tengo otro papel que desempeñar en la vida, soy un abogado magistrado, soy un juez de reserva en la Fuerza Aérea. Nunca he estado en combate. Tuve algunos clientes que probablemente quisieron matarme, pero jamás me han disparado. Sin embargo, parte de mi trabajo durante los últimos veinte años, junto con otros abogados magistrados, ha sido el de asesorar a los comandantes sobre las leyes del conflicto armado. Jamás he encontrado un grupo de personas más dispuestas a prestar atención a las disposiciones legales. Porque cada comandante de la Fuerza Aérea vive con el temor de que un tripulante de una nave de sus escuadrones pueda ser alcanzado por fuego enemigo y ser tomado prisionero. Además, hasta donde es posible, inculcamos en nuestra gente el concepto de que hay que cumplir las leyes del conflicto armado, porque de ellas se rige nuestro país, esa es la razón por la cual luchamos, y hay que cumplirlas porque están ahí para protegernos.*

Concuerdo con usted, Juez Gonzales, en que brindar la protección de la Convención de Ginebra a las personas de Al Qaeda y a otros como ellas equivaldría, en último término, a socavar el propósito de dicha Convención. Se le estaría dando un estatus legal a personas que no lo merecen, y esto erosionaría la Convención… Además creo que uno se debilita como nación cuando intenta acomodar la ley y parecerse más al enemigo que a quien queremos ser... si tomamos por la vía que nos sugieren esos memorandos, estaremos dando marcha atrás como nación; equivaldría a perder nuestro alto nivel moral, pero es aún más importante que en lo que respecta a algunas de las técnicas y razonamientos legales utilizados para determinar qué es la tortura—lo cual es válido discutir, está bien pedir su asesoría legal. Debe pedirse asesoría legal. Pero considero que este memo-rando legal pone en riesgo a nuestros soldados porque el Código Uni-forme de la Justicia Militar considera específicamente como un crimen el que un miembro de nuestras fuerzas armadas abuse de un detenido. Es un artículo específico del Código Uniforme de Justicia Militar: Porque queremos demostrarles a los miembros de nuestras fuerzas armadas, no sólo con palabras sino con hechos, que es obligatorio cumplir la ley. Por lo tanto, quisiera que, de ser posible, nos diera su parecer. Y me gustaría que rechazara, si le parece, el razonamiento de ese memorando cuando llegue el momento de dar una visión tortuosa de la tortura, ¿estaría dispuesto a hacer eso hoy?

GONZALES: *Senador, hay mucho que responder en lo que usted ha dicho. Con todo respeto, quisiera disentir con su declaración cuando se refiere a que nos estamos pareciendo más a nuestro enemigo. No nos parecemos en absoluto a nuestro enemigo, Senador. Nos estamos esforzando al máximo por intentar descubrir lo que ocurrió en Abu Ghraib, están decapitando personas como Danny Pearl y Nick Berg. No nos parecemos en absoluto a nuestros enemigos, Senador.*

Los activistas de derechos humanos dijeron que las respuestas de Gon-zales eran incompletas y evasivas—y que simplemente se había abste-nido de repudiar los memorandos que llevaban su firma, o los que se le había encargado redactar o revisar. Su nombramiento había sido aguda-mente criticado por un grupo de influyentes comandantes militares retira-dos, incluyendo al General del Ejército John Shalikashvili, ex presidente del Estado Mayor Conjunto. La audiencia no satisfizo a los oponentes o a los amigos de Gonzales. Al escuchar el desarrollo de la audiencia, hubo momentos en los que Kennedy, Leahy, Graham y Biden arremetieron contra él varias veces, pero parecían dar marcha atrás o presentar sus obje-ciones acompañadas de montañas de elogios.

Los observadores experimentados del Comité del Senado sostuvieron que había una sensación de que se trataba de un hecho la confirmación de Gonzales, que estas sesiones eran obligatorias, pero no constituían obstáculos insalvables para una confirmación. En el recinto reinaba la sensación de que los senadores se estaban liberando de sus sentimientos, pero en forma casi vagamente obligatoria—como si estuvieran avanzando por un rumbo controlado, que estaban llevando a cabo una falsa representación porque se habían resignado a que Gonzales obtendría la nominación. Se tenía la sensación de que el Comité controlado por los republicanos y el Senado en pleno no votarían nunca contra el primer hispano que iba a ocupar el cargo de fiscal general.

Sus amigos decían que se había defendido de forma admirable, que Gonzales describió el proceso de revisión, especulación e investigación legal que fue el origen de todos los memorandos—y que dejó muy en claro que los memorandos no eran leyes, nunca pretendieron serlo, y que el presidente no autorizó la tortura de ninguna índole ni en ninguna forma. Sus críticos sostuvieron que Gonzales se había dedicado a obstaculizar, no había querido siquiera considerar la posibilidad de que los memorandos hubieran podido ser una fuerza inspiradora e influyente que corriera gota a gota desde la Casa Blanca hasta la Bahía de Guantánamo y Abu Ghraib.

Gonzales sostuvo que sus opositores no eran lo suficientemente sofisticados como para entender la facilidad con la que la Casa Blanca puede determinar el tono de las fuerzas armadas, en cuanto a la forma como se mide la justicia. Sostenían, por otra parte, que parecía que Gonzales seguía simplemente defendiendo el contexto y la existencia de los memorandos—y de las reuniones—relacionadas con la tortura, "el tablón de agua" y el enterrar a las personas vivas. Consideraba que éstas habían sido discusiones, documentos que establecían posiciones, y no estatutos ni leyes—pero los activistas de derechos humanos sostenían que, en primer lugar, las posiciones, exploraciones y discusiones nunca deberían haber tenido lugar y, menos aún, haber quedado registradas en papel. El simple hecho de permitirlas, el simple hecho de poner en tela de juicio la Convención de Ginebra, el simple hecho de buscar una forma de interpretar la actual definición de tortura—y buscar formas en las que el presidente pudiera dar la orden de realizar interrogatorios y buscar formas de reducir cualquier responsabilidad penal para los encargados de realizarlos—representaba, en último término, algo muy apartado de lo que es honorable y humanitario, muy lejos del espíritu norteamericano.

Por supuesto, finalmente los críticos revisaron su testimonio un año después, cuando cada eslabón del programa de espionaje fue descubierto. Nuevamente, Gonzales había expresado que era todo hipotético cuando en realidad todo era real. De hecho, el elaborado programa había sido puesto en movimiento. Él conocía los detalles, había diseñado la estrategia para el programa doméstico de espionaje, pero nunca había comentado nada. Había decidido que el programa no necesitaba detalles y menos aún perdón. Él mantendría que más que legal era necesario.

Como era de esperarse, también hubo testimonios de los expertos, oficiales y defensores de los derechos humanos. John Huston, el almirante retirado, presentó su argumento sosteniendo que Gonzales había mostrado simplemente un razonamiento legal sesgado. Su presencia sirvió de recordatorio de que la coalición de una docena de militares de alto rango—incluyendo el ex presidente del Estado Mayor Conjunto, el General John Shalikashvili—que había enviado una carta al Comité del Senado expresando su "honda preocupación" por el nombramiento de Gonzales. Douglas Johnson, director ejecutivo del Centro de Víctimas de la Tortura, declaró que: "Después de que Gonzales estudiara, aceptara y circulara la definición de Bybee, cientos de detenidos bajo el control de los Estados Unidos han sido víctimas de tortura y trato inhumano y degradante."

Harold Koh, el decano de la Facultad de Derecho de Yale, hizo una dura crítica de Gonzales por haber producido un "razonamiento peligroso." La declaración de Koh sonaba como si hubiera resumido los sentimientos de todos los críticos de Gonzales, parecía sugerir que Gonzales debió escribir un memorando como el asesor legal más importante del presidente de los Estados Unidos, repudiando todos los demás memorandos de "aprendizaje hacia el futuro" que se habían producido en la alocada efervescencia y el incontrolable torbellino de las semanas cargadas de zozobra que siguieron al 11 de septiembre:

"Porque si los Estados Unidos y el derecho internacional no prohíben el tratamiento cruel, inhumano y degradante, los oficiales ejecutivos de niveles secundarios estarían facultados para degradar y deshumanizar a los detenidos bajo su custodia, sin considerar que muchos detenidos podrían tener alguna información de valor para

la guerra contra el terrorismo. El memorando de la Oficina del Asesor Legal del primero de agosto no puede justificarse como una instancia del cumplimiento del trabajo de un grupo de abogados y el establecimiento de opciones para el cliente. Si un cliente pregunta a un abogado cómo se puede violar la ley y evadir la responsabilidad, el deber ético del abogado es responder que eso no es posible. Un abogado no está obligado a contribuir a que se cometan, apoyar ni justificar un acto ilegal. En resumen, el memorando de la Oficina del Asesor Legal de agosto 1 de 2002 es una mancha en muestra legislación y nuestra reputación nacional. Una opinión legal tan carente de contexto histórico, una definición tan estrecha de la tortura, habría absuelto a Saddam Hussein, que interpreta las facultades del comandante en jefe de modo que pueda pasar por encima del Congreso para ordenar el uso de la tortura, que pone a Nuremberg de cabeza, confiere a los funcionarios del gobierno la licencia de ejercer una crueldad que sólo puede vivirse—en los términos en los que mi predecesor Eugene Rostow describiera los casos de internamiento japonés—como un "desastre." Habría sido de esperar que el asesor del presidente hubiera repudiado de inmediato una opinión semejante. El Sr. Gonzales no lo hizo."[11]

Nota del Autor

Al final, Biden tenía razón. Gonzales fue aprobado por el Comité del Senado, de acuerdo con los lineamientos del partido, por una votación de 10 a 8. Casi todos los que estuvieron presentes allí ese día pensaron que sin duda algunos demócratas habían sido influenciados por la historia personal de Gonzales—por el hecho de que había sido el único de sus ocho hermanos y hermanas en ir a la universidad, el único en traspasar el límite de esa pequeña casa de dos alcobas sin agua caliente corriente, sin teléfono, con diez personas hacinadas en su interior.

Su madre, María, estaba allí, justo detrás de él, a su derecha, inmóvil y en silencio, observando a su hijo y viendo cómo los distinguidos y elegantes senadores lo presionaban. Cuando terminaron las audiencias del Comité, los demócratas se unieron en su resistencia a Gonzales. Es posible que le "agradara" a Biden, pero éste votaría en contra de Gonzales. El Senador Demócrata Charles Schumer de Nueva York dijo que tenía pensado votar por Gonzales hasta que oyó sus declaraciones. Herb Kohl, que había dicho al comienzo de las sesiones de la audiencia que pensaba que Gonzales haría "un buen trabajo" como fiscal general, a medida que las sesiones avanzaron dijo simplemente que Gonzales había perdido su "brillo."

Leahy, a quien todavía le agradaba Gonzales, lo había llamado antes de la votación y le había dicho que estaba votando en contra porque pensaba que la Casa Blanca tenía una política en su guerra contra el terrorismo y que realmente esa política no había cambiado hasta cuando aparecieron las fotografías de Abu Ghraib—hasta que las políticas se hicieron públicas.

Gonzales dijo que esperaba poder demostrar que Leahy estaba equivocado. Leahy le dijo que él sería el primero en admitir su equivocación si Gonzales lograba demostrarla.

Arlen Specter, presidente del comité, anunció que había votado por Gonzales porque lo conmovió la historia estilo "Horatio Alger" de la vida de Gonzales. Y Ted Kennedy se limitó a decir: "Ojalá pudiéramos votar por la historia y no por el individuo."

Hubo quejas de un posible obstruccionismo, pero al igual que con las audiencias del Comité, parecía que ya el ambiente no mostraba residuos de resistencia a la candidatura de Gonzales. Hubo tres días de debate en el Senado y, de nuevo, fue algo inevitable que sólo esperaba confirmación. Hatch, un elegante y austero mormón de Utah, presentó una ardiente defensa de Gonzales y atrajo la atención hacia el elefante político en el recinto—el color de la piel de Alberto Gonzales.

Había sido, en realidad, un factor que había permanecido tácito durante la mayor parte de su vida. Nunca se habían disipado sus interrogantes—la razón por la cual lo había elegido la familia Bush, qué puertas siempre estuvieron abiertas para él, qué tenía que ver su herencia étnica con sus altos cargos en el gobierno. Ahora, era casi como si Hatch estuviera acosando a los opositores de Gonzales de intolerancia:

"Sé que todo hispano en Estados Unidos está observando atentamente cómo está siendo tratado este hombre hoy, mientras debatimos su candidatura. Es así de importante…" Hatch se refirió entonces al sorprendente endoso que Henry Cisneros hiciera de Gonzales. También se refirió al hecho de que el presidente del Concejo Nacional de la Raza había apoyado a Gonzales. Y, por último, dijo que Gonzales no tenía alianzas de fidelidad con las personas que hubieran podido ayudarle a progresar en la vida:

"También se ha dicho que debido a que el Juez Gonzales ha trabajado estrechamente con el Presidente Bush durante varios años, es, de alguna forma, incapaz de tener sus propias opiniones y no podrá dar una asesoría legal sincera. Recuerdo que hace más de cuarenta años se hicieron las mismas acusaciones con relación a la candidatura de Robert F. Kennedy para fiscal general. Como muchos norteamericanos saben, Robert Kennedy era el hermano del Presidente John F. Kennedy… Robert Kennedy fue un excelente fiscal general, un fiscal que fue y sigue siendo

admirado por muchos en este país. Considero que el Juez Gonzales puede también ejercer esa misma independencia… No es de los que dicen a todo que sí."

El jueves 3 de febrero de 2005, el Senado votó 60 a 36 confirmándolo como el nuevo fiscal general de los Estados Unidos. Fue el menor margen para un candidato de Bush. De inmediato, Bush llamó a Gonzales para felicitarlo. A las 5:40 p.m. en una ceremonia privada en el Salón Roosevelt, Cheney le tomó juramento del cargo. Alberto Gonzales era el fiscal general número ochenta, y el primer fiscal general hispano en la historia de los Estados Unidos.

En 2005, no cesarían las especulaciones—como tampoco las controversias. Se trataba, en realidad, de las mismas cosas que lo habían perseguido desde cuando decidió, por primera vez, convertirse en el abogado de George W. Bush. Lo incluyeron, luego lo quitaron, luego lo incluyeron otra vez—y por último, lo volvieron a quitar de la corta lista de ocupar un puesto en la Corte Suprema. Lo hizo avanzar la posibilidad de que llegara a ser el primer hispano nombrado para la corte; fue desviado de su curso por los tajantes argumentos sobre si era de tendencia liberal o de tendencia moderada. Fue impulsado de nuevo hacia el remolino de opiniones, argumentos y artículos periodísticos conflictivos sobre cuál había sido—y cuál sería la posición del país en cuanto a la tortura. Con cada nueva revelación de prisiones secretas y violaciones de derechos humanos—con cada nueva discusión acerca de la tortura de "ahogamiento" y si la tortura estaba aprobada como parte del arsenal norteamericano—cosas que siempre volvían a centrarse directamente en él.

Para alguien que se preciaba de su discreción, era tal vez una ironía perfecta que sus opiniones legales—las que escribió y revisó… y las que algunos pensaban que debería haber escrito pero nunca lo hizo—llegaron a definir la existencia pública de Alberto Gonzales. Las defendió como el producto de una mente curiosa, como el resultado final de un permanente proceso intelectual. Y, sin embargo, sus opositores sostenían que eso no bastaba… que debía ir más allá en su discreción como abogado, que tenía que repudiar elocuente, apasionada y firmemente algo tan inherentemente antiamericano, tan perversamente inhumano.

Por supuesto, él había triunfado en la vida sirviendo a su cliente. Su padre había sido un trabajador ambulante, desesperadamente pobre y alcohólico; su cliente había nacido dentro de la más poderosa dinastía política de la historia moderna de Norteamérica.

Ahora, en la calle Roberta Lane, el estruendo de los aviones yendo y viniendo del aeropuerto Bush se asemeja a algo más allá del alcance de sus manos. Y un día, al principio del invierno del 2005, se ven cinco hombres acurrucados en la calle en la que creció Gonzales. Son obreros de la construcción, tomándose un recreo del trabajo que están haciendo en una pequeña casa de madera. Hablan en español y meten sus manos en las bolsas de papel marrón en las que se encuentran sus almuerzos.

El gran Houston, de la misma manera que durante la infancia de Gonzales, se halla distante. En Houston, ese mismo día, se pone en marcha, se prepara un juicio contra el más mortífero caso de contrabando humano registrado en los Estados Unidos. Diecinueve inmigrantes Hispanos habían sucumbido a una muerte horrible atrapados dentro de un vagón oscuro y caluroso. Cuando el aire se terminó y la temperatura dentro del vehículo subió a 173 grados, los pasajeros atrapados trataron de salir a rasguños, hasta que sus uñas se convirtieron en garras sangrientas.

Eran inmigrantes apuntando al resplandor de Houston, desde el sur de Texas. Seguían el mismo camino que Gonzales y su familia habían tomado décadas atrás. Quizás sus metas eran las de trabajar en la construcción, lo cuál los llevaría a lugares como la cuadra en la que había crecido Gonzales.

Él había sido impulsado por las circunstancias específicas de su historia. Él había sido definido por esas circunstancias aunque nunca quiso llamar la atención. Gonzales nunca dejó entrar a nadie a su casa mientras crecía. Se pasó la vida entera desplazándose más allá de Humble. Y su padre siempre hizo lo que tenía que hacer, lo que necesitaba hacer.

"A veces, cuando me siento cansado y desalentado, pienso en mi padre y las cargas tan pesadas que tuvo que acarrear." dijo Gonzales una vez.[1]

Agradecimientos

Este libro nunca hubiera llegado a completarse sin el continuo, profundo y excelente esfuerzo de varios periodistas veteranos que me asistieron en reportes e investigaciones. Alicia Dennis, Jordan Smith y Anne Lang fueron trabajadores particularmente milagrosos, he tenido la suerte de conocerlos y de que hayan compartido conmigo sus años de experiencia. Ellos demostraron su neutralidad y propensión habitual a la indagación profunda—son amigos, almas buenas y gente que realmente vale la pena conocer. Wendy Grossman, otra amiga de Houston, fue invalorable y resolvió varios enigmas relacionados con la familia Gonzales. Anna Macías intervino ayudando y reportando minuciosamente sobre temas latinos. Un especial agradecimiento a Becky Chavarría-Chairez por sus interminables horas de trabajo voluntario, sus reportes, su sondeo en variados documentos, buena onda y análisis cultural sobre lo concerniente a temas latinos. Los numerosos amigos de Becky en Texas la conocen como una gran periodista además de un alma generosa—su interés personal en este proyecto dío luz a muchos datos biográficos que sin ella hubieran permanecido escondidos.

Toda mi gratitud y admiración por la brillantez con que reportaron los siguientes periodistas reconocidos nacionalmente como: Michael Isikoff de *Newsweek;* Tim Golden del *New York Times* (su artículo divido en dos partes de octubre del 2004 sobre los trabajos internos de la oficina de asesor de la Casa Blanca brinda una visión de mucha autoridad y definitiva sobre como varios abogados de la administracion Bush se unieron creando así las muchas y controversiales estrategias post 11 de septiembre concernientes a la guerra contra el terrorismo—su trabajo fue esencial para diversas secciones claves de este libro); R. Jeffrey Smith y Dan Eggers del *Washington Post* (su profundo, detallado y preciso reporte en el papel que jugó Gonzales en la decisión post 11 de septiembre junto a John Yoo y otros fue invalorable para mi investigación. Particularmente, su trabajo sobre lo sucedido "detrás del escenario," las maniobras que se utilizaron para debatir, discutir y codificar lo que significa la tortura requiere ser leído por cualquiera que esté tratando de entender la política de la administración Bush); Lois Romano del *Washington Post* escribió un perspicaz artículo sobre Gonzales; Dana Milbank y muchos otros del *Washington Post* hicieron un trabajo extraordinario describiendo las maquinarias y los movimientos ocurridos detrás del escenario de la Casa Blanca. La Academy of Achievement persuadió a Gonzales y logró extraerle observaciones extraordinariamente importantes, la academia debe ser venerada por esa excelente entrevista, que permanece entre las más notables e irresistibles narraciones de su vida.

Mi más sincera gratitud a Sylvia Moreno del *Washington Post* y a Dave Montgomery del *Fort Worth Star-Telegram*. Cada uno de ellos se tomó el tiempo de compartir conmigo sus pensamientos, recursos, contactos y experiencias para lograr construir este excelente reporte sobre Alberto Gonzales. Fueron muy amables al ofrecerme su sabiduría y consejos tan especiales—y lo hicieron sin titubear. Ellos y muchos otros colegas de buen corazón del mundo periodístico de hoy en día nos comprueban que hay reporteros, editores y directores carentes de celos, inseguridades y soberbia. Como siempre, estos buscadores de la verdad contrastan con el tipo de los que sonríen y suavizan todo, y cuyas contribuciones al periodismo carecen de importancia.

Gracias a mis colegas del Texas Institute of Letters y a los muy talentosos periodistas de Texas que me suministraron consejos, amistad o una palabra bondadosa: Alan Peppard, el agudo observador social del *Dallas Morning News;* si quieren saber que está ocurriendo en Texas, si realmente quieren saber lo que hace latir el corazon de Texas, les serviría leer la sagaz columna de Peppard (mientras estén en Dallas también podrían beneficiarse de visitar al crítico social Louie Canelakes en su restaurant Louie's, el Sr. Canelakes provee una brillante visión sobre todo lo que concierne a Texas). También sobresalen Richard Oppel Sr., Patrick Beach y Jeff Salomon de *Austin American-Statesman,* Laura Tolley y John Wilborn del *Houston Chronicle* y John Branch del *San Antonio Express-News.*

Un especial agradecimiento a los muchos periodistas, autores y ensayistas que fueron increíblemente generosos conmigo de distintas maneras a través de los años: Sir Harold Evans, David Maraniss, Martha Nelson, Larry Hackett, Richard Sanders, Moira Bailey, Michael Haederle, Shannon Richardson, Gabrielle Cosgriff, Sophia Nelson, Tina Brown, James Lee Burke, Buzz Bissinger, Gail Sheehy, Chris Matthews, Ellen Kampinsky, Don Graham, Bill Crawford, Bill Lodge, Laura Jacobus, Michelle Stanush, Tom Watson, Laura Castro y Bob Compton.

Aldine Independent School District fue my amable. Gracias a Bill Miller que sabe todo sobre Austin. En la University de Rice, David Medina no sólo nos suministró su maravillosa ayuda sino que también compartimos una risotada sobre un nauseabundo embrollo en el mundo del periodismo en Dallas. Gracias a los oficiales del Texas State Archives por procesar mis muchos requerimientos de los Texas Open Records Acts de una manera tan rapida. A través de sus esfuerzos y con la asistencia de Jordan Smith, pude obtener miles de documentos, incluyendo correspondencia, memorandos de clemencia y archivos del gobierno.

Mi obvio y especial aprecio a Rene Alegría, mi editor en HarperCollins, por su confianza y fé en mí, por permitirme el beneficiarme de su magia editorial. He tenido la suerte de trabajar con gente excelente en editoriales y Rene está definitivamente entre los mejores, los más sinceros y elegantes. Él es un tesoro. Melinda Moore, Tim Brazier y Jill Bernstein de HarperCollins son gente muy talentosa y generosa. A la correctora de manuscritos María Domínguez le doy gracias por haberme salvado y haber trabajado con tanta diligencia, paciencia, cuidado y precisión. Gracias a Kyran Cassidy por aportar su ojo legal y experto a este trabajo—y por ser un agudo observador de la vida y la política. Mi agente David Hale Smith ha sido un amigo leal, nadie trabaja tan intensamente para sus clientes.

Mis raíces de familiares están profundamente arraigadas en Italia y los Estados Unidos y mi querida madre Tess siempre será mi inspiración.

Gracias a mis hermanos Tom, Robert, Frank, John y sus familias. Gracias a mi otra familia que incluye a Linda Smeltzer, Martha Williams, Tom Sheehy, Emily Williams y Molly Williams.

Mi esposa Holly y mis hijos Nicholas Xavier y Rose Angelina, son, sin duda alguna, mi vida.

Notas

CAPÍTULO 2

1. Alberto Gonzales, discurso de graduación en Rice University, 8 de mayo de 2004.
2. Academy of Achievement, entrevista con Alberto Gonzales, 3 de junio de 2005.
3. Sigman Byrd, *Sig Byrd's Houston* (New York: Viking Press, 1955), páginas 1–2.
4. Entrevista de la Academy of Achievement.
5. Nota del autor: Un artículo publicado en la primavera de 2003 en el *Harvard Law Bulletin* cuenta que los padres de Alberto eran "nativos de México." El Departamento de Justicia dice al respecto que los padres de Alberto nacieron en Texas y que sus abuelos nacieron en México.
6. Alberto Gonzales, discurso de graduación en el Houston Community College, 7 de mayo de 2005.
7. "From Cotton Fields to the White House" (De las Plantaciones de Algodón a la Casa Blanca), *San Antonio Express-News,* 5 de mayo de 2002.
8. Entrevista de la Academy of Achievement.
9. Joan Moore y Raquel Pinderhughes, *In the Barrios, Latinos and the Underclass Debate* (En los Barrios, los Latinos y los Más Pobres Debaten) (New York: Russell Sage Foundation, 1993) páginas 101–106.
10. Houston Hispanic Forum, *Hispanics in Houston and Harris County 1519–1986* (Los Hispanos en Houston y en el Condado de Harris 1519–1986) editor Dorothy Caram, Anthony Dworking, Nestor Rodriguez, página 50.
11. Alberto Gonzales, discurso de graduación en Rice University, 8 de mayo de 2004.
12. "Loyalty May Pay Off" (La Lealtad Puede Tener su Recompensa, *Houston Chronicle,* enero 21 de 2003. En un informe ("Bush Picks A Loyalist To Replace A Politician," [Bush Elige a un Seguidor Leal para Reemplazar a un Político] *Washington Post,* 11 de noviembre de 2004) sostiene que creció "en una casa sin agua corriente," pero eso parece no ser correcto.
13. Sigman Byrd, *Sig Byrd's Houston* (El Houston de Sig Byrd) (New York: Viking Press, 1955), páginas 8–10.
14. Entrevista con Jacob Valerio, 5 de octubre de 2005.
15. Entrevista de la Academy of Achievement.
16. Entrevista de la Academy of Achievement.
17. "Positioned for a Call to Justice" (Preparado para un Llamado de la Justicia), *Washington Post,* 10 de julio de 2001.
18. "The White House Counsel Who Potential U.S. Judges Must Please" (El Asesor de la Casa Blanca a Quien Deben Agradar los Jueces de los Estados Unidos), *Los Angeles Times,* 25 de marzo de 2001.
19. Entrevista con Jacob Valerio, 5 de octubre de 2005.
20. Entrevista de la Academy of Achievement.

CAPÍTULO 3

1. Entrevista de la Academy of Achievement con Alberto Gonzales, 3 de junio de 2005.
2. Ibíd.
3. "From Humble Roots, Gonzales Reached New Heights" (De Raíces Humildes, Gonzales Alcanza Nuevas Alturas), *Dallas Morning News,* 12 de noviembre de 2004.
4. "Positioned for a Call to Justice" (Preparado para un Llamado de la Justicia), *Washington Post,* 10 de julio de 2001.
5. Entrevista con Monseñor Paul Procella, 7 de octubre de 2005.
6. "Positioned for a Call to Justice" (Preparado para un Llamado de la Justicia), *Washington Post,* 10 de julio de 2001.
7. Alberto Gonzales, discurso de graduación en Rice University, 8 de mayo de 2004.
8. Entrevista con Marine Jones, 18 de agosto de 2005.
9. Entrevista con Jody Hernández, 22 de octubre de 2005.
10. Entrevista con Marine Jones, 18 de agosto de 2005.
11. Entrevista con Jody Hernández, 29 de octubre de 2005.
12. Entrevista con Brenda Pond, septiembre de 2005.
13. Entrevista con Liz Lara, 29 de octubre de 2005.
14. Entrevista con Jody Hernández, 22 de octubre de 2005.
15. Ibíd.
16. Entrevista con Liz Lara, 29 de octubre de 2005.
17. Entrevista con Marine Jones, 18 de agosto de 2005.
18. "From Humble Roots, Gonzales Reaches Great Heights" (De Raíces Humildes, Gonzales Alcanza Nuevas Alturas), *Dallas Morning News,* 13 de noviembre de 2004.
19. Entrevista con Alma Villareal Cox, 28 de agosto de 2005.
20. Alberto Gonzales, discurso de graduación en Rice University, 8 de mayo de 2004.
21. Entrevista con Robert Trapp, 11 de octubre de 2005.
22. Entrevista con Arthur Paul, 11 de octubre de 2005.
23. Entrevista con Jon Winfield, 11 de octubre de 2005.
24. Entrevista en la Academy of Achievement.
25. "Positioned for a Call to Justice" (Preparado para un Llamado de la Justicia), *Washington Post,* 10 de julio de 2001.
26. Entrevista con Marine Jones, 18 de agosto de 2005.
27. Entrevista con Jody Hernández, 22 de octubre de 2005.
28. "Bush's Legal Eagle, Rising with the Son" (El Águila Legal de Bush, Eleva con el Hijo), *U.S. News & World Report,* 12 de marzo de 2001.
29. "Is 'Al Gonzales' Spanish for 'Stealth Liberal'?" (¿Será que 'Liberal Sigiloso' se dice 'Al Gonzales' en Español?) *Texas Monthly,* junio de 2003.
30. "Loyalty May Pay Off" (Tal vez paga ser leal) *Houston Chronicle,* 21 de enero de 2003.
31. "Positioned for a Call to Justice" (Preparado para un Llamado de la Justicia), *Washington Post,* 10 de julio de 2001.
32. Janet Woitiz, *Adult Children of Alcoholics* (Hijos Adultos de Alcohólicos), (HCI: Florida, 1990)
33. "Is 'Al Gonzales' Spanish for 'Stealth Liberal'?" (¿Será que 'Liberal Sigiloso' se dice 'Al Gonzales' en Español?), *Texas Monthly,* junio de 2003
34. "Gonzales Gains Clout, Savvy At Bush's Side" (González Adquiere Fuerza y Experiencia al Lado de Bush), *Austin American-Statesman,* 18 de marzo de 2001.
35. "Rights Groups Seek Scrutiny of Nominee for Top Justice Job" (Grupos de Derechos Humanos Piden Investigación sobre Nominado para Alto Cargo en la Corte Suprema), *Fort Worth Star-Telegram,* 19 de diciembre de 2004.
36. "From Humble Roots, Gonzales Reached New Heights" (De Raíces Humildes, Gonzales Alcanza Nuevas Alturas), *Dallas Morning News,* 13 de noviembre de 2004.
37. Entrevista con Liz Lara, 29 de octubre de 2005.

CAPÍTULO 4

1. Entrevista de la Academy of Achievement con Alberto Gonzales, 3 de junio de 2005.
2. Rick Bass *Caribou Rising* (San Francisco: Sierra Club Books, 2004), páginas 6–7.
3. "Alum Named Attorney General" (Ex-alumno Nombrado Fiscal General), *Harvard Crimson,* 12 de noviembre de 2004.
4. Entrevista de la Academy of Achievement.
5. Bass, *Caribou Rising,* p. 135.
6. "Alum Named Attorney General" (Ex-alunmo Nombrado Fiscal General), *Harvard Crimson,* 12 de noviembre de 2004.
7. Entrevista con Paul Karch, 20 de septiembre de 2005.
8. Alberto Gonzales, discurso de graduación en Rice University, 8 de mayo de 2004.
9. "Positioned for a Call to Justice" (Preparado para un Llamado de la Justicia), *Washington Post,* 10 de julio de 2001.
10. Alberto Gonzales, discurso de graduación en Rice University, 8 de mayo de 2004.
11. "Recruitment of Minority Students at the United States Air Force Academy" (Reclutamiento de Estudiantes Provenientes de Grupos Minoritarios en la Academia de la Fuerza Aérea de los Estados Unidos) *Air University Review,* mayo–junio 1974. Este excelente artículo por el Capitán Rolph Trautsch es el mejor esquema de la colocación de miembros de las minorías.
12. Ibíd.
13. Ibíd.
14. Ibíd.
15. "Is 'Al Gonzales' Spanish for 'Stealth Liberal'?" (¿Será que 'Liberal Sigiloso se dice 'Al Gonzales' en Español?) *Texas Monthly,* junio de 2003.
16. Entrevista de la Academy of Achievement.
17. Ley de Libertad de Información Número de Solicitud 1-958144482, información revelada el 17 de octubre de 2005.
18. Alberto Gonzales, discurso de graduación en Rice University, 8 de mayo de 2004.
19. Entrevista de la Academy of Achievement.
20. Alberto Gonzales, discurso de graduación en Rice University, 8 de mayo de 2004.
21. Solicitud según la Ley General de Información. Nota del Autor: Una hoja de vida, elaborada por Gonzales durante su desempeño como secretario de estado en Texas, no hace referencia a su asistencia a la Escuela Preparatoria de la Fuerza Aérea de los Estados Unidos.
22. "Recruitment of Minority Students at the United States Air Force Academy" (Reclutamiento de Estudiantes Provenientes de Grupos Minoritarios en la Academia de la Fuerza Aérea de los Estados Unidos), *Air University Review,* mayo–junio 1974.
23. Ibíd.
24. "Positioned for a Call to Justice" (Preparado para un Llamado de la Justicia), *Washington Post,* 10 de julio de 2001.
25. "Rights Groups Seek Scrutiny of Nominee For Top Justice Job" (Grupos de Derechos Humanos Piden Investigación de Nominado para Alto Cargo en la Corte Suprema), *Fort Worth Star-Telegram,* 19 de diciembre de 2004.
26. Entrevista de la Academy of Achievement.
27. Alberto Gonzales, discurso de graduación en Rice University, 8 de mayo de 2004.
28. Ibíd.
29. Entrevista con David Abbott, 6 de octubre de 2005.
30. Entrevista con Paul Karch, 20 de septiembre de 2005.
31. Entrevista con Gilbert Cuthbertson, 25 de agosto de 2005.
32. "Positioned for a Call to Justice" (Preparado para un Llamado de la Justicia), *Washington Post,* 10 de julio de 2001.
33. Entrevista con Gilbert Cuthbertson, 25 de agosto de 2005.
34. Entrevista con Mark Scheevel, 27 de octubre de 2005.
35. Ibíd.
36. Ibíd.

37. Ibíd.
38. Ibíd.
39. Entrevista con Gilbert Cuthbertson, 25 de agosto de 2005.
40. Ibíd.
41. Ibíd.
42. Ibíd.
43. Ibíd.
44. Ibíd.
45. 1979 *Campanile,* Rice University, cortesía de Mark Scheevel.
46. Alberto Gonzales, discurso de graduación en Rice University, 8 de mayo de 2004.
47. Entrevista con Gilbert Cuthbertson, 25 de agosto de 2005.

CAPÍTULO 5

1. "Gonzales's Journey: From the Stands to the Heights" (La Trayectoria de Gonzales: Desde las Bancas Hasta la Cumbre), *Washington Post,* 28 de diciembre de 2004.
2. Entrevista con Howell Jackson, 4 de octubre de 2005.
3. "Alum Named Attorney General" (Ex-alumno Nombrado Fiscal General), *Harvard Crimson,* 12 de noviembre de 2004.
4. Entrevista con Howell Jackson, 4 de octubre de 2005.
5. Entrevista con David Abbott, 6 de octubre de 2005.
6. Ibíd.
7. Entrevista con Paul Fishman, 4 de noviembre de 2005.
8. Entrevista con David Abbott, 6 de octubre de 2005. (Nota del autor: los comentarios entre paréntesis son del autor.)
9. Entrevista con Paul Fishman, 4 de noviembre de 2005.
10. Ibíd.
11. Entrevista con Brenda Pond, 11 de octubre de 2005. Se le pidió en varias ocasiones al Departamento de Justicía una clarificación, pero no respondieron.
12. Entrevista de la Academy of Achievement con Alberto Gonzales, 3 de junio de 2005.
13. Entrevista con Paul Karch, 20 de Septiembre de 2005.
14. Positioned for a Call to Justice" (Preparado para un Llamado de la Justicia), *Washington Post,* 10 de julio de 2001.
15. Entrevista con Paul Karch, 20 de Septiembre, de 2005.
16. Ibíd.
17. "The Loyalist" (El Partidario), *Harvard Law Bulletin,* primavera de 2003.
18. "Alum Named Attorney General" (Ex-alumno Nombrado Fiscal General), *Harvard Crimson,* 12 de noviembre de 2004.
19. Entrevista con Paul Karch, 20 de septiembre de 2005.
20. Ibíd.
21. "Loyalty May Pay Off" (Tal Vez Paga Ser Leal), *Houston Chronicle,* 21 de enero de 2003.
22. Obituarios, *Houston Post,* 24 de enero de 1982.
23. "From Humble Roots, Gonzales Reached New Heights" (De Raíces Humildes, Gonzales Alcanza Nuevas Alturas), *Dallas Morning News,* 13 de noviembre de 2004.
24. Alberto Gonzales, discurso de graduación en Rice University, 8 de mayo de 2004.
25. Harold Hyman, *Craftsmanship and Character, a History of the Vinson & Elkins Law Firm of Houston 1917–1997* (Destreza y Carácter, Una Historia de la Firma de Abogados Vinson & Elkins de Houston 1917–1997), (Athens and London: University of Georgia Press, 1998), páginas 415–416.
26. "The Gonzales Appointment" (El Nombramiento de Gonzales), *Houston Chronicle,* 11 de noviembre de 2004.
27. "Rights Groups Seek Scrutiny of Nominee for Top Justice Job" (Grupos de Derechos Humanos Piden Investigación de Nominado para Alto Cargo en la Corte Suprema), *Fort Worth Star-Telegram,* 19 de diciembre de 2004.

28. "Storied Law Firm in New Media Spotlight" (Famosa Firma de Abogados en la Mira de los Medios de Comunicación), *Fort Worth Star-Telegram,* 18 de diciembre de 2004.

29. "The Loyalist" (El Partidario), Harvard Law Bulletin, primavera de 2003.

30. "Is 'Al Gonzales' Spanish for 'Stealth Liberal'?" (¿Será que 'Liberal Sigiloso' se dice 'Al Gonzales' en Español?), *Texas Monthly,* junio de 2003.

31. Entrevista con Barry Hunsaker Jr., 25 de agosto de 2005.

32. Ibíd.

33. Ibíd.

34. Ibíd.

35. Entrevista con Larry Dreyfuss, 11 de octubre de 2005.

36. Entrevista con Jim McCartney, 7 de noviembre de 2005.

CAPÍTULO 6

1. Entrevista con Bill Sweeney, 2 de diciembre de 2005.

2. "Ties to Power put AG Pick on a Fast Track" (La Vinculación al Poder de AG le Permite Maniobrarse en Posición Ideal) *Boston Globe,* 6 de enero de 2005.

3. "One Big Client, One Big Hassle" (Un Gran Cliente, Un Gran Lío), *Business Week,* 28 de enero de 2002.

4. "Storied Law Firm In New Media Spotlight" (Famosa Firma de Abogados en la Mira de los Medios de Comunicación), *Fort Worth Star-Telegram,* 18 de diciembre de 2004.

5. Ibíd.

6. "Is 'Al Gonzales' Spanish for 'Stealth Liberal'?" (¿Será que 'Liberal Sigiloso' se dice 'Al Gonzales' en Español?), *Texas Monthly,* junio de 2003.

7. "Loyalty May Pay Off" (Tal Vez Paga Ser Leal), *Houston Chronicle,* 21 de enero de 2003.

8. "The Enigmatic Counsel" (El Asesor Enigmático), *Financial Times,* 13 de noviembre de 2004.

9. Entrevista de la Academy of Achievement con Alberto Gonzales, 3 de junio de 2005.

10. "Loyalty May Pay Off" (Tal Vez Paga Ser Leal), *Houston Chronicle,* 21 de enero de 2003.

11. Ibíd.

12. "El Presidente George W. Bush: 'Mi Historial Habla por sí Mismo,' " *Hispanic,* 31 de octubre de 2004.

13. Entrevista con Lynn Liberato, 11 de noviembre de 2005.

14. Ibíd.

15. Entrevista con David Medina, 8 de noviembre de 2005.

16. Entrevista con Massey Villareal, 6 de octubre de 2005.

17. Entrevista con Tanny Berg, 6 de octubre de 2005.

18. Entrevista con Neftali Partida, 10 de octubre de 2005.

19. "Auditor Worked Closely with Enron Chief" (El Auditor Trabajó Estrechamente con el Jefe de Enron), *Fort Worth Star-Telegram,* 17 de enero de 2002.

20. Entrevista con Patrick Oxford, 7 de noviembre de 2005.

21. Entrevista con Larry Dreyfuss, 10 de octubre de 2005.

22. Entrevista con George Donnelly, 12 de octubre de 2005.

23. Entrevista con Kenna Ramirez, 6 de octubre de 2005.

24. Entrevista con Marc Campos, 24 de agosto de 2005.

25. Entrevista con Patrick Oxford, 7 de noviembre de 2005.

26. "GOP Reaps Pre-Convention Pro Bono" (GOP Cosecha *Pro Bono* Antes de Convención), *Houston Chronicle,* 17 de agosto de 1992.

27. "Zoning Nominees Win Council Approval" (Nominados a Zonificación Obtienen la Aprobación del Consejo), *Houston Chronicle,* 5 de noviembre de 1992.

CAPÍTULO 7

1. "Gonzales's Journey: From the Stands to the Heights" (La Trayectoria de Gonzales: Desde las Bancas Hasta la Cumbre), *Washington Post,* 28 de diciembre de 2004.

2. Entrevista de la Academy of Achievement con Alberto Gonzales, 3 de junio de 2005.

3. Entrevista con Patrick Oxford, 7 de noviembre de 2005.

4. "Gonzales's Journey: From the Stands to the Heights" (La Trayectoria de González: Desde las Bancas Hasta la Cumbre), *Washington Post*, 28 de diciembre de 2004.

5. "An Interview with White House Counsel Alberto R. Gonzales" (Entrevista con el Asesor de la Casa Blanca Alberto R. Gonzales), *The Third Branch*, mayo de 2002.

6. Nota del autor: Uno de los asesores de Bush le contó al autor que George Bush le había puesto un sobrenombre a Bill Minutaglio: "Mononucleosis." La razón, dijo Doug Wead, fue porque a Bush le era difícil pronunciar el nombre Minutaglio.

7. Entrevista con Clay Johnson, 8 de noviembre de 2005.

8. "Gonzales Gains Clout, Savvy at Bush's Side" (González Adquiere Fuerza y Experiencia al Lado de Bush), *Austin American-Statesman*, 18 de marzo de 2001.

9. "Positioned for a Call to Justice" (Preparado para un Llamado de la Justicia), *Washington Post*, 10 de julio de 2001.

10. Entrevista con Karen Greene, 10 de noviembre de 2005.

11. Ibíd.

12. "Is 'Al Gonzales' Spanish for 'Stealth Liberal'?" (¿Será que 'Liberal Sigiloso' se dice 'Al Gonzales' en Español'?), *Texas Monthly*, junio de 2003.

13. Ibíd.

14. Ibíd.

15. Entrevista con Craig Enoch, ex magistrado de la Corte Suprema de Texas, 21 de octubre de 2005.

16. Archivos del Estado de Texas, obtenidos de conformidad con la Ley de Registros Abiertos de Texas.

17. Ibíd.

18. Ibíd.

19. Ibíd.

20. Entrevista con Karen Greene, 10 de noviembre de 2005.

CAPÍTULO 8

1. Entrevista con Stuart Bowen, 19 de octubre de 2005.

2. Ibíd.

3. Entrevista con Karen Greene, 10 de noviembre de 2005.

4. "Loyalty May Pay Off" (Tal Vez Paga Ser Leal), *Houston Chronicle*, 21 de enero de 2003.

5. Archivos del estado de Texas.

6. Entrevista con Alan Berlow, 18 de agosto de 2005. (Nota del autor: el informe de Berlow sobre Gonzales y la pena de muerte en Texas está ampliamente descrito en los artículos que redactó para *Atlantic Monthly* en 2003.)

7. *Talk of the Nation*, 6 de enero de 2005.

8. Entrevista con Alan Berlow, 18 de agosto de 2005.

9. Entrevista con la Hermana Helen Prejean, 23 de septiembre de 2005.

10. Entrevista de la Academy of Achievement, 3 de junio de 2005.

11. "Flawed Trials Lead to Death Chamber" (Errores en los Juicios Resultan en la Pena de Muerte), *Chicago Tribune*, 11 de junio de 2000.

12. "A Hearing of the Senate Judiciary Committee: The Nomination of Alberto Gonzales to be Attorney General." (Audiencia del Comité Legal del Senado: El Nombramiento de Alberto González como Fiscal General), 6 de enero de 2005.

13. Entrevista con David Wahlberg, 17 de agosto de 2005.

14. "Bush Silent on DUI When He Got 1996 Jury Summons" (Bush Mantuvo su Antecedente Penal por Manejar en Estado de Embriaguez Callado Cuando fue Llamado a Prestar Servicio de Jurado en 1996), *Atlanta Constitution*, 4 de noviembre de 2000.

15. "Gonzales: Did He Help Bush Keep His DUI Quiet?" (González: ¿Le Ayudaría a Bush a Mantener Secreto su Antecedente Penal por Manejar Embriagado?), *Newsweek*, 31 de enero de 2005.

16. Ibíd.

17. Ibíd.

18. "Is 'Al Gonzales' Spanish For 'Stealth Liberal'?" (¿Será que 'Liberal Sigiloso' se dice 'Al Gonzales' en Español'?), *Texas Monthly,* junio de 2003.

19. Entrevista con David Wahlberg, 17 de agosto de 2005.

20. "For Gonzales, Modest Start Led to Inner Circle" (Para Gonzales, un Comienzo Modesto lo Llevó al Círculo de los más Allegados), *Washington Post,* 20 de diciembre de 2000.

21. Entrevista de la Academy of Achievement.

CAPÍTULO 9

1. "Mexico–Europe Trade Is No Threat to Texas" (El Comercio Entre México y Europa No Representa una Amenaza para Texas), *Dallas Morning News,* 18 de enero de 1998.

2. "Mexico's Health Is Important to Texas" (El Estado de Salud en México es Importante para Texas), *Dallas Morning News,* 25 de junio de 1998.

3. Entrevista con Patrick Oxford, 7 de noviembre de 2005.

4. "Pledge May Boost El Paso's Political Punch" (Compromiso Puede Promover la Fuerza Política de El Paso), *Austin American-Statesman,* 26 de julio de 1998.

5. "Gonzales Named to Supreme Court" (El Nombramiento de Gonzales a la Corte Suprema), *Austin American-Statesman,* 13 de noviembre de 1998.

6. "Alberto Gonzales: The White House Counsel Who Potential U.S. Judges Must Please" (Alberto Gonzales: El Asesor de la Casa Blanca a Quienes los Futuros Magistrados de los Estados Unidos Deben Complacer), *Los Angeles Times,* 25 de marzo de 2001.

7. "Gonzales Named to Supreme Court" (El Nombramiento de Gonzales a la Corte Suprema), *Austin American-Statesman,* 13 de noviembre de 1998.

8. "Alberto Gonzales: the White House Counsel Who Potential U.S. Judges Must Please" (Alberto Gonzales: El Asesor de la Casa Blanca a Quienes los Futuros Magistrados de los Estados Unidos Deben Complacer), *Los Angeles Times,* 25 de marzo de 2001.

9. Entrevista con Brent Gibson, 2 de diciembre de 2005.

10. "Poll Another Argument for Appointed Judges" (Las Encuestas, un Argumento Más para los Magistrados Nombrados), *San Antonio Express-News,* 13 de febrero de 1999.

11. Entrevista con David Keltner, 24 de octubre de 2005.

12. "Positioned for a Call to Justice" (Preparado para un Llamado de la Justicia), *Washington Post,* 10 de julio de 2001.

13. George W. Bush, *A Charge to Keep* (Guardar Una Responsabilidad), (New York: William Morrow and Company, 1999), páginas 108–109.

14. Entrevista con Craig Enoch, 21 de octubre de 2005.

15. "Is 'Al Gonzales' Spanish for 'Stealth Liberal' " (¿Será que 'Liberal Sigiloso' se dice 'Al Gonzales' en Español'?), *Texas Monthly,* junio de 2003.

16. "Texan Known in D.C. for One Thing" (D.C. Conoce al Tejano por sólo una Cosa), *San Antonio Express-News,* 15 de mayo de 2005. Nota del autor: Este excelente artículo por Maro Robbins es la visión más completa que exista sobre el problema del aborto que se produjo entorno a Alberto Gonzales y Priscilla Owen durante el tiempo que Gonzales fuera magistrado de la Corte Suprema de Texas.

17. "Is 'Al Gonzales' Spanish for 'Stealth Liberal" (¿Será que 'Liberal Sigiloso' se dice 'Al Gonzales' en Español'?), *Texas Monthly,* junio de 2003.

18. "Abortion Law Again Splits State Court" (La Ley del Aborto Vuelve a Dividir a los Magistrados de la Corte Estatal), *Dallas Morning News,* 23 de marzo de 2000.

19. "Positioned for a Call to Justice" (Preparado para un Llamado de la Justicia), *Washington Post,* 10 de julio de 2001.

20. Ibíd.

21. Entrevista con Andrew Wheat de Texans for Public Justice, 24 de agosto de 2005.

22. "The White House Counsel Who Potential U.S. Judges Must Please" (Alberto Gonzales: El Asesor de la Casa Blanca a Quienes los Futuros Magistrados de los Estados Unidos Deben Complacer), *Los Angeles Times,* 25 de marzo de 2001.

23. Entrevista con Representante estatal de Texas Pete Gallego, 15 de noviembre de 2005.

24. Entrevista con David Keltner, 24 octubre de 2005.

25. Ibíd.

26. "Positioned for a Call to Justice" (Preparado para un Llamado de la Justicia), *Washington Post*, 10 de julio de 2001.

27. Entrevista con Craig Enoch, 21 de octubre de 2005.

28. Entrevista con Nathan Hecht, 18 de octubre de 2005.

29. "Positioned for a Call to Justice" (Preparado para un Llamado de la Justicia), *Washington Post*, 10 de julio de 2001.

30. "Halliburton Gifts Target Areas Where It Has Stake" (Los Regalos de Halliburton van a áreas Donde ya Tienen Ventaja"), *Fort Worth Star-Telegram*, 28 de julio de 2000.

31. "High Court Rules Liability Must Precede Insurance Awards" (El Alto Tribunal Dictamina que la Responsabilidad Debe Ser un Precedente para las Adjudicaciones de Compensaciones de Seguro), *Lubbock Avalanche-Journal*, 14 de abril de 2000.

32. "As Texas Judge, Gonzales Heard Donors' Cases" (Como Magistrado de Texas, Gonzales Escuchó Casos de Donantes), *Boston Globe*, 27 de enero de 2005.

33. Entrevista con Douglas Alexander, 19 de octubre de 2005.

34. Entrevista con Raúl González, 29 de noviembre de 2005.

35. Entrevista con Tony Champagne, 19 de octubre de 2005.

CAPÍTULO 10

1.   Comentarios de George W. Bush, Alberto Gonzales, 17 de diciembre de 2000.

2.   Entrevista con David Keltner, 24 de octubre de 2005.

3.   Entrevista de la Academy of Achievement, 3 de junio de 2005.

4.   "Friend of the Court" (Amigos de la Corte), *The New Republic*, 27 de mayo de 2002.

5.   "The Ultimate in Party Politics" (Lo Último en los Partidos Politicas), *Dallas Morning News*, 19 de enero de 2001.

6.   Ibíd.

7.   "Learning Curve" (Curva de Aprendizaje), *Legal Times*, 15 de enero de 2001.

8.   Ibíd.

9.   "White House Counsel Office Now Full of Clinton Legal Foes (La Oficina del Asesor de la Casa Blanca se Llena de Enemigos Legales de Clinton), *Washington Post*, 30 de enero de 2001.

10. Ibíd.

11. Entrevista con Timothy Flanigan, 2 de diciembre de 2005.

12. "Bush's Legal Eagle, Rising with The Son" (El Águila Legal de Bush, Elevandose con el Hijo), *U.S. News & World Report*, 12 de marzo de 2001.

13. "Gonzales Gains Clout, Savvy at Bush's Side" (Gonzales Adquiere Fuerza y Experiencia al Lado de Bush), *Austin American-Statesman*, 18 de marzo de 2001.

14. Ibíd.

15. "Bush's Legal Eagle, Rising With The Son" (El Águila Legal de Bush, Elevandose con el Hijo), *U.S. News & World Report*, 12 de marzo de 2001.

16. Ibíd.

17. Ibíd.

18. Ibíd.

19. Entrevista con Massey Villareal, 19 de septiembre de 2005.

20. "From Rags to Riches" (De Pobre a Rico), *Hispanic*, marzo de 2001.

21. "Church Attracts Conservatives to Congregation" (La Iglesia Atrae a los Conservadores a la Congregación), *Palm Peach Post*, 14 de febrero de 2005.

22. "McCain and Zeus' Religion" (McCain y la Religión de Zeus) *Austin American-Statesman*, 16 de febrero, 2000.

23. "As They Say, and Now the Rest of the Story" (Como va el Dicho: Ahora Viene el Resto del Cuento), *Austin American-Statesman*, 13 de abril, 2000.

24. Discurso de George W. Bush, 21 de enero de 2001.

25. "Bush's Judge Picker Could Be Picked" (El que Escoje Jueces para Bush Podría Ser Elegido él Mismo), *Christian Science Monitor,* 10 de julio de 2001.

26. Entrevista con Bradford Berenson, 18 de noviembre de 2005.

27. "White House Counsel Office Now Full of Clinton Legal Foes" (La Oficina del Asesor de la Casa Blanca se Llena de Enemigos Legales de Clinton), *Washington Post,* 30 de enero de 2001.

28. "White House Begins Work on Filling Judgeships" (La Casa Blanca Comienza a Llenar los Puestos Vacíos de Jueces), *St. Louis Post-Dispatch,* 4 de marzo de 2001.

29. "The White House Counsel Who Potential U.S. Judges Must Please" (El Asesor de la Casa Blanca a Quienes los Futuros Magistrados de los Estados Unidos Deben Complacer), *Los Angeles Times,* 25 de marzo de 2001.

30. "Bush Set to Grant Courts a Conservative Tilt," (Bush se Prepara para Darle Ventaja Conservadora a las Cortes) *USA Today,* 23 de marzo de 2001.

31. "ABA Ouster Sets Stage for Bench Battles," (Ex Miembro de la ABA Prepara el Terreno para Batallas Legales), *Legal Times,* 26 de marzo de 2001.

32. "The White House Counsel Who Potential U.S. Judges Must Please" (El Asesor de la Casa Blanca que los Futuros Magistrados de los Estados Unidos Deben Complacer), *Los Angeles Times,* 25 de marzo 2001.

33. Oficina del Contador General, "Allegations of Damage During the 2001 Presidential Transition" (Reclamo por Daños Cometidos Durante la Transición de Mando Presidencial de 2001).

34. Ibíd.

35. Entrevista con Noel Francisco, 20 de noviembre de 2005.

36. Ibíd.

37. Ibíd.

38. Entrevista con Bradford Berenson, 18 de noviembre de 2005.

39. Ibíd.

40. Ibíd.

CAPÍTULO 11

1. "Positioned for a Call to Justice" (Preparado para un Llamado de la Justicia), *Washington Post,* 10 de julio de 2001.

2. Entrevista con Norm Orenstein, 22 de noviembre de 2005.

3. Entrevista con Timothy Flanigan, 5 de diciembre de 2005.

4. Carta de Henry Waxman a Alberto Gonzales, 25 de junio de 2001.

5. Carta de Alberto Gonzales a Henry Waxman, 29 de junio de 2001.

6. "White House Told to Save Enron Records" (La Casa Blanca Recibió Instrucciones para Guardar los Registros de Enron), *Saint Paul Pioneer Press,* 2 de febrero de 2002.

7. "Conservatives Wary of Possible Nominee" (Los Conservadores se Preocupan por Posible Candidato), *Augusta Chronicle,* 7 de julio de 2001.

8. "Can Bush Keep a 'Clean' White House?" (¿Puede Bush Mantener la Casa Blanca 'Limpia'?), *Christian Science Monitor,* 16 de julio de 2001.

9. Entrevista con Timothy Flanigan, 5 de diciembre de 2005.

10. Entrevista con Stuart Bowen, 19 de octubre de 2005.

11. Entrevista con Kenna Ramírez, 6 de octubre de 2005.

12. Ibíd.

13. "Inadmissible" (Inadmisible), *Legal Times,* 16 de julio de 2001.

14. Carta de Alberto Gonzales a Henry Waxman, 10 de agosto de 2001.

15. Entrevista con Stuart Bowen, 19 de octubre de 2005.

CAPÍTULO 12

1. "The State Dinner That Ended with a Bang" (El Banquete Estatal que Terminó con un Estruendo), *Washington Post,* 6 de septiembre de 2001.

2. Entrevista con Kenna Ramírez, 6 de octubre de 2005.

3. Entrevista con Timothy Flanigan, 2 de diciembre de 2005.

4. Ibíd.

5. "Gonzales Helped Set the Course for Detainees" (Gonzales Contribuyó a Determinar el Futuro de los Detenidos), *Washington Post,* 5 de enero de 2005.

6. "2001 Memo Reveals Push for Broader Presidential Powers" (Memorando de 2001 Revela Respaldo para Mayores Poderes Presidenciales), *Newsweek,* 18 de diciembre de 2004.

7. "After Terror, a Secret Rewriting of Military Law" (Después del Terror, una Nueva Redacción Secreta de las Leyes Militares), *New York Times,* 24 de octubre de 2005. Nota del autor: Este artículo extraordinario, con una segunda parte que se publicó al día siguiente, da una contundente visión de como una importante alianza secreta se formó en Washington en los días y semanas después del 11 de septiembre.

8. Entrevista con Timothy Flanigan, 2 de diciembre de 2005.

9. Entrevista de la Academy of Achievement con Alberto Gonzales, 3 de junio de 2005.

10. "After Terror, a Secret Rewriting of Military Law" (Después del Terror, una Nueva Redacción Secreta de las Leyes Militares), *New York Times,* 24 de octubre de 2005.

11. Ibíd.

12. Nota del autor: Varios artículos excelentes del *New York Times* y del *Washington Post* exploraron el desarrollo y prepararon el camino para esta sección de mi libro. Entre estos artículos de mucha autoridad hay dos de Tim Golden para el *New York Times* que fueron publicados el 24–25 de octubre, 2004.

13. "Counsel to Assertive Presidency" (Asesor de una Presidencia Segura de Sí Misma), *Washington Post,* 19 de mayo de 2003.

14. "Prepared Statement of Laurence H. Tribe Before Senate Committee on the Judiciary Subcommittee on Administrative Oversight and the Courts" (Declaración Preparada por Laurence H. Tribe Pronunciada ante el Comité del Senado sobre Subcomité Judicial sobre Descuidos Administrativos y los Tribunales), 4 de diciembre de 2001.

15. "Martial Justice Full and Fair (Justicia Marcial Plena y Justa), *New York Times,* 30 de noviembre de 2001.

16. "Critics Urged to Hold Off Until Tribunal Rules Are Set," (Urgen a los Críticos que Esperen Hasta que se Definan las Reglas del Tribunal), *Houston Chronicle,* 1 de diciembre de 2001.

17. "White House Counsel Emerges from Shadows" (El Asesor de la Casa Blanca Sale de Entre las Sombras), *Dallas Morning News,* 1 de diciembre de 2001.

18. Ibíd.

19. Entrevista con Massey Villareal, 19 de septiembre de 2005.

CAPÍTULO 13

1. Entrevista con Stuart Bowen, 19 de octubre de 2005.

2. Memorando de Alberto Gonzales al Presidente George W. Bush, 25 de enero de 2002.

3. Convención III, Relativa al Tratamiento de los Prisioneros de Guerra, Ginebra, 12 de agosto de 1949.

4. Entrevista con Bradford Berenson, 18 de noviembre de 2005.

5. Memorando de Alberto Gonzales al Presidente George W. Bush, 25 de enero de 2002.

6. Ibíd.

7. "Administration Officials Split Over Stalled Military Tribunals" (Funcionarios de la Administración Divididos sobre Tribunales Militares Estancados), *New York Times,* 25 de octubre de 2004.

8. Entrevista con Bradford Berenson, 18 de noviembre de 2005.

9. Entrevista de la Academy of Achievement con Alberto Gonzales, 3 de junio de 2005.

10. "Gonzales Helped Set the Course for Detainees" (Gonzales Ayudó a Determinar Futuro de los Detenidos), *Washington Post,* 5 de enero de 2005.

11. "From Cotton Fields to the White House" (De las Plantaciones de Algodón a la Casa Blanca), *San Antonio Express-News,* 5 de mayo de 2002.

12. "Gonzales Draws a Bright Spotlight" (Gonzales Atrae la Atención), *Houston Chronicle,* 13 de mayo de 2002.

13. "Bush Aides Say Iraq War Needs No Hill Vote" (Los Asesores de Bush Dicen que la Guerra de Irak no Requiere el Voto de la Colina), *Washington Post,* 26 de agosto de 2002.
14. Carta para Alberto R. Gonzales, 1 de agosto de 2002.
15. Memorando para Alberto R. Gonzales, asesor del presidente, 1 de agosto de 2002.
16. Ibíd.
17. Ibíd.
18. Ibíd.
19. "White House Counsel Talks About Advising Bush" (Asesor de la Casa Blanca Habla Acerca de Ser el Asesor de Bush), *Texas Lawyer,* 11 de octubre de 2002.
20. Ibíd.
21. "The White House Counsel Who Potential U.S. Judges Must Please" (El Asesor de la Casa Blanca que los Futuros Magistrados de los Estados Unidos Deben Complacer), *Los Angeles Times,* 25 de marzo de 2001.
22. "The Editors' Desk" (El Escritorio del Editor), *Newsweek,* 30 de diciembre de 2002.

CAPÍTULO 14
1. Entrevista de Alberto Gonzales con Wolf Blitzer, CNN, 16 de enero de 2003.
2. "Aide Insists Bush Is Friend of Minority Groups," (Colaborador Insiste en que Bush es Amigo de los Grupos Minoritarios), *Fort Worth Star-Telegram,* 18 de enero de 2003.
3. "Hispanic Republican May Have Blown Shot at High Court" (Hispano Republicano Pudo Haber Echado a Perder su Oportunidad para la Corte Suprema) *Chicago Sun-Times,* 23 de enero de 2003.
4. Conservatives Want Bush Aide Kept Off Court" (Los Conservadores Quieren que el Asesor de Bush no Llegue a la Corte) *USA Today,* 27 de enero de 2003.
5. "A Washington Education" (Una Educación en Washington), *Texas Lawyer,* 3 de marzo de 2003.
6. "Gonzales Tells White House Tales" (Gonzales Relata Historias de la Casa Blanca), 20 de julio de 2003.
7. "Right Wing Objects to Bush Aide as a Justice" (La Derecha se Opone al Asesor de Bush como Magistrado), *Los Angeles Times,* 23 de junio de 2003.
8. "Abortion Foes Poised for Court Vacancy" (Los Enemigos del Aborto Listos para Ocupar Posición Vacía en la Corte), *Washington Times,* 26 de junio de 2003.
9. "Democrats, GOP Face Off at Latino Leaders Conference" (Demócratas, Miembros del GOP se Encaran en la Conferencia de Líderes Latinos), *Houston Chronicle,* 28 de junio de 2003.
10. Memorando del Asesor de la Casa Blanca Alberto Gonzales, 30 de septiembre de 2003.
11. Memorando de Alberto Gonzales al Personal de la Casa Blanca, 3 de octubre de 2003.
12. "President Has a Good 'Abogado' " (El Presidente Tiene un Buen Abogado), *Houston Chronicle,* 5 de octubre de 2003.
13. Palabras de Alberto Gonzales ante el Comité Permanente de la Asociación de Abogados de los Estados Unidos sobre la Ley y la Seguridad Nacional, 24 de febrero de 2004.
14. Entrevista con Jenny Martínez, 12 de septiembre de 2005.
15. Entrevista con Mariano-Florentino Cuellar, 21 de septiembre de 2005.
16. Ibíd.
17. Entrevista con Rolando Hinojosa-Smith, 28 de agosto de 2005.
18. "Inside Washington" (Dentro de Washington), *National Journal,* 27 de marzo de 2004.
19. "Bush Counsel Called 9/11 Panelist Before Clarke Testified" (El Asesor de Bush Llamó a Panelista de la Comisión del 11 de septiembre Antes de que Clarke Testificara), *Washington Post,* 5 de abril de 2004.
20. Testimonio de Richard Clarke a la Comisión del 11 de septiembre, 24 de marzo de 2004.
21. Entrevista con Timothy Flanigan, 2 de diciembre de 2005.
22. "Abuse of Prisoners in Iraq" (Abuso de los Prisioneros en Irak), *Washington Post,* 8 de mayo de 2004.
23. Alberto Gonzales, discurso de graduación, Rice University, 8 de mayo de 2004.
24. "White House Memo Criticized" (Crítica de un Memorando de la Casa Blanca), *USA Today,* 26 de mayo de 2004.

25. "Press Briefing by Alberto Gonzales" (Informe a la Prensa por Alberto Gonzales), 22 de junio de 2004.

CAPÍTULO 15

1. "Surrogates Stand in for Bush" (Reemplazos para Bush), *Philadelphia Daily News,* 28 de octubre de 2004.
2. Nominación de Alberto Gonzales por el Presidente Bush, 10 de noviembre de 2004.
3. Comunicado de Prensa, Concejo Nacional de la Raza, 10 de noviembre de 2004.
4. "Bush Quickly Picks Chief Counsel as Nominee for Attorney General" (Bush Elige Apresuradamente su Asesor Principal como Candidato para Fiscal General) *New York Times,* 11 de noviembre de 2004.
5. Entrevista con Michael Ratner, 19 de agosto de 2005.
6. Entrevista con Nativo López, 30 de agosto de 2005.
7. "It's Hard to Imagine Anyone Less Suited to be Attorney General" (Es Difícil Imaginar Alguien Menos Apto para Asumir el Cargo de Fiscal General), *Chicago Sun-Times,* 16 de noviembre de 2004.
8. "Out & About" (Andando por Allí), *Washington Post,* 6 de diciembre de 2004.
9. Entrevista con John Hutson, 18 de agosto de 2005.
10. Entrevista con el antiguo Secretario de Comercio Donald Evans, 1 de diciembre de 2005.
11. Testimonio de Harold Koh, Comité del Senado, 7 de enero de 2005.

NOTA DEL AUTOR

1. "Bush's Man From Humble" (El Hombre de Bush Proveniente de Humble), *Time,* 22 de noviembre de 2004.

Índice

C